20
24

COORDENADORES
Heloisa Helena **BARBOZA**
Vitor **ALMEIDA**

NOVAS FRONTEIRAS DA REPRODUÇÃO ASSISTIDA

ACESSO, DIREITOS E RESPONSABILIDADES

ALEXANDER **BELTRÃO**
ANDRESSA SOUZA DE **ALBUQUERQUE**
BEATRIZ SOUZA **COSTA**
BERNARDO DINIZ ACCIOLI DE **VASCONCELOS**
BRENO CESAR DE SOUZA **MELLO**
CARLA DUBY COSCIO **CUELLAR**
CARLOS HENRIQUE FÉLIX **DANTAS**
FLÁVIA SILVEIRA **SIQUEIRA**
GIULIA SCHETTINO **RIGOLON**
HELOISA HELENA **BARBOZA**
JULIANA LANDIM GOMES **SIQUEIRA**
JULIANNE ZANCONATO MOREIRA **GUIMARÃES**
LUIZA LEITE CABRAL LOUREIRO **COUTINHO**
MANUEL CAMELO FERREIRA DA **SILVA NETTO**
NAOMI FISZON **ZAGARODNY**
NINO DONATO **OLIVA**
RAÍSSA LEITE TENORIO **AGUIAR**
ROBERTA T. P. **LEITE**
VITOR **ALMEIDA**

Dados Internacionais de Catalogação na Publicação (CIP) de acordo com ISBD

N936

Novas fronteiras da reprodução assistida: acessos, direitos e responsabilidades / Alexander Beltrão...[et al.] ; coordenado por Heloisa Helena Barboza, Vitor Almeida. – Indaiatuba, SP : Editora Foco, 2024.

344 p. : 16cm x 23cm.

Inclui bibliografia e índice.

ISBN: 978-65-6120-136-0

1. Direito. 2. Biodireito. 3. Reprodução Assistida. I. Beltrão, Alexander. II. Albuquerque, Andressa Souza de. III. Costa, Beatriz Souza. IV. Vasconcelos, Bernardo Diniz Accioli de. V. Mello, Breno Cesar de Souza. VI. Cuellar, Carla Duby Coscio. VII. Dantas, Carlos Henrique Félix. VIII. Siqueira, Flávia Silveira. IX. Rigolon, Giulia Schettino. X. Barboza, Heloisa Helena. XI. Siqueira, Juliana Landim Gomes. XII. Guimarães, Julianne Zanconato Moreira. XIII. Coutinho, Luiza Leite Cabral Loureiro. XIV. Silva Netto, Manuel Camelo Ferreira da. XV. Zagarodny, Naomi Fiszon. XVI. Oliva, Nino Donato. XVII. Aguiar, Raíssa Leite Tenorio. XVIII. Leite, Roberta T. P. XIX. Almeida, Vitor. XX. Título.

2024-1937 CDD 344.04197 CDU 340.6

Elaborado por Odilio Hilario Moreira Junior - CRB-8/9949

Índices para Catálogo Sistemático:

1. Biodireito 344.04197

2. Biodireito 340.6

COORDENADORES
Heloisa Helena **BARBOZA**
Vitor **ALMEIDA**

NOVAS FRONTEIRAS DA REPRODUÇÃO ASSISTIDA

ACESSO, DIREITOS E RESPONSABILIDADES

ALEXANDER **BELTRÃO**
ANDRESSA SOUZA DE **ALBUQUERQUE**
BEATRIZ SOUZA **COSTA**
BERNARDO DINIZ ACCIOLI DE **VASCONCELOS**
BRENO CESAR DE SOUZA **MELLO**
CARLA DUBY COSCIO **CUELLAR**
CARLOS HENRIQUE FÉLIX **DANTAS**
FLÁVIA SILVEIRA **SIQUEIRA**
GIULIA SCHETTINO **RIGOLON**
HELOISA HELENA **BARBOZA**
JULIANA LANDIM GOMES **SIQUEIRA**
JULIANNE ZANCONATO MOREIRA **GUIMARÃES**
LUIZA LEITE CABRAL LOUREIRO **COUTINHO**
MANUEL CAMELO FERREIRA DA **SILVA NETTO**
NAOMI FISZON **ZAGARODNY**
NINO DONATO **OLIVA**
RAÍSSA LEITE TENORIO **AGUIAR**
ROBERTA T. P. **LEITE**
VITOR **ALMEIDA**

2024 © Editora Foco
Coordenadores: Heloisa Helena Barboza e Vitor Almeida
Autores: Alexander Beltrão, Andressa Souza de Albuquerque, Beatriz Souza Costa, Bernardo Diniz Accioli de Vasconcelos, Breno Cesar de Souza Mello, Carla Duby Coscio Cuellar, Carlos Henrique Félix Dantas, Flávia Silveira Siqueira, Giulia Schettino Rigolon, Heloisa Helena Barboza, Juliana Landim Gomes Siqueira, Julianne Zanconato Moreira Guimarães, Luiza Leite Cabral Loureiro Coutinho, Manuel Camelo Ferreira da Silva Netto, Naomi Fiszon Zagarodny, Nino Donato Oliva, Raíssa Leite Tenorio Aguiar, Roberta T. P. Leite e Vitor Almeida
Diretor Acadêmico: Leonardo Pereira
Editor: Roberta Densa
Coordenadora Editorial: Paula Morishita
Revisora Sênior: Georgia Renata Dias
Capa Criação: Leonardo Hermano
Diagramação: Ladislau Lima e Aparecida Lima
Impressão miolo e capa: FORMA CERTA

DIREITOS AUTORAIS: É proibida a reprodução parcial ou total desta publicação, por qualquer forma ou meio, sem a prévia autorização da Editora FOCO, com exceção do teor das questões de concursos públicos que, por serem atos oficiais, não são protegidas como Direitos Autorais, na forma do Artigo 8º, IV, da Lei 9.610/1998. Referida vedação se estende às características gráficas da obra e sua editoração. A punição para a violação dos Direitos Autorais é crime previsto no Artigo 184 do Código Penal e as sanções civis às violações dos Direitos Autorais estão previstas nos Artigos 101 a 110 da Lei 9.610/1998. Os comentários das questões são de responsabilidade dos autores.

NOTAS DA EDITORA:
Atualizações e erratas: A presente obra é vendida como está, atualizada até a data do seu fechamento, informação que consta na página II do livro. Havendo a publicação de legislação de suma relevância, a editora, de forma discricionária, se empenhará em disponibilizar atualização futura.
Erratas: A Editora se compromete a disponibilizar no site www.editorafoco.com.br, na seção Atualizações, eventuais erratas por razões de erros técnicos ou de conteúdo. Solicitamos, outrossim, que o leitor faça a gentileza de colaborar com a perfeição da obra, comunicando eventual erro encontrado por meio de mensagem para contato@editorafoco.com.br. O acesso será disponibilizado durante a vigência da edição da obra.

Impresso no Brasil (7.2024) – Data de Fechamento (7.2024)

2024
Todos os direitos reservados à
Editora Foco Jurídico Ltda.
Rua Antonio Brunetti, 593 – Jd. Morada do Sol
CEP 13348-533 – Indaiatuba – SP
E-mail: contato@editorafoco.com.br
www.editorafoco.com.br

APRESENTAÇÃO

O desejo de ter filhos descortina uma verdadeira jornada reprodutiva para muitas pessoas e casais que buscam ter sua prole. A infertilidade e a esterilidade, ainda um enigma médico em algumas situações, sempre desafiaram o destino natural dos humanos de perpetuar a espécie e sacramentaram a exclusão social daqueles que não podiam reproduzir-se naturalmente. O progresso biotecnológico possibilitou a concretização do projeto parental por meio de filhos que têm ou não vínculo biológico, ainda que unilateralmente, retirando do limbo social os antigamente excluídos. No entanto, a revolução promovida pela reprodução assistida só tardiamente alcançou grupos vulneráveis socialmente impedidos pela via sexual de se reproduzirem, tais como casais homoafetivos, pessoas transgêneros, solteiras e mulheres em idade mais avançada.

Os direitos sexuais e reprodutivos, já amplamente reconhecidos em âmbito internacional, encontram assento no art. 226, § 7º, da Constituição da República de 1988, por meio da previsão do direito ao planejamento familiar. O citado parágrafo foi regulamentado pela Lei Federal 9.263/96, que nos termos do seu artigo 2º entende o planejamento familiar como o conjunto de ações de regulação da fecundidade que garanta direitos iguais de constituição, limitação ou aumento da prole pela mulher, pelo homem ou pelo casal.

O reconhecimento da autonomia reprodutiva como direito humano fundamental é o alicerce das disposições infraconstitucionais, que se encontram igualmente vinculadas aos princípios constitucionais da dignidade humana, da parentalidade responsável e do melhor interesse de crianças e adolescentes, concebidos *in utero* ou *in vitro*. Contudo, os ventos conservadores se fazem sentir na América Latina através de regulamentações mais restritivas, das quais são bom exemplo as Resoluções mais recentes do Conselho Federal de Medicina no Brasil, que passaram a exigir um filho vivo da gestante substituta, a qual deverá, em regra, ser parente consanguíneo de um dos parceiros, além de estabelecer limites etários para a paciente mulher.

Iluminada pelo valor central da dignidade da pessoa humana, a liberdade de procriar (*rectius*: o direito de ter filhos) é direito de todo cidadão, como expressa o artigo 1º, da Lei 9.263/1996, impondo-se, portanto, o acesso de todas as pessoas ao conjunto de ações que garanta direitos iguais de constituição ou aumento da prole pela mulher, pelo homem ou pelo casal. Emerge, em consequência, o problema do acesso das pessoas que não têm recursos financeiros às técnicas de reprodução assistida, notoriamente de elevado custo.

Cabe lembrar que conforme o disposto no artigo 3º e seu parágrafo único, da Lei 9.263/1996, o planejamento familiar é parte integrante do conjunto de ações de atenção à mulher, ao homem ou ao casal, dentro de uma visão de atendimento global e integral à saúde. Como expressa a referida Lei, é obrigatório às instâncias gestoras do Sistema Único de Saúde, em todos os seus níveis, na prestação das ações atinentes ao planejamento familiar, garantir, em toda a sua rede de serviços, no que respeita a atenção à mulher, ao homem ou ao casal, programa de atenção integral à saúde, em todos os seus ciclos vitais, que inclua, como atividades básicas, entre outras a assistência à concepção e contracepção. Destaque-se, ainda, que conforme dispõem o artigo 4º e seu parágrafo único, da mencionada Lei, o planejamento familiar orienta-se por ações preventivas e educativas e pela garantia de acesso igualitário a informações, meios, métodos e técnicas disponíveis para a regulação da fecundidade, cabendo ao Sistema Único de Saúde promover o treinamento de recursos humanos, com ênfase na capacitação do pessoal técnico, visando a promoção de ações de atendimento à saúde reprodutiva.

A despeito dessas determinações legais, o Poder Público mantém-se praticamente ausente em tal matéria, visto que insignificantes suas pontuais atuações no que respeita à reprodução assistida. A falta de acesso e a negligência do Estado redundam em graves riscos e prejuízos à saúde das pessoas. É o que se constata com casais, sobretudo homossexuais femininos, que têm se socorrido da chamada "inseminação caseira", que consiste em colher gametas masculinos a fresco de doadores, nada anônimos, e, por meio de seringas, sem qualquer controle sanitário, inseri-los no canal vaginal da mulher que se espera venha a engravidar.

Como se vê, a reprodução assistida estremece situações basilares do direito civil, tais como a paternidade, a maternidade, o parentesco, e, a um só tempo, atinge entidades familiares tradicionais reconhecidas, liberando novos arranjos, a exemplo das famílias homotransparentes e monoparentais planejadas,[1] que ainda encontram rejeição por parte da sociedade. Entretanto, é possível visualizar-se por trás das restrições aos novos modelos familiares uma moralidade reprodutiva, que ainda desconsidera a realidade social e permanece atada a um passado que insiste numa concepção de família hegemônica.

Em 1993, ano seguinte à aprovação pelo Conselho Federal de Medicina de sua primeira Resolução sobre o tema (Res. CFM 1.358/1992), já alertávamos

---

1. Cf. ALMEIDA, Vitor. O direito ao planejamento familiar e as novas formas de parentalidade na legalidade constitucional. In: HIRONAKA, Giselda Maria F. Novaes; SANTOS, Romualdo Baptista dos (Org.). *Direito Civil*: Estudos I Coletânea do XV Encontro dos Grupos de Pesquisa – IBDCIVIL. São Paulo: Blucher, 2018, p. 419-448.

a comunidade acadêmica sobre a urgente necessidade de aprofundamento da pesquisa jurídica sobre os riscos e danos envolvidos na realização das técnicas de reprodução assistida: "A questão jurídica criada pelas técnicas de reprodução humana de há muito deixou de ser mera especulação teórica. A dignidade do ser humano, em sua etapa inicial de formação, o direito à vida, à liberdade, à privacidade, estão em jogo. [...] Fenômenos novos, inexistentes quando da elaboração do Código Civil, carecem de regulamentação que há de se harmonizar não só com os princípios do nosso Direito Civil, como também com a nova ordem constitucional que revela grande conquista social no campo da instituição familiar".[2]

Passados mais de 30 anos, o tema ainda permanece sob ares nebulosos, além de apresentar novas situações de difícil solução, que atraem a atenção da comunidade jurídica que precisa enfrentar casos diversificados e complexos, nos quais a segurança jurídica ainda é frágil, para não se dizer total, em razão do insistente vácuo legislativo sobre a matéria. Agravam-se os dilemas diante de novos e céleres progressos na área da reprodução assistida, que se somam aos antigos, num mosaico intrincado de situações em aberto. Se, por um lado, a inércia do Poder Legislativo impediu até os dias atuais a promulgação de uma lei específica, por outro, é profícua a atenção da literatura especializada sobre a temática, especialmente na seara jurídica, que assistiu consolidados institutos como personalidade, paternidade, maternidade e legitimidade sucessória, entre tantos outros, serem fortemente abalados pelo fenômeno da dessacralização da natureza e invadidos pela intervenção humana ao sabor das descobertas biotecnocientíficas.

A vertiginosa sobreposição de questões disparadas pela reprodução assistida impede a necessária maturação das reflexões jurídicas, de modo a melhor atender a função promocional do Direito e a permitir a captura dos novos desafios éticos impostos pela regulação deontológica ainda efêmera e provisória, que se revela na sequência das Resoluções do CFM nos últimos anos.

A presente coletânea é fruto de intensos e ricos debates mantidos ao longo da disciplina "Direito das Relações Existenciais", ministrada no primeiro semestre de 2022, pelos coordenadores da presente obra, no Programa de Pós-Graduação em Direito da Faculdade de Direito da Universidade do Estado do Rio de Janeiro (PPGD-UERJ). Em razão dos efeitos da pandemia de Covid-19, as aulas foram remotas, com exceção do nosso último encontro, momento em que celebramos não só o retorno às atividades presenciais na Faculdade de Direito, mas também nossa convivência fora das telas dos computadores. Os profícuos

---

2. BARBOZA, Heloisa Helena. *A filiação em face da inseminação artificial e da fertilização "in vitro"*. Rio de Janeiro: Renovar, 1993, p. 10 e 12.

e interdisciplinares diálogos mantidos durante nossas aulas, que envolveram as dimensões da existência humana – início, desenvolvimento e terminalidade – a partir de textos de variados juristas, filósofos e sociológicos, promoveram não só a criação de vínculos de afinidade a partir do interesse pelos temas discutidos, mas também geraram diversos frutos acadêmicos, como a obra que ora é apresentada à comunidade jurídica.

Composta por 16 (dezesseis) textos elaborados a partir do tema central da reprodução assistida e suas novas fronteiras, o trabalho coletivo buscou refletir seus aspectos mais controvertidos na atualidade. O livro é inaugurado com um texto dos coordenadores sobre "Os revolucionários efeitos jurídicos das técnicas de reprodução assistida e a permanência de questões em aberto", no qual, de forma panorâmica, os autores demonstram os problemas ainda não solucionados e os novos que se apresentam. Nessa linha, Manuel Camelo Ferreira da Silva Netto examina a temática do "Planejamento familiar nas produções independentes e nas famílias homoafetivas: o acesso às técnicas de reprodução humana assistida para além da biparentalidade heterossexual". Ainda sobre a questão da elegibilidade às técnicas, Nino Donato Oliva aborda o tema do "acesso à reprodução assistida por pessoas idosas".

Carlos Henrique Félix Dantas enfrenta o polêmico assunto da "Inseminação artificial caseira: desafios jurídicos na tutela integral da pessoa". Roberta Leite incursiona no relevante tema do "Consentimento livre e informado na reprodução assistida: a importância do dever de informação para a escolha do tratamento". Em franco debate a partir das recentes modificações nas normas deontológicas expedidas pelo CFM, Beatriz Souza Costa reflete sobre o "princípio do anonimato nas técnicas de reprodução assistida heteróloga".

Em matéria de gestação de substituição, Julianne Zanconato Moreira Guimarães e Giulia Schettino Rigolon apresentam "A regulação da gestação de substituição no Brasil: panorama atual e desafios". Ainda sobre a temática, Breno Cesar de Souza Mello discute, a partir do direito ao planejamento familiar, a "elegibilidade à gestação de substituição no Brasil". Em terreno desafiador, Naomi Fiszon Zagarodny envereda, com rigor científico, pelo intrincado tema da "Responsabilidade civil diante da recusa de entrega ou de recebimento da criança na gestação por substituição".

Luiza Leite Cabral Loureiro Coutinho percorre o inovador tema "Sexismo e edição genética: novas práticas em reprodução humana assistida, novas formas discriminatórias de eugenia privatizada". A respeito da ainda indefinida destinação dos embriões supranumerários, Andressa Souza de Albuquerque faz uma necessária reflexão sobre a possibilidade de descarte. Juliana Landim Gomes Siqueira e Luiza Leite Cabral Loureiro Coutinho trazem o debate sobre o "dano ao projeto de vida e a responsabilidade civil por falhas no diagnóstico e aconselhamento genéticos".

Na área do direito de família, Carla Duby Coscio Cuellar apresenta suas considerações sobre o "Consentimento e efeitos no campo da filiação: presunção de paternidade e registro de filhos havidos por meio de técnicas de reprodução assistida póstuma". Na fronteira entre os campos familiar e sucessório, Alexander Beltrão e Flávia Silveira Siqueira enfrentam o tema da "Autorização para a concepção *post mortem* e validade da forma: comentários ao REsp. 1.918.421/SP". Sob o ângulo da responsabilidade civil, Bernardo Diniz Accioli de Vasconcelos e Manuel Camelo Ferreira da Silva Netto abordam a temática da "Responsabilidade civil das clínicas de reprodução humana assistida diante da falha na crioconservação de material genético: reflexões em torno da natureza jurídica da obrigação e dos possíveis danos resultantes do seu descumprimento". Por fim, com olhar interdisciplinar, Raíssa Leite Tenorio Aguiar nos brinda com sua análise sobre os "Banco de gametas e embriões".

"Novas Fronteiras da Reprodução Assistida: acesso, direitos e responsabilidades" é obra que procura colaborar no preenchimento de importante lacuna na bibliografia jurídica nacional e busca condensar, sob múltiplas perspectivas, o exame de temas que ainda clamam por encaminhamento jurídico e cujo desate de nós somente pode ser obtido por meio de reflexão efetivamente conjunta e colaborativa, por meio do esforço do coletivo.

Expressamos, por fim, nossos especiais agradecimentos a Leonardo Pereira e Roberta Densa, que acolheram o presente projeto pelos tipos da Editora Foco e que, mais uma vez, fomentam com tanto afinco o mercado editorial jurídico brasileiro.

Outono / 2024.

Heloisa Helena Barboza
Vitor Almeida

PREFÁCIO

1. Este é um livro bastante atual e instigante, tratando de temas que envolvem mais de uma área do conhecimento humano, ainda que com vertente predominantemente jurídica. A obra segue o fio condutor das questões biotecnológicas no âmbito da linha de pesquisa "Direito Civil" do Curso de Mestrado e de Doutorado em Direito da Universidade do Estado do Rio de Janeiro.

Sensibilizado pelo convite para prefaciar a obra científica resultante das atividades de pesquisa desenvolvidas pelos Coordenadores e Colaboradores na disciplina "Direito das Relações Existenciais", refleti bastante sobre o conteúdo destas linhas em razão da preciosidade do livro ora disseminado perante a comunidade jurídica.

2. "Novas fronteiras da reprodução assistida" é obra que, tenho certeza, se tornará referência no Direito brasileiro e quiçá em outros sistemas jurídicos, por examinar com minúcias temas tão complexos e ao mesmo tempo importantes no âmbito do segmento do Direito Civil – em especial do Direito dos Danos, do Direito de Família, do Direito das Sucessões –, do Biodireito, entre outras áreas. No final do século XX e início do século XXI, tive oportunidade de desenvolver pesquisa em nível de Doutorado sobre o tema da reprodução assistida com o recorte nos critérios de estabelecimento de paternidade jurídica à luz do Direito brasileiro.

3. A civilização humana está em constante evolução e, devido às mudanças e aos espaços ainda não desbravados, é fundamental o desenvolvimento das pesquisas em inúmeras áreas do conhecimento humano. O Brasil vivenciou inúmeras transformações políticas, econômicas, sociais e educacionais a partir da década de setenta no século XX, em especial e, logicamente, as mudanças impuseram desafios e possibilidades no âmbito da pesquisa jurídica e formação continuada na área do Direito. Ao lado das mudanças operadas nos setores acima referidos, o desenvolvimento tecnológico também passou cada vez mais a expor a pessoa humana aos desafios nunca dantes imaginados.

4. Na contemporaneidade, no contexto da produção de conhecimento, a atividade de pesquisa vem se notabilizando pela sua redefinição no que tange aos aspectos metodológicos e às práticas socioeconômicas, promovendo mudanças de suma importância. A pesquisa passou de uma lógica eminentemente disciplinar para se caracterizar pela interdisciplinaridade ou transdisciplinariedade. O modelo tradicional de pesquisa – de fracionado e linear – se fez substituir por outro mais complexo, buscando a integração dos vários ciclos (ou fases) da pesquisa

básica à aplicada (Trigueiro, Michelangelo Giotto Santoro. *Universidades públicas*. Brasília: Editora Universidade de Brasília, 1999, p. 93). Outros indicadores para a avaliação da qualidade da pesquisa passaram a ser considerados, como a sua relevância social, a aplicabilidade prática e a relação custo-benefício.

No segmento da formação de novos docentes na área do Direito, a Pós-Graduação *Stricto Sensu* vem permitindo que várias instituições de ensino superior localizadas no Estado do Rio de Janeiro e em outros Estados-membros da Federação passassem a contar com Mestres e Doutores em seus quadros docentes, atendendo ao aumento da demanda educacional na área do Direito. As pesquisas desenvolvidas para elaboração deste livro são paradigmáticas a respeito, conforme será analisado em seguida, sendo merecedor de destaque que o livro sob coordenação de Heloisa Helena Barboza e Vitor Almeida é clara demonstração da riqueza da visão multidisciplinar. Há, assim, o atendimento à função social da universidade em nível de Pós-Graduação em Direito diante dos impactos que a revolução científica e as transformações mundiais têm apresentado na sociedade pós-moderna.

5. Na condição de docente permanente do PPGD da UERJ (como Professor Titular), tenho mantido contato com os Coordenadores do livro, especialmente a respeito da questão dos impactos dos avanços biotecnológicos decorrentes da reprodução assistida em matéria de parentalidade.

As colocações acima feitas servem para demonstrar a importância da existência dos Cursos de Pós-Graduação *Stricto Sensu* no universo da Ciência do Direito. A obra ora prefaciada vem a ser exatamente uma das demonstrações mais concretas da relevância do aprofundamento das pesquisas e dos estudos acadêmicos na área do Direito.

6. Por óbvio que o Prefácio não deve antecipar, ainda que de modo resumido, as principais e inestimáveis abordagens realizadas nas pesquisas, mas os trabalhos desenvolvidos permitem a identificação da altíssima qualidade e extrema complexidade das questões desenvolvidas durante os capítulos do livro.

7. Da simples verificação do sumário do livro, há como se deparar com questões sobre "Responsabilidade civil diante da recusa de entrega ou de recebimento da criança na gestação de substituição", "O dano ao projeto de vida e a responsabilidade civil por falhas no diagnóstico e aconselhamento genéticos", "Responsabilidade civil das clínicas de reprodução humana assistida diante da falha na criopreservação de material genético", que se inserem no segmento mais conhecido como Direito dos Danos (ou Responsabilidade Civil).

Outros trabalhos, tais como "Planejamento familiar nas produções independentes e nas famílias homoafetivas", "O acesso à reprodução assistida por pessoas idosas", "Sexismo e edição genética", "Autorização para a concepção post mortem e validade da forma", "Inseminação artificial caseira", tocam em questões afetas à admissibilidade do emprego da reprodução humana assistida, o que de certa forma abrange a Teoria Geral do Direito Civil e o Direito de Família.

Outros títulos de artigos, como "Consentimento livre e informado na reprodução assistida", "Notas sobre o princípio do anonimato nas técnicas de reprodução assistida heteróloga", "A regulação da gestação da substituição no Brasil", "Notas sobre o descarte de embriões excedentários", "Consentimento e efeitos no campo da filiação", "Inseminação artificial caseira" e "Banco de gametas e embriões", envolvem aspectos fundamentais relativos à utilização da reprodução assistida e seus efeitos jurídicos, abarcando notadamente aspectos de Direito de Família.

8. Todo esse conjunto de temas tão atuais e instigantes é contextualizado pelos trabalhos dos Coordenadores, ao abordarem numa perspectiva mais ampla as consequências jurídicas das técnicas da reprodução assistida no Direito de Família e no Direito dos Danos.

9. Algumas palavras sobre os Coordenadores. Inicialmente, é importante realçar a liderança da Professora Heloisa Helena Barboza. Professora Titular de Direito Civil da Faculdade de Direito da UERJ. Heloisa foi pioneira no Brasil ao tratar do tema da reprodução assistida no seu clássico "A filiação em face da inseminação artificial e da fertilização "in vitro"" (Rio de Janeiro: Editora Renovar, 1993), em tese defendida no concurso para Professora Titular de Direito Civil da UERJ. Naquela época o Conselho Federal de Medicina havia recém editado a Resolução 1.358/92, com alguns aspectos ainda hoje presentes na Resolução 2.320/22. Tive a oportunidade de ser orientado pela Professora Heloisa Helena Barboza na minha tese de Doutorado que tratou das questões jurídicas afetas à reprodução assistida heteróloga e os critérios de estabelecimento de parentalidade jurídica. A insuficiência do modelo tradicional da técnica regulamentar, a metodologia civil-constitucional, a leitura ética dos direitos humanos e direitos fundamentais nas relações privadas, entre outros aspectos, revelam quão rica é a produção acadêmica apresentada nesta obra sob a orientação da Professora Heloisa Helena.

Vitor Almeida, atualmente Professor Adjunto de Direito Civil da Faculdade de Direito da UERJ, trilhou toda sua trajetória acadêmica no Direito Civil sob a orientação da Professora Heloisa Helena Barboza, destacando-se nas pesquisas envolvendo as pessoas com deficiência e seus impactos no Direito Civil, entre outros temas, mas preferencialmente cuidando de questões no âmbito da dimensão existencial da pessoa humana. Tive a alegria de poder ser Professor do Vitor Almeida em disciplina do Mestrado em Direito Civil da UERJ, e desde então temos compartilhado algumas atividades acadêmicas, inclusive em trabalhos publicados sob sua coordenação.

10. O livro é, pois, inovador, completo e instigante, fruto da harmonização das excelentes pesquisas realizadas e dos inabaláveis esforços e dedicações dos Coordenadores e Colaboradores, posicionando-se entre aqueles de leitura obrigatória para todos que reconhecem a necessária visão multidisciplinar sobre tema da admissibilidade do emprego de técnicas de reprodução humana assistida. O domínio seguro sobre vários ramos do Direito, a expansão do olhar crítico a outros subsistemas sociais que não apenas o Direito e a exposição transparente e objetiva das ideias e raciocínios, fazem com que o livro seja recomendado como referência obrigatória aos acadêmicos, estudantes e estudiosos do Direito, além dos profissionais que terão consigo uma fonte inesgotável de informações e pensamentos hábeis a permitir a solução das mais complexas questões no âmbito relativas à reprodução humana assistida sob o enfoque do Biodireito.

11. Cumprimento os Coordenadores, os Colaboradores e a Editora Foco por proporcionarem à comunidade jurídica o acesso a excelente obra que, sem dúvida, será um marco no segmento do Direito brasileiro. E, sem dúvida, posso afiançar que a obra demonstra o novo tipo de postura interpretativa que se espera da pesquisa séria e comprometida no Direito brasileiro, sob inspiração dos postulados e princípios aplicáveis à inigualável atividade de pesquisa científica no âmbito jurídico.

Janeiro de 2024.

Guilherme Calmon Nogueira da Gama

Mestre e Doutor em Direito Civil pela Universidade do Estado do Rio de Janeiro (UERJ). Professor Titular de Direito Civil da UERJ, Professor Permanente do PPG de Direito da UNESA e Professor Titular de Direito Civil do IBMEC/RJ. Presidente do Tribunal Regional Federal da 2ª Região (TRF 2). Coordenador Nacional da Rede da Haia dos Juízes de Enlace (HCCH). Ex-Conselheiro do Conselho Nacional de Justiça (CNJ).

SUMÁRIO

APRESENTAÇÃO
Heloisa Helena Barboza e Vitor Almeida V

PREFÁCIO
Guilherme Calmon Nogueira da Gama XI

OS REVOLUCIONÁRIOS EFEITOS DAS TÉCNICAS DE REPRODUÇÃO ASSISTIDA: A PERMANÊNCIA DE QUESTÕES JURÍDICAS EM ABERTO
Heloisa Helena Barboza e Vitor Almeida 1

PLANEJAMENTO FAMILIAR NAS PRODUÇÕES INDEPENDENTES E NAS FAMÍLIAS HOMOAFETIVAS: O ACESSO ÀS TÉCNICAS DE REPRODUÇÃO HUMANA ASSISTIDA PARA ALÉM DA BIPARENTALIDADE HETEROSSEXUAL
Manuel Camelo Ferreira da Silva Netto 23

O ACESSO À REPRODUÇÃO ASSISTIDA POR PESSOAS IDOSAS
Nino Donato Oliva 45

INSEMINAÇÃO CASEIRA: DESAFIOS JURÍDICOS NA TUTELA INTEGRAL DA PESSOA
Carlos Henrique Félix Dantas 59

CONSENTIMENTO LIVRE E INFORMADO NA REPRODUÇÃO ASSISTIDA: A IMPORTÂNCIA DO DEVER DE INFORMAÇÃO PARA A ESCOLHA DO TRATAMENTO
Roberta T. P. Leite 81

NOTAS SOBRE O PRINCÍPIO DO ANONIMATO NAS TÉCNICAS DE REPRODUÇÃO ASSISTIDA HETERÓLOGA
Beatriz Souza Costa 103

A REGULAÇÃO DA GESTAÇÃO DE SUBSTITUIÇÃO NO BRASIL: PANORAMA ATUAL E DESAFIOS

Julianne Zanconato Moreira Guimarães e Giulia Schettino Rigolon 125

DIREITO AO PLANEJAMENTO FAMILIAR E ELEGIBILIDADE À GESTAÇÃO DE SUBSTITUIÇÃO NO BRASIL

Breno Cesar de Souza Mello 147

RESPONSABILIDADE CIVIL DIANTE DA RECUSA DE ENTREGA OU DE RECEBIMENTO DA CRIANÇA NA GESTAÇÃO POR SUBSTITUIÇÃO

Naomi Fiszon Zagarodny 165

SEXISMO E EDIÇÃO GENÉTICA: NOVAS PRÁTICAS EM REPRODUÇÃO HUMANA ASSISTIDA, NOVAS FORMAS DISCRIMINATÓRIAS DE EUGENIA PRIVATIZADA

Luiza Leite Cabral Loureiro Coutinho 185

NOTAS SOBRE O DESCARTE DE EMBRIÕES EXCEDENTÁRIOS: UMA REFLEXÃO NECESSÁRIA

Andressa Souza de Albuquerque 209

O DANO AO PROJETO DE VIDA E A RESPONSABILIDADE CIVIL POR FALHAS NO DIAGNÓSTICO E ACONSELHAMENTO GENÉTICOS

Juliana Landim Gomes Siqueira e Luiza Leite Cabral Loureiro Coutinho 225

CONSENTIMENTO E EFEITOS NO CAMPO DA FILIAÇÃO: PRESUNÇÃO DE PATERNIDADE E REGISTRO DE FILHOS HAVIDOS POR MEIO DE TÉCNICAS DE REPRODUÇÃO ASSISTIDA PÓSTUMA

Carla Duby Coscio Cuellar 243

AUTORIZAÇÃO PARA A CONCEPÇÃO *POST MORTEM* E VALIDADE DA FORMA: COMENTÁRIOS AO RESP 1.918.421/SP

Alexander Beltrão e Flávia Silveira Siqueira 263

RESPONSABILIDADE CIVIL DAS CLÍNICAS DE REPRODUÇÃO HUMANA ASSISTIDA DIANTE DA FALHA NA CRIOCONSERVAÇÃO DE MATERIAL GENÉTICO: REFLEXÕES EM TORNO DA NATUREZA JURÍDICA DA OBRIGAÇÃO E DOS POSSÍVEIS DANOS RESULTANTES DO SEU DESCUMPRIMENTO

Bernardo Diniz Accioli de Vasconcelos e Manuel Camelo Ferreira da Silva Netto.. 281

BANCO DE GAMETAS E EMBRIÕES

Raíssa Leite Tenorio Aguiar 301

OS REVOLUCIONÁRIOS EFEITOS DAS TÉCNICAS DE REPRODUÇÃO ASSISTIDA: A PERMANÊNCIA DE QUESTÕES JURÍDICAS EM ABERTO[1]

Heloisa Helena Barboza

Doutora em Direito pela UERJ e em Ciências pela ENSP/FIOCRUZ. Especialista em Bioética pelo Instituto Fernandes Figueira-IFF/FIOCRUZ. Professora Titular de Direito Civil do Programa de Pós-Graduação em Direito – PPGD, da Faculdade de Direito da Universidade do Estado do Rio de Janeiro (UERJ). Procuradora de Justiça do Estado do Rio de Janeiro (aposentada). Advogada e parecerista.

Vitor Almeida

Doutor e Mestre em Direito Civil pela Universidade do Estado do Rio de Janeiro (UERJ). Professor Adjunto do Departamento de Direito Civil da UERJ. Professor do Departamento de Direito da PUC-Rio. Coordenador adjunto do Instituto de Direito da PUC-Rio. Estágio pós-doutoral na Universidade do Estado do Rio de Janeiro. Associado do Instituto Brasileiro de Direito Civil, do Instituto Brasileiro de Estudos em Responsabilidade Civil e Instituto Brasileiro de Direito das Famílias e das Sucessões. Advogado.

Crescei e multiplicai-vos.
(Bíblia, Gênesis 1:28)

Sumário: Notas introdutórias – 1. Efeitos jurídicos das técnicas de reprodução assistida: panorama geral – 2. Carência de regulamentação adequada: a sobreposição de questões – Considerações finais.

NOTAS INTRODUTÓRIAS

A referência à reprodução humana já é encontrada na Bíblia. Não obstante as diferentes interpretações que são dadas às palavras do Livro Sagrado, certo é que há milênios a procriação constitui uma constante preocupação das diferentes sociedades por razões que atendem exigências sociais e políticas de natureza diversa. Ter descendentes foi e continua sendo um anseio de muitas pessoas, em

---

1. O presente artigo integra as pesquisas dos autores sobre os efeitos jurídicos das técnicas de reprodução assistida, em desenvolvimento no âmbito do Núcleo de Estudos e Pesquisas em Biodireito (NEPBIO), da Faculdade de Direito da Universidade do Estado do Rio de Janeiro (UERJ).

situação de conjugalidade ou não. Observa-se que existe, em várias passagens bíblicas, menção à fecundidade ou à fertilidade, de modo imperativo: "Sede fecundos, multiplicai-vos, enchei a terra [...]";[2] "Deus os abençoou e lhes ordenou: Sede férteis e multiplicai-vos! Povoai e sujeitai toda a terra [...]".[3] Essas determinações popularizaram-se na frase "crescei e multiplicai-vos", indicando que se deve ter filhos. Fecundidade e fertilidade guardam sinonímia e denotam a capacidade de produzir ou reproduzir.

A fecundidade seria ínsita aos seres humanos e ter prole um fato natural. Contudo, já biblicamente se registra a infertilidade de Sarai, que levou seu marido Abrão a ter um filho com a escrava Agar.[4] A impossibilidade de ter filhos atravessou os milênios, como fato inexorável, que inferiorizava a mulher que não pudesse parir. Observe-se que a busca pela descendência, que preservava o poder de governo da maioria dos povos ao longo dos tempos, orientava arranjos estratégico-políticos, os quais toleravam desde uniões incestuosas[5] até rompimento com a Igreja Católica e criação de uma nova Igreja, que permitia o divórcio para fim de casamentos sucessivos.[6] Todos os recursos eram válidos na busca de um sucessor, inclusive a admissão na família de um filho sem qualquer vínculo sanguíneo, para se manter, por exemplo, o culto aos antepassados, como ocorria na época pré-romana, época em que se situam as origens remotas da adoção.[7]

As breves pinceladas históricas acima traçadas são suficientes para demonstrar a importância da procriação, não bastasse ser o método de perpetuação da espécie que consiste numa função natural do ser humano, regida, portanto, pelas "leis da natureza".[8] Esse entendimento atravessou o tempo e orientou a elabora-

---

2. BÍBLIA. Gênesis, 9:1. Disponível em: https://bibliaportugues.com/genesis/9-7.htm. Acesso em: 02 mar. 2024.
3. BÍBLIA. Gênesis, 1:28. Disponível: https://bibliaportugues.com/genesis/9-7.htm. Acesso em: 02 mar. 2024.
4. BÍBLIA. Gênesis 16: 1, 2, 4 e 16. Disponível em: https://www.bibliaonline.com.br/acf/gn/16. Acesso em: 03 mar. 2024.
5. Cf. CAMPOS, A. L. de A. O incesto na Literatura e na História. *Revista de Humanidades* (Descontinuada), [S. l.], v. 31, n. 1, p. 252-272, 2016. Disponível em: https://ojs.unifor.br/rh/article/view/4846. Acesso em: 30 maio. 2024. V. tb. DIAS, Maria Berenice. Incesto e o mito da família feliz. In: DIAS, Maria Berenice (Coord.). *Incesto e alienação parental*: realizadas que a Justiça insiste em não ver. 2. ed., rev. atual e ampl., São Paulo: Ed. RT, 2010, p. 153-159.
6. A história da vida de Henrique VIII, ex-rei da Inglaterra, bem ilustra o caso. V. MINOIS, Georges. *Henrique VIII*. Trad. Nícia Adan Bonatti. São Paulo: Editora Unesp, 2022.
7. BORDALLO, Galdino Augusto Coelho. Adoção. In: MACIEL, Kátia Regina Ferreira Lobo Andrada (Coord.). *Curso de Direito da Criança e do Adolescente*: aspectos teóricos e práticos. 6. ed., rev. e atual., São Paulo: Saraiva, 2013, p. 259-264.
8. O conceito de Lei Natural é objeto de estudo pela Filosofia. Neste artigo a expressão é usada no senso comum de algo que decorre da natureza, portanto, não criado pelo ser humano. Cf. SAHD, Luiz Felipe Netto de Andrade e Silva. Teorias da Lei Natural: Pufendorf e Rousseau. *Trans/Form/Ação*, (São Paulo), v. 30 (2), 2007, p. 219-234.

ção do Código Civil de 1916, o qual durante o século XX regulamentou todas as relações familiares, especialmente a filiação. Apenas em 1988 com a promulgação da Constituição da República se concretizaram, efetivamente, as alterações dos conceitos de família e filiação, que despontaram especialmente a partir da década de 1960.[9]

Cabe destacar que, desde a década de 1970, a Biologia se tornou especial objeto de preocupação jurídica, no momento que em os avanços da Biotecnociência[10] concretizaram a possibilidade de interferências severas nos processos de nascimento, desenvolvimento e morte do ser humano. Serve de exemplo a descoberta do DNA, ocorrida em 1953,[11] mas cujos efeitos sociais somente mais adiante se fizeram sentir diretamente em várias situações jurídicas, em particular na determinação da paternidade, até então um "segredo" da natureza.

Todavia, a eclosão das técnicas de reprodução humana assistida a partir de 1978[12] promoveu uma verdadeira revolução sociojurídica, que perdura até a atualidade, a despeito de decorridas duas décadas do século XXI. As técnicas compreendem, de modo sintético, três aspectos inovadores: a) a inseminação artificial intracorpórea, sem contato sexual, e extracorpórea, através da fertilização *in vitro*

---

9. Cf. BARBOZA, Heloisa Helena; ALMEIDA, Vitor. Família após a Constituição de 1988: Transformações, sentidos e fins. In: EHRHARDT JÚNIOR, Marcos; CORTIANO JUNIOR, Eroulths (Org.). *Transformações no Direito Privado nos 30 anos da Constituição*: estudos em homenagem a Luiz Edson Fachin. Belo Horizonte, MG: Fórum, 2019, p. 609-624.
10. Há vários conceitos de Biotecnologia, dentre eles o que a define como a "aplicação de processos tecnológicos que utilizam sistemas biológicos, organismos vivos, ou seus derivados, para fabricar ou modificar produtos ou processos para utilização específica". BRASIL. Ministério da Saúde. Glossário temático: ciência e tecnologia em saúde. Brasília: Ministério da Saúde, 2013, p. 21. Disponível em: https://bvsms.saude.gov.br/bvs/publicacoes/glossario_tematico_ciencia_tecnologia_saude.pdf. Acesso em: 20 abr. 2024. "Biotecnociência' é um neologismo criado para indicar uma relação entre ciência, técnica e vida, que pretende indicar o campo de atuação atual da tecnociência aplicada aos seres e sistemas vivos. Em outros termos, a biotecnociência representa um novo paradigma que emerge no campo dos saberes graças aos avanços da tecnociência aplicada aos sistemas e seres vivos". Ver: SCHRAMM, Fermin Roland. Saúde pública: biotecnociência, biopolítica e bioética. *Saúde Debate*, Rio de Janeiro, v. 43, n. especial 7, p. 152-164, dez., 2019. Disponível em: https://www.scielo.br/j/sdeb/a/JFJNxZjNQCMpbhtsRsQFRsz/?format=pdf&lang=pt. Acesso em: 20 abr. 2024.
11. Ver sobre o assunto: EDITORAL. A descoberta do DNA e o projeto genoma. *Revista da Associação Médica Brasileira*, 51 (1), fev., 2005. Disponível: https://www.scielo.br/j/ramb/a/kMWr3VJcPHS8d-NrqNnY5PWx/?lang=pt. Acesso em: 20 mar. 2024.
12. Em 25 de julho de 1978 nasceu Louise Brown, o primeiro "bebê de proveta" da história, na cidade de Oldham, na Inglaterra. Essa notícia foi divulgada mundialmente e tornou conhecidas do grande público as técnicas de reprodução assistida. A denominação "bebê de proveta", que se deve ao fato de a concepção ter ocorrido em laboratório, fora do corpo de uma mulher, acabou consagrada pelo grande público, embora tecnicamente incorreta. Disponível em: https://agenciabrasil.ebc.com.br/radioagencia-nacional/saude/audio/2023-08/historia-hoje-primeiro-bebe-vitro-45-anos. Acesso em: 20 mar. 2024. O primeiro nascimento de um bebê gerado em laboratório no Brasil, Anna Paula Caldeira, ocorreu no ano de 1984. Disponível em: https://g1.globo.com/jornal-hoje/noticia/2014/10/primeiro-bebe-proveta-do-brasil-e-da-america-latina-completa-30-anos.html. Acesso em: 20 mar. 2024.

(FIV); b) a utilização de gametas, masculinos e femininos, das pessoas que serão os pais jurídicos do futuro filho ou doados por terceiros, técnicas denominadas respectivamente homólogas e heterólogas; e, c) a participação de terceiros, que não terão, em regra, vínculo com o futuro filho, como doadores de gametas ou gestantes por substituição.

Em decorrência das citadas inovações, surgiram situações inéditas nas relações familiares, que provocam, ainda contemporaneamente, profundos debates na medida em que permitem que casais do mesmo sexo, pessoas solteiras, sejam mulheres, homens ou transgêneros, bem como indivíduos mortos e inférteis reproduzam. A reprodução por casais homossexuais afronta a milenar concepção de família, como célula *mater* da sociedade, consagrada pelas diferentes religiões, como a católica.[13] Nessa linha, a participação de pessoas estranhas ao casal ou à pessoa que será, isoladamente, mãe ou pai jurídico, vem suscitando sucessivos questionamentos especialmente quanto aos direitos desses terceiros envolvidos, que compreendem desde a possibilidade de relação entre os doadores e o bebê a nascer, até o cabimento ou não de remuneração à gestante por substituição.[14]

Em paralelo, a criação em laboratório de embriões humanos e sua criopreservação por tempo indeterminado originou tormentosas questões ético-jurídicas – não resolvidas – que se iniciam com a natureza jurídica que lhe deve ser reconhecida, vale dizer, se o embrião congelado é pessoa ou coisa, até o destino ou utilização que lhes pode ser dado. O cenário se agrava com o célere desenvolvimento científico que permite não apenas as pesquisas, diagnósticos e tratamentos pré-implantacionais, como em data mais recente a denominada edição genética do embrião,[15] situações que geram profundos e delicados desafios à Ética e ao Direito.

Os efeitos das técnicas de reprodução assistida transcendem os pontos acima indicados e repercutem fortemente em outros planos sociais, como o político, governamental, econômico-financeiro e na saúde pública. Além dessas repercussões,

---

13. O Vaticano reafirmou em diversas oportunidades que a benção do Papa aos homossexuais não significava o reconhecimento do casamento entre pessoas do mesmo sexo. Disponível em: https://www.vaticannews.va/pt/papa/news/2024-02/papa-entrevista-revista-credere-07-fevereiro-2024.html. Acesso em: 20 abr. 2024.
14. Cf. OLIVEIRA, Maria Rita de Holanda Silva; TESÓN, Immaculada Vivas. La Gestación subrogada en España y en Brasil: un estudio comparado. *Revista de derecho y genoma humano*, v. 55, p. 123-156, 2021.
15. A realização da edição do genoma humano na fase embrionária gerou grande preocupação no meio médico-científico mundial, tendo a OMS – Organização Mundial da Saúde, desde 2021, se pronunciado e fornecido as recomendações mundiais para ajudar a estabelecer a edição do genoma humano como uma ferramenta para a saúde pública, com ênfase na segurança, eficácia e ética. Disponível em: https://www.paho.org/pt/noticias/12-7-2021-oms-emite-novas-recomendacoes-sobre-edicao-do-genoma-humano-para-avanco-da-saude. Acesso em: 25 abr. 2024. Cf. DANTAS, Carlos Henrique Félix. *Aprimoramento genético em embriões humanos*: Limites ético-jurídicos ao planejamento familiar na tutela da deficiência como diversidade biológica humana. Belo Horizonte: Fórum, 2022.

as questões ganham complexidade quando se considera a existência de diferentes técnicas, que produzem efeitos jurídicos diversificados. Para fins de análise da matéria é possível agrupar as técnicas com base no local em que ocorre a concepção, assim entendida a criação do embrião através da junção do espermatozoide com o óvulo. Desse modo, as técnicas que envolvem concepção intracorpórea serão referidas como inseminação artificial, e as técnicas extracorpóreas, em que a concepção ocorre em laboratório, serão indicadas como fertilização *in vitro* – FIV.

O presente trabalho, realizado com base em pesquisa bibliográfica e documental, por meio de método exploratório e indutivo, objetiva traçar um perfil das graves repercussões das citadas técnicas, particularmente no âmbito das relações familiares, com ênfase na disciplina do Código Civil e da regulamentação deontológica do Conselho Federal de Medicina (CFM) sobre a matéria. Procura-se, primordialmente, colaborar na reflexão para as soluções de há muito aguardadas, que são de todo indispensáveis à proteção de todos os envolvidos na realização das técnicas de reprodução assistida.

1. EFEITOS JURÍDICOS DAS TÉCNICAS DE REPRODUÇÃO ASSISTIDA: PANORAMA GERAL

A interferência em processos humanos considerados naturais através de procedimentos médico-científicos repercute fortemente no ordenamento jurídico, que não se encontra preparado para dar consecução à sua principal função: proteger o ser humano em sua dignidade. Certo é que os conceitos e regras jurídicos foram construídos tomando por base fatos naturais tidos como inalteráveis, como a diferença de sexos e a reprodução humana decorrente de uma relação sexual. Não se cogitava sobre a possibilidade de um casal homossexual, masculino ou feminino, ter filhos geneticamente seus, muito menos sobre o que a imprensa denominou o "homem grávido", isto é, a gestação por uma pessoa transexual masculino.[16] Contudo, a filiação regulamentada pelo Código Civil é, ainda, a que tem origem no contato sexual entre homem e mulher. As breves referências existentes na Lei Civil às técnicas de reprodução assistida acabaram por gerar mais problemas do que soluções, como adiante será demonstrado.

Diante das novas situações constata-se a insuficiência dos conceitos jurídicos existentes.[17] Não se trata de uma superação ou incorreção dos conceitos, que

---

16. Cf. BARBOZA, Heloisa Helena. Violência obstétrica e os direitos da pessoa transexual gestante. In: CASTRO, Thamis Dalsenter Viveiros de (Coord.). *Violência obstétrica em debate*: diálogos interdisciplinares. Rio de Janeiro: Lumen Juris, 2014, p. 1-19.
17. V., por todos, BARBOZA, Heloisa Helena. Insuficiência dos Conceitos Jurídicos. In: BARBOZA, Heloisa Helena; BARRETO, Vicente (Org.). *Temas de Bioética e Biodireito*. Rio de Janeiro: Renovar, 2001, p. 1-40.

foram elaborados com base em uma realidade fática ou partindo de pressupostos totalmente distintos, por conseguinte, não adequam ou não são suficientes para resolver ou orientar situações que não existiam na época de sua concepção. Os impactos sofridos por algumas categorias jurídicas eram inevitáveis, especialmente as que dizem respeito a situações naturais inalteráveis acima mencionadas.

Os confrontos das novas situações com as disposições do Código Civil podem ser constatados em todos os seus Livros, como se passa a indicar. Não há intenção, nem possibilidade, de se esgotar o tema e muito menos de oferecer soluções. Procura-se tão somente apresentar para reflexão as questões decorrentes das técnicas de reprodução assistida, verdadeiros desafios à codificação, especialmente com o intuito de trazer à baila tensões, por vezes graves, que existem onde à primeira vista não haveria qualquer problema.

No Livro I, do Código Civil, se encontra um problema não resolvido que decorre da criação de embriões humanos em laboratório. Até a década de 1970, a geração do embrião humano resultava exclusivamente da relação sexual entre um homem e uma mulher, que possibilita a fertilização do óvulo pelo espermatozoide ou fecundação, que consiste na união do óvulo (gameta feminino) e do espermatozoide (gameta masculino) no interior do corpo da mulher, normalmente na trompa.[18] Cerca de sete a doze dias após haverá a implantação do óvulo já fecundado, portanto quando já em curso o desenvolvimento do embrião, no útero, havendo a nidação que assinala o início da gravidez.[19]

Na realização da técnica de fertilização "*in vitro*", a fertilização do óvulo pelo espermatozoide ocorre em laboratório, portanto, fora do corpo de uma mulher. De acordo como a regulamentação do Conselho Federal de Medicina, o tempo máximo de desenvolvimento de embriões *in vitro* é de até 14 (quatorze) dias.[20] Será necessária a transferência do(s) embrião(ões) assim gerado(s) para que ocorra sua implantação no útero de uma mulher e se inicie a gestação, da qual resultará o nascimento de uma criança. Em geral há a criação de mais de um embrião, para que se tenha maior possibilidade de ocorrer a nidação. O número de embriões a serem transferidos, determina-se, de acordo com a idade, conforme regra estabelecida pelo CFM.[21]

---

18. Trompa ou tuba uterina. Neste artigo são preferencialmente utilizados termos mais facilmente identificáveis pelo senso comum e não a terminologia médico-científica.
19. Cf., por todos, ALMEIDA JUNIOR, Vitor de Azevedo. Personalidade, titularidade e direitos do nascituro: esboço de uma qualificação. *Revista OAB/RJ* | Edição Especial – Direito Civil, v. 01, p. 01-45, 2018.
20. Resolução CFM 2.320/2022, Anexo, VI, 3.
21. Resolução CFM 2.320/2022, Anexo, I, 7: "Quanto ao número de embriões a serem transferidos, determina-se, de acordo com a idade: a) mulheres com até 37 (trinta e sete) anos: até 2 (dois) embriões; b) mulheres com mais de 37 (trinta e sete) anos: até 3 (três) embriões; c) em caso de embriões euploides ao diagnóstico genético, até 2 (dois) embriões, independentemente da idade; e d) nas situações de doação de oócitos, considera-se a idade da doadora no momento de sua coleta".

De acordo com o disposto no artigo 2º do Código Civil, a personalidade civil da pessoa humana começa do nascimento com vida, mas a lei põe a salvo desde a concepção os direitos do nascituro. Nenhum problema havia com esta disposição, uma vez que a concepção ocorria no interior do corpo da mulher, e a gravidez tinha início sem qualquer interferência externa. Não havia, em consequência, um hiato entre o estágio de embrião e a situação do nascituro, que somente surgiu a partir do momento em que se criou um embrião em laboratório, portanto, fora do corpo de uma mulher, o que ensejou não apenas a postergação do início da gravidez, como a gestação por substituição, isto é, por mulher que não será juridicamente a mãe.

Embora o CFM delegue aos pacientes[22] a decisão quanto ao número de embriões a serem transferidos a fresco, é muito comum a criopreservação de embriões.[23] Ao que se pode constatar dos esclarecimentos prestados pelas clínicas especializadas na execução das técnicas, uma vez que a Resolução não a conceitua, a transferência a fresco diz respeito ao tempo entre a criação do embrião e sua transferência para implantação, ou seja, se os embriões serão transferidos em poucos dias ou serão crioconservados.[24]

Em qualquer caso, como se vê, os embriões concebidos em laboratório não entram em gestação de imediato, podendo haver um longo lapso de tempo para a transferência se forem congelados ou até assim permanecerem indefinidamente, nunca havendo transferência. Ficam nesta última situação os denominados embriões excedentários, os quais são mantidos por prazo indefinido em congelamento, por razões variadas, como haver gestação e nascimento na primeira tentativa de implantação ou desistência dos pacientes do projeto familiar diante de sucessivos insucessos.

Para efeitos jurídicos, o hiato entre a concepção e gravidez, notadamente quando há congelamento, gera uma questão inédita. O termo nascituro, por definição, indica o embrião ou feto que está em gestação e cujo nascimento se aguarda a termo certo. Esta última afirmação não pode ser feita em relação ao embrião

---

22. Adota-se no presente trabalho a definição de paciente constante da Resolução CFM 2.320/2022, Anexo, II, 1, dedicado aos pacientes das técnicas de reprodução assistida: "1. Todas as pessoas capazes que tenham solicitado o procedimento e cuja indicação não se afaste dos limites desta resolução podem ser receptoras das técnicas de reprodução assistida, desde que os participantes estejam de inteiro acordo e devidamente esclarecidos, conforme legislação vigente".
23. Resolução CFM 2.320/2022, Anexo, V, 2: "O número total de embriões gerados em laboratório será comunicado aos pacientes para que decidam quantos embriões serão transferidos a fresco, conforme determina esta Resolução. Os excedentes viáveis devem ser criopreservados".
24. "O termo transferência a fresco se refere ao fato de o embrião ser formado e logo transferido ao útero após poucos dias. Já a transferência de embrião congelado se refere àqueles que após o processo de fertilização passaram pelo congelamento, processo chamado de vitrificação, e armazenamento em botijões de nitrogênio líquido". Disponível em: https://ceferp.com.br/blog/transferencia-de-embrioes-a-fresco-ou-congelado/. Acesso em: 25 abr. 2024. Ver maiores esclarecimentos sobre o assunto em: https://fertivitro.com.br/transferir-embrioes-congelados-ou-frescos/. Acesso em: 25 abr. 2024.

crioconservado, uma vez que sua transferência pode nunca ocorrer, ou, se feita, não se verificar sua nidação no útero, vale dizer, jamais entrar em gestação. Os conceitos não devem ser confundidos: todo nascituro (o que está para nascer) foi concebido, mas nem todo concebido, depois do surgimento da FIV, se tornou ou se tornará um nascituro, como ocorre com os embriões congelados.[25]

Contudo, a menção feita no artigo 2º do Código Civil à proteção do nascituro desde a concepção[26] fez surgir um já longo debate doutrinário, que busca, em última análise, estender ao embrião crioconservado que se encontra em laboratório a proteção legalmente prevista para o nascituro. Embora seja necessária a tutela do embrião que se encontra em crioconservação, não é razoável que sua proteção decorra do mencionado dispositivo legal, visto que não foi transferido e não entrou em gestação. Não há neste caso qualquer previsão de nascimento, sendo inadequado estender-lhe a proteção legalmente assegurada ao ser cujo nascimento tem data máxima prevista para acontecer.

A equiparação do embrião em laboratório ao nascituro conduz à perquirição quanto ao reconhecimento ou não de personalidade, prevista expressamente para os que nascem com vida no citado artigo 2º do Código Civil. Nada autoriza, no entanto, esse entendimento que se dá ao arrepio da Lei, visto que não há sequer previsão (e pode nunca haver) de nascimento com vida, e acarreta severa instabilidade jurídica, pois não há como assegurar razoavelmente direitos a uma pessoa inexistente e sem previsão de nascimento. Impõe-se, todavia, tutela específica ao ser em estágio primordial de desenvolvimento que impeça sua reificação ou qualquer forma de violação da dignidade que lhe é ínsita.[27]

A qualificação dos embriões já concebidos – que não se encontram em gestação e podem assim permanecer indefinidamente – como *nascituros* é, como se vê, problemática, pois implica atribuir-lhes a mesma situação jurídica dos que estão na fase gestacional, portanto, com previsão certa de nascimento. Um exame sistemático do vigente Código Civil deixa clara a expressa distinção entre o *nascituro*, como aquele que está em gestação com previsão de nascimento, o *concebido*, por meio natural ou por meio de FIV, que pode ou não vir a ser um nascituro, a depender de estar ou não em gestação, e o *concepturo*, que é o não concebido.[28]

---

25. Cf. ALMEIDA JUNIOR, Vitor de Azevedo. Personalidade, titularidade e direitos do nascituro: esboço de uma qualificação. *Revista OAB/RJ* | Edição Especial – Direito Civil, v. 01, p. 01-45, 2018.
26. Código Civil: "Art. 2º: A personalidade civil da pessoa começa do nascimento com vida; mas a lei põe a salvo, desde a concepção, os direitos do nascituro".
27. Cf. BARBOZA, Heloisa Helena. Proteção jurídica do embrião humano. In: CASABONA, Carlos Maria Romeo; QUEIROZ, Juliane Fernandes (Org.). *Biotecnologia e suas implicações ético-jurídicas*. Belo Horizonte: Del Rey, 2005, p. 248-270.
28. V. ALMEIDA, Vitor. O alcance da proteção do nascituro no direito brasileiro em face da revolução biotecnológica. In: BARBOZA, Heloisa Helena; LEAL, Livia Teixeira; ALMEIDA, Vitor (Org.). *Biodireito*:

Pedro Pais de Vasconcelos ressalta a importância de se estabelecer o conceito de nascituro, a fim de se evitar possíveis equívocos. Assim, deve-se distinguir "[...] a situação de quem ainda não nasceu, mas já foi concebido, e a expectativa de alguém vir a ser gerado". Segundo o autor, a designação de nascituro se destina a "aqueles que já foram concebidos e têm vida no seio da mãe, mas ainda não nasceram", uma vez que a condição do ente por nascer é uma situação transitória e limitada no tempo. Diferentemente dos *nascituros*, os *concepturos*, "não existem, são simples esperanças ou expectativas"; o que existe é a possibilidade de um dia vir a ser gerado.[29] Esta é a hipótese do art. 1.799, inciso I, do Código Civil.[30]

Observe-se que não se deve atribuir ao termo "gerado" a conotação (possível) de "gestado", diante de duas situações embrionárias distintas: a) embriões, concebidos pelo contato sexual ou em laboratório, e que se encontram em gestação – são os nascituros; b) embriões concebidos em laboratório e que não são implantados no útero de uma pessoa para gestação, sendo crioconservados, portanto, embriões que não entraram em gestação.

Destaque-se ser indispensável em qualquer das situações apontadas a proteção jurídica do embrião, por força da tutela constitucional assegurada ao ser humano, em qualquer fase da sua vida, portanto, desde a concepção. A proteção deve ser, contudo, proporcional e adequada a cada situação humana, como se verifica em relação aos embriões em crioconservação, aos que estão já em gestação, e às pessoas vulneráveis, de modo a atender as peculiaridades de cada caso.[31]

A tutela do embrião não implantado é tema que apresenta delicada complexidade sob os aspectos jurídicos e éticos, quando se consideram as possibilidades de manipulação dos embriões fruto de FIV. Serve de exemplo o diagnóstico genético pré-implantacional de embriões admitido pelo CFM.[32] De acordo com a regulamentação médica, as técnicas de reprodução assistida podem ser aplicadas à seleção de embriões submetidos a diagnóstico de alterações genéticas causadoras de doenças, podendo nesses casos serem doados para pesquisa ou descartados, conforme a decisão do(s) paciente(s), devidamente documentada em consentimento informado livre e esclarecido.

Quando se considera a necessidade de tutela do ser humano em fase primordial de desenvolvimento, a possibilidade de aplicação das técnicas de reprodução assistida que permitem a seleção, doação e descarte embriões criados em labora-

---

a tutela jurídica das dimensões da vida. Indaiatuba, SP: Foco, 2020, p. 37-62.
29. VASCONCELOS, Pedro Pais de. *Teoria Geral do Direito Civil*. 6 ed. Coimbra: Almedina, 2010, p. 72-73.
30. Código Civil: "Art. 1.799. Na sucessão testamentária podem ainda ser chamados a suceder: I – os filhos, ainda não concebidos, de pessoas indicadas pelo testador, desde que vivas estas ao abrir-se a sucessão".
31. ALMEIDA, Vitor. *Tutela extrapatrimonial do nascituro e danos pré-natais*. No prelo.
32. Resolução CFM 2.320/2022, Anexo, VI, 1 e 2.

tório, a critério dos pacientes, se apresenta como questão de profunda indagação jurídica, que merece menção, embora escape dos estreitos limites deste trabalho.

Dilemas como esse último reconduzem a problemas relativos às dificuldades de categorização dos embriões à luz do Código Civil em vigor. Lembre-se que a definição da natureza de uma situação jurídica determina, em princípio, as normas que lhe são aplicáveis, ou seja, atrai a disciplina jurídica que lhe é pertinente. Nessa linha, enunciadas as dificuldades de tratamento da situação dos embriões crioconservados à luz dos dispositivos da Lei Civil concernentes a pessoas e direitos da personalidade, constata-se a impossibilidade de qualquer cogitação relativa ao Livro II, do Código Civil, dedicado às diferentes classes de bens. Não obstante, ao menos a terminologia que se usa é pertinente ou própria da teoria geral dos bens jurídicos, como o descarte. Mais grave são as diversas modalidades de "negociação" de embriões humanos, como a sua doação, criopreservação e importação,[33] que se aproximam de um contrato de depósito ou se revelam como contratos atípicos, ainda que, a rigor, o objeto não tenha apreciação pecuniária, o que afasta qualquer feição contratual, ainda que as normativas do CFM e da ANVISA pareçam caminhar em sentido contrário.

A menção à "negociação" imbrica, a um só tempo, dispositivos do Livro III, que trata dos fatos jurídicos, tais como sua validade, licitude e prova. A passagem para a Parte Especial revela iguais dificuldades ou perplexidades, quando se consideram as regras relativas às obrigações, contratos, responsabilidade civil[34] e propriedade, que, *a priori*, sequer foram cogitadas para as nuances da reprodução assistida, em especial se aplicáveis aos gametas e embriões humanos. De modo geral, todos os dispositivos que, desde logo, se revelam estranhos e inadequados, eis que elaborados para situações patrimoniais, ainda que seja de todo razoável afirmar que a reprodução assistida desencadeia um mercado com valores consideráveis. Sob essa perspectiva, é possível compreender que as técnicas de reprodução assistida envolvem, por sua própria natureza, precipuamente situações jurídicas dúplices,[35] que não encontram encaminhamento adequado no Código Civil vigente e dificultam o encaminhamento de soluções.

---

33. Resolução da Diretoria Colegiada – RDC 771 de 26 de dezembro de 2022, da ANVISA, dispõe sobre as Boas Práticas em Células Germinativas, Tecidos Germinativos e Embriões Humanos, para uso terapêutico, e dá outras providências, artigos. 110-124.
34. V. ALMEIDA, Vitor. Reprodução assistida, projeto parental e responsabilidade civil: o caráter paliativo do remédio indenizatório. Disponível em: https://www.migalhas.com.br/coluna/migalhas-de-responsabilidade-civil/382927/o-carater-paliativo-do-remedio-indenizatorio. Acesso em: 30 abr. 2024.
35. Cf. TEIXEIRA, Ana Carolina Brochado; KONDER, Carlos Nelson. Situações jurídicas dúplices: controvérsias na nebulosa fronteira entre patrimonialidade e extrapatrimonialidade. In: TEPEDINO, Gustavo; FACHIN, Luiz Edson (Org.). *Diálogos sobre direito civil*. Rio de Janeiro: Renovar, 2012, v. 3, p. 3-24.

Contudo, as questões mais intrincadas se encontram no Livro IV, que cuida do direito de família. Como será demonstrado, os acanhados dispositivos existentes no Código Civil sobre as técnicas de reprodução assistida apresentam mais dúvidas do que orientações. Grande tem sido o esforço da doutrina e dos tribunais para sua aplicação. Melhor sorte não se poderia esperar do Livro V – direito das sucessões, em grande parte vinculado à regulamentação das relações familiares, mas que não chegou a cogitar das técnicas de reprodução assistida.

2. CARÊNCIA DE REGULAMENTAÇÃO ADEQUADA: A SOBREPOSIÇÃO DE QUESTÕES

Diante do cenário panorâmico acima apresentado, emergem as dificuldades encontradas para o efetivo deslinde das sucessivas questões jurídicas que se multiplicam na medida em que as técnicas de reprodução assistida são mais procuradas, num país em que o número de nascimentos cai pelo quarto ano e chega ao menor patamar desde 1977.[36]

A consulta a dados estatísticos permite dimensionar a importância que podem assumir, se já não o fizeram, as técnicas de reprodução assistida. A fecundidade nacional, assim entendido o número de filhos nascidos vivos por mulher na idade reprodutiva, em 2021, era de 1,76 filhos por mulher.[37] Dados da Associação Brasileira de Reprodução Assistida divulgados em 2021 indicam que a infertilidade, que consiste na dificuldade de um casal obter gravidez no período de um ano tendo relações sexuais sem uso de nenhuma forma de anticoncepção, pode afetar cerca de oito milhões de pessoas no Brasil.[38]

O direito à procriação foi contemplado pelo constituinte de 1988, que assegurou o direito ao planejamento familiar nos expressos termos do § 7º, do artigo 226 da Constituição da República.[39] A Lei 9.263/1996 regulamentou o citado parágrafo, definindo o planejamento familiar em seu artigo 2º como o conjunto de ações de regulação da fecundidade que garanta direitos iguais de constituição, limitação ou aumento da prole pela mulher, pelo homem ou pelo casal. Para o exercício do direito ao planejamento familiar serão oferecidos pelo Sistema Único de Saúde

---

36. Disponível: https://agenciadenoticias.ibge.gov.br/agencia-noticias/2012-agencia-de-noticias/noticias/39560-em-2022-numero-de-nascimentos-cai-pelo-quarto-ano-e-chega-ao-menor-patamar-desde-1977#:~:text=O%20Brasil%20registrou%202%2C54,hist%C3%B3rica%20foi%20iniciada%20em%201974.
37. Disponível em: https://cidades.ibge.gov.br/brasil/pesquisa/10065/0. Acesso em: 10 abr. 2024.
38. Disponível: https://agenciabrasil.ebc.com.br/radioagencia-nacional/saude/audio/2021-09/infertilidade-pode-afetar-cerca-de-oito-milhoes-de-pessoas-no-brasil. Acesso em: 10 abr. 2024.
39. CRFB/1988: "Art. 226. [...] § 7º Fundado nos princípios da dignidade da pessoa humana e da paternidade responsável, o planejamento familiar é livre decisão do casal, competindo ao Estado propiciar recursos educacionais e científicos para o exercício desse direito, vedada qualquer forma coercitiva por parte de instituições oficiais ou privadas".

(SUS)[40] todos os métodos e técnicas de concepção e contracepção cientificamente aceitos e que não coloquem em risco a vida e a saúde das pessoas, garantida a liberdade de opção (parágrafo único do art. 3º c/c art. 9º, da citada Lei).

As técnicas de reprodução assistida estão, como se vê, francamente abrangidas no planejamento familiar, na medida em que têm o papel de auxiliar no processo de procriação, como prevê a Resolução CFM 2.320/2022.[41]

Com a apoio na doutrina de Flavia Piovesan, segundo a qual "os direitos sexuais e reprodutivos constituem parte inalienável dos direitos humanos universais e indivisíveis",[42] de há muito se defende[43] ter, em particular o direito ao planejamento familiar, natureza de direito fundamental. Como esclarece a autora, "muitos princípios correlacionados aos direitos reprodutivos veiculados pelos documentos internacionais de direitos humanos"[44] foram elevados à categoria de norma constitucional, como se vê do artigo 226, § 7º, da Constituição da República de 1988.

O direito ao planejamento familiar, consagrado na Lei Maior, encontra-se, efetivamente, vinculado à autonomia da pessoa humana e viabiliza a realização de uma, se não a maior, das suas potencialidades, de todo necessário reconhecer-lhe a natureza de direito fundamental, não apenas por sua estrutura e função, como também por conter todas as suas ínsitas características. Segundo Robert Alexy, o conteúdo de um direito fundamental tem um papel decisivo, por compreender "interesses e carências" que devem ser protegidos e fomentados pelo direito, por serem "fundamentais", no sentido de que "sua violação ou não-satisfação significa ou a morte ou sofrimento grave ou toca no núcleo essencial da autonomia".[45]

---

40. Lei 9.263/1996: "Art. 3º O planejamento familiar é parte integrante do conjunto de ações de atenção à mulher, ao homem ou ao casal, dentro de uma visão de atendimento global e integral à saúde. Parágrafo único. As instâncias gestoras do Sistema Único de Saúde, em todos os seus níveis, na prestação das ações previstas no caput, obrigam-se a garantir, em toda a sua rede de serviços, no que respeita a atenção à mulher, ao homem ou ao casal, programa de atenção integral à saúde, em todos os seus ciclos vitais, que inclua, como atividades básicas, entre outras: I – a assistência à concepção e contracepção; [...]. Art. 9º Para o exercício do direito ao planejamento familiar, serão oferecidos todos os métodos e técnicas de concepção e contracepção cientificamente aceitos e que não coloquem em risco a vida e a saúde das pessoas, garantida a liberdade de opção".
41. Resolução CFM 2.320/2022, Anexo, I,1. De acordo com o item 2 do mesmo dispositivo: "As técnicas de reprodução assistida podem ser utilizadas para doação de gametas e para preservação de gametas, embriões e tecidos germinativos por razões médicas e não médicas".
42. PIOVESAN, Flávia. *Temas de Direitos Humanos*. 2. ed. São Paulo: Max Limonad, 2003, p. 176.
43. Ver BARBOZA, Heloisa Helena. A reprodução humana como direito fundamental. In: DIREITO, Carlos Alberto Menezes; TRINDADE, Antônio Augusto Cançado; PEREIRA, Antônio Celso Alves (Org.). *Novas Perspectivas do Direito Internacional Contemporâneo*. Rio de Janeiro: Renovar, 2008, p. 777-801.
44. Refere-se Flavia Piovesan especialmente ao Plano de Ação da Conferência Internacional do Cairo sobre População e Desenvolvimento de 1994 e a Plataforma de Ação de Beijing de 1995. PIOVESAN, Flávia. Op. cit., p. 182.
45. ALEXY, Robert. Direitos fundamentais no Estado Constitucional Democrático. *Revista de Direito Administrativo*, FGV Direito Rio, n. 217, jul./set. 1999, p. 61. Disponível em: https://periodicos.fgv.br/rda/article/view/47413. Acesso em: 30 abr. 2024.

Por razões diversas, as técnicas de reprodução assistida se popularizaram e inseriram no cotidiano brasileiro. De modo rápido surgiram diversas clínicas especializadas em "fertilidade", as quais passaram a anunciar seus serviços médicos francamente na internet.[46] A despeito das sucessivas questões jurídicas e práticas, algumas de grande repercussão,[47] o legislador se manteve (e se mantém) silente durante muito tempo. A primeira regulamentação legal da matéria se encontra no Código Civil de 2002, a qual será a seguir examinada. Contudo, há décadas[48] tramitam no Congresso Nacional diversos Projetos de Lei (PL), que atualmente se encontram na Câmara dos Deputados capitaneados pelo PL 1.184/2003, que tem a seguinte ementa: "Define normas para realização de inseminação artificial e fertilização 'in vitro'; proibindo a gestação de substituição (barriga de aluguel) e os experimentos de clonagem radical". Encontram-se apensados a esse PL vinte outros Projeto de Lei, com propostas divergentes, quando não claramente opostas.[49]

As disposições constantes do vigente Código Civil se restringem a três acanhados incisos (diante da magnitude da matéria) inseridos no artigo 1.597, que tratam da presunção de paternidade decorrente do casamento. Nos termos do referido artigo, presumem-se concebidos na constância do casamento os filhos: a) havidos por fecundação artificial homóloga, mesmo que falecido o marido; b) havidos, a qualquer tempo, quando se tratar de embriões excedentários, decorrentes de concepção artificial homóloga;[50] e c) havidos por inseminação artificial heteróloga, desde que tenha prévia autorização do marido (respectivamente, incisos III, IV e V, do art. 1.597).

Os problemas gerados pelos citados incisos se potencializam desde a vigência da nova codificação. De início se verifica que a denominação das técnicas usadas no texto legal não é adequada, podendo até induzir a erro de interpretação. Em

---

46. Cf. FROENER, Carla; CATALAN, Marcos. *A reprodução humana assistida na sociedade de consumo*. Indaiatuba, SP: Foco, 2021, passim.
47. Serve de exemplo a condenação a 173 anos de prisão do médico Roger Abdelmassih, um dos mais famosos especialistas em reprodução assistida do país, pela prática de vários crimes, inclusive estupro contra trinta e sete de suas pacientes, entre 1995 e 2008. Atualmente com 80 anos, o médico continua preso. Disponível em: https://g1.globo.com/sp/sao-paulo/noticia/2023/11/13/justica-de-sp-nega-pedido-de-prisao-domiciliar-humanitaria-para-roger-abdelmassih-ex-medico-foi-condenado-por-estuprar-pacientes.ghtml. Acesso em: 30 abr. 2024.
48. De forma exemplificativa, vale citar o Projeto de Lei do Senado 90, de 1999, de autoria do Senador Lúcio Alcântara, atualmente em tramitação na Câmara sob o n. 1.184/2003.
49. Disponível: https://www.camara.leg.br/proposicoesWeb/fichadetramitacao?idProposicao=118275#:~:text=PL%201184%2F2003%20Inteiro%20teor,Projeto%20de%20Lei&text=Disp%C3%B5e%20sobre%20a%20Reprodu%C3%A7%C3%A3o%20Assistida,os%20experimentos%20de%20clonagem%20radical. Acesso em: 20 abr. 2024. Sobre o assunto, v. MELLO, Breno Cesar de Souza. *Direito das Famílias e Reprodução Assistida*: a autonomia reprodutiva e os projetos parentais na gestação de substituição. São Paulo: Dialética Editora, 2024.
50. A referência a embriões excedentários (art. 1.597, IV) impõe concluir pela inclusão dos filhos havidos em decorrência de fertilização *in vitro* homóloga na presunção de paternidade gerada pelo casamento.

boa hora, o Conselho da Justiça Federal aprovou o Enunciado 105, aprovado na I Jornada de Direito Civil,[51] em 2002, segundo o qual: "as expressões 'fecundação artificial', 'concepção artificial' e 'inseminação artificial' constantes, respectivamente, dos incisos III, IV e V, do art. 1.597, deverão ser interpretadas como 'técnica de reprodução assistida'". Esse entendimento, de todo razoável, permanece adotado.

Na diretriz encampada pelo Código Civil de 2002, as disposições sobre reprodução assistida só cogitaram dos filhos fruto do casamento. Contudo, já vigorava a Constituição da República de 1988, que reconheceu a união estável e a família formada por qualquer os pais e seus descendentes como entidades familiares. Ao longo do tempo outros arranjos familiares se formaram, como os constituídos por integrantes da população LGBTQIAPN+, que apenas anos mais tarde foram reconhecidos como famílias.[52] Embora tenha havido alguma resistência inicialmente, a utilização das técnicas de reprodução assistida passou a ser admitidas e utilizadas pelas pessoas heterodiscordantes. Lembre-se que a Constituição da República assegura o direito ao planejamento familiar ao casal em seu artigo 226, § 7º, mas acorde com os demais dispositivos constitucionais a Lei 9.263/1996, que o regulamenta, conceitua em seu artigo 2º o planejamento familiar como o conjunto de ações de regulação da fecundidade que garanta direitos iguais de constituição, limitação ou aumento da prole pela mulher, pelo homem ou pelo casal.

A questão atinente aos usuários das técnicas encontrou solução na adequada interpretação da Constituição e da regulamentação infraconstitucional. Todavia, há diversos problemas éticos e jurídicos, que incluem confronto com outras disposições do Código Civil, sobre os quais se renovam as discussões provocadas pelos citados incisos do artigo 1.597, especialmente quanto aos direitos do denominado "filho póstumo", fruto de inseminação ou fertilização *in vitro post mortem*, possibilidades admitidas nos incisos III e IV.

Igual ou maior debate, que já chegou aos tribunais,[53] diz respeito à "titularidade" de embriões congelados, por vezes disputados pela viúva(o) e pela família do falecido. A singeleza do inciso V, que se refere à hipótese em que há um doador, ensejou várias dúvidas, que aos poucos vêm sendo respondidas pela doutrina, como a) a exigência (ou não) de forma específica para a prévia autorização do

---

51. Disponível em: http://www.cjf.jus.br/revista/enunciados/enunciados.htmhttps://www.cjf.jus.br/cjf/corregedoria-da-justica-federal/centro-de-estudos-judiciarios-1/publicacoes-1/jornadas-cej/EnunciadosAprovados-Jornadas-1345.pdf. Acesso em: 20 abr. 2024.
52. Cf. SILVA NETTO, Manuel Camelo Ferreira da. *Planejamento Familiar nas Famílias LGBT*: desafios sociais e jurídicos do recurso à reprodução humana assistida no Brasil. Belo Horizonte: Fórum, 2021.
53. STJ, 4ª Turma, Recurso Especial 1.918.421–SP, Rel. Min. Marco Buzzi, Rel. p/ acórdão Min. Luis Felipe Salomão, julg. 08 jun. 2021, publ. 26 ago. 2021. V. sobre o tema: HELENA BARBOZA, Heloisa; ALMEIDA, Vitor. Os desafios da reprodução assistida post mortem e seus efeitos sucessórios. In: TEIXEIRA, Ana Carolina Brochado; NEVARES, Ana Luiza Maia (Org.). *Direito das sucessões*: problemas e tendências. 2. ed. Indaiatuba, SP: Editora Foco, 2023, p. 45-69.

marido ali mencionada; b) a possibilidade de revogação dessa autorização e até quando poderia ser feita; c) a virtual desconstituição (imprescritível) pelo marido da paternidade que lhe é atribuída pelo Código Civil,[54] mediante prova de fácil obtenção da inexistência de vínculo genético, não bastasse se tratar sabidamente de técnica heteróloga.

Resta evidente que as técnicas de reprodução assistida não se amoldam à presunção de paternidade, uma vez que dispensa a relação sexual, que é o fato ínsito à coabitação do casal que ampara a presunção. Observe-se que nos incisos III e IV não caberia se falar em presunção, posto que não há como questionar o vínculo biológico[55] nas hipóteses de técnicas homólogas que utilizam gametas pertencentes ao casal.[56]

No caso das técnicas heterólogas (inciso V), a autorização do marido é de todo importante, na medida em que se sabe que o filho é biologicamente de terceiro, cuja identidade será mantida em sigilo. Para que se possa atribuir a paternidade ao marido é indispensável que esse autorize a realização da técnica, aceitando a paternidade. Com base nessa autorização firmou-se o entendimento doutrinário no sentido de que a presunção na hipótese do inciso V, diferentemente dos incisos I e II, do artigo 1.597, é absoluta e não admite prova em contrário.

Esse entendimento encontra sólido fundamento nos princípios constitucionais da dignidade da pessoa humana, da parentalidade responsável e do melhor interesse da criança e do adolescente. Lembre-se que os dois primeiros princípios autorizam o exercício do direito ao planejamento familiar pelo casal que decide pela realização de uma técnica heteróloga. Por sua vez, o princípio do melhor interesse deve ser atendido com prioridade absoluta, por força dos expressos termos do artigo 227 da Lei Maior. O marido ao autorizar sabe não ser sua a paternidade que assume e não pode retirá-la, sob pena de violação da proteção integral devida ao filho. Lembre-se que o filho nascido por meio de reprodução assistida está igualmente sob a proteção do princípio da plena igualdade entre os filhos, que veda qualquer tratamento diferenciado, conforme § 6º do artigo 227 da Constituição da República.[57] Observe-se que, na letra do Código Civil, não haverá

---

54. Código Civil: "Art. 1.601. Cabe ao marido o direito de contestar a paternidade dos filhos nascidos de sua mulher, sendo tal ação imprescritível [...]".
55. Ressalve-se, porém, a eventual troca de gametas, ocasional, culposa ou fraudulenta.
56. Registre-se, todavia, que muitos problemas, notadamente de natureza sucessória, decorrem dos incisos III e IV. Deixam de ser mencionados, por escaparem ao objeto do presente. Permita-se, porém, a referência a BARBOZA, Heloisa Helena. Aspectos controversos do Direito das Sucessões: considerações à luz da Constituição da República. In: TEPEDINO, Gustavo (Org.). *Direito Civil Contemporâneo*: Novos problemas à luz da legalidade constitucional. São Paulo: Editora Atlas, 2008, p. 320-327.
57. CRFB/1988: "Art. 227. [...] § 6º Os filhos, havidos ou não da relação do casamento, ou por adoção, terão os mesmos direitos e qualificações, proibidas quaisquer designações discriminatórias relativas à filiação". Igual disposição encontra-se no artigo 1.596 do Código Civil".

presunção da paternidade, se os pais não forem casados, fato que corrobora ser a autorização indispensável para a realização de técnicas heterólogas.

O Código Civil não tratou da doação de gametas, nem da denominada gestação por substituição, situações que se verificam não raro na prática da realização das técnicas de reprodução assistida. Diante da omissão legal, assume grande relevo a regulamentação das técnicas pelo Conselho Federal de Medicina (CFM). Ainda que não tenham força de lei, as normas éticas editadas pelo CFM são de grande valia, especialmente para preencher as lacunas da Lei Civil e o vazio deixado há décadas pelo legislador que se mantém indiferente aos reclamos sociais e problemas jurídicos gerados pelas técnicas de reprodução assistida.

O CFM vem editando desde 1992 normas éticas para utilização das técnicas de reprodução assistida. A primeira Resolução sobre a matéria (CFM 1.358/92) permaneceu em vigor durante dezoito anos e foi revogada pela Resolução CFM 1.957/2010. A partir de 2010, o CFM vem revendo com certa periodicidade, a cada dois ou três anos, suas normas sobre a matéria. Desde 2022 encontra-se em vigor a Resolução CFM 2.023/2022.

Embora as disposições do CFM constituam dispositivo deontológico a ser seguido apenas pelos médicos brasileiros e apresentem certas oscilações[58] em relação a temas controversos como o descarte de embriões, sem dúvida assumiram o importantíssimo papel de regulamentação do uso das técnicas. A incipiência das regras do Código Civil e a negligência do legislador em relação a matéria de alto interesse social deixaram carente de disciplina questões complexas como a gestação por substituição e o destino dos embriões excedentários.[59]

Acresça-se ao rol de omissões legislativas toda diversificada gama de produtos e serviços envolvidos na realização das técnicas que se encontram afetos apenas ao controle sanitário, mas que abrangem questões de alta indagação como a importação e descarte de embriões humanos. À semelhança do CFM, a Agência Nacional de Vigilância Sanitária (ANVISA) tem relevante atuação ao regulamen-

---

58. Observa-se que a Resolução CFM 1.358/92 proibia expressamente o descarte ou a destruição de embriões (V, 2). Por sua vez, a Resolução CFM 2.168/17 permitia que os embriões criopreservados com três anos ou mais poderiam ser descartados se fosse a vontade expressa dos pacientes e autorizou o idêntico destino para os embriões abandonados, considerados aqueles em que os responsáveis descumpriram o contrato preestabelecido e não foram localizados pela clínica (V, 4 e 5). Já a Resolução CFM 2.294/2021, admitia o descarte mediante autorização judicial e manteve a situação do chamado "embrião abandonado", nos termos do item V, 4 e 5, expressão de toda desarrazoada, na medida em que equipara a criança e adolescente em época anterior à Lei 8.069/90.
59. Sobre o assunto v. BARBOZA, Heloisa Helena; ALMEIDA, Vitor. Proteção do embrião humano à luz da legalidade constitucional: importância ético-jurídica da sua destinação. In: PEREIRA, Antônio Celso Alves, Mello, Cleyson de Moraes, ALMEIDA NETO, José Rogério Moura de, COSTA, Marcio Martins (Coord.). *Cátedra Padre Barreira*: estudos interdisciplinares de educação, filosofia, teologia e direito. Rio de Janeiro: Processo, 2023, p. 857-874.

tar as boas práticas com células, tecidos e procedimentos de reprodução humana assistida.[60] Destaque-se que compete à ANVISA o controle do Sistema Nacional de Produção de Embriões (SisEmbrio),[61] que permite conhecer quantos embriões humanos foram produzidos por fertilização *in vitro* e não utilizados no respectivo procedimento. Trata-se, portanto, do controle dos embriões excedentários, conforme denominação adotada pelo Código Civil.

Na senda das questões negligenciadas pelo legislador e que estão regidas exclusivamente pelo CFM se encontra a "gestação de substituição" ou "cessão temporária de útero", denominações atribuídas à popularmente conhecida "barriga de aluguel", pela Resolução 2.320/2022 do CFM.[62] O tema é complexo e abrange desde o reconhecimento do vínculo de maternidade até a proteção da gestante por substituição.

A referida Resolução estabeleceu uma série de requisitos para o uso da gestação de substituição,[63] desde que exista uma condição que impeça ou contraindique a gestação. Dentre outros requisitos, a "cedente temporária do útero" deve ter ao menos um filho vivo[64] e ser parente até o quarto grau de "um dos parceiros (*sic*)".

---

60. Os Centros de Reprodução Humana Assistida (CRHA's), geralmente conhecidos como clínicas de fertilização, bancos de sêmen ou bancos de células e tecidos germinativos, são estabelecimentos especiais de saúde destinados a coletar, processar, armazenar, transportar, descartar e liberar células, tecidos germinativos e embriões humanos, para uso em procedimentos de reprodução humana assistida, sendo a maioria deles de natureza privada. Atualmente, existem aproximadamente 183 CRHA's em atividade no Brasil, segundo dados do último Relatório do Sistema Nacional de Produção de Embriões (SisEmbrio) da ANVISA. Com o licenciamento de centros de reprodução humana assistida, procura a ANVISA evitar transtornos e riscos sanitários futuros. Disponível em: https://www.gov.br/anvisa/pt-br/assuntos/noticias-anvisa/2022/norma-atualiza-boas-praticas-em-celulas-tecidos-e-embrioes--humanos. Acesso em: 20 abr. 2024.
61. O SisEmbrio (Sistema Nacional de Produção de Embriões) foi criado pela RDC n. 29, de 12 de maio de 2008, e permite conhecer quantos embriões humanos foram produzidos por fertilização *in vitro* e não utilizados no respectivo procedimento. O banco de dados criado pela Agência Nacional de Vigilância Sanitária (ANVISA) propicia, também, saber quantos embriões poderão ser usados para fins de pesquisa e terapia, além de aprimorar o controle sobre as atividades das clínicas de reprodução humana assistida existentes no Brasil. Disponível em: https://www.gov.br/anvisa/pt-br/centraisdeconteudo/publicacoes/sangue-tecidos-celulas-e-orgaos/relatorios-de-producao-de-embrioes-sisembrio/1deg-relatorio-do-sistema-nacional-de-producao-de-embrioes-2013-sisembrio. Acesso em: 20 abr. 2024.
62. Desde o início há mais de quatro décadas diversas denominações têm sido adotadas para a situação em que uma mulher gesta o filho será juridicamente de outra, a saber: gestação de substituição, barriga de aluguel, cessão temporária de útero, maternidade substituta, gestação sub-rogada, negócio jurídico gestacional, dentre outras, são denominações utilizadas para descrever a situação em que uma mulher concorda em gestar um filho para terceiros, por meio das técnicas de reprodução assistida, a fim de compensar a infertilidade ou a impossibilidade de procriar de mulheres, casais homoafetivos masculinos ou homens solteiros. KNOPPERS, Bartha Maria; LE BRIS, Sonia. Maternité de substitution. In: HOTTOIS, Gilbert; PARIZEAU, Marie-Hélène (Org.). *Les mots de la bioéthique*: un vocabulaire encyclopédique. Bruxelles: De Boeck Université, 1995, p. 262-267. No presente trabalho usa-se preferencialmente a expressão gestação por substituição.
63. Resolução CFM 2.320/2022, item VII.
64. Tal exigência surgiu na Resolução CFM 2.294/21 (Anexo, VII, 1). Na ocasião já se teve oportunidade observar em tom crítico: "[...] causa desconforto a nova exigência no sentido de considerar que mulheres

A "cessão do útero" não pode ter caráter lucrativo ou comercial e deve constar do prontuário da paciente "termo de Compromisso entre o(s) paciente(s) e a cedente temporária do útero que receberá o embrião em seu útero, estabelecendo claramente a questão da filiação da criança e o "compromisso do registro civil da criança pelos pacientes, devendo essa documentação ser providenciada durante a gravidez".

Resta pouco nítida qual a documentação a "ser providenciada durante a gravidez", uma vez que o registro do nascimento exige a apresentação da Declaração de Nascido Vivo (DNV), inclusive nos casos de gestação por substituição. O assento de nascimento de filho havido por técnica de reprodução assistida é regulamentado pelos artigos 512 a 515 do Provimento 149, de 30 de agosto de 2023, que instituiu o Código Nacional de Normas da Corregedoria Nacional de Justiça – Foro Extrajudicial (CNN/CN/CNJ-Extra),[65] que regulamenta os serviços notariais e de registro. Constata-se que algumas disposições do Provimento contêm normas originalmente afetas ao legislador ordinário, a exemplo da Lei 6.015/1973, merecendo detida análise, aqui não comportada, a exigência para fins de registro do nascimento (artigo 513, III) de apresentação da certidão de casamento, certidão de conversão de união estável em casamento, escritura pública de união estável ou sentença em que foi reconhecida a união estável do casal, em face do disposto no artigo 22, inciso XXV, da Constituição da República.

Constatam-se algumas "impropriedades jurídicas" nas regras do CFM, como a referência a "cessão temporária de útero" e a questionável "doação" de embriões humanos. Igualmente se observa a falta de qualquer requisito de forma para os termos de compromisso a serem firmados entre os pacientes e a gestante substituta, omissão que se observa igualmente no referido Provimento 149/2023. Ressalte-se, contudo, que tais constatações em nada comprometem a relevância dos mencionados atos regulatórios.

---

sem filhos não podem ceder útero, pois estas teriam maior chance de não entregarem a futura criança após o nascimento, criando conflitos positivos de projetos parentais. Não pode ser outra a justificativa e sentido atribuído à tal imposição. De índole moral e com forte carga de preconceito, tal prescrição atenta contra a autonomia corporal de mulheres capazes e discrimina aquelas que não desejam ter filhos. Qual a razão para somente permitir que mulheres com filhos vivos possam ceder temporariamente seu útero para outras mulheres, geralmente da mesma família? Além de discriminatória, tal regra não encontra guarida no texto constitucional. Pelo contrário, viola direitos fundamentais e desconsidera a autonomia das mulheres, que podem optar pela gestação de substituição, em ato altruístico e solidário, mas que definitivamente não desejam, ao menos, por enquanto, exercer a maternidade. Confundir maternidade com autonomia corporal e liberdade para gestar no lugar de outra pessoa é um equívoco injustificável". PEREIRA, Paula Moura Francesconi Lemos; ALMEIDA, Vitor. *A reprodução humana assistida e a atuação do Conselho Federal de Medicina*: as repercussões da nova resolução 2.294/21. Disponível em: https://www.migalhas.com.br/coluna/migalhas-de-vulnerabilidade/348647/a-reproducao-humana-assistida-e-a-atuacao-do-cfm. Acesso em: 29 abr. 2024.

65. Disponível em: https://atos.cnj.jus.br/atos/detalhar/5243. Acesso em: 25 abr. 2024.

Ratifica, ainda uma vez, a importância das normas do CFM a obrigatoriedade do consentimento livre e esclarecido para todos os pacientes submetidos às técnicas de reprodução assistida, que inclui informações detalhadamente expostas de todos os aspectos médicos e todas as circunstâncias da aplicação de uma técnica de reprodução assistida, incluídos dados de caráter biológico, jurídico e ético.[66] Lembre-se que o Código Civil não estabeleceu qualquer formalidade para a autorização do marido que é condição para a presunção de paternidade (art. 1.597, V). Nesse viés, o termo de consentimento exigido pelo CFM assume o papel da autorização exigida pela Lei Civil, na ausência de outro documento público ou particular que contenha a autorização do marido. Admite-se a autorização implícita do marido através de condutas que revelem seu conhecimento do procedimento médico e, em caso de sua inércia, sua concordância. Nesse sentido, o Enunciado 104 aprovado na I Jornada de Direito Civil,[67] realizada pelo Conselho da Justiça Federal em 2002.[68]

No entanto, o Superior Tribunal de Justiça não acolheu a liberdade de forma, consoante previsão do art. 107 do Código Civil, por meio do julgamento do REsp 1.918.421/SP, no qual ficou decidido, por maioria, que a autorização para a utilização de embriões atrai "a imperativa obediência à forma expressa e incontestável, alcançada por meio do testamento ou instrumento que o valha em formalidade e garantia". Ainda que, no caso *sub judice*, a mera custódia não implique o consentimento para fins de reprodução assistida *post mortem*, uma vez que tal autorização exige manifestação de vontade específica e inequívoca, a imposição de determinada forma à autorização para o uso póstumo dos embriões congelados representa injustificada limitação ao livre planejamento familiar, que não encontra respaldo no ordenamento brasileiro, sobretudo se tal limitação decorre de entendimento judicial que não encontra amparo nos princípios constitucionais da liberdade e da privacidade.

Há que se assinalar, ainda, que no caso de ausência do termo de consentimento livre e esclarecido dos pacientes, obrigatório para a realização das técnicas como acima indicado, não se deve afastar a possibilidade de responsabilização civil da clínica que realiza os procedimentos, tendo em vista os graves danos inclusive morais que pode causar aos pacientes.

---

66. Resolução CFM 2.320/2022, I, IV.
67. Disponível em: http://www.cjf.jus.br/revista/enunciados/enunciados.htm. Acesso em: 18 ago. 2012.
68. "Art. 1.597: no âmbito das técnicas de reprodução assistida envolvendo o emprego de material fecundante de terceiros, o pressuposto fático da relação sexual é substituído pela vontade (ou eventualmente pelo risco da situação jurídica matrimonial) juridicamente qualificada, gerando presunção absoluta ou relativa de paternidade no que tange ao marido da mãe da criança concebida, dependendo da manifestação expressa (ou implícita) da vontade no curso do casamento". Disponível em: https://www.cjf.jus.br/cjf/corregedoria-da-justica-federal/centro-de-estudos-judiciarios-1/publicacoes-1/jornadas-cej/EnunciadosAprovados-Jornadas-1345.pdf. Acesso em: 25 abr. 2024.

As técnicas de reprodução assistida apresentam além das situações ético-jurídicas já ressaltadas acima a separação entre vínculo genético e a parentalidade, o que não é inédito. De há muito a adoção promove a transferência da parentalidade genética e jurídica para outra pessoa que passa a ser o pai ou mãe. Do mesmo modo a socioafetividade autoriza a atribuição da paternidade ou maternidade a outra pessoa de modo isolado ou concomitantemente com os genitores.

Contudo, além das já mencionadas, outras situações que são próprias das técnicas continuam regidas apenas por normas do CFM ou da ANVISA, serve de exemplo a decisão sobre o descarte de espermatozoides, óvulos e embriões que foi atribuído à decisão dos pacientes como antes indicado. Lembre-se que os pacientes podem destinar os embriões excedentários para pesquisa e terapia, hipótese admitida pela Lei 11.105/2005, em seu artigo 5º,[69] cuja constitucionalidade foi declarada pelo Supremo Tribunal Federal na ADI 3.510.[70] A comercialização de embriões é proibida, e sua prática criminalizada, nos termos do § 3º, do referido artigo 5º.

No rol das omissões legislativas se encontra o sigilo quanto à identidade dos doadores de gametas e embriões, bem como dos receptores. De acordo com o CFM, o sigilo deve ser mantido, ressalvadas situações especiais nas quais, por motivação médica, podem ser fornecidas exclusivamente aos médicos informações sobre os doadores, resguardada sua identidade civil.[71] O sigilo foi igualmente excepcionado em relação aos doadores de gametas ou embriões com parentesco de até o 4º grau de um dos receptores, desde que não incorrem em consanguinidade (Resolução 2.320/2022, Anexo, IV, 2),[72] o que descortina complexas questões relativas ao

---

69. Lei 11.105/2005: "Art. 5º É permitida, para fins de pesquisa e terapia, a utilização de células-tronco embrionárias obtidas de embriões humanos produzidos por fertilização *in vitro* e não utilizados no respectivo procedimento, atendidas as seguintes condições: I – sejam embriões inviáveis; ou II – sejam embriões congelados há 3 (três) anos ou mais, na data da publicação desta Lei, ou que, já congelados na data da publicação desta Lei, depois de completarem 3 (três) anos, contados a partir da data de congelamento. § 1º Em qualquer caso, é necessário o consentimento dos genitores. § 2º Instituições de pesquisa e serviços de saúde que realizem pesquisa ou terapia com células-tronco embrionárias humanas deverão submeter seus projetos à apreciação e aprovação dos respectivos comitês de ética em pesquisa. § 3º É vedada a comercialização do material biológico a que se refere este artigo e sua prática implica o crime tipificado no art. 15 da Lei 9.434, de 4 de fevereiro de 1997".
70. Disponível em: http://www.stf.jus.br/portal/geral/verPdfPaginado.asp?id=611723&tipo=AC&descricao=Inteiro%20Teor%20ADI%20/%203510. Acesso em: 21 ago. 2012.
71. Resolução CFM 2.320/2022, Anexo, IV, 4.
72. "Os doadores não devem conhecer a identidade dos receptores e vice-versa, exceto na doação de gametas ou embriões para parentesco de até 4º (quarto) grau, de um dos receptores (primeiro grau: pais e filhos; segundo grau: avós e irmãos; terceiro grau: tios e sobrinhos; quarto grau: primos), desde que não incorra em consanguinidade". Tal regra foi inserida por meio da Resolução CFM 2.294/21, que, em sua exposição de motivos, atribuiu a alteração à existência de decisões judiciais no sentido de liberação de doação de gametas para parentes até 4º grau, valendo citar o seguinte julgado: "Constitucional e administrativo – Doação de óvulos entre irmãs – Resolução/CFM 2.121/2.015 – Regra do anonimato – Inaplicabilidade. 1. A garantia de sigilo, prevista na Resolução 2.121/2.015, do Conselho

conhecimento da ascendência genética e afinidade/afetividade com os doadores do material genético.

Não há ressalva quanto ao conhecimento da identidade genética, que é previsto para o filho adotado, conforme artigo 48 da Lei 8.069/1990.[73] Contudo, os filhos nascidos por meio das técnicas de reprodução assistida têm assegurado esse direito por força do artigo 227, § 6º, da Constituição da República de 1988.

Como se constata há várias questões em aberto, as quais por falta de regulamentação jurídica adequada vêm se acumulando. As matérias envolvidas, por sua importância, não devem ficar submetidas à exclusiva discricionariedade própria dos órgãos da administração pública, a despeito da contribuição inegável que tem prestado.

CONSIDERAÇÕES FINAIS

As técnicas de reprodução assistida alteraram o processo natural de reprodução humana e criaram situações desconhecidas pelo ordenamento jurídico, que sempre privilegiou o vínculo genético para o estabelecimento da filiação. Nas técnicas que contam com intervenção de terceiro a vinculação biológica perde importância. Na verdade, o doador de gametas e a gestante substituta, que participam do procedimento, em momento algum desejaram a paternidade/maternidade, não são, portanto, titulares do projeto parental e doam material biológico e/ou cedem parte do corpo (útero) por ato de solidariedade e de forma altruísta. A rigo, participam do projeto parental dos pacientes aos quais será atribuída a parentalidade.

As técnicas, a despeito do estranhamento que causam, têm o mérito de dar filhos a aqueles que constroem um projeto parental. O casal infértil ou homoafetivo e as pessoas solteiras através de procedimentos médicos podem obter a desejada concretização do desejo parental. Como ressaltado acima, o planejamento familiar é garantido pela Constituição da República e tem como fundamento os princípios da dignidade da pessoa humana e da paternidade responsável. Os pacientes ao exercerem seu direito através das técnicas de reprodução assistida

---

Federal de Medicina, objetiva proteger o doador e evitar-lhe futuras consequências pessoais, familiares ou jurídicas. 2. Não há vedação legal ao levantamento da regra do anonimato na doação de óvulos e, no presente feito, ambas as autoras, na qualidade de doadora e receptora, concordam com o afastamento de tal proteção.

73. "Art. 48. O adotado tem direito de conhecer sua origem biológica, bem como de obter acesso irrestrito ao processo no qual a medida foi aplicada e seus eventuais incidentes, após completar 18 (dezoito) anos. Parágrafo único. O acesso ao processo de adoção poderá ser também deferido ao adotado menor de 18 (dezoito) anos, a seu pedido, assegurada orientação e assistência jurídica e psicológica (Redação dada pela Lei 12.010, de 2009)".

tornam-se responsáveis pelas crianças que vierem a ser geradas exista ou não o vínculo biológico entre pais e filhos.

A falta de normas jurídicas adequadas à diversificada problemática da reprodução assistida não deve impedir sua realização, sob pena de violação do direito ao planejamento familiar. É indispensável, porém, a proteção da dignidade de todos os envolvidos, bem como dos embriões humanos, que devem ser protegidos de forma gradual, em consonância com seu estado de desenvolvimento, para que se evite sua reificação. O problema da proteção dos embriões e todas as demais questões pendentes devem buscar nos princípios constitucionais as diretrizes seguras para as soluções que de há muito se aguardam.

Rio de Janeiro.
Outono de 2024.

PLANEJAMENTO FAMILIAR NAS PRODUÇÕES INDEPENDENTES E NAS FAMÍLIAS HOMOAFETIVAS: O ACESSO ÀS TÉCNICAS DE REPRODUÇÃO HUMANA ASSISTIDA PARA ALÉM DA BIPARENTALIDADE HETEROSSEXUAL

Manuel Camelo Ferreira da Silva Netto

Doutorando em Direito Civil pela Universidade do Estado do Rio de Janeiro (UERJ). Mestre em Direito Privado pela Universidade Federal de Pernambuco (UFPE). Graduado em Direito pela Universidade Católica de Pernambuco (UNI-CAP). Advogado. Mediador Humanista. Pesquisador dos Grupos de Pesquisa Constitucionalização das Relações Privadas (CONREP/UFPE/CNPq) e Proteção do Ser Humano na Era da Biopolítica (UERJ/CNPq). Membro da Comissão de Diversidade Sexual e de Gênero da Ordem dos Advogados do Brasil – Seccional Pernambuco (CDSG/OAB-PE). E-mail: manuelcamelo2012@hotmail.com.

Sumário: Introdução – 1. Resoluções do CFM e a ampliação/restrição dos seus beneficiários: pessoas solteiras e homossexuais – 2. A infertilidade psicológica (também) como pressuposto do planejamento familiar no recurso à reprodução humana assistida; 2.1 As diferentes possibilidades de configuração das famílias homoafetivas cisgêneras biparentais a partir do recurso à reprodução humana assistida; 2.2. As diferentes possibilidades de configuração das famílias monoparentais a partir do recurso à reprodução humana assistida (produções independentes) – Considerações finais.

INTRODUÇÃO

As técnicas de reprodução humana assistida (RHA) foram responsáveis por revolucionar o campo reprodutivo nas últimas décadas do século XX, sendo apresentadas como alternativas, no exercício do Planejamento Familiar, capazes de auxiliar na concepção de filhos(as) para aquelas pessoas que não conseguissem tê-los naturalmente, em razão de quadros de infertilidade ou esterilidade. Tal situação, a seu turno, não perdeu sua relevância na atualidade, uma vez que, segundo dados da Organização Mundial de Saúde (OMS) milhões de pessoas, ao redor do mundo, veem-se afetadas por dificuldades no processo de reprodução.[1]

De outra sorte, não se pode ignorar igualmente a relevância que tais procedimentos ganharam, a partir do seu contínuo desenvolvimento tecnocientífico, para

---

1. Organização Mundial de Saúde. *Infertility*. 3 abr. 2023. Disponível em: https://www.who.int/news-room/fact-sheets/detail/infertility. Acesso em: 20 maio 2023.

aquelas realidades familiares nas quais – ainda que não se tenha a constatação de quaisquer fatores causadores de infertilidade biológica – o desejo pelo desempenho do projeto parental tenha a possibilidade de ser concretizado através do recurso à RHA. É o caso das famílias compostas por casais de mesmo gênero[2] e daquelas em que uma pessoa solo irá desempenhar a parentalidade através de produções independentes (famílias monoparentais).

Notórios são, inclusive, os casos de casais homoafetivos e de pessoas solteiras que se socorreram da RHA para conceberem seus filhos, são os exemplos da atriz Karina Bacchi, cujo primeiro filho, Enrico, foi fruto de uma produção independente de maternidade,[3] e do ator Paulo Gustavo e seu marido, Thales Bretas, cujos filhos, Romeu e Gael, foram concebidos, antes do falecimento do ator, através do recurso à RHA, no estrangeiro, em que foram inseminados óvulos de uma mesma doadora com o material genético de ambos os pais.[4]

À vista disso, considerando que, no Brasil, ainda não houve aprovação pelo Congresso Nacional de uma lei específica que oriente a aplicação das citadas técnicas e que, por conseguinte, até o presente momento, o que está servindo de parâmetro norteador para tal aplicabilidade são as resoluções do Conselho Federal de Medicina (CFM), o presente artigo levanta a seguinte problemática: *quais os fundamentos jurídicos que legitimam o acesso de pessoas solteiras (por meio das chamadas produções independentes) e de casais compostos por pessoas*

---

2. Fala-se aqui em "casais de mesmo gênero" numa tentativa de dar uma interpretação elasticida a essas relações conjugais (sejam elas constituídas por meio do casamento ou por meio da união estável), uma vez que se tem o receio da expressão "casais de mesmo sexo" ter o condão de conferir a essas relações uma conotação mais restritiva, pautada na concepção de sexo biológico, que, consequentemente, acaba sendo responsável por causar um apagamento das vivências de pessoas trans em seus relacionamentos afetivos. Dito isso, não obstante a relevância da discussão em torno do direito de acesso da população trans às técnicas de RHA, optou-se, no presente artigo, por restringir a abordagem, no caso dos casais homoafetivos aqui discutidos, àqueles compostos exclusivamente por pessoas cisgêneras e também, no caso das pessoas que optam pelas produções independentes, somente àquelas cisgêneras, pura e exclusivamente em razão de uma necessidade de recorte temático, vez que as discussões em torno da transparentalidade demandariam um elasticimento do tema que transpassaria as dimensões propostas para este artigo. À vista disso, para maior aprofundamento nesse tema das parentalidades trans, permita-se remeter a SILVA NETTO, Manuel Camelo Netto. *Planejamento Familiar nas Famílias LGBT*: desafios sociais e jurídicos do recurso à reprodução humana assistida no Brasil. Belo Horizonte: Fórum, 2021; SILVA NETTO, Manuel Camelo Ferreira da. Uma (Re)Leitura da Presunção *Mater Semper Certa Est* frente à Viabilidade de Gravidezes Masculinas: qual a solução jurídica para atribuição da paternidade de homens trans que gestam seus próprios filhos?. *Revista Brasileira de Direito Civil*, v. 31, p. 255-273, 2022. Disponível em: https://rbdcivil.ibdcivil.org.br/rbdc/article/view/562. Acesso em: 20 maio 2023.
3. TRUJILLO, Adriana. *Grávida de produção independente, Karina Bacchi conta*: "Foi uma decisão muito pensada". Publicado em 09 de fevereiro de 2019, 17:45. Disponível em: https://contigo.uol.com.br/noticias/exclusivas/gravida-de-producao-independente-karina-bacchi-conta-foi-uma-decisao-muito-pensada.phtml. Acesso em: 20 maio 2023.
4. CHAVES, Glaucia. *Paulo Gustavo e Bretas papais!* Entenda a gravidez por substituição. Publicado em 21 de agosto de 2019, 06:18. Disponível em: https://www.metropoles.com/saude/paulo-gustavo-e-bretas-papais-entenda-a-gravidez-por-substituicao. Acesso em: 20 maio 2023.

de mesmo gênero (homoafetivos) às técnicas de reprodução humana assistida no contexto jurídico brasileiro?

Para tal fim, este artigo buscou analisar o direito ao livre exercício do Planejamento Familiar por parte de pessoas solteiras e casais homoafetivos quanto à escolha pela concretização de projetos parentais através da reprodução humana assistida à luz de uma metodologia civil-constitucional. Nesse diapasão, objetivou-se: a) examinar as resoluções do Conselho Federal de Medicina em matéria de reprodução humana assistida e em que medida elas ampliaram/restringiram o acesso a essas técnicas por pessoas solteiras e casais homoafetivos; b) estudar o direito ao planejamento familiar, seu conceito, conteúdo e limitações legais; c) compreender o conceito de infertilidade psicológica e qual seu papel justificador para o acesso a reprodução humana assistida em contextos familiares homoafetivos e monoparentais; d) elucidar as diferentes formas de viabilização de projetos parentais por casais homoafetivos e pessoas solteiras quando do recurso às técnicas de procriação assistida.

Para tanto, recorreu-se ao método de raciocínio analítico-dedutivo, com uma abordagem qualitativa, por meio da aplicação das técnicas da revisão bibliográfica e da pesquisa documental. Nesse sentido, almejou-se realizar um embasamento teórico-jurídico para compreender os alicerces jurídicos que fundamentam o acesso à RHA por contextos familiares diversos daquele heterossexual biparental, diante da omissão normativa sobre o tema.

1. RESOLUÇÕES DO CFM E A AMPLIAÇÃO/RESTRIÇÃO DOS SEUS BENEFICIÁRIOS: PESSOAS SOLTEIRAS E HOMOSSEXUAIS

Atualmente, no Brasil, não existe legislação específica que normatize parâmetros para a aplicação das técnicas de RHA,[5] tendo-se apenas um dispositivo legal que trata da matéria, qual seja o art. 1.597 do Código Civil de 2002 (CC/02), mais especificamente em seus incisos III, IV e V,[6] os quais se restringem à atribuição

---

5. Para maior aprofundamento a respeito dos projetos de lei que tramitam no Congresso Nacional em matéria de reprodução humana assistida, permita-se remeter a SILVA NETTO, Manuel Camelo Ferreira da. A reprodução humana assistida e as dificuldades na sua regulamentação jurídica no Brasil: uma análise dos vinte e quatro projetos de lei que tramitam no Congresso Nacional. In: EHRHARDT JÚNIOR, Marcos; CATALAN, Marcos; MALHEIROS, Pablo. (Org.). *Direito Civil e Tecnologia*. 2. ed. Belo Horizonte: Editora Fórum, 2022. t. II.
6. Código Civil de 2002, grifos nossos: "Art. 1.597. Presumem-se concebidos na constância do casamento os filhos: *III* – havidos por fecundação artificial homóloga, mesmo que falecido o marido; [...] *IV* – havidos, a qualquer tempo, quando se tratar de embriões excedentários, decorrentes de concepção artificial homóloga; [...] *V* – havidos por inseminação artificial heteróloga, desde que tenha prévia autorização do marido".

de presunções de parentalidade e ainda assim trazem uma abordagem bastante insuficiente quando comparada à real complexidade da matéria.[7]

De toda forma, não se pode dizer que esses recursos estejam totalmente apartados de regulamentação. Isso, porque, embora não se trate aqui de regulação pela via legislativa formal, o CFM adotou algumas resoluções de natureza deontológica – normas que prescrevem condutas éticas a serem adotadas pelos médicos quando da aplicação dos procedimentos reprodutivos –, as quais, por sua vez, não podem restringir ou ampliar direitos na ordem jurídica. Até então, foram editadas 8 (oito) resoluções sobre a matéria: (i) a 1.358/1992: (ii) a 1.957/2010; (iii) a 2.013/2013; (iv) a 2.121/2015; (v) a 2.168/2017; (vi) a 2.283/2020 (que apenas realizou uma pequena mudança de redação na 2.168/2017); (vii) a 2.294/2021; e (viii) a 2.320/2022, atualmente vigente, uma vez que as resoluções foram elaboradas sequencialmente na tentativa de aprimorar as suas disposições; revogando, assim, as suas antecedentes.

Todas elas, sem exceção, previram a utilização das técnicas de RHA com o intuito de facilitar o processo de procriação, auxiliando na resolução dos problemas de infertilidade humana, desde que existisse probabilidade de sucesso e não incorresse em risco de saúde para a paciente ou o(a) possível descendente. Dessa forma, os beneficiários seriam pessoas capazes, segundo parâmetros estabelecidos na resolução, desde que de acordo com os procedimentos e devidamente esclarecidos a seu respeito.

Quanto à previsão da extensão de tais direitos para casais homoafetivos e pessoas solteiras, as de n. 2.013/2013, 2.121/2015, 2.168/2017 previram expressamente essa possibilidade para ambos os casos, ao passo que, nas de n. 2.283/2020 (que alterou a redação da n. 2.168/2017) e 2.294/2021, tal previsão manteve-se expressa para pessoas homossexuais, mas implícita para pessoas solteiras. Note-se, também, que, a partir da Resolução 2.121/15, constou-se igualmente a possibilidade de gestação compartilhada por casal de lésbicas, o que fora reproduzido, também, nas Resoluções 2.168/17, 2.294/21 e 2.320/2022, acrescido de uma definição dessa prática (Item II-3).[8]

---

7. Sobre o tema, ver DANTAS, Carlos Henrique Félix; SILVA NETTO, Manuel Camelo Ferreira da. O 'abismo' normativo no trato das famílias ectogenéticas: a insuficiência do art. 1597 (incisos III, IV e V) em matéria de reprodução humana assistida homóloga e heteróloga nos 20 anos do Código Civil. In: BARBOZA, Heloisa Helena; TEPEDINO, Gustavo; MONTEIRO FILHO, Carlos Edson do Rêgo. (Org.). *Direito Civil*: o futuro do direito. Rio de Janeiro: Processo, 2022.
8. Resolução 2.168/2017 do CFM: "3. É permitida a gestação compartilhada em união homoafetiva feminina em que não exista infertilidade. Considera-se gestação compartilhada a situação em que o embrião obtido a partir da fecundação do(s) oócito(s) de uma mulher é transferido para o útero de sua parceira". Resolução 2.294/2021: "3. É permitida a gestação compartilhada em união homoafetiva feminina. Considera-se gestação compartilhada a situação em que o embrião obtido a partir da fecundação do(s) oócito(s) de uma mulher é transferido para o útero de sua parceira". Resolução 2.320/2022

Observe-se, no entanto, que, no ano de 2020, foi realizada uma alteração na Resolução 2.168/17, através da Resolução 2.283/20, que deu nova redação ao Item II-2 daquela, passando a constar da seguinte forma: "2. É permitido o uso das técnicas de RA para heterossexuais, homoafetivos e transgêneros", em substituição ao texto anterior, que dizia: "2. É permitido o uso das técnicas de RA para relacionamentos homoafetivos e pessoas solteiras, respeitado o direito a objeção de consciência por parte do médico". Essa nova redação, introduzida em 2020, fora reproduzida igualmente na Resolução 2.294/21 (Item II-2).[9]

Sobre essa mudança, em que pese ser perceptível a sua intenção de consolidar a amplitude de acesso às técnicas de RHA, algumas reflexões precisam ser ponderadas:

(A) primeiramente, no que tange à redação, quando o CFM traz as expressões "heterossexuais, homoafetivos e transgêneros", é seguro dizer que peca na escolha terminológica. Pois, quando se fala em expressão de sexualidade/orientação sexual, tem-se a manifestação do direito à identidade, atributo da personalidade, de cada pessoa, podendo ser "heterossexual", "homossexual" ou outras, ao passo que a terminologia "homoafetivo" não serviria para designar a pessoa em si, mas sim a relação familiar na qual está inserida, tanto que pessoas bissexuais também podem vir a compor relações homoafetivas, por exemplo;

(B) é igualmente importante frisar que a diversidade sexual e de gênero não se restringe a um binarismo hétero/homo, cis/trans, abarcando, da mesma forma, as figuras da bissexualidade, da pansexualidade, da assexualidade, da não binariedade, da intersexualidade etc. Por essa razão, acredita-se que seria mais adequada uma redação no seguinte sentido: "O uso das técnicas de RA é permitido independentemente da orientação sexual/expressão de sexualidade ou da identidade de gênero das pessoas beneficiárias, não importando, igualmente, para fins de sua aplicação, a formatação da entidade familiar nas quais se encontram inseridas".

No entanto, impende destacar que, curiosamente, a resolução 2.320/2022, atualmente em vigor, retirou a menção expressa que qualificava as pessoas LGBTQIAP+ como beneficiárias das técnicas de RHA, tal qual ocorrera com as pessoas solteiras a partir da resolução 2.283/2020. Essas remoções, embora se saiba que tais resoluções, dada a sua natureza deontológica, não tenham força cogente para

---

do CFM: "2. É permitida a gestação compartilhada em união homoafetiva feminina. Considera-se gestação compartilhada a situação em que o embrião obtido a partir da fecundação do(s) oócito(s) de uma mulher é transferido para o útero de sua parceira".

9. Resolução 2.294/2021: "2. É permitido o uso das técnicas de RA para heterossexuais, homoafetivos e transgêneros".

ampliar ou restringir direitos – esses já conquistados legalmente pelas famílias monoparentais (art. 226, § 4º da CF/88[10]) e jurisprudencialmente pelas famílias homoafetivas (ADPF 132/RJ, ADI 2.477/DF e Resolução 175/2013 do CNJ) –, parece descuidada, uma vez que, em se tratando de grupos vulnerabilizados e até estigmatizados no meio social, seria interessante trazer previsão expressa que reforçasse seu direito de acesso a essas tecnologias.

Por fim, não se pode deixar de tratar especificamente a respeito do direito à objeção de consciência, que, embora removido do texto das resoluções desde a edição da n. 2.283/2022, permaneceu, de forma implícita, na medida em que, na exposição de motivos para alteração da redação, ainda se admitiu essa possibilidade, com base nos "Princípios Gerais" do Código de Ética Médica (CEM).

Essa alternativa diz respeito ao fato desses profissionais poderem negar-se a realizar o processo de RHA quando essa aplicação for de encontro a sua *Liberdade de Consciência*. Sobre isso, importa destacar, contudo, que esse direito não é absoluto, comportando restrições e não podendo o profissional da medicina recursar-se a prestar seus serviços nos casos: a) de ausência de outro médico; b) de urgência ou emergência; e, c) quando sua recusa possa trazer danos à saúde do paciente.

Note-se, aliás, consoante sustentam Igor de Lucena Mascarenhas e Ana Carla Harmatiuk Matos, que o próprio CEM, em seu Capítulo I, item I, não autoriza que a atividade desses profissionais seja exercida mediante qualquer forma de discriminação,[11] razão pela qual, para os autores, a escusa de consciência em razão da orientação sexual ou da identidade de gênero do(a) beneficiário(a) representaria uma dupla violação, tanto aos direitos da personalidade, quanto à possibilidade de concretização de projetos parentais de pessoas integrantes da diversidade sexual e de gênero, que, por sua vez, faria surgir o direito a reparação por danos morais e também existenciais.[12]

---

10. Constituição Federal de 1988: "[...] § 4º Entende-se, também, como entidade familiar a comunidade formada por qualquer dos pais e seus descendentes".
11. Código de Ética Médica (Resolução 1.931/2009), grifo nosso: "I – A Medicina é uma profissão a serviço da saúde do ser humano e da coletividade e será exercida *sem discriminação de nenhuma natureza*".
12. MASCARENHAS, Igor de Lucena; MATOS, Ana Carla Harmatiuk. Objeção de consciência médica em reprodução humana assistida: entre o direito e a discriminação. *Migalhas*, 17 de dezembro de 2020. Disponível em: https://migalhas.uol.com.br/coluna/migalhas-de-responsabilidade-civil/337964/objecao-de-consciencia-medica-em-reproducao-humana-assistida--entre-o-direito-e-a-discriminacao. Acesso em: 20 maio 2023).

2. A INFERTILIDADE PSICOLÓGICA (TAMBÉM) COMO PRESSUPOSTO DO PLANEJAMENTO FAMILIAR NO RECURSO À REPRODUÇÃO HUMANA ASSISTIDA

Em um primeiro momento, vale ressaltar que o direito ao Planejamento Familiar encontra-se disciplinado no art. 226, § 7º da Constituição Federal de 1988 (CF/88), o qual também é responsável por impor parâmetros ao seu exercício.[13]

O conceito trazido pelo texto constitucional remete, assim, a ideia de *"liberdade do casal"* na opção pelo seu projeto parental, pressupondo a sua possibilidade de autodeterminação quanto ao número de filhos(as) que pretendem ter, qual o espaçamento de tempo entre eles(as), qual a forma de concretizar essa filiação (se pela reprodução humana natural, pela reprodução assistida ou por alguma das modalidades de filiação socioafetiva), bem como o direito de não desempenhar a parentalidade.

Note-se, porém, que, num primeiro momento, a redação dada pelo legislador constitucional ao dispositivo do § 7º do art. 226 pode levar a crer que esse direito estaria restrito necessariamente a existência de um casal (duas pessoas, sem que aqui haja também especificação quanto à diversidade de gêneros). No entanto, mister faz-se destacar que esse direito, encontra-se regulamentado, na seara infraconstitucional, pela Lei 9.263/1996 (Lei de Planejamento Familiar), a qual atribui o exercício desse planejamento também às pessoas individualmente consideradas (art. 2º).[14] Assim, pode-se perceber que, para além da ideia de casal, a titularidade do exercício desse direito também compreende o homem e a mulher mesmo que não inseridos em um contexto de conjugalidade,[15] ampliando-se o seu entendimento.[16]

Da mesma forma, esse direito pressupõe uma abstenção do Estado quanto a sua ingerência na vida privada dos indivíduos, incumbindo-lhe única e exclusivamente o dever de prestar as informações necessárias aos titulares da referida garantia, para que o planejamento seja efetivo, assim como o de garantir o acesso aos métodos capazes de viabilizá-lo. Nesse sentido, afirma Maria Amélia Castanho que o Planejamento Familiar "[...] compreende a escolha livre e consciente do indivíduo para evitar ou constituir prole, o que se deve dar a partir de um

---

13. Constituição Federal de 1988: "Art. 226 [...] § 7º Fundado nos princípios da dignidade da pessoa humana e da paternidade responsável, o planejamento familiar é livre decisão do casal, competindo ao Estado propiciar recursos educacionais e científicos para o exercício desse direito, vedada qualquer forma coercitiva por parte de instituições oficiais ou privadas. Regulamento".
14. Lei de Planejamento Familiar: "Art. 2º Para fins desta Lei, entende-se planejamento familiar como o conjunto de ações de regulação da fecundidade que garanta direitos iguais de constituição, limitação ou aumento da prole pela mulher, pelo homem ou pelo casal".
15. O conceito de conjugalidade aqui mencionado refere-se a uma conjugalidade em sentido amplo, incluindo-se tanto a ideia de casamento quanto a de união estável.
16. CASTANHO, Maria Amélia Belomo. *Planejamento Familiar*: o estado na construção de uma sociedade inclusiva e a participação social para o bem comum. Curitiba: Juruá, 2014, p. 74.

processo sério de esclarecimento e conscientização focado nas propostas de um Estado democrático de direito".[17]

Diante disso, percebe-se que a informação é instrumento essencial para garantir a efetividade de tal direito. Afinal, somente pode falar-se em autonomia plena quando a pessoa ou o casal, titulares da referida garantia, estejam integralmente cientes do conteúdo, das consequências e dos riscos de suas escolhas. Fala-se, então, na responsabilidade do Estado enquanto garantidor do acesso a tais informações pela população em geral, sobretudo no que diz respeito aos direitos sexuais e reprodutivos[18] e às suas implicações nas esferas jurídica e social, bem como no papel de promovedor do acesso aos métodos de concepção e contracepção hábeis a viabilizar o exercício desses direitos.

Nesse diapasão, sustenta Heloisa Helena Barboza que o direito ao Planejamento Familiar "pode ser inscrito no rol dos direitos que permitem a realização das potencialidades da pessoa humana"; possuindo, assim, uma dupla feição, que abarca o direito à reprodução tanto no seu aspecto positivo (concepção), quanto no negativo (contracepção). Tal compreensão, segundo a autora, encontra respaldo no texto constitucional – ao tratar da garantia de acesso universal e igualitário às ações e serviços de promoção, proteção e recuperação da saúde (art. 196 da CF/88[19]) – e também, no âmbito infraconstitucional, nas disposições da Lei 9.263/96, que incluiu o Planejamento Familiar nas ações de atenção à mulher, ao homem ou ao casal, numa perspectiva de atendimento global e integral à saúde (art. 3º[20]), o que, por consequência, também abrange as técnicas de RHA (art. 3º, I e 9º[21]).[22]

---
17. CASTANHO, Maria Amélia Belomo. Op. cit., 2014, p. 68.
18. "[...] a formulação do conteúdo dos direitos reprodutivos se diferencia da dos direitos sexuais. Aqueles pretendiam desconstruir a maternidade como único meio ou fim de realização da mulher casada e introduzir no debate internacional situações como o aborto e os métodos anticoncepcionais, já estes intentavam trazer em pauta a liberdade sexual e a busca do prazer, desvinculados da necessidade de reprodução, com a devida proteção legal" (Cf. MOSCHETTA, Sílvia Ozelame Rigo. *Homoparentalidade*: direito à adoção e reprodução humana assistida por casais homoafetivos. 2. ed. Curitiba: Juruá, 2011, p. 78).
19. Constituição Federal de 1988: "Art. 196. A saúde é direito de todos e dever do Estado, garantido mediante políticas sociais e econômicas que visem à redução do risco de doença e de outros agravos e ao acesso universal e igualitário às ações e serviços para sua promoção, proteção e recuperação".
20. Lei de Planejamento Familiar, grifos nossos: "Art. 3º O planejamento familiar é parte integrante do *conjunto de ações de atenção à mulher, ao homem ou ao casal*, dentro de uma visão de atendimento global e integral à saúde. [...] Parágrafo único – As instâncias gestoras do Sistema Único de Saúde, em todos os seus níveis, na prestação das ações previstas no caput, *obrigam-se a garantir*, em toda a sua rede de serviços, no que respeita a atenção à mulher, ao homem ou ao casal, programa de atenção integral à saúde, em todos os seus ciclos vitais, que inclua, como atividades básicas, entre outras: [...] *I – a assistência à concepção e contracepção* [...]".
21. Lei de Planejamento Familiar, grifos nossos: "Art. 9º Para o exercício do direito ao planejamento familiar, serão oferecidos todos os *métodos e técnicas de concepção* e contracepção cientificamente aceitos e que não coloquem em risco a vida e a saúde das pessoas, garantida a liberdade de opção".
22. BARBOZA, Heloisa Helena. A reprodução humana como direito fundamental. In: MENEZES DIREITO, Carlos Alberto; TRINDADE, Antônio Augusto Cançado; PEREIRA, Antônio Celso Alves Pereira. (Org.). *Novas perspectivas do direito internacional contemporâneo*. Rio de Janeiro: Renovar, 2008.

Outrossim, é importante destacar que aqui não se está a tratar de direito absoluto, notadamente pelo que se observa dos limites elencados na CF/88 quanto ao seu exercício, quais sejam:

(A) a *Dignidade da Pessoa Humana* (art. 1º, III da CF/88[23]), preconizando que os seres humanos não podem ser objetificados, devendo ser tratados como um fim em si mesmos, o que, em matéria de Planejamento Familiar, representa não apenas um limitador das atuações do Estado e dos demais indivíduos (os quais ficam impedidos de interferir nas escolhas tomadas por seus beneficiários, seja para controlar ou dificultar o exercício de suas faculdades reprodutivas), mas também um garantidor da *Liberdade* no seu exercício (exigindo uma atuação promocional do Estado, por meio de políticas públicas para o acesso às técnicas de concepção e de contracepção). Além disso, essa autonomia proporcionada pela *Dignidade* não é irrestrita, visto que deve respeitar também os interesses do filho, o que aqui compreende a futura prole.[24]

(B) a *Parentalidade Responsável*[25] (art. 226, §7º), a qual diz respeito à responsabilidade dos pais ao propiciarem um ambiente sadio para o desenvolvimento psicofísico da criança e do adolescente no meio social, estando diretamente ligada às ideias de *Melhor Interesse da Criança e do Adolescente* (art. 227, *caput*, parte final da CF/88) e de *Proteção Integral da Criança e do Adolescente* (art. 227, *caput*, primeira parte, da CF/88[26]), caracterizadas pelo reconhecimento intrínseco dos seus valores enquanto seres humanos e a consequente necessidade de proteção de suas condições especiais de pessoas em desenvolvimento.[27] Nesse sentido, não pode o referido Planejamento Familiar encontrar-se dissociado da responsabilidade dos pais no cuidado devido à prole, uma vez que devem arcar com as

---

23. Constituição Federal de 1988: "Art. 1º A República Federativa do Brasil, formada pela união indissolúvel dos Estados e Municípios e do Distrito Federal, constitui-se em Estado Democrático de Direito e tem como fundamentos: [...] III – a dignidade da pessoa humana".
24. CASTANHO, Maria Amélia Belomo. Op. cit., 2014, p. 82.
25. Sabe-se que o termo empregado pelo texto constitucional é *"Paternidade Responsável"*, mas optou-se aqui por seguir os ensinamentos de Guilherme Calmon Nogueira da Gama, utilizando-se da expressão *"Parentalidade Responsável"*. Isso, pois, entende-se que sua aplicação abrange melhor tanto a noção de paternidade quanto a de maternidade; sendo, portanto, termo mais genérico e adequado (GAMA, Guilherme Calmon Nogueira da. *A nova filiação*: o biodireito e as relações parentais: o estabelecimento da parentalidade-filiação e os efeitos jurídicos da reprodução humana assistida heteróloga. Rio de Janeiro: Renovar, 2003).
26. Constituição Federal de 1988: "Art. 227. É dever da família, da sociedade e do Estado assegurar à criança, ao adolescente e ao jovem, com absoluta prioridade, o direito à vida, à saúde, à alimentação, à educação, ao lazer, à profissionalização, à cultura, à dignidade, ao respeito, à liberdade e à convivência familiar e comunitária, além de colocá-los a salvo de toda forma de negligência, discriminação, exploração, violência, crueldade e opressão".
27. BARBOZA, Heloisa Helena. O princípio do melhor interesse da criança e do adolescente. Congresso Brasileiro de Direito de Família – A família na Travessia do Milênio, 2., 2000. Belo Horizonte. *Anais do II Congresso Brasileiro de Direito de Família – A família na Travessia do Milênio*. Belo Horizonte: IBDFAM, 2000, v. 1. p. 201-213.

responsabilidades decorrentes do exercício pleno e autônomo de suas faculdades sexuais e reprodutivas.[28]

Observa-se, portanto, que os titulares do direito ao Planejamento Familiar não estão dotados de uma autonomia ilimitada no exercício desse direito fundamental, pois não se trata aqui de garantia absoluta. Pelo contrário, tanto os seus titulares quanto o Estado devem observar o respeito à *Dignidade Humana* e à *Parentalidade Responsável* na proteção dos direitos da futura prole, a fim de atender aos interesses constitucionalmente protegidos.

De mais a mais, ao considerar o exercício desse Planejamento Familiar como instrumento concretizador de projetos parentais que se socorrem da RHA, chama-se atenção para o fato de que, embora tenham sido originalmente pensadas e desenvolvidas enquanto tratamentos paliativos para casos de infertilidade e esterilidade biológicos,[29] na atualidade, essas técnicas não podem ser enxergadas apenas sob esse viés deveras restritivo.

Isso, porque, no caso das pessoas homossexuais e bissexuais em contexto homoafetivo cisgênero, o recurso a esses métodos não estaria voltado propriamente ao tratamento da infecundidade biológica, mas sim aquilo que Othoniel Pinheiro Neto convencionou chamar de infertilidade psicológica,[30] dizendo respeito ao

---

28. CASTANHO, Maria Amélia Belomo. Op. cit., 2014, p. 90.
29. Cabe ressaltar que, para os fins do presente trabalho, os vocábulos "infertilidade" e "esterilidade" serão utilizados enquanto sinônimos; note-se, no entanto, que os seus conceitos diferem entre si, visto que a infertilidade diz respeito a uma condição que apenas dificulta a concepção, podendo ser tratada e revertida, ao passo que a esterilidade redunda numa impossibilidade permanente e irreversível (Cf. FERRAZ, Ana Claudia Brandão de Barros Correia. *Reprodução humana assistida e suas consequências nas relações de família*: a filiação e a origem genética sob a perspectiva da repersonalização. 2. ed. Curitiba: Juruá, 2016, p. 43).
30. Aqui cabe realizar alguns esclarecimentos com relação ao uso do termo *"infertilidade psicológica"*, o qual não é empregado no sentido de suscitar quaisquer compreensões patologizantes relativas à homossexualidade ou à bissexualidade, até porque é inegável que a atração afetivo-sexual de uma pessoa por outra do mesmo gênero não é e nem pode ser encarada enquanto uma doença, vide entendimento da própria OMS que, desde 1990, já removeu da revisão de número 10 da sua Classificação Internacional de Doenças (CID-10) a figura do *"homossexualismo"*. Nesse sentido, o termo "infertilidade psicológica" é trazido – inspirado no estudo realizado por Othoniel Pinheiro Neto acerca do direito de acesso de pessoas homossexuais às técnicas de RHA por meio da Política Nacional de Reprodução Humana Assistida, implementada pelo Sistema Único de Saúde (SUS) – como contraponto a ideia de *"infertilidade biológica"*, que é, via de regra, usada como fundamento para garantir o acesso de pessoas biologicamente inférteis às políticas públicas de acesso a tratamentos de reprodução com base na proteção ao direito à saúde. Por essa razão, embora se compreenda que, no caso de pessoas homossexuais e bissexuais em um contexto homoafetivo, ou mesmo de pessoas solteiras (heterossexuais, homossexuais ou bissexuais), o acesso às técnicas de RHA não esteja relacionado a alguma espécie de "patologia psicológica" – razão pela qual talvez o uso do termo *"infertilidade psicológica"* não seja o mais adequado, ao que quiçá pudesse ser substituído por *"infertilidade convencional"* ou *"infertilidade voluntária"* – a menção aqui feita à *"infertilidade psicológica"* cumpre apenas o papel de ressaltar a não obrigatoriedade que um indivíduo, independentemente de sua orientação sexual, mesmo que fértil biologicamente, tem de relacionar-se com outro de sexo oposto ao seu para conseguir viabilizar um projeto parental,

exercício da autonomia daquelas pessoas que não queiram ter relações sexuais com o sexo oposto; impedindo, por conseguinte, a possibilidade de procriação natural.[31] Além disso, não se pode olvidar que, ao reconhecer-se a legitimidade das famílias homoafetivas no ordenamento jurídico brasileiro – uniões estáveis (julgamento da ADI 4.277/DF e da ADPF 132/RJ pelo STF) e casamento (Resolução 175/2013 do CNJ) –, deu-se a elas proteção isonômica com relação às demais entidades familiares, não sendo possível retirar dessas pessoas o direito ao exercício pleno do Planejamento Familiar.[32]

Da mesma forma, considerando que pessoas (heterossexuais, homossexuais ou bissexuais) desejem desempenhar seus projetos de parentalidade individualmente, o recurso às técnicas de RHA encontra-se igualmente assegurado por essa desobrigatoriedade de manutenção de relações sexuais com o sexo oposto (infertilidade psicológica), assim como pela proteção constitucional expressa conferida às famílias monoparentais, voluntárias ou involuntárias.[33]

Por essa razão, nos próximos subtópicos, considerou-se o amplo leque que as técnicas de RHA garantem ao(s) beneficiário(s) e/ou beneficiária(s) na atualidade, seja na intervenção no processo de procriação propriamente dito (IA, GIFT, ZIFT, FIV ou ICSI[34]), seja no auxílio para a efetividade dos seus procedimentos (doação ou criopreservação de material genético, diagnóstico genético pré-implantacional – DGPI e gestação por substituição – GS),[35] além do fato de, levando em conta o objeto central deste trabalho e a necessidade de reconhecimento das diferenças, o acesso às técnicas de RHA aqui analisado dizer respeito tanto às pessoas solo (solteiras, divorciadas ou viúvas), quanto àquelas em contextos de conjugalidade

---

podendo, igualmente, valer-se das técnicas de RHA para assegurar tal desejo, inclusive fazendo jus à garantia de acesso conferida pelo SUS através da Política Nacional de Reprodução Humana Assistida, com base no direito fundamental ao Planejamento Familiar e na proteção constitucional conferida ao direito à saúde na sua acepção biopsicossocial.

31. PINHEIRO NETO, Othoniel. *O direito dos homossexuais biologicamente férteis, mas psicologicamente inférteis, habilita-os como beneficiários da política nacional de reprodução humana assistida*. 2016. 137 f. Tese (Doutorado em Direito) – Universidade Federal da Bahia. Salvador, 2016, p. 62. Disponível em: https://repositorio.ufba.br/ri/bitstream/ri/20172/1/Tese%20Othoniel%20Pinheiro%20Neto.pdf. Acesso em: 20 maio 2023.
32. Para maior aprofundamento no tema, ver SILVA NETTO, Manuel Camelo Netto. Op. cit., 2021.
33. Para maior aprofundamento no tema, permita-se remeter a SILVA NETTO, Manuel Camelo Ferreira da; DANTAS, Carlos Henrique Félix; FERRAZ, Carolina Valença. O Dilema da 'Produção Independente' de Parentalidade: é legítimo escolher ter um filho sozinho? *Revista Direito GV*, v. 14, p. 1.106-1.138, 2018. Disponível em: https://www.scielo.br/j/rdgv/a/P9bvxGv9fFQQZP7Xh4LMvXh/?lang=pt. Acesso em: 20 maio 2023.
34. Tais siglas referem-se a diferentes técnicas existentes na atualidade e que funcionam como procedimentos interventivos cujo condão é viabilizar o processo de procriação. São eles, respectivamente: inseminação artificial (IA), transferência intratubária de gametas (GIFT), transferência intratubária de zigotos (ZIFT), fertilização *in vitro* (FIV) e injeção intracitoplásmica de espermatozoides (ICSI).
35. Para maiores informações sobre as técnicas de RHA, seus tipos e funcionalidades, ver SILVA NETTO, Manuel Camelo Ferreira da. Op. cit., 2022.

lato sensu (casamento ou união estável), tomando como parâmetro as suas expressões de sexualidade e as suas identidades de gênero, se homens ou mulheres, cisgêneros (homossexuais ou bissexuais).

Além disso, não se pode deixar de ressaltar também que, diante de tais arranjos, os vínculos de filiação[36] aqui considerados poderão levar em conta diversos critérios para o estabelecimento de tais liames, quais sejam: a) o genético (gametas sexuais); b) o biológico (gestação); c) o volitivo (deliberação pelo uso das técnicas de RHA, a partir da vontade procriacional[37]); d) o socioafetivo (representando o vínculo afetivo e social do(a) beneficiário(a) para com aquele filho que será gerado a partir da RHA); e, e) o jurídico (incidência de alguma das presunções jurídicas de filiação do art. 1.597 do CC/02).

2.1 As diferentes possibilidades de configuração das famílias homoafetivas cisgêneras biparentais a partir do recurso à reprodução humana assistida

Para o presente tópico, levou-se em consideração a condição de fertilidade ou de infertilidade, a necessidade ou não de recurso à doação de gametas e à GS e a possibilidade ou não de valer-se da gestação compartilhada, bem como o critério de atribuição da parentalidade empregado. Ademais, foi verificado se a motivação do recurso às RHA encontra-se pautada na infertilidade psicológica puramente ou também na infertilidade biológica.

Sendo assim, iniciar-se-á debatendo as possibilidades encontradas para o desempenho da dupla maternidade no contexto homoafetivo feminino e, em seguida, serão discutidos os recursos disponíveis para a consecução da dupla paternidade do casal homoafetivo masculino, ambos a partir de uma ótica cisgênera, em razão do recorte epistemológico da pesquisa.

1. Quando um *casal de mulheres* cisgêneras deseja recorrer às técnicas de RHA, a fim de dar concretização a um projeto parental de ambas, vários são os recursos que estão à sua disposição. Afinal, como, por questões naturais e biológicas, elas são capazes, via de regra, de gestar o próprio filho, a intervenção no seu

---

36. Importa reforçar que, independentemente do elo presente para o estabelecimento das relações paterno-materno-filiais aqui consideradas, não há e nem deve haver uma hierarquia entre eles, sendo toda forma de filiação igualmente *Digna* e legítima, em direitos e deveres.
37. Em apertada síntese, a vontade procriacional seria o critério de atribuição de filiação focado na manifestação de vontade dos(as) beneficiários(as) direcionada à constituição de um projeto parental pela via da RHA, a partir da assinatura do termo de consentimento informado. Para maior aprofundamento no tema, ver LAMM, Eleonora. La importância de la voluntad procreacional en la nueva categoria de filiación derivada de las técnicas de reproducción asistida. *Revista de Bioética y Derecho*. Barcelona, n. 24, p. 76-91, 2012. Disponível em: http://revistes.ub.edu/index.php/RBD/article/view/7610/9516. Acesso em: 20 maio 2023.

processo reprodutivo não é tão complexa quanto no caso dos casais masculinos cisgêneros, por exemplo, que demandam além do uso da FIV, também o recurso à GS. Levando isso em consideração, podem ser vislumbradas 5 (cinco) hipóteses disponíveis para que esses casais desempenhem seus projetos parentais através da RHA:

(A) *mediante o uso da RHA heteróloga, no qual uma será a gestante e também a fornecedora do óvulo* – uma primeira possibilidade seria o recurso à reprodução heteróloga, através da IA com a utilização de material genético de uma delas e o de um doador anônimo, o que, a princípio, já resolveria a questão da fecundação e, a partir de então, ter-se-ia a possibilidade dela levar a termo essa gravidez para o casal. Nessa hipótese, como bem afirma Marianna Chaves, a filiação seria, num primeiro momento, estabelecida apenas com aquela que gestou a criança,[38] mas, por óbvio, nada obstaria, com base na vinculação socioafetiva a ser estabelecida entre a criança e a outra mãe, que fosse reconhecida essa filiação também com relação a ela. Ademais, em se tratando de mulheres casadas, defende Rolf Madaleno que o inciso V do art. 1.597 do CC/02 seja-lhes aplicado em analogia, interpretando a "autorização do marido", enquanto "autorização do cônjuge",[39] solução a qual já fora ventilada na jurisprudência.[40] Assim, uma vez que a possibilidade do

---

38. CHAVES, Marianna. Parentalidade homoafetiva procriação natural e medicamente assistida por homossexuais. In: DIAS, Maria Berenice (Coord.). *Diversidade sexual e direito homoafetivo*. São Paulo: Ed. RT, 2011, p. 369.
39. MADALENO, Rolf. Os efeitos jurídicos da homoparentalidade. In: FERRAZ, Carolina Valença; LEITE, George Salomão; LEITE, Glauber Salomão; LEITE, Glauco Salomão (Coord.). *Manual do Direito Homoafetivo*. São Paulo: Saraiva, 2013, p. 321.
40. Em São Paulo, no ano de 2014, na 2ª Vara de Registros Públicos, um casal de lésbicas, no qual as crianças A. R. d. C. e E. R. d. C., representados pela genitora, correspondente à mãe gestacional no procedimento de reprodução assistida, e também C. M. S., a qual seria a outra mãe das crianças e que, no caso em tela, não correspondeu à doadora genética, pleitearam o reconhecimento dessa outra maternidade. Dessa forma, o juiz Marcelo Benacchio, em sua sentença, entendendo de forma diversa daquela defendida pela representante do Ministério Público, a qual opinou pela adoção unilateral, decidiu pelo registro da criança no nome da segunda mãe, nos seguintes termos: "As crianças Á e E, nascidas em 29.05.2009, ao que consta, foram planejadas e desejadas por essa família, com a participação de V e C durante todo o processo de inseminação artificial realizado na primeira, [...] em que pese o entendimento da nobre representante do Ministério Público, autorizo o reconhecimento de filiação de Á R d C e E R d C por C M S, averbando-se a filiação e o nome dos avós". (Cf. SÃO PAULO. Processo 0070161-75.2013.8.26.0100. Juiz de Direito: Juiz de Direito Marcelo Benacchio. Data do Julgado 20.02.2014. Disponível em: http://www.direitohomoafetivo.com.br/jurisprudencia-categoria/sub86dupla-parentalidade/87/1. Acesso em: 20 maio 2023). Em Pernambuco, por sua vez, caso semelhante ocorreu no juízo da 1ª Vara de Família e Registro Civil da Capital, no ano de 2014, em que um casal de mulheres, M. O. N. e M. T. S., entrou com um pedido de jurisdição voluntária, postulando o registro dos filhos, D. T. O. N. e L. T. O. N., ambos concebidos por meio do uso de técnicas de reprodução humana assistida, tendo servido como mãe gestacional M. T. S., com o uso de seus próprios óvulos e de material genético de doador anônimo. No caso, o juiz, Clicério Bezerra, fundamentando-se principalmente nos efeitos vinculantes garantidos pela ADPF 132/RJ e a ADI 4.277/DF, nos princípios constitucionais e reconhecendo o planejamento conjunto do casal, concedeu, assim como no primeiro caso, o direito ao registro das crianças por parte de ambas as mães, nos seguintes termos: "À vista do exposto e a livre manifestação das partes

casamento tenha sido reconhecida pelo STJ e regulamentada administrativamente pela resolução 175/2013 do CNJ, ocasionando a factibilidade dessa formação familiar, já se teria a possibilidade de aplicação do instituto das presunções jurídicas de filiação do art. 1.597 do CC/02 para facilitar o reconhecimento desse vínculo parental entre a cônjuge daquela que foi mãe gestacional e a criança. Em suma: a maternidade seria atribuída a uma delas por meio dos critérios genético (fornecimento do seu próprio óvulo) e biológico (gestação) e à outra através dos critérios jurídico (aplicação analógica da presunção do inciso V do art. 1.597 do CC/02) e socioafetivo (em razão da ausência de vínculo genético com a prole) e o recurso a RHA seria justificado a partir da ocorrência de infertilidade psicológica;

(B) *mediante o uso da gestação compartilhada* – uma segunda alternativa para essas pretensas mães seria o recurso à FIV, no qual uma das duas gestaria o embrião fecundado com o óvulo da outra e o espermatozoide de um doador anônimo, hipótese que é denominada por Marianna Chaves de reprodução parcialmente heteróloga.[41] A propósito, interessa deixar registrado que alguns estudos têm apontado para os possíveis benefícios psicológicos que a utilização da mencionada técnica pode trazer para a realidade do casal, fazendo-se cumprir um desejo pessoal e cultural de ambas contribuírem para o desenvolvimento da futura prole.[42] Tal procedimento está previsto no item II-2 da resolução 2.320/2022 do CFM como gestação compartilhada e visa dar um maior apelo ao vínculo genético entre a mãe não gestante e a prole; encontrando, inclusive, decisões favoráveis a essa parentalidade na jurisprudência.[43] Dessa forma, percebe-se que a relação parental

e os requisitos exigidos pelos arts. 29, I, e 50 a 66, da Lei 6.015/73, nos termos do Decreto 7.231/2010, e no Código de Normas dos Serviços Notariais e de Registro do Estado de Pernambuco, Provimento 20, de 20.11.2009 (DJE 30.11.2009), determino a abertura e lavratura dos assentamentos dos registros de nascimento de D.T.O.N. e L.T.O.N., nascidos em 06.02.2014, às 09h10m, com sexos, respectivamente, masculino e feminino, no Hospital Santa Joana, naturais do Recife, Estado de Pernambuco, filhos de M.O.N. e de M.T.S., tendo como avós maternos, por um lado, J. B. N. e V.L.O.N., e, por outro, de M.T.S. e M.C.S., respectivamente" (PERNAMBUCO. Processo n. indisponível. Juiz de Direito: Clicério Bezerra da Silva. Data do Julgado 20.02.2014. Disponível em: http://www.direitohomoafetivo.com.br/jurisprudencia-categoria/sub86dupla-parentalidade/87/1. Acesso em: 20 maio 2023).

41. CHAVES, Marianna. Op. cit., 2011, p. 370.
42. GETRAJDMAN, Chloe; LEE, Joseph A.; COPPERMAN, Alan B. Co-IVF for same-sex female couples. *Seminars in Reproductive Medicine*, Nova Iorque, v. 25, n. 5, 415-419, 2017. Disponível em: https://www.thieme-connect.com/products/ejournals/html/10.1055/s-0037-1605380. Acesso em: 20 maio 2023.
43. Em 2012, na 2ª Vara de Registros Públicos de São Paulo, tramitou Ação de Retificação de Registro no qual as requerentes, M. O. P. e C. C. A., pleitearam a retificação do registro civil de M. Y. P. para inclusão também de C. como mãe da criança. Nesse caso em questão, C. forneceu os seus óvulos para serem fecundados pelo material genético de doador anônimo, tendo M. O. P. gestado o embrião resultante. Diante disso, com parecer positivo do Ministério Público, o juiz Márcio Martins Bonilha Filho, deferiu o pedido, nos termos que seguem: "Por tudo que foi dito, a inserção da genitora biológica no assento de nascimento de M. é medida de rigor, mesmo porque a duplicidade em relação às mães, na forma almejada, não constitui óbice registrário, tanto que vários são os precedentes admitindo adoção por pessoas com orientação homossexual. Evidenciado o vínculo de filiação, como sucede na hipótese vertente em relação à genitora C. C. A., em respeito ao direito fundamental à identidade, forçoso é

dá-se, nesse caso, a partir do critério biológico (gestação) para aquela que for a gestante e dos critérios genético (uso do seu óvulo) e jurídico (aplicação analógica da presunção do inciso V do art. 1.597 do CC/02) para aquela que fornecer seu material genético para ser fertilizado e implantado em sua parceira. Por sua vez, o recurso à RHA justificar-se-ia a partir da ocorrência de infertilidade psicológica;

(C) *mediante o uso da RHA heteróloga, quando ambas não puderem gestar a criança* – a terceira hipótese, cuja ocorrência, confessa-se, é bem mais difícil, mas totalmente factível, diz respeito aos casos em que há alguma espécie de infertilidade que obste a gestação por ambas as integrantes do casal homoafetivo feminino. Nesse caso, poderão recorrer à FIV, na qual uma delas doará o óvulo que será fecundado por sêmen de doador anônimo e, em seguida, implantado no útero de gestante por substituição, que levará a termo a gestação em favor do casal de beneficiárias. Sendo assim, os vínculos materno-filiais serão estabelecidos pelo critério genético (uso do óvulo) no tocante àquela que forneceu os seus gametas sexuais e pelos critérios socioafetivo (ausência de liame genético com a prole) e volitivo (deliberação pelo uso das técnicas de RHA) com relação à outra integrante do casal. O recurso à RHA seria justificado, a seu turno, em razão da infertilidade psicológica;

(D) *mediante o uso da RHA heteróloga, quando ambas forem inférteis por fatores ovarianos e, ao menos, uma delas puder gestar* – esta quarta hipótese supõe a ocorrência de esterilidade ovariana em ambas as integrantes do casal feminino.

---

convir que o pedido de inserção deduzido a fls. 02/11 restabelecerá a realidade registrária e comporta deferimento. Posto isso, julgo procedente o pedido nos termos da inicial para determinar a averbação no assento de nascimento de M. Y. P. a maternidade de C. C. A. A criança passará a se chamar M. Y. A. P., deferida, também, a inserção dos nomes dos outros avós maternos (genitores da mãe C.)" (Cf. SÃO PAULO. Processo 0012939-86.2012.8.26.0100. Juiz de Direito: Márcio Martins Bonilha Filho. Data do Julgado 28.09.2012. Disponível em: http://www.direitohomoafetivo.com.br/jurisprudencia-categoria/sub86dupla-parentalidade/87/2. Acesso em: 20 maio 2023). Em Pernambuco, no ano de 2014, ocorreu caso semelhante perante o Juízo da 4ª Vara de Família e Registro Civil da Capital, no qual as requerentes, R. B. da S. e B. T. de B. B., que viviam em união estável há dois anos e sete meses, no intuito de concretizarem seu projeto parental em comum, optaram pelo recurso da RHA, em que a primeira cedeu o seu material genético e a segunda gestou o embrião fertilizado com esse óvulo e o espermatozoide de um doador anônimo. Ante parecer positivo do Ministério Público, o magistrado, João Maurício Guedes Alcoforado, fundamentando, sobretudo, nos princípios dispostos no Magno Texto, entendeu pela concessão do duplo registro, nos termos que seguem: "O juiz de nosso século não é um mero leitor da lei e não deve temer novos direitos. Haverá sempre novos direitos e também haverá outros séculos. Deve estar atento à realidade social e, cotejando os fatos com o ordenamento jurídico, concluir pela solução mais adequada. Ante o exposto, levando em consideração a documentação acostada aos autos, bem como, o parecer favorável da Representante do Ministério Público, julgo procedente o pedido na forma da petição inicial, autorizando-se o registro da criança em nome das duas requerentes, constando os nomes de todos os avós (pais de cada uma das requerentes) no registro. Ou seja: que a criança é filha de R. B. da S.. e de B. T. de B. B., sendo avós J. B. da S. e V. B. da S. e M. T. de B. e A. P. de B". (Cf. PERNAMBUCO. Processo 8938554-2013. Juiz de Direito: João Mauricio Guedes Alcoforado. Data do Julgado 25.07.2014. Disponível em: http://www.direitohomoafetivo.com.br/jurisprudencia-categoria/sub86dupla-parentalidade/87/1. Acesso em: 20 maio 2023).

Assim, explicam Ana Carla Harmatiuk Matos e Karla Ferreira Camargo Fischer que, em razão da infertilidade que acomete ambas as cônjuges ou companheiras, necessita-se também, além da obtenção de esperma de doador anônimo, da recepção de um óvulo que será fornecido por uma doadora anônima. A partir daí faz-se o procedimento da FIV, fecundando os gametas sexuais e, em seguida, procede-se com a implantação do embrião no útero de uma das beneficiárias.[44] Nessa toada, os vínculos serão estabelecidos em razão do fator biológico (gestação) para a mãe gestante e pelos critérios socioafetivo (ausência de liame biológico com a prole) e jurídico (aplicação analógica da presunção do inciso V do art. 1.597 do CC/02) para a outra integrante do casal. Já o recurso à RHA seria justificado a partir da ocorrência concomitante de infertilidade psicológica e biológica.

(E) *mediante o uso da RHA heteróloga, quando ambas forem inférteis por fatores ovarianos e não puderem gestar* – esta quinta hipótese é, talvez, a de mais difícil ocorrência prática, visto que supõe a existência de esterilidade ovariana em ambas as integrantes do casal feminino e também a impossibilidade das duas gestarem o embrião. No entanto, se tal eventualidade é verificável em casais heteroafetivos (quando ambos os cônjuges são estéreis e a mulher não pode gestar), também não se pode ignorar a viabilidade do seu acontecimento no contexto homoafetivo feminino, a exemplo de um casal com idade mais avançada, no qual as duas já tenham experienciado a menopausa e possuam algum fator de infertilidade tubária. Desse modo, considerando a impossibilidade de suportarem a gestação somada ao impedimento do fornecimento de material genético próprio, necessita-se, além da obtenção de espermatozoide de doador anônimo e da recepção de um óvulo por uma doadora anônima, do recurso à GS. Nessa continuidade, faz-se o procedimento da FIV, fecundando os gametas sexuais doados e, em seguida, procede-se com a implantação do embrião no útero da gestante substituta. Sendo assim, os vínculos entre as duas mães e a criança serão pautados concomitantemente nos critérios socioafetivo (ausência de liame biológico com a prole) e volitivo (deliberação pelo uso da RHA). A seu turno, o recurso à RHA seria justificado a partir da ocorrência simultânea de infertilidade psicológica e biológica.

De mais a mais, é interessante deixar registrado que os grandes avanços no campo da biotecnologia reprodutiva caminham para uma maior ampliação das alternativas a serem ofertadas aos seus beneficiários. No tocante ao casal de mulheres, inclusive, têm-se experiências no sentido de viabilizar até mesmo a reprodução homóloga entre os gametas femininos. Sobre essa hipótese, explica Marianna Chaves que é pontuada, na doutrina especializada, a possibilidade de

---

44. MATOS, Ana Carla Harmatiuk; FISCHER, Karla Ferreira de Camargo. Reprodução humana assistida e parceria homoafetiva. *Revista Pensar*, Fortaleza, v. 17, n. 1, p. 9-32, 2012, p. 24. Disponível em: https://periodicos.unifor.br/rpen/article/view/2289/pdf. Acesso em: 20 maio 2023.

uma criança ser filha genética de duas mães, independentemente até da necessária intervenção de um gameta sexual masculino para que isso ocorra. São dois os casos citados pela autora: a) de fecundação de um óvulo por outro, colhendo-se ambos já maduros e promovendo a sua fusão *in vitro*; e, b) de transferência de um núcleo de um óvulo, previamente recolhido, para outro (doado pela parceira) e do qual foi retirado o núcleo primitivo. Em ambos os casos, a pessoa que fosse originada seria filha de duas mães genéticas.[45]

Além disso, para fora dos avanços biotecnológicos, em se tratando de casais homoafetivos femininos tem-se ainda a possibilidade do recurso às chamadas inseminações caseiras, através das quais, por meio da obtenção de gametas sexuais (espermatozoides) doados, uma das parceiras ou mesmo ambas podem autoinseminar-se com auxílio de seringas, no intuito de viabilizar uma gravidez que culmine em um projeto parental conjunto. Tal prática vem, cada vez mais, tornando-se realidade, sobretudo no caso de casais femininos, tendo em vista uma infinidade de fatores, tais quais o respeito à privacidade do casal, as barreiras socioeconômicas (considerando que os tratamentos ofertados pelas clínicas são demasiadamente caros) e também geográficas (uma vez que a maioria das clínicas encontra-se sediada no Sul e Sudeste do país).[46] Não obstante, há várias questões de cunho ético e jurídico que ainda precisam ser debatidas acerca do tema, tendo em vista a ausência de quaisquer proteções legais a essa modalidade de projetos de parentalidade, os quais não serão aqui debatidos, pois fogem ao escopo do presente artigo.

2. Em se tratando de *casal masculino* cisgênero, as possibilidades são bem menores quando comparadas à situação do casal feminino. Afinal, a concretização do projeto parental conjunto, nesse caso, demandará obrigatoriamente o recurso à GS, que, de acordo com as diretrizes atuais estabelecidas pelo CFM (item VII da resolução 2.320/2022) deve ter natureza solidária (gratuita), demandando que a gestante substituta tenha ao menos um filho vivo e possua um necessário vínculo consanguíneo de parentesco até o 4º grau com um dos beneficiários, estando os demais casos sujeitos à autorização do Conselho Regional de Medicina (CRM).[47]

---

45. CHAVES, Marianna. Op. cit., 2011, p. 367-368.
46. Para maior aprofundamento na matéria, ver FELIPE, Mariana Gonçalves; TAMANINI, Marlene. Inseminação caseira e a construção de projetos lesboparentais no Brasil. *Revista Ñanduty*, [S. l.], v. 8, n. 12, p. 18-44, 2020. Disponível em: https://ojs.ufgd.edu.br/index.php/nanduty/article/view/15301. Acesso em: 20 maio 2023.
47. Resolução 2.320/2022 do CFM: "1. A cedente temporária do útero deve: a) ter ao menos um filho vivo; b) pertencer à família de um dos parceiros em parentesco consanguíneo até o quarto grau (primeiro grau: pais e filhos; segundo grau: avós e irmãos; terceiro grau: tios e sobrinhos; quarto grau: primos); c) na impossibilidade de atender o item b, deverá ser solicitada autorização do Conselho Regional de Medicina (CRM) [...] 2. A cessão temporária do útero não pode ter caráter lucrativo ou comercial e a clínica de reprodução não pode intermediar a escolha da cedente".

Por isso, elencam-se apenas 3 (três) possibilidades para que essas entidades familiares venham a concretizar seus desejos da parentalidade:

(A) *mediante o recurso à RHA heteróloga, a partir do uso do material genético de um deles* – caso em que o projeto parental será viabilizado com o auxílio da FIV ou da ICSI, em que um dos integrantes do casal será responsável por ceder seu material genético (espermatozoide), que, por sua vez, será utilizado para fecundar o óvulo de uma doadora anônima, sendo o embrião resultante implantado no útero daquela que será a gestante substituta.[48] Tal alternativa, inclusive, encontra respaldo na jurisprudência pátria.[49] Diante disso, o vínculo de filiação será estabelecido pelo critério genético (uso do gameta sexual próprio) para aquele que forneceu o espermatozoide e pelos critérios socioafetivo (ausência de liame biológico com a prole) e volitivo (deliberação pelo uso da RHA) para o seu parceiro. No que tange ao uso da RHA, esse estaria justificado pela ocorrência da infertilidade psicológica;

(B) *mediante o uso da RHA heteróloga, quando ambos sejam inférteis* – essa segunda hipótese é menos verificável, em razão da maior dificuldade factual da sua constatação. Nesse caso, além de óvulo fornecido por doadora anônima e do

---

48. CHAVES, Marianna. Op. cit., 2011, p. 373.
49. Em Pernambuco, no ano de 2012, um casal homossexual masculino, M. A. A. e W. A. A., requereram perante o Juízo da 1ª Vara de Família e Registro Civil da Capital, o direito ao registro de sua filha, M. T. A. A., nascida com o auxílio de técnicas de reprodução humana assistida em conjunto com recurso à gestação sub-rogada, através da doação de material genético de M. A. A. e de doadora anônima. Nessa oportunidade, o juiz do caso, Clicério Bezerra, ao decidir a questão, fez os seguintes apontamentos: "À vista do exposto e a livre manifestação das partes e os requisitos exigidos pelos arts. 29, I, e 50 a 66, da Lei 6.015/73, nos termos do Decreto 7.231/2010, e no Código de Normas dos Serviços Notariais e de Registro do Estado de Pernambuco, Provimento 20, de 20.11.2009 (DJE 30.11.2009), determino a abertura e lavratura do assentamento do registro de nascimento de M. T. A. A., nascida em 29.01.2012, as 00h44m, do sexo feminino, no Hospital Esperança Ltda, natural do Recife, Estado de Pernambuco, filha de M. A. A. e de W. A. A., tendo como avós paternos, por um lado, M. P. D. S. e T. A. D. S., e, por outro, de S. R. D. A. e M. J. S. D. A., respectivamente" (Cf. PERNAMBUCO. Processo n. indisponível. Juiz de Direito: Clicério Bezerra da Silva. Data do Julgado: 28.02.2012. Disponível em: http://www.direitohomoafetivo.com.br/jurisprudencia-categoria/sub86dupla-parentalidade/87/2. Acesso em: 20 maio 2023). Em 2014, dessa vez em Santa Catarina, D. K. e J. C. entraram com Ação Declaratória de Dupla Paternidade, alegando que viviam em união estável desde 16.02.2011 e que tinham submetido-se a um procedimento de RHA, com auxílio de gestação por substituição, a qual culminou no nascimento de uma menina, ainda durante o desenrolar do processo e que restava sem registro até então. Diante disso, o magistrado do caso, Luiz Cláudio Broering, proferiu a seguinte decisão: "Ante o exposto, julgo procedentes os pedidos iniciais para declarar os autores, D. K. e J. C. como pais da menina S. A. C. K, nascida em 08.08.2013, às 17:45 horas, sexo feminino, tendo como avós paternos B. F. K. e T. V. K., além de M. E. C. e B. B. C. C. O registro de nascimento deverá manter em branco os campos relativos aos dados da genitora, uma vez que a concepção foi decorrente inseminação artificial heteróloga e a gestação por substituição. [...]Expeça-se mandado ao Cartório de Registro Civil competente, para a confecção do registro de nascimento da criança, com cópia de fl. 76, sendo observado o sigilo quanto aos documentos" (Cf. SANTA CATARINA. Processo 0800779-46.2013.8.24.0090. Juiz de Direito: Luiz Cláudio Broering. Data do Julgado: 30.07.2014. Disponível em: http://www.direitohomoafetivo.com.br/jurisprudencia-categoria/sub86dupla-parentalidade/87/1. Acesso em: 20 maio 2023).

uso da gestação sub-rogada, seria necessário também a recepção de esperma doado por doador anônimo. Com isso, seria utilizada a técnica da FIV para realizar a fecundação dos gametas doados e seria realizada a posterior implantação no útero da gestante por substituição. Assim, os vínculos paterno-filiais seriam estabelecidos, com relação a ambos os pais, a partir do critério socioafetivo (ausência de vínculo biológico com a prole) e volitivo (deliberação pelo uso da RHA). O recurso à RHA seria justificado, então, por conta da infertilidade psicológica e também da infertilidade biológica; e,

(C) *mediante o uso da RHA heteróloga ou bisseminal, a partir da coleta do material genético dos dois* – a última hipótese vislumbrada é aquela em que ambos os membros do casal doam seus respectivos materiais genéticos (espermatozoides), que serão utilizados no processo de fecundação do óvulo de doadora anônima, através da FIV, sendo o embrião resultante implantado no útero da gestante substituta. A partir daí, têm-se duas possibilidades: a) na primeira, explicada por Ana Carla Harmatiuk Matos e Karla Ferreira de Camargo Fischer, utiliza-se o gameta sexual de apenas um deles, sem revelar-lhes de quem foi o espermatozoide que fora efetivamente usado no procedimento, correspondendo à RHA heteróloga;[50] e, b) na segunda, explicada por Silvio Romero Beltrão, diluem-se os espermatozoides de ambos conjuntamente, ocasionando um estado de dúvida quanto à paternidade genética da prole, que caracteriza a RHA bisseminal.[51] Diante disso, a relação de filiação com ambos os genitores será resultante dos critérios socioafetivo (em razão da incerteza do vínculo biológico entre genitores e criança) e volitivo (deliberação pelo uso das técnicas de RHA) ou, ainda, caso seja o desejo do casal ou mesmo da prole, se vier a ser realizado exame de DNA posterior, ter-se-á o vínculo genético (uso do gameta sexual) para com aquele membro do casal cujo espermatozoide foi efetivamente utilizado na fecundação; não sendo viável, inclusive, a pretensão posterior a desconstituição dessa paternidade, por parte daquele que não tem vínculo genético com a prole, visto que o *venire contra factum proprium* veda o comportamento contraditório quando há a anuência no uso da RHA, justificada, nessa hipótese, pela ocorrência da infertilidade psicológica.

---

50. MATOS, Ana Carla Harmatiuk; FISCHER, Karla Ferreira de Camargo. Op. cit., 2012, p. 25.
51. Segundo o autor, a técnica é geralmente utilizada, nos contextos heteroafetivos, a partir da mistura dos sêmens do marido e de doador anônimo, causando um estado de dúvida emocional quanto à real paternidade genética (Cf. BELTRÃO, Silvio Romero. *Reprodução humana assistida*: conflitos éticos e legais. Legislar é necessário. 2010. 244 f. Tese (Doutorado em Direito) – Faculdade de Direito do Recife, Universidade Federal de Pernambuco, Recife, 2010, p. 36. Disponível em: https://repositorio.ufpe.br/bitstream/123456789/3775/1/arquivo402_1.pdf. Acesso em: 20 maio 2019). Tendo por base essa apreciação do autor, emprestou-se aqui a possibilidade de utilizar essa técnica no contexto homoafetivo masculino, gerando o mesmo estado de dúvida emocional, mas, dessa vez, com relação a quem é o pai genético e quem é o pai socioafetivo.

Por fim, cumpre destacar que os avanços biotecnológicos também podem proporcionar novas alternativas aos casais masculinos, notadamente no que diz respeito a implementação de uma tecnologia do "útero artificial" capaz de viabilizar a ectogênese, ou seja, o desenvolvimento de gravidezes extracorpóreas. Note-se que, embora essa ainda não seja uma realidade factível para os seres humanos, já se têm pesquisas nesse sentido sendo produzidas.[52]

2.2. As diferentes possibilidades de configuração das famílias monoparentais a partir do recurso à reprodução humana assistida (produções independentes)

Por último, no que diz respeito às famílias monoparentais voluntárias que se socorrem da RHA para desempenho de seus projetos parentais, denominadas produções independentes de parentalidade, levou-se em consideração a identidade de gênero dos beneficiários (se mulheres ou homens, cisgêneros), sua condição de fertilidade ou de infertilidade e a necessidade/possibilidade ou não de recurso à doação de gametas e à gestação por substituição, assim como o critério empregado para atribuir a parentalidade nos seus variados contextos. A partir daí, foram elencadas 3 (três) hipóteses distintas e os respectivos recursos disponíveis para viabilizar seus projetos parentais, são elas:

(A) *da mulher cisgênera solteira, divorciada ou viúva, lésbica ou bissexual, biologicamente fértil que queira estabelecer sua produção independente de maternidade* – nesse caso, bastaria o recurso a uma inseminação artificial, mediante o uso de seu próprio material genético (óvulos) e dos gametas sexuais de um doador anônimo (espermatozoides). Ademais, importa esclarecer que a maternidade seria atribuída unicamente à mãe, por meio do critério biológico (gestação), genético (uso de seu próprio óvulo) e volitivo (deliberação pelo uso das técnicas de RHA de forma individual);

(B) *do homem cisgênero solteiro, divorciado ou viúvo, gay ou bissexual, biologicamente fértil que queira empreender na sua produção independente de paternidade* – tal hipótese trata-se de situação mais complexa, sendo necessário o recurso à técnica da gestação por substituição. Para tanto, devem ser utilizados os gametas sexuais do pretenso pai (espermatozoides), sendo aconselhado, ainda, que o óvulo doado para a efetivação da fecundação seja de uma terceira, doadora anônima, que não a gestante substituta. Diante disso, a paternidade deve ser atri-

---

52. Para maiores informações a respeito do tema, permita-se referir a SILVA NETTO, Manuel Camelo; DANTAS, Carlos Henrique Félix; LÔBO, Fabíola Albuquerque. De onde vêm os bebês? Útero artificial, bioética e direito: os possíveis impactos da ectogênese no campo da filiação – uma análise a partir do contexto jurídico brasileiro. *Revista Bioética y Derecho*, Barcelona, v. 51, p. 283-298, 2021. Disponível em: https://revistes.ub.edu/index.php/RBD/article/view/31258/33225. Acesso em: 20 maio 2023.

buída única e exclusivamente ao beneficiário, por meio do critério genético (uso do seu gameta sexual próprio) e volitivo (sua deliberação pelo uso das técnicas de RHA de forma individual), afastando-se à atribuição de maternidade para a gestante, tendo em vista seu consentimento ser no sentido apenas de auxiliar na concretização do projeto parental individual do beneficiário;

(C) *da mulher ou do homem cisgênera(o), lésbica, gay ou bissexual solteira(o), divorciada(o) ou viúva(o), biologicamente infértil que queira empreender na sua produção independente de maternidade ou paternidade* – esse terceiro caso trata de mais complexas que as anteriores, nas quais, via de regra, também serão necessários os recursos à gestação sub-rogada e à doação de material genético por terceiros (óvulos e espermatozoides). Em tais circunstâncias, portanto, a maternidade e a paternidade serão atribuídas exclusivamente àqueles que empreenderam no projeto parental, mediante o uso dos critérios volitivo (deliberação pelo uso das técnicas de RHA de forma individual) e socioafetivo (em razão da ausência de vínculo genético com a prole) ou genético (uso do óvulo, nos casos em que a mulher cis esteja impossibilitada de gestar) ou biológico (gestação, nos casos em que a mulher cis apenas incorram em infertilidade ovariana).

Note-se que, nas duas primeiras hipóteses, a justificativa do recurso às técnicas de RHA está na ocorrência de infertilidade psicológica, em razão de uma desobrigatoriedade de manutenção de relação afetivo-sexual com outrem para empreender em um projeto parental. Por sua vez, a última situação está embasada na infertilidade psicológica somada à infertilidade biológica.

CONSIDERAÇÕES FINAIS

1. As resoluções do CFM, em que pese sua natureza de normas meramente deontológicas, acabam exercendo importante papel no estabelecimento de parâmetros para a aplicação da RHA no Brasil, em virtude da atual insuficiência legislativa. No tocante ao acesso por elas conferido às famílias homoafetivas e às pessoas solteiras, passou-se a ter menção expressa a essas possibilidades a partir da Resolução 2.013/13, a qual, atualmente, consta de forma meramente implícita na resolução 2.320/22, vigente no momento. Não obstante, não há como se falar em uma restrição desse acesso para tais indivíduos, visto que, em não se tratando de leis em sentido formal, não possuem o condão de restringir ou ampliar direitos na ordem jurídica.

2. O conceito de Planejamento Familiar trazido pela CF/88 e pela Lei de Planejamento Familiar ultrapassa a noção pura e simples de liberdade do casal e estendendo-se, igualmente, às pessoas individualmente consideradas, abarcando o direito de escolha com relação ao desempenho de projetos parentais (quantidade, espaçamento e formas de concepção da prole), bem como o desejo de não

exercer a parentalidade. No entanto, encontra também alguns limites diante do seu exercício. Afinal, o art. 226, § 7º determina que sejam observados, no caso concreto, o respeito aos princípios da *Dignidade da Pessoa Humana* e o da *Paternidade Responsável*, significando que projetos parentais que violem tais preceitos não podem vir a ser concretizados.

3. Tendo por base a associação da RHA com o tratamento das questões relativas à infertilidade, insta compreender que diferentemente da finalidade para a qual foram originalmente desenvolvidas, as técnicas de auxílio no processo reprodutivo não mais se limitam a tratar casos de infertilidade biológica. Afinal, ao falar-se em pessoas solteiras e famílias homoafetivas, ainda que tais indivíduos sejam férteis biologicamente, a sua autodeterminação no sentido de desempenharem seus projetos parentais fora de um contexto familiar biparental e/ou heteroafetivo, somado a desobrigatoriedade de manutenção de relações sexuais com indivíduos do sexo oposto para fazê-lo (infertilidade psicológica), também autoriza-os a socorrem-se dessas técnicas para atingirem tal finalidade.

4. Considerando a vasta gama de possibilidades que a RHA oferece aos seus beneficiários(as), pode-se dizer que há um amplo leque de alternativas disponíveis para pessoas solteiras e casais homoafetivos. Para tanto, os elos de filiação poderão ter a sua atribuição vinculada a diversos critérios (genético, biológico, volitivo, socioafetivo e/ou jurídico), os quais não são autoexcludentes, tampouco apresentam qualquer forma de hierarquia entre si, mas que devem ser considerados como fatores igualmente *Dignos* e possíveis, de atribuição dos vínculos materno-paterno-filiais quando considerado o uso da RHA para o desempenho da parentalidade ectogenética.

O ACESSO À REPRODUÇÃO ASSISTIDA POR PESSOAS IDOSAS

Nino Donato Oliva

Mestrando em Direito Civil pela Universidade do Estado do Rio de Janeiro (Uerj).
Pós-graduado pela Escola da Magistratura do Estado do Rio de Janeiro (Emerj).
Assessor no Tribunal de Justiça do Estado do Rio de Janeiro.

Sumário: Introdução – 1. Pessoas idosas e incapacidade: distinções necessárias – 2. Viabilidade da RHA em pessoas idosas e autodeterminação – 3. Riscos e cuidados extras: os limites à autonomia das pessoas idosas – Conclusão.

INTRODUÇÃO

Nos dias atuais, a escolha das pessoas de adiar o projeto parental tem pouco a pouco se tornado ordinária. Para além do aumento significativo da expectativa de vida da população mundial, as técnicas de reprodução assistida permitem que as pessoas, mesmo depois de experimentarem o acentuado declínio das suas taxas de fecundidade oriundo da idade, venham a ter filhos biológicos.

Nessa linha, partindo-se da premissa de que a autonomia reprodutiva constitui um direito fundamental, cabendo ao "Estado o dever de propiciar recursos educacionais e científicos para o exercício desse direito",[1] parece seguro afirmar que o projeto parental "tardio",[2] seja qual for a sua motivação,[3] virou uma realidade.

---

1. BARBOZA, Heloisa Helena. Reprodução humana como direito fundamental. In: MENEZES DIREITO, Carlos Alberto; TRINDADE, Antônio Augusto Cançado; PEREIRA, Antônio Celso Alves (Org.). *Novas Perspectivas do Direito Internacional Contemporâneo*. Rio de Janeiro: Renovar, 2008, p. 788.
2. "O fenômeno da parentalidade tardia é um efeito das transformações sociais e familiares, viabilizado pelo desenvolvimento das tecnologias reprodutivas nas hipóteses em que se pretende gerar um filho biológico em estágio mais avançado da vida" (ALMEIDA JUNIOR, Vitor de Azevedo. Parentalidade tardia e reprodução assistida: os limites ao planejamento familiar no ordenamento jurídico brasileiro. In: NERY JUNIOR, Nelson; NERY, Rosa Maria de Andrade (Coord.). *Revista de Direito Privado*. São Paulo: Ed. RT, ano 14, v. 54, abr./jun. 2013, p. 302).
3. Possivelmente, um dos principais motivos dessa postergação é a chamada "parentalidade consciente", consubstanciada na percepção dos genitores de que eles só poderiam ter filhos quando dispusessem de um conjunto de recursos materiais, psicológicos e sociais que permitissem uma satisfatória criação de prole. Vitor Almeida aponta, ainda, que, "com o movimento feminista e a revolução sexual, as mulheres emanciparam-se do jugo masculino e dogmas religiosos, ampliando a cartilha de possibilidades pessoais em prol da (...) busca do projeto de vida individual. Por outro lado, galgaram posições profissionais em equiparação aos postos masculinos, buscando a inserção igualitária no mercado de trabalho, o que demanda uma formação técnica-acadêmica mais qualificada. (...) Todas essas modificações demográficas e comportamentais na sociedade (...) propiciam o estabelecimento da parentalidade em um momento

No entanto, a possibilidade de indivíduos de idade avançada virem a se tornar pais biológicos tem gerado questionamentos – sempre relacionados a *possíveis* prejuízos à prole (tais como: o aumento dos riscos de a criança nascer com anomalias cromossômicas[4] ou a dificuldade de interação entre pais e filhos em razão da grande disparidade geracional, o que poderia afetar o próprio desenvolvimento da personalidade da criança).

Diante disso, o presente artigo buscará demonstrar que não existe uma faixa etária ideal para o exercício do direito ao planejamento familiar[5] (ao menos não em abstrato). A ideia central é a de que, com base no princípio da dignidade da pessoa humana, independentemente da idade, deve ser assegurado ao cidadão o direito de constituir sua família biológica a qualquer tempo – desde que, obviamente, sejam igualmente resguardados os interesses do filho porvir, eis que a sua dignidade também deve ser protegida.[6]

1. PESSOAS IDOSAS E INCAPACIDADE: DISTINÇÕES NECESSÁRIAS

Antes de tudo, é imprescindível compreender (e aceitar) que envelhecimento não é sinônimo de incapacidade. O avançar da idade, por si só, não implica diminuição ou perda da autonomia da pessoa.[7] Não à toa, o Estatuto do Idoso, já em seu artigo 2º, destaca que a pessoa idosa é plenamente capaz

---

posterior à idade fértil" (ALMEIDA JUNIOR, Vitor de Azevedo. Parentalidade tardia e reprodução assistida: os limites ao planejamento familiar no ordenamento jurídico brasileiro. In: NERY JUNIOR, Nelson; NERY, Rosa Maria de Andrade (Coord.). *Revista de Direito Privado*. São Paulo: Ed. RT, ano 14, v. 54, abr./jun. 2013, p. 300).
4. Ver: https://jornal.usp.br/radio-usp/jornal-da-usp-no-ar-2/paternidade-tardia-pode-aumentar-chances-de-gerar-filhos-com-problemas-geneticos. Acesso em: 25 maio 2023.
5. Nos termos da Lei 9.263/96, que regulamenta o § 7º do artigo 226 da CRFB/88, "o planejamento familiar é direito de todo cidadão" (artigo 1º) e pode ser definido "como o conjunto de ações de regulação da fecundidade que garanta direitos iguais de constituição, limitação ou aumento da prole pela mulher, pelo homem ou pelo casal".
6. "A proteção do melhor interesse da criança, como cláusula geral que é, depende sempre da interpretação do juiz (do Estado, portanto), trazendo para a esfera pública a problemática. Como os filhos menores não estão em condições de se proteger, o legislador e o juiz tomam para si o encargo de os tutelar em face de todos, inclusive de seus próprios pais" (MORAES, Maria Celina Bodin de. *Na medida da pessoa humana. Estudos de direito civil-constitucional*, Rio de Janeiro: Renovar, 2010, p. 225).
7. "A idade não pode ser um aspecto incidente sobre o *status personae*. A idade, não importa se menor, madura ou senil, não incide, *de per si*, sobre a aptidão à titularidade de situações subjetivas. O seu efetivo exercício pode ser limitado, ou em parte excluído, não a partir de predeterminadas, abstratas, rígidas e, às vezes, arbitrárias avaliações ligadas às diversas fases da vida, mas, sim, com base na correlação, a ser avaliada atentamente, entre a natureza do interesse no qual se substancia a concreta situação e a capacidade intelectiva e volitiva. Deve-se verificar a real capacidade de efetuar e de realizar as escolhas e os comportamentos correlatos às situações subjetivas interessadas. Fundamental é distinguir o idoso autossuficiente do idoso em condições de *handicap*. Para o primeiro não se justificam limitações da capacidade de agir fundadas exclusivamente em razões de idade; as limitações podem ser entendidas como legítimas quando faltar aptidão intelectiva e volitiva. (...) somente quando as faculdades intelectivas forem gravemente comprometidas poderá, realmente, justificar-se a introdução de limites ao direito

e "goza de todos os direitos fundamentais inerentes à pessoa humana, sem prejuízo da proteção integral". Veja-se: a despeito de contar com proteção especial, o idoso é livre para decidir sobre sua própria vida,[8] só podendo a sua autonomia[9] vir a ser limitada, como sói ser com qualquer pessoa, na hipótese de não se encontrar em seu juízo perfeito (exceção),[10] sob pena de se infantilizar as pessoas de mais idade.[11]

É por isso que, com muita acuidade, Perlingieri defende que as eventuais limitações e intervenções na autonomia da pessoa só serão válidas (e, portanto,

---

do idoso (...)" (PERLINGIERI, Pietro. *Perfis do direito civil*: Introdução ao direito civil constitucional. Trad. Maria Cristina De Cicco. Rio de Janeiro: Renovar, 1999, p. 167).

8. "O direito de liberdade do indivíduo significa dar à pessoa a possibilidade, dentro dos limites da ética e da dignidade da pessoa humana, de decidir, optar ou eleger a forma de vida que quer levar, desde que não cause prejuízos a terceiros, como forma de exercício da própria autonomia como forma de exercício da cidadania. Assim, respeitar a liberdade de uma pessoa significa tutelar a diferença da individualidade de cada um e, consequentemente, respeitar a dignidade da pessoa humana" (CAVALCANTI, Ana Elizabeth Lapa Wanderley. Bioética, biodireito e a autonomia do idoso: possibilidade da escolha de tratamento médico. In: CAVALCANTI, Ana Elizabeth Lapa Wanderley; LEITE, Flávia Piva Almeida; LISBOA, Roberto Senise (Coord.). *Direito da Infância, Juventude, Idoso e Pessoas com Deficiência*. São Paulo: Atlas, 2014, p. 246-247).

9. "(...) o conceito de autonomia ainda se apresenta tormentoso para o direito, embora haja forte tendência para entendê-la como expressão da liberdade, para fins de conceituação jurídica. A liberdade é um valor, conteúdo de igual princípio jurídico, que enseja uma pluralidade de significados. Liberdade implica autonomia, ausência de vínculos, pressões ou coações externas, sendo denominada, sob essa ótica, liberdade negativa, enquanto supõe a garantia de não ingerência de poderes ou forças estranhas ao sujeito no desenvolvimento de sua atividade" (BARBOZA, Heloisa Helena; ALMEIDA, Vitor. A tutela das vulnerabilidades na legalidade constitucional. In: TEPEDINO, Gustavo; TEIXEIRA, Ana Carolina Brochado; ALMEIDA, Vitor (Coord.). *Da Dogmática à Efetividade do Direito Civil. Anais do Congresso Internacional de Direito Civil Constitucional. IV Congresso do IBDCIVIL*. Belo Horizonte: Fórum, 2017, p. 45).

10. "(...) juridicamente a idade não afeta a autonomia, ressalvadas as hipóteses de seu comprometimento em razão de enfermidades" (BARBOZA, Heloisa Helena. O Princípio do Melhor Interesse do Idoso. In: PEREIRA, Tânia da Silva; OLIVEIRA, Guilherme de. *O Cuidado como Valor Jurídico*. Rio de Janeiro: Forense, 2007, p. 65).

11. "(...) a essas debilidades estão sujeitos todos os seres humanos, de menores a maiores, não sendo condição específica da Terceira Idade. (...) A pesquisadora maranhense Jacira do Nascimento Serra, em belíssimo trabalho sobre a violência simbólica que sofrem os idosos, recorre às advertências de Simone Beauvoir sobre a violência e o preconceito contra os mais velhos que surgem de forma sutil, suave, insensível e invisível, legitimadas no discurso do cuidado e do bem-estar, pois ao recriminar no idoso a prática de atos e a adoção de comportamentos que são considerados normais em determinadas faixas etárias, o jovem e o adulto manifestam que não toleram se identificar com o idoso. Trata-se, portanto, de verdadeira hipótese de desrespeito às faculdades mentais do idoso e aos seus próprios direitos de personalidade, o que historicamente tem resultado em uma injusta "presunção de senilidade", por assim dizer, dos maiores de 60 anos." (WAQUIM, Bruna Barbieri; CARVALHO, Márcia Haydeé Porto de. A terceira idade e a restrição legal à livre escolha do regime de bens: uma questão de direitos fundamentais. *Revista de Direito Constitucional e Internacional*. São Paulo, n. 90, jan./mar, 2015, p. 4. Disponível em: http://academia.edu/35788005/A_TERCEIRA_IDADE_E_A_RESTRIÇÃO_LEGAL_À_LIVRE_ESCOLHA_DO_REGIME_DE_BENS_UMA_QUESTÃO_DE_DIREITOS_FUNDAMENTAIS. Acesso em: 22 maio 2023).

merecedoras de tutela) quando baseadas em "sérios e ponderados motivos de saúde".[12] Se assim não for, haverá flagrante desrespeito à pessoa, pois

> intervir sobre a psique apenas porque o sujeito manifesta sintomas de, por assim dizer, anormalidade é arbitrário (além de perigoso) e pode apresentar-se como instrumento de repressão voltado a atuar uma mudança das ideias do paciente, fazendo violência sobre as suas convicções.[13]

Com base nessas mesmas razões, parcela significante da doutrina tem defendido que as intervenções na autonomia da pessoa deveriam se dar de forma casuística,[14] e não de modo abstrato pelo legislador, que, às vezes, cria presunções inadequadas e preconceituosas.[15] Haveria, portanto, a necessidade de reconstrução das intervenções estatais, levando-se em conta critérios diversos do etário[16] – bem como as peculiaridades individuais.[17] Somente assim é que se estaria conferindo

---

12. PERLINGIERI, Pietro. *Perfis do direito civil: Introdução ao direito civil constitucional*. Trad. Maria Cristina De Cicco. Rio de Janeiro: Renovar, 1999, p. 160. Segue o autor afirmando: "A falta de aptidão para entender não se configura sempre como absoluta, (...) de maneira que a *incapacità naturale* construída, de um ponto de vista jurídico, como uma noção permanente e abstrata, se pode traduzir em uma ficção e, de qualquer modo, em uma noção que não corresponde à efetiva inidoneidade psíquica (...). O assunto refere-se não apenas ao deficiente psíquico, permanente ou não, mas, em geral, ao imaturo, em uma concepção que compreende tanto o menor em idade evolutiva, como, eventualmente, também o idoso em idade de involução" (op. cit., p. 163).
13. PERLINGIERI, Pietro. *Perfis do direito civil*: Introdução ao direito civil constitucional. Trad. Maria Cristina De Cicco. Rio de Janeiro: Renovar, 1999, p. 162.
14. "(...) o discernimento para o exercício da autonomia, sobretudo no campo existencial, deve ser aferido de acordo com as circunstâncias concretas de cada indivíduo, levando em conta sua maturidade e grau de compreensão a respeito do ato existencial que deseja, com base em sua autodeterminação, exercer, mas sempre e somente nas situações em que isto se for necessário para a proteção da pessoa em sua dignidade" (ALMEIDA, Vitor. *A capacidade civil das pessoas com deficiência e os perfis da curatela*. 2. ed. Belo Horizonte: Renovar, 2021, p. 187).
15. "A adoção da idade, independentemente de qualquer outro elemento subjetivo ou objetivo, para a qualificação de uma pessoa como idosa segue critério tradicionalmente utilizado no direito brasileiro no tratamento de questões envolvendo autonomia, em geral vinculada ao discernimento, de que são exemplo a atribuição de capacidade civil, a idade mínima para casamento, a imputabilidade para fins de responsabilização civil e penal. No caso do idoso, que não tem afetada sua capacidade civil em razão exclusivamente da idade, o limite de sessenta anos tem sido questionado. Invocam-se critérios, como o psicobiológico, pelo qual 'deve-se buscar uma avaliação individualizada da pessoa, ou seja, seu condicionamento psicológico e fisiológico [sendo importante] não sua faixa etária, mas sim as condições físicas em que se encontra seu organismo, além das condições psíquicas de sua mente' (...)" (BARBOZA, Heloisa Helena. O Princípio do Melhor Interesse do Idoso. In: PEREIRA, Tânia da Silva; OLIVEIRA, Guilherme de. *O Cuidado como Valor Jurídico*. Rio de Janeiro: Forense, 2007, p. 63).
16. "Inexiste um único critério a ser adotado para classificar o idoso. Embora a maioria das legislações, como a nossa, adote o critério temporal ou cronológico, ele não é o único a ser utilizado" (RIVA, Léia Comar. A Autonomia da Vontade da Pessoa Idosa em Tempos de Coronavírus. In: SCHREIBER, Anderson; NEVER, Daniel Amorim Assumpção; BRANDÃO, Débora; TARTUCE, Fernanda; TARTURCE, Flávio (Coord.). *Revista Magister de Direito Civil e Processual Civil*. Porto Alegre: Magister, ano XVII, n. 100, jan./fev. 2001, p. 36).
17. "Daqui a necessária reconstrução do regime das incapacidades (...). Cuida-se, assim, de assegurar mecanismos para que aqueles que possuam pleno discernimento sejam protegidos e para que o exercício das situações existenciais seja expandido ao máximo possível, adotando-se como parâmetro o concreto

máxima efetividade ao valor fundante ordenamento, que é a dignidade. É preciso prestigiar, sempre que possível, as escolhas de vida que cada pessoa é capaz de concretamente expressar.

Não obstante, deve-se pontuar que, muitas vezes, a própria legislação acaba por promover uma espécie de discriminação, daí por que as críticas doutrinárias se fazem ainda mais pertinentes. Um grande exemplo e que é sempre citado é o artigo 1.641, II, do Código Civil, que impõe o regime da separação legal de bens "no casamento da pessoa maior de 70 anos". Para muitos, esse dispositivo viola a proteção integral do idoso,[18] na medida em que proteger a pessoa também significa respeitar as suas decisões (especialmente as de cunho predominantemente existencial). Com efeito, é possível sustentar que a norma padeceria até mesmo de inconstitucionalidade.[19]

Retomando a ideia inaugural deste item, importa reiterar que a pessoa não se torna menos capaz unicamente por sua idade; é preciso distinguir senilidade de senescência[20] para que se possa dar concretude ao princípio do melhor interesse do idoso. Permitir que a pessoa idosa receba tratamento limitador com base uni-

---

discernimento, não já padrões abstratos. Em uma palavra, a incapacidade, como mecanismo protetivo, deve se ajustar às necessidades do incapaz, o que se mostra especialmente relevante nas situações existenciais" (TEPEDINO, Gustavo; OLIVA, Milena Donato. *Fundamentos do Direito Civil*. 2. ed. Rio de Janeiro: Forense, 2020, v. 1: Teoria Geral do Direito Civil, p. 114). No mesmo sentido, ver: DINIZ, Fernanda Paula. *Direitos dos idosos na perspectiva civil-constitucional*. Belo Horizonte: Arraes, 2011.

18. "(...) questiona-se a imposição do regime da separação de bens no casamento da pessoa maior de sessenta anos (Código Civil, art. 1.641, II) [o texto original foi escrito antes do advento da Lei 12.344, de 2010, que ampliou para 70 anos a idade a partir da qual o regime da separação se torna obrigatório]. Tal dispositivo tem sido entendido como flagrante discriminação à pessoa idosa" (BARBOZA, Heloisa Helena. O Princípio do Melhor Interesse do Idoso. In: PEREIRA, Tânia da Silva; OLIVEIRA, Guilherme de. *O Cuidado como Valor Jurídico*. Rio de Janeiro: Forense, 2007, p. 66).

19. "Deve-se desconfiar da construção de uma categoria do idoso e de uma normativa exclusiva para o idoso *tout court*; uma e outra poderiam constituir fontes de nova marginalização. Entre os homens, a Constituição não permite distinções com base na idade, nem em termos positivos nem negativos (...). As diversas previsões normativas, que se inspiram na idade avançada, devem ter sempre uma justificação em termos de razoabilidade (...). É necessário rever as soluções legislativas que, presumindo uma decadência da pessoa devido à idade – inspiradas, em verdade, na necessidade de realizar um *turn over* com pessoas mais jovens – têm a pretensão de aparecer como atuativas do interesse do idoso. Essas soluções, na realidade, frequentemente propõem estatutos de favor ou de desfavor irrazoavelmente lesivos ao princípio da igualdade. (...) grande parte da legislação que coloca limites de idade rígidos, seja para o acesso ao trabalho, seja para a aposentadoria (limites inspirados exclusivamente na idade e não em outros fatos eventualmente concorrentes) é suspeita de inconstitucionalidade" (PERLINGIERI, Pietro. *Perfis do direito civil*: Introdução ao direito civil constitucional. Trad. Maria Cristina De Cicco. Rio de Janeiro: Renovar, 1999, p. 168-169).

20. "Nilson [Tadeu Reis Campos Silva] discorre com sensibilidade sobre as limitações decorrentes da idade, que não provocam necessariamente uma diminuição da capacidade jurídica. Reforça a distinção entre senilidade, o envelhecimento 'sob condição ou forma patológica, com incapacidade progressiva para a vida ativa', e senescência (ou senectude), 'envelhecimento natural, em que a pessoa com serenidade passa a conviver com limitações e continua ativa até o fim da vida'" (ROTHENBURG, Walter Claudius. Resenha – SILVA, Nilson Tadeu Reis Campos. Direito do Idoso: tutela jurídica constitucional. *Revista Jurídica Cesumar – Mestrado*, v. 12, n. 2, p. 719-726, jul./dez. 2012 – ISSN 1677-64402, p. 723-724).

camente em um critério etário seria chancelar uma forma de discriminação e de preconceito. As eventuais restrições à autonomia, à autodeterminação e às escolhas de vida da pessoa só serão legítimas quando com base em subjetivas características psicofísicas, e não por efeito de objetivas determinações socioprodutivas.

Urge destacar que a análise casuística ora proposta guarda estreita relação com a escola do Direito Civil Constitucional, que tem como um dos seus pressupostos teóricos a criação de uma teoria de interpretação com fins aplicativos. Nas palavras de Anderson Schreiber, é preciso que o intérprete se afaste "da operação formalista de fria subsunção do fato à norma, eis que a normativa do caso concreto envolverá sempre a aplicação dos valores fundamentais e deverá ser solucionado à luz do inteiro ordenamento jurídico".[21]

2. VIABILIDADE DA RHA EM PESSOAS IDOSAS E AUTODETERMINAÇÃO

Embora não haja consenso quanto à *exata* faixa etária, sabe-se que, a partir de certa idade, há um declínio permanente das taxas de fertilidade tanto da mulher quanto do homem.[22] Apesar disso, graças aos avanços da ciência e da medicina, a idade não é mais um fator impeditivo absoluto; com o uso das técnicas de reprodução assistida (e, às vezes, dos mais simples tratamentos de fertilidade),[23] assiste-se hoje ao nascimento de cada vez mais mães e pais considerados idosos pela lei.[24] Em outras palavras, a tecnologia está ampliando os limites do que antes era considerado "natural".

---

21. Explica o autor que a interpretação não deve ser limitada "a uma operação formalista, por meio da fria subsunção da situação fática à norma (...), mas que se mostre comprometida com a aplicação de todo o ordenamento jurídico a cada caso concreto, em busca permanente pela máxima realização dos seus valores fundamentais. (...) Em outras palavras: o direito civil constitucional não aprisiona o intérprete na literalidade da lei, como pretendia a escola da exegese com seu exacerbado positivismo, nem o deixa livre para criar o direito a partir dos seus próprios instintos e opiniões, como propõem a escola do direito livre e o direito alternativo. Reconhece-lhe um papel criativo, mas sempre vinculado à realização dos valores constitucionais" (SCHREIBER, Anderson. Direito Civil e Constituição. In: SCHREIBER, Anderson; KONDER, Carlos Nelson (Coord.). *Direito civil constitucional*. São Paulo: Atlas, 2016, p. 13-14).
22. Em regra, diz-se que esse declínio começaria sempre após os 30 anos. Sobre a questão, veja, a título ilustrativo, as seguintes reportagens: https://veja.abril.com.br/saude/brasileira-que-deu-a-luz-aos--61-anos-qual-a-idade-maxima-para-engravidar/; e https://vidabemvinda.com.br/existe-um-limite--de-idade-para-realizar-a-fertilizacao-in-vitro/. Acesso em: 27 maio 2023.
23. "No momento em que não há a procriação natural, decorrente da relação sexual, pode-se atualmente recorrer a uma das técnicas de concepção para se ter o desejado filho. As crianças nascidas em decorrência dessa terapia (embora não curem a infertilidade tais técnicas são consideradas como tal) podem ter vínculo biológico com o casal, apenas um dos seus integrantes ou mesmo com nenhum deles, na hipótese, menos comum entre nós, de doação dos gametas masculino e feminino" (BARBOZA, Heloisa Helena. Direito à Procriação e às Técnicas de Reprodução Assistida. In: LEITE, Eduardo de Oliveira. *Grandes Temas da Atualidade. Bioética e Biodireito*. Rio de Janeiro: Forense, 2004, p. 163).
24. Ver: https://gshow.globo.com/tudo-mais/tv-e-famosos/noticia/famosos-que-foram-pais-apos-os--60-anos-veja-lista-com-edson-celulari-pedro-bial-serginho-groisman.ghtml; https://vogue.globo.

Reconhecendo essa (nem tão) nova realidade, o Conselho Federal de Medicina passou a editar resoluções com vistas a regulamentar e a criar "normas éticas" para a utilização das técnicas de reprodução assistida. A mais recente delas (e que se encontra atualmente em vigor) é a Resolução CFM 2.320/2022, que repete uma criticável regra geral, existente desde a Resolução CFM 2.121/2015, de que "a idade máxima das candidatas à gestação por técnicas de reprodução assistida é de 50 anos" (item 3.1 da resolução). A bem da verdade, a própria resolução, já no item subsequente, prevê o seguinte:

> 3.2. As exceções a esse limite são aceitas com base em critérios técnicos e científicos, fundamentados pelo médico responsável, sobre a ausência de comorbidades não relacionadas à infertilidade da mulher e após esclarecimento ao(s) candidato(s) sobre os riscos envolvidos para a paciente e para os descendentes eventualmente gerados a partir da intervenção, respeitando a autonomia da paciente e do médico.

Perceba-se: malgrado considere que a idade máxima à reprodução assistida deveria ser de 50 anos, o Conselho Federal de Medicina admite que pessoas mais velhas façam uso das técnicas disponíveis quando houver parecer médico favorável. À primeira vista, pode parecer que o CFM adotou uma posição conciliadora e cuidou dos interesses das pessoas de mais idade, mas a verdade é que houve uma subversão da ordem e dos valores envolvidos. Seria muito mais consentâneo com a proteção integral do idoso e com a dignidade da pessoa humana se o CFM tivesse dito o oposto, ou seja, que apenas quando houvesse algum quadro médico relevante é que as técnicas de reprodução assistida não poderiam ser utilizadas – independentemente da idade. Outra solução aparentemente mais razoável seria que o Conselho Federal de Medicina estabelecesse índices mínimos / valores de referência que deveriam estar presentes no material biológico daqueles que pretendem fazer uso das técnicas de reprodução assistida, eis que essa referência não traria em si uma carga valorativa que poderia ser vista como discriminatória. E, mesmo nesse caso, a norma não estaria indene de críticas.

Nessa toada, vale consignar mais uma vez que não se pode restringir a autonomia do idoso sem que haja uma razão jurídica idônea para tanto. Essa constatação assume especial relevo diante da percepção de que o ordenamento, por vezes, atribui ao idoso as funções e as responsabilidades que, típica e ordinariamente, caberiam aos pais. É como percebeu Vitor Almeida com didatismo ímpar:

> Por força do princípio da solidariedade familiar e do melhor interesse da criança e do adolescente, legislação, judiciário e doutrina convocam os avós a uma atuação positiva no cuidado com os seus netos, que vão desde a obrigação de prestar alimentos até as exigências afetiva-

---

com/celebridade/noticia/2022/09/alem-de-claudia-raia-confira-outras-famosas-que-ficaram-gravidas-aos-50-anos.html; e https://revistaquem.globo.com/noticias/noticia/2023/05/aos-79-robert-de-niro-se-torna-pai-pela-setima-vez.ghtml. Acesso em: 27 maio 2023.

-existenciais do convívio familiar. Se lhes é imputado exercer funções parentais, como cuidado e sustento, em uma relação avoenga, muitas vezes, substituindo as figuras dos próprios pais, com mais razão se justifica o exercício da parentalidade por meio do estabelecimento do vínculo paterno-materno-filial, que pode ocorrer através das técnicas de reprodução assistida. Entendimentos contrários reforçam a ideia de negação da autonomia das pessoas com idade avançada e, mesmo, idosos, e de que eles somente são úteis no interesse dos outros, e não dos seus próprios.[25]

Resta saber, portanto, o que poderia ser considerado motivo jurídico idôneo para obstar o planejamento de vida e familiar do idoso que busca a parentalidade tardia.

3. RISCOS E CUIDADOS EXTRAS: OS LIMITES À AUTONOMIA DAS PESSOAS IDOSAS

Inaugurando este item, a primeira – e talvez mais importante – colocação a ser feita é a de que não se deve confundir parentalidade tardia com parentalidade biológica a todo custo. Seja qual for o tipo de parentalidade, ela deverá ser sempre *responsável*, e isso necessariamente perpassa pelo melhor interesse e pela salvaguarda da (futura) criança.[26] Se o projeto parental tardio puder representar algum risco à vida ou à saúde da criança, eis, então, a única razão pela qual ele poderia ser obstado. Todavia, não é tarefa fácil interpretar em quais casos esse risco seria suficientemente relevante para o fim de legitimar a intervenção no projeto parental. Aliás, essa dificuldade se verifica até mesmo na hora de avaliar o que poderia ser considerado aviltante à dignidade da criança.[27]

---

25. ALMEIDA JUNIOR, Vitor de Azevedo. Parentalidade tardia e reprodução assistida: os limites ao planejamento familiar no ordenamento jurídico brasileiro. In: NERY JUNIOR, Nelson; NERY, Rosa Maria de Andrade (Coord.). *Revista de Direito Privado*. São Paulo: Ed. RT, ano 14, v. 54, abr./jun. 2013, p. 304-305.
26. "Impõe-se registrar que, também no Brasil, o direito ao planejamento familiar não é absoluto. Embora tenha sede constitucional, indispensável confrontá-lo com outros princípios constitucionais, submetendo-o a rigoroso trabalho de ponderação, para que se lhe fixem os limites. (...) Nessa linha, verifica-se que a análise, em particular a jurídica, das disciplinas e ações relativas ao planejamento familiar deve sempre levar em conta, além dos princípios da dignidade da pessoa humana e da paternidade responsável em que se fundamenta, especialmente os princípios: (...) do melhor interesse da criança e do adolescente (CF/88, art. 227, § 6º)" (BARBOZA, Heloisa Helena. Direito à Procriação e às Técnicas de Reprodução Assistida. In: LEITE, Eduardo de Oliveira. *Grandes Temas da Atualidade. Bioética e Biodireito*. Rio de Janeiro: Forense, 2004, p. 161).
27. "Fato que vem causando preocupações, é que o DGPI [diagnóstico pré-implantatório do embrião] também está sendo utilizado para selecionar doenças, podendo-se citar o caso das lésbicas norte-americanas, Candace McCullough e Sharon Duchesneau, ambas surdas de nascença, que por considerarem a surdez como uma identidade cultural, resolveram gerar uma criança surda. Após a recusa dos bancos de sêmen em dar corpo ao empreendimento, receberam a ajuda de um amigo surdo que doou seu material germinativo. Sharon engravidou e nasceu um menino saudável, mas com deficiência auditiva, era surdo de um dos ouvidos e no outro escutava mal (TIRABOSCHI, 2009)." (SALLES, Lucivânia Guimarães. *Destino dos embriões excedentários*. Dissertação de mestrado, 2014, p. 89. Disponível em: https://mestrados.unit.br/ppgd/wp-content/uploads/sites/5/2017/07/Lucivânia.pdf. Acesso em: 29 maio 2023). Ainda sobre o ponto: "Para Jorge Biscaia, mesmo a utilização do diagnóstico pré-implantatório por casais com anomalias genéticas, com o intuito de selecionar embriões não portadores das

Há um exemplo prático que ajuda a entender esse problema: muito embora a ciência possa possibilitar que pessoas de mais idade tenham filhos biológicos após o seu período fértil, algumas pesquisas sugerem que haveria risco maior de as crianças geradas nascerem com determinadas anomalias cromossômicas.[28] Nesse cenário, seria legítimo impedir o projeto parental ou, ao fazê-lo, o Estado estaria chancelando alguma forma de eugenia,[29] de biopolítica[30] ou, pior, de necropolítica?[31] Acaso se entenda legítima essa intervenção estatal, qual seria o risco percentual mínimo que a autorizaria (tendo em vista que a *alea* existe em qualquer forma de reprodução)?

Trata-se de indagações para as quais não há respostas simples.[32] Além disso, é interessante notar que todas essas reflexões, possivelmente, ganham maior re-

      características nocivas, tem clara conotação eugênica. Afirma o autor que o conjunto de manipulações hoje disponível, que atinge, de modo irremediável, o embrião, introduziu em uma técnica que objetivava criar vida uma cultura de morte, com grave desrespeito aos mais elementares direitos da criança ainda embrião. O ressurgimento da eugenia, sob a falácia da busca pelo bem-estar do ser humano, é preocupação corriqueiramente observada entre filósofos e bioeticistas. A eliminação da doença por meio da eliminação do doente é conduta que não trata do problema, apenas evita o nascimento de crianças portadoras de deficiência" (MADEIRA, Juliana de Alencar Auler. *Reprodução Assistida*: Limites Éticos à Legislação. Tese de doutorado, 2016, p. 59-60. Disponível em: https://repositorio.ufmg.br/bitstream/1843/BUOS-ASUF9V/1/tese_de_doutorado___juliana_de_alencar_auler_madeira.pdf. Acesso em: 29 maio 2023).

28. As pesquisas indicam maiores chances de a criança nascer com Síndrome de Down, autismo ou esquizofrenia. Sobre o ponto, ver: https://www.iff.fiocruz.br/index.php?view=article&id=230:gravidez-tardia-2022&catid=8; e https://www.camara.leg.br/noticias/393502-gravidez-tardia-pode-acarretar-problemas-geneticos/. Acesso em: 27 maio 2023.

29. Acerca da eugenia e de toda a problemática que a cerca: https://www.migalhas.com.br/depeso/360941/a-eugenia-e-as-garantias-fundamentais. Acesso em: 29 maio 2023.

30. "(...) a biopolítica é uma das maiores características da contemporaneidade, uma vez que constitui a 'matriz epistêmica e política que delineou todo o processo de medicalização do Ocidente, confundindo-se mesmo com a modernização deste, iniciada na virada do século XVIII para o século XIX.' (BIRMAN, 2005, p. 30). (...) A existência que está em questão não é mais a jurídica, expressa na soberania, mas a biológica - a própria vida de uma população. A força do poder se encontra não mais no direito de matar, mas na manutenção da vida, da espécie, da raça, e para tanto é preciso pô-la em ordem, sustentá-la, assegurá-la. O direito de causar a morte ou deixar viver foi substituído pelo "poder de causar a vida ou devolver à morte" (FOUCAULT, 2006, p. 148-50). Desse modo, em lugar da morte, o poder passa a gerir a vida, de forma positiva, para que cresça e se multiplique, sob controles precisos e regulações de conjunto." (BARBOZA, Heloisa Helena. A pessoa na era da biopolítica: autonomia, corpo e subjetividade. *Cadernos Ihu Ideias*. São Leopoldo: Instituto Humanitas Unisinos, ano 11, n. 194, 2013, p. 4-5).

31. Mbembe expressa sua preocupação com as "formas de soberania cujo projeto central não é a luta pela autonomia, mas a 'instrumentalização generalizada da existência humana e a destruição material de corpos humanos e populações'. (...) Na formulação de Foucault, o biopoder parece funcionar mediante a divisão entre as pessoas que devem viver e as que devem morrer. Operando com base em uma divisão entre os vivos e os mortos, tal poder se define em relação a um campo biológico – do qual toma o controle e no qual se inscreve. Esse controle pressupõe a distribuição da espécie humana em grupos, a subdivisão da população em subgrupos e o estabelecimento de uma censura biológica entre uns e outros." (MBEMBE, Achille. *Necropolítica, Biopoder, soberania, estado de exceção, política da morte*. São Paulo: N-1 Edições, 5. reimp., 2020, p. 10-17).

32. "(...) a ética retorna poderosamente ao campo, a política se divide, o direito se questiona sobre seu papel. Novas palavras nos acompanham, especialmente biopolítica, bioética, biodireito. Com isso a

levância em função de se estar diante do uso da medicina e da tecnologia. Afinal, fora dos casos de consanguinidade,[33] seria muito mais difícil sustentar a ideia de impedir a consumação do projeto parental biológico natural (oriundo da relação sexual) quando, num determinado caso concreto, houvesse elevadas chances de a criança nascer com alguma das supracitadas anomalias cromossômicas.[34]

Há quem se inquiete, ademais, com questões psicológicas,[35] na medida em que a pessoa é "uma indissolúvel unidade psicofísica",[36] de modo que a saúde física e a saúde mental representam vertentes de um mesmo valor. Contudo, essa preocupação não parece ser adequada, já que não se pode pressupor que haveria prejuízo à criança em ser criada por pais de idade mais avançada. É claro que os pais vão, em tese, desempenhar um papel fundamental na criação de seus filhos, mas a formação de um ser humano é evento extremamente complexo e influenciado por

---

humanidade quase parece querer 'sair de si mesma', no sentido de que, pelo menos, parece quase entrar em uma fase em que cessa a exclusividade da lógica darwiniana pura, confiando em uma evolução profundamente ligada a uma técnica diretamente governada pelas pessoas. Em torno do corpo de cada um, crescem as possibilidades incessantemente oferecidas pela biologia e genética, pela inovação informática, pela neurociência, pela nanotecnologia." (RODOTÀ, Stefano. Pós-Humano. *Revista Brasileira de Direito Civil – RBDCivil*. Belo Horizonte, v. 27, p. 113-144, jan./mar. 2021, tradução de Carlos Nelson Konder, p. 125).

33. Para além das hipóteses de consanguinidade, poder-se-ia incluir nesse hipotético óbice os casos de impedimento ao matrimônio (artigo 1.521 do Código Civil).
34. Não obstante, e mesmo fugindo ao escopo deste trabalho, vale rememorar a controvérsia sempre atual do caso Nicolas Perruche. À época, Perruche era "um adolescente de 17 anos, deficiente físico e mental" que buscou uma compensação extrapatrimonial "pelo 'fato de ter nascido' – ou, por outra, pelo fato de não ter sido abortado". A causa de pedir era o fato de que sua mãe, embora submetida a exames médicos, deixou de ser diagnosticada devidamente; ela havia contraído rubéola dois meses antes da gravidez, o que levou à má-formação de Perruche. O pleito indenizatório foi julgado procedente pela *Cour de Cassation* francesa; a fundamentação menciona o fato de que, em razão da má-formação do feto, a mãe de Perruche teria direito, naquele país, de abortar. (MORAES, Maria Celina Bodin de. *Na medida da pessoa humana. Estudos de direito civil-constitucional*, Rio de Janeiro: Renovar, 2010, p. 117-118). Imperioso consignar, porém, que a Corte francesa não teria feito "qualquer menção expressa a um suposto 'direito de não-nascer' ou à ideia de que a vida de certas pessoas com deficiência não merece ser vivida. O que a Corte de Cassação de fato afirmou é que o erro de diagnóstico teria 'causado' os danos decorrentes da deficiência de Nicolas Perruche" (CARNAÚBA, Daniel Amaral. *Direito de não nascer: entendendo o acórdão Perruche*. Disponível em: https://www.conjur.com.br/2022-mai-02/direito-civil-atual-direito-nao-nascer-entendendo-acordao-perruche. Acesso em: 28 maio 2023).
35. "Ainda, de acordo com pesquisadores israelenses, haveria uma 'prevalência de dificuldades de interação social 50% maior nos adolescentes com pais com 45 anos ou mais'. Em relação à mulher, a gestação após os quarenta anos já é desaconselhada por médicos há algum tempo, tanto em virtude dos riscos para o desenvolvimento sadio do nascituro quanto dos malefícios à saúde da gestante. No campo da psicologia, estudos indicam que pais tardios tendem a ser superprotetores, promovendo a 'dependência parental e o isolamento social'" (ALMEIDA JUNIOR, Vitor de Azevedo. Parentalidade tardia e reprodução assistida: os limites ao planejamento familiar no ordenamento jurídico brasileiro. In: NERY JUNIOR, Nelson; NERY, Rosa Maria de Andrade (Coord.). *Revista de Direito Privado*. São Paulo: Ed. RT, ano 14, v. 54, abr./jun. 2013, p. 307-308).
36. PERLINGIERI, Pietro. *Perfis do direito civil*: Introdução ao direito civil constitucional. Trad. Maria Cristina De Cicco. Rio de Janeiro: Renovar, 1999, p. 158.

incontáveis fatores (tanto internos como externos à família). Essa generalização, além de equivocada, é por demais simplista.[37]

Sabe-se que experiências idênticas causam resultados díspares em diferentes pessoas (basta pensar no caso de irmãos gêmeos que vivem rotinas muito parecidas, mas cujos comportamentos e traços de personalidade são bem distantes).[38] Há mais: ainda que se queira criar alguma correlação entre a forma de educação (*lato sensu*) dos filhos com a idade dos pais, partindo-se dessa generalização, estudos apontam para a existência de inúmeros benefícios em prol dos filhos,[39] não sendo coerente invocar apenas os possíveis prejuízos para embaraçar o projeto parental tardio. Entre outros *potenciais* benefícios, os seguintes podem ser listados: (i) maior experiência de vida dos pais; (ii) maior segurança financeira; (iii) diminuição da carga de trabalho ou mesmo aposentadoria, o que representaria mais tempo com os filhos; (iv) parentalidade decorrente de escolha refletida e que é reflexo da maior maturidade trazida pelos anos.

Ainda nesse contexto, são igualmente merecedoras de crítica as opiniões embasadas em risco de orfandade precoce e no encargo suportado pelos filhos em razão da fragilidade física que, a princípio, irá se manifestar em pessoas mais velhas. Embora se possa pensar num "rumo natural", a vida não é uma ciência

---

37. "Um estudo realizado por pesquisadores da Universidade de Tel Aviv, em Israel, indica que homens que se tornam pais com mais de 45 anos têm filhos com problemas de interação social com mais frequência. (...) Entretanto, Mark Weiser, que liderou a pesquisa, advertiu que os resultados do estudo estão longe de serem conclusivos. Pode ser que homens com dificuldades de interação social se casem mais velhos e dessa forma transmitam essa característica aos seus filhos.". Informações disponíveis em: https://www.estadao.com.br/saude/filhos-de-pais-mais-velhos-podem-ter-problemas-sociais-indica-estudo/. Acesso em: 28 maio 2023. Em reportagem da BBC, na qual se faz menção à mais recente paternidade do ator Robert de Niro, aos 79 anos, "o médico Alfredo Canalini, da Sociedade Brasileira de Urologia, aponta que existem evidências de uma relação entre paternidade tardia e maior probabilidade de doenças como esquizofrenia, mas os estudos sobre o tema não são suficientemente sólidos. O especialista ainda aponta que, mesmo com a queda na qualidade e na quantidade de espermatozoides com o passar dos anos, a tendência é que os gametas mais aptos sejam bem sucedidos e um deles faça a fecundação – o que diminui os riscos à saúde da criança que será gerada.". Disponível em: https://www.bbc.com/portuguese/geral-62478442. Acesso em: 29 maio 2023.
38. Nesse sentido, confira-se: https://veja.abril.com.br/ciencia/pesquisa-explica-por-que-gemeos-identicos-tem-personalidades-diferentes. Acesso em: 28 maio 2023.
39. "De maneira geral, os filhos entrevistados valorizam a história de vida dos pais mais velhos e atribuem aspectos positivos, como a bagagem cultural e de experiências que podem ser compartilhadas, assim como a disponibilidade que a aposentadoria proporcionou e a estabilidade financeira já adquirida nesse momento de vida. Por outro lado, reconhecem também que a diferença geracional pode se traduzir em conflitos, em uma relação de mais respeito e distância afetiva, em dificuldade de compreensão cultural e em práticas educativas distintas da tendência atual. Ainda, o envolvimento dos filhos nos litígios conjugais dos pais se fez muito presente nas entrevistas, na mediação dos conflitos ou como apoio emocional. Observou-se também que os sujeitos cresceram com maior convivência com o grupo familiar do que com amigos de sua idade e que eles se sentiam muito maduros em relação a seus pares" (NAVARRO, Paula; FÉRES-CARNEIRO, Terezinha; MELLO, Renata. *Filhos da parentalidade tardia: infância e adolescência*. Disponível em: http://pepsic.bvsalud.org/scielo.php?script=sci_arttext&pid=S1677-29702019000200002. Acesso em: 28 maio 2023).

exata e, muitas vezes, aquilo que se pensava ser o caminho ordinário não se verifica em concreto. Demais, essa probabilidade maior de os filhos virem a sofrer com o envelhecimento de seus pais não parece ser suficiente para, por si só, ensejar a vedação abstrata da parentalidade tardia, principalmente ao se considerar que o ordenamento autoriza a reprodução humana assistida *post mortem*.[40] Ora, o que seria pior para a criança: jamais conhecer um genitor ou, tendo-o conhecido, perdê-lo em algum momento futuro?[41]

Em síntese, como já consignado alhures, o que importa é perquirir, em cada caso concreto, qual solução será mais compatível com a dignidade da pessoa humana – tanto do idoso em busca da parentalidade tardia como da criança vindoura.[42] A ponderação dos interesses em jogo deverá ser feita casuisticamente, e não de forma antecipada e em abstrato, sob pena de se marginalizar o idoso e tratar essa categoria de pessoas como se elas fossem limitadas, incapazes ou, simplesmente, indignas.

CONCLUSÃO

Face ao exposto, conclui-se que o planejamento familiar, independentemente da idade das pessoas, só poderá encontrar limites no próprio princípio da dignidade da pessoa humana, pois é ele quem serve de base aos princípios do melhor interesse tanto da criança como do idoso.[43] A ideia de o Estado impor restrições em abstrato acaba por propagar ideias preconceituosas e incompatíveis não apenas com os valores trazidos pela CRFB/88, mas até com a própria realidade fática – eis que, repita-se, não há coincidência entre senilidade e senescência.

---

40. A título ilustrativo, remete-se o leitor ao artigo 1.597, III, do Código Civil.
41. O próprio fato de, eventualmente, o filho se encontrar na contingência de cuidar de um genitor de muita idade pode servir à construção do caráter da pessoa. Seria, em última análise, uma forma de solidariedade familiar, princípio de ordem constitucional.
42. "O cerne da questão é o exercício da parentalidade por pessoas em idade avançada, mas capazes e ativas, que por diversos fatores sociais, econômicos, culturais e pessoais desejam concretizar pela primeira vez o projeto parental ou revivê-lo em virtude de um novo relacionamento, por exemplo. Se, por um lado, deve-se assegurar a autodeterminação quanto às escolhas existenciais, inclusive as de cunho reprodutivo, por outro, é imprescindível a salvaguarda dos interesses da futura criança, com base no seu prioritário tratamento. Reforça-se, contudo, que o exercício da parentalidade tardia não afeta o livre e sadio desenvolvimento da criança e do adolescente, nem viola o princípio da parentalidade responsável e, muito menos, afronta à dignidade dos filhos a porvir. É possível assegurar as condições de cuidado integral e afeto mesmo se o exercício parental se der em um estágio mais tardio da vida" (ALMEIDA JUNIOR, Vitor de Azevedo. Parentalidade tardia e reprodução assistida: os limites ao planejamento familiar no ordenamento jurídico brasileiro. In: NERY JUNIOR, Nelson; NERY, Rosa Maria de Andrade (Coord.). *Revista de Direito Privado*. São Paulo: Ed. RT, ano 14, v. 54, abr./jun. 2013, p. 309).
43. ALMEIDA JUNIOR, Vitor de Azevedo. Parentalidade tardia e reprodução assistida: os limites ao planejamento familiar no ordenamento jurídico brasileiro. In: NERY JUNIOR, Nelson; NERY, Rosa Maria de Andrade (Coord.). *Revista de Direito Privado*. São Paulo: Ed. RT, ano 14, v. 54, abr./jun. 2013, p. 309.

Ao se dar o passo rumo à compreensão de que envelhecimento não é sinônimo de incapacidade e de que o avançar da idade, por si só, não implica diminuição ou perda da autonomia da pessoa, estar-se-á caminhando no sentido de reconhecer que a única solução para a questão ora debatida é a ponderação (ou sopesamento) dos interesses envolvidos em cada caso concreto. Somente assim é que o princípio da dignidade da pessoa humana poderá verdadeiramente ocupar o ápice do ordenamento, respeitando-se os centros de interesse em jogo e progredindo para a construção de uma sociedade plural, democrática e sem preconceitos. Afinal, se todos têm direitos existenciais, consubstanciados na dignidade da pessoa humana, todos terão, ao menos como regra geral, o direito de constituir família.

INSEMINAÇÃO CASEIRA: DESAFIOS JURÍDICOS NA TUTELA INTEGRAL DA PESSOA

Carlos Henrique Félix Dantas

Doutorando em Direito Civil pela Universidade do Estado do Rio de Janeiro (UERJ). Mestre em Direito pela Faculdade de Direito do Recife da Universidade Federal de Pernambuco (FDR/UFPE). Graduado em Direito pela Universidade Católica de Pernambuco (Unicap). Pesquisador dos Grupos Constitucionalização das Relações Privadas (Conrep/CNPq/UFPE), Cebid Jusbiomed – Grupo de Pesquisa em Bioética, Biodireito e Direito Médico (CNPq/UNEB) e Proteção do Ser Humano na Era da Biopolítica (UERJ/CNPq). Advogado. E-mail: carloshenriquefd@hotmail.com.

Sumário: Introdução – 1. O mercado informal de gametas nas redes: de dentro das clínicas para o conforto das casas – 2. A irredutibilidade da pessoa ao mercado: a cessão dos gametas reprodutivos – 3. A insuficiência da disciplina jurídica da inseminação heteróloga; 3.1 A incidência do suporte fático do Art. 1.597 do CCB/02 aos possíveis beneficiários da inseminação caseira; 3.2 Contrato de inseminação caseira: renúncia da parentalidade e dos deveres parentais – Considerações finais.

INTRODUÇÃO

O alto custo do recurso às técnicas principais e auxiliares de Reprodução Humana Assistida (RHA) e as longas filas de espera para tratamento pelo Sistema Único de Saúde (SUS) vêm fomentando o crescente fenômeno da Inseminação Caseira (IC) no país, sobretudo aliado as redes sociais, em plataformas como o Facebook, que possibilitam a negociação de gametas reprodutivos masculinos entre doadores e tentantes ao projeto parental através de um mercado informal e não regulado, onde não há qualquer tipo de intervenção estatal. A técnica, que costuma ocorrer sem intermediação de profissional da medicina, vem sendo reproduzida através de tutoriais que podem ser encontrados facilmente nas plataformas digitais, como o YouTube, o Instagram e o TikTok, ao indicar que o doador de sêmen (ou espermatozoide) ejacule em recipiente onde o material biológico possa ser transferido para uma seringa que será inserida no útero da pessoa que gestará o possível embrião, caso ocorra a concepção e a ulterior nidação nas paredes do útero.

Em linhas gerais, os beneficiários costumam ser, na óptica biparental, casais homoafetivos femininos, onde uma das parceiras gestará o possível embrião concebido com o material genético do doador, e casais heterossexuais, em que o parceiro masculino possui infertilidade ou esterilidade. E, ainda, pessoas solteiras, geralmente mulheres que desejam desempenhar a maternidade solo, ou seja, individualmente.[1] Em função desse cenário, o agrupamento de pessoas que mais se veem vulnerabilizados após a efetividade da IC são os casais homoafetivos femininos, tendo em vista a dificuldade que há no duplo registro de maternidade, devido à inexistência de documento que comprove a prática e a intenção dos doadores e tentantes conforme determinação do Provimento 149/2023 do Conselho Nacional de Justiça (CNJ),[2] implicando em barreiras registrais nos cartórios notariais, sendo, portanto, costumeiramente judicializado na atualidade.

Nesse sentido, a prática da inseminação caseira, em parte, ocorre devido a ausência de norma jurídica em *stricto sensu* que regulamente a matéria, inexistindo, por esse motivo, quaisquer proibições relativas a inseminações domésticas no país, embora a Agência Nacional de Vigilância Sanitária (ANVISA) não recomende a sua utilização, considerando os riscos de saúde envolvidos. Todavia, a omissão legislativa não implica na ausência da incidência de normas gerais admitidas em direito, sobretudo àquelas relativas à incidência imediata e direta das garantias fundamentais encontradas na Constituição Federal de 1988 (CF/88), fundadas na proteção integral da pessoa humana nas relações entre particulares, ao consagrar a necessidade de estabelecer limites e liberdades no planejamento familiar.

Em função disso, embora a situação jurídica da doação de gametas masculinos nem sempre seja realizada de forma onerosa, para ser realizada a inseminação caseira, suscita dúvidas em decorrência dos problemas de ordem sanitária e jurídica relativos ao campo da filiação, por esse motivo, questiona-se: em que medida o mercado informal de gametas e a prática da inseminação caseira devem ou não ser protegidos pelo direito, especialmente, no que diz respeito a tutela integral da pessoa à luz da metodologia civil-constitucional?

É na tentativa de responder a tal questionamento que o presente estudo pretendeu investigar os principais desafios desencadeados pela prática da inseminação caseira, sem a intenção de esgotar o tema, mas respaldando-se, sobretudo, na

---

1. Sobre o tema da monoparentalidade programada, na perspectiva jurídica, consultar: SILVA NETTO, Manuel Camelo Ferreira da; DANTAS, Carlos Henrique Félix; FERRAZ, Carolina Valença. O dilema da "produção independente" de parentalidade: é legítimo escolher ter um filho sozinho? *Revista Direito GV*, São Paulo, v. 14, n. 3, p. 1106-1138, 2018. Disponível em: https://www.scielo.br/pdf/rdgv/v14n3/2317-6172-rdgv-14-03-1106.pdf. Acesso em: 28 dez. 2022.
2. Importante salientar que o Provimento 149 de 30.08.2023, em verdade, instituiu o Código Nacional de Normas da Corregedoria Nacional de Justiça do Conselho Nacional de Justiça – Foro Extrajudicial (CNN/CN/CNJ-Extra), que regulamenta os serviços notariais e de registro. Nessa medida, o regramento disposto no antigo Provimento 69 encontra-se incorporado por tal normativa.

tutela integral da pessoa frente a necessidade de regulação do mercado informal de gametas reprodutivos e a atribuição de filiação, ora necessitando ser reconhecida (beneficiários), ora na expectativa de que não a seja (doadores).

Por esse motivo, objetiva-se: a) analisar como o crescente fenômeno de "garagem" nas práticas de inseminação artificial, através da influência do movimento *Do it Yourself Biology* (DIYBio), ocorre na atualidade a partir de um mercado informal e desregulado fomentado pelas redes sociais (YouTube, Facebook, Instagram e TikTok); b) estudar a possível licitude da doação de gametas masculinos (sêmen ou espermatozoide) de forma onerosa ou não, ao considerar, sobretudo, a natureza jurídica dos gametas a partir da possível incidência do art. 199, § 4º, da CF/88; c) averiguar como a atribuição de parentalidade pode ser garantida a partir de documento particular de contrato de inseminação caseira; e d) problematizar as barreiras impulsionadas pelo Provimento 149/2023 do CNJ no registro de parentalidade socioafetiva decorrente de inseminação artificial caseira com base na cláusula geral de tutela integral da pessoa

A metodologia empregada foi a analítico-dedutiva, a partir do estudo documental da CF/88, da Lei do Planejamento Familiar, das recomendações da Agência Nacional de Vigilância Sanitária (ANVISA) e das normativas deontológicas do Conselho Federal de Medicina, relativas à reprodução humana assistida. Além disso, houve a coleta passiva de informações encontradas em plataformas digitais de acesso público, ao que se pretende utilizar, tão somente, informações disponibilizadas pela própria plataforma, podendo-se gerar dados empíricos. Quanto à análise de comentários dos usuários, optou-se por substituir expressões que se reduzem no léxico virtual (a exemplo de "pq", "vc", entre outras), fazer ajustes ortográficos e omitir a identidade dos membros, em respeito à privacidade.

1. O MERCADO INFORMAL DE GAMETAS NAS REDES: DE DENTRO DAS CLÍNICAS PARA O CONFORTO DAS CASAS

Em entrevista concedida para a imprensa, a britânica Stephanie Taylor declarou que desejava exercer a maternidade solo, sem se envolver em novo relacionamento, havendo, enquanto barreira, os altos custos do recurso à inseminação artificial em Clínica de Reprodução Humana Assistida (CRHA). Em decorrência do fato, ao utilizar-se do aplicativo *Just a Baby: Become a Parent*,[3] encontrou o

---

3. Atualmente disponível nas aplicações da Google Play e da Apple Store, vem sendo descrita como uma comunidade online na qual as pessoas, ao redor do mundo, possam abrir um fórum de diálogo sobre gestação por substituição, doação de material biológico e coparentalidade. A consulta torna-se possível através dos links: https://play.google.com/store/apps/details?id=co.justababy.app&hl=en_US&-

material genético de doador compatível com os seus interesses individuais por meio de um *match*, tornando-se mãe solo em outubro de 2020, após utilizar tutorial no YouTube, onde o doador de esperma foi avisado sobre o parto através de uma mensagem de texto.[4] Nessa mesma tendência, a atriz americana Molly Bernard, em dezembro de 2022, anunciou gravidez em sua conta pessoal do Instagram ao utilizar *The Mosie Kit*,[5] pelo qual o casal feminino alega ter havido democratização do acesso à reprodução humana.[6] No Brasil, o cenário não se torna tão diferente aliado às redes sociais, havendo crescente número de casos em que há utilização da inseminação caseira como alternativa ao alto custo da RHA em clínicas privadas e as longas filas de espera no SUS.

Esse cenário faz parte do movimento *Do It Yourself Biology* (DIYBio), compreendido como a tentativa de democratizar os avanços das ciências biológicas para pessoas comuns, ganhando adeptos em todo mundo, em que, geralmente, costuma-se empregar técnicas científicas em casas e laboratórios comunitários. Entre os principais propósitos da democratização, encontra-se a intenção de solidarizar informações necessárias para que toda e qualquer pessoa, independente de estar inserida no ambiente profissional ou acadêmico, possa utilizar o conhecimento científico.[7] Contudo, a utilização em domicílio, baseada no *faça você mesmo*, vem despertando inquietações na comunidade científica e, por ora, jurídica, na medida em que a exemplo da inseminação caseira, surgem situações jurídicas, não previamente pensadas pelo legislador, que precisam de algum grau de amparo para tutelar a pessoa humana.[8]

Nesse aspecto, no Brasil, ao selecionar para o campo exploratório as plataformas YouTube, TikTok, Instagram e Facebook, entendeu-se como necessário

---

gl=US&pli=1 e https://apps.apple.com/us/app/just-a-baby-donors-coparents/id1147759844. Acesso em: 28 jan. 2023.
4. BETT, John. Proud mum gives birth to 'eBaby' after hitting 'buy it now' on online sperm. *Mirror Online*, publicado em 19 de setembro de 2021. Disponível em: https://www.mirror.co.uk/news/weird-news/proud-mum-gives-birth-ebaby-25019374. Acesso em: 28 jan. 2023.
5. Segundo descrição do próprio sítio eletrônico, consiste em um kit, no qual há duas seringas criadas com o design adequado para serem inseridas, confortavelmente, no canal reprodutor feminino. Além de haver, também, um manual de instrução de uso e um recipiente para a coleta dos gametas reprodutivos masculinos. Disponível em: https://mosiebaby.com/products/the-mosie-kit. Acesso em: 28 jan. 2023.
6. ANDALORO, Angela. Pregnant Molly Bernard Details Her and Wife Hannah's 'Miraculous' Journey with Home Insemination. *People*, publicado em 13 dez. 2022. Disponível em: https://people.com/parents/molly-bernard-discusses-how-she-and-wife-hannah-conceived-with-home-insemination-kit-exclusive/. Acesso em: 28 jan. 2023.
7. MEYER, Morgan. Domesticating and democratizing sciente: a geography of do-it-yourself biology. *Journal of Material Culture*, v. 18, n. 2, p. 117-134, 2013. Disponível em: https://hal-mines-paristech.archives-ouvertes.fr/hal-00784685/file/WP_CSI_032.pdf. Acesso em: 10 jan. 2023.
8. A respeito dos avanços da tecnociência e as dificuldades em torno da tutela da pessoa, conferir BARBOZA, Heloisa Helena. Os conceitos jurídicos e a verificação do impossível. In: BARBOZA, Heloisa Helena; TEPEDINO, Gustavo; FILHO, Carlos Edison do Rêgo Monteiro. *Direito Civil*: o futuro do direito. Rio de Janeiro: Editora Processo, 2022.

analisá-las de forma diferenciada, a partir do maior grau de aspiração que cada uma possui para funcionar como: a) fórum de discussão online, possibilitando o contato entre doadores e tentantes; e, b) plataformas de compartilhamento de vídeos e fotografias, responsáveis por tornar acessível informações relativas a coleta do material biológico e a posterior utilização por meio de tutoriais.

Pôde-se constatar uma maior tendência da plataforma Facebook para servir como ferramenta de compartilhamento de dados entre "tentantes", àqueles que ocupam a condição de buscar exercer a parentalidade (biparental ou monoparental), e "doadores", cuja intenção repousa na cessão do gameta reprodutivo masculino (sêmen ou espermatozoide), ora de forma gratuita e solidária, ora na expectativa de receber uma contraprestação, nem sempre clara no contato inicial com os denominados tentantes.

Na intenção de apresentar as principais comunidades virtuais da plataforma, elaborou-se o quadro analítico abaixo, que detalha, em linhas gerais, o movimento diário da troca de informações para a cessão do material biológico entre tentantes e doadores. Além das comunidades abaixo escolhidas, encontrou-se outras, menores em termos de membros e publicações diárias, relativas a estados específicos e regiões do país, que se preferiu descartá-las.

QUADRO 1 – Principais Comunidades Virtuais brasileiras na plataforma Facebook

Comunidades Virtuais (chats, fóruns etc.)	Quantitativo de Membros	Publicações por dia
Inseminação Caseira – Tentantes & Doadores	45 mil membros	10 publicações diárias
Inseminação Caseira – Tentantes Doadores Doação de Esperma Brasil	29 mil membros	7 publicações diárias
Inseminação Caseira e Doadores	29 mil membros	11 publicações diárias
Inseminação Caseira / Tentantes e Doadores – RS e BR	21 mil membros	8 publicações diárias

Fonte: Dados coletados pelo autor em dezembro de 2022.

Essas informações, coletadas passivamente através de acesso público na plataforma, revelam de um lado a crescente demanda da inseminação caseira como alternativa à construção do projeto de parentalidade. De outro lado, suscitam, também, a urgência do debate bioético e jurídico na atualidade, sobretudo porque muitos dos doadores do material biológico (sêmen ou espermatozoide) possuem inúmeros testes positivados de gravidez, às vezes até em um mesmo estado, levantando, por isso, questões sanitárias emergentes, a exemplo do que se verifica nos comentários de doadores abaixo, cujas informações pessoais foram alteradas ou omitidas em respeito à privacidade.

> Boa tarde, grupo. Sou doador há mais de 4 anos, resido em São Paulo e possuo disponibilidade para viajar. Atualmente possuo 29 testes positivos para gravidez. Qualquer dúvida, só entrar em contato.[9]
> Possuo exames em dia e refaço sempre que pedirem. Possuo mais de 100 testes positivos de gravidez em todo o Brasil. A doação é gratuita, porém o tentante deve custear despesas com passagem aérea, hospedagem e alimentação, caso sejam necessárias. Estou disponível para viajar para qualquer lugar.[10]

Nesse diapasão, também foi possível verificar situações em que a doação, com suposta intenção solidária, tenha se convertido em chantagem, assédio sexual ou cobrança pelo material genético.

> Mais uma vez estou em busca de um doador que seja sério e não cobre um absurdo. Ainda mais porque este grupo possui o propósito de que a doação seja de coração, pensada no sonho de cada tentante. Desejamos ser mamães. Além disso, nossa tentativa será apenas por meio do método da utilização de seringa (inseminação caseira), não venham com outras intenções.[11]
> Estão tentando abafar e fui até ameaçado. Após inúmeras denúncias, **** foi denunciado com provas de assédio sexual, além de terem surgido evidências que ele estava pedindo dinheiro aos casais, enquanto estava bêbado. Portanto, cuidem-se meninas, peçam referências dos doadores antes.[12]
> Bom dia. Alerta para as tentantes. Dei corda para um doador que supostamente é conhecido nos grupos, indicado como boa referência. Contudo, ele estava mais interessado em ver fotos minhas e saber onde eu residia. Além de sempre me elogiar muito. Passei a achar muito estranho e fui deixando de lado. Mas percebi que o cara quer uma amante, ter sexo gratuitamente, porque as conversas dele não são de um doador com a reputação que ele prega.[13]
> Este suposto "doador" criou uma conta fake para indicar a si mesmo. Porém ele possui várias denúncias de tentar forçar o natural. Além disso, houve denúncias de que ele possui uma doença sexualmente transmissível.[14]

A partir desse quadro, a negociação informal de material genético, sem quaisquer intervenções estatais, através de um mercado desregulado, aliado às redes sociais, vem acentuando a situação jurídica de vulnerabilidade de forma am-

---

9. FACEBOOK. *Inseminação Caseira* – Tentantes & Doadores, 2022. Disponível em: https://www.facebook.com/groups/352244381619368. Acesso em: 20 dez. 2022.
10. FACEBOOK. *Inseminação Caseira* – Tentantes Doadores Doação de Esperma Brasil, 2022. Disponível em: https://www.facebook.com/groups/165062034072952. Acesso em: 15 dez. 2022.
11. FACEBOOK. *Inseminação Caseira* / Tentantes e Doadores – RS e BR, 2022. Disponível em https://www.facebook.com/groups/379932779660043. Acesso em: 27 dez. 2022.
12. FACEBOOK. *Inseminação Caseira e Doadores*, 2022. Disponível em: https://www.facebook.com/groups/317009262052946. Acesso em: 15 dez. 2022.
13. FACEBOOK. *Inseminação Caseira – Tentantes Doadores Doação de Esperma Brasil*, 2022. Disponível em: https://www.facebook.com/groups/165062034072952. Acesso em: 19 dez. 2022.
14. FACEBOOK. *Inseminação Caseira* – Tentantes & Doadores, 2022. Disponível em: https://www.facebook.com/groups/352244381619368. Acesso em: 29 dez. 2022.

bivalente: a) de um lado os tentantes, cuja recepção do material genético depende de genuína intenção altruísta e solidária, em que os doadores não demandem uma judicialização de reconhecimento de paternidade decorrente do fornecimento do material biológico; e b) de outro, a cessão do material biológico por parte dos doadores não incorrer em reconhecimento de paternidade indevida, ao que podem ser pleiteados a exercer os deveres parentais decorrentes, como a assunção do dever de alimentos, guarda e visitação da criança.

Quanto as demais plataformas (YouTube, TikTok e Instagram), percebeu-se maior aspiração para funcionarem como fornecedoras de conteúdo, geralmente produzidas por pessoas comuns, de forma a trazerem informações quanto a possibilidade de reproduzir tutoriais relativos à inseminação caseira. Nesse mesmo sentido, parte dos conteúdos disponibilizados também se refere a pessoas que já fizeram o uso da técnica, dando dicas e estímulos para que a prática ocorra com sucesso pelos denominados tentantes, do mesmo modo que alguns indicam possíveis doadores de material biológico.

A negociação dos gametas reprodutivos, de forma onerosa ou não, fomentada pelas redes sociais, ocasiona dilemas quanto à proteção da pessoa, frente a possibilidade de utilizar-se o procedimento da inseminação doméstica sem apoio médico especializado e, também, o latente perigo de instrumentalização da vida humana, a partir de um possível afastamento do valor inerente da dignidade humana, baseado na ótica do lucro e do consumo. Nessa medida, passar-se-á a analisar a premissa da irredutibilidade da pessoa ao mercado na perspectiva da cessão dos gametas reprodutivos.

2. A IRREDUTIBILIDADE DA PESSOA AO MERCADO: A CESSÃO DOS GAMETAS REPRODUTIVOS

A tendência contemporânea à mercantilização dos gametas reprodutivos, através do mercado informal de sêmen, aponta para a necessidade de um garantidor externo, cujo papel do direito, nas lições de Pietro Perlingieri,[15] repousa no dever de indicar os limites e as formas corretivas para que o mercado possa ser legitimado e regulamentado. Nessa medida, para o autor, o mercado deve ser guiado pelo pressuposto da "inseparabilidade do econômico daquilo que é humano", guiado por relações interdisciplinares que recaem sobre a ciência e seus estudiosos. Dessa forma, entende que a sociedade tecnológica deve permanecer *societas* solidária, isto é, pautada na proteção dos valores da pessoa humana, ten-

---

15. PERLINGIERI, Pietro. *O direito civil na legalidade constitucional*. Trad. Maria Cristina de Cicco. Rio de Janeiro: Renovar, 2008, p. 505-506.

do em vista que o mercado não deve ser baseado apenas no lucro, havendo, por conseguinte, uma responsabilidade social derivada de sua atuação.[16]

A partir desse cenário, a tutela dos gametas reprodutivos não repousa da mesma maneira que os embriões excedentários e a figura do nascituro. Isso porque o material biológico reprodutivo, aqui denominado como sinônimo do sêmen ou espermatozoide (derivado do sistema reprodutor masculino) e óvulos ou oócitos (derivado do sistema reprodutor feminino), encontra-se em momento anterior a concepção (momento em que há a junção dos gametas), não havendo o que se falar, portanto, de um embrião. Em decorrência dessa situação, não se confundiria com o embrião excedentário, àquele concebido fora do corpo humano e comumente crioconservado em laboratório, e, também, com o nascituro, posto que esse ocupa o status de embrião em gestação dentro do corpo humano, havendo a incidência do disposto no art. 2 do CCB/02.[17]

Em verdade, a condição dos gametas reprodutivos, no direito brasileiro, dentro da ambivalência (coisa e pessoa) atribuída pelo Direito Civil,[18] enquadra-se como coisa, contudo seu tratamento não deve ocorrer, simplesmente, como um bem de propriedade, posto que essa condição não deve implicar o mesmo tratamento aos bens móveis e imóveis, merecendo tutela jurídica diferenciada em razão de ser derivado do corpo humano, na medida em que a extensão do corpo merece tutela específica voltada para a intenção dos agentes. Além do mais, os possíveis centros de interesses em torno dos gametas reprodutivos traduzem-se em situação juridicamente relevante, na medida em que a existência de sujeitos é prescindível para a sua esfera de proteção,[19] sobretudo no que tange a dimensão existencial. Afinal, a qualificação em situação existencial possui como propósito a realização direta da dignidade e o *modus vivendi* da pessoa, pautado na realização da personalidade.[20]

Dessa maneira, sustenta-se como sendo coisa fora do comércio, que merece tutela subjetiva existencial com base nas diretivas do cedente do material bioló-

---

16. Idem. Ibidem., p. 514.
17. Código Civil (2002): "*Art. 2º A personalidade civil da pessoa começa do nascimento com vida; mas a lei põe a salvo, desde a concepção, os direitos do nascituro*".
18. Sobre o tema, consultar: BARBOZA, Heloisa Helena. Repercussões jurídicas da biotecnologia no Código Civil: o papel do Biodireito. In: BARBOZA, Heloisa Helena; SILVA, Eduardo Freitas Horácio da; ALMEIDA, Vitor (Org.). *Biotecnologia e relações familiares*. Rio de Janeiro: Processo, 2021, p. 23 e ss.
19. "*Se a atualidade do sujeito não é essencial à existência da situação, significa que pode existir uma relação juridicamente relevante entre dois ou mais centros de interesses sem que ela se traduza em necessariamente em relação ente sujeitos*". PERLINGIERI, Pietro. Op. cit., 2008, p. 114.
20. TEIXEIRA, Ana Carolina Brochado; KONDER, Carlos Nelson. Situações Jurídicas Dúplices: continuando o debate. Controvérsias sobre a nebulosa fronteira entre patrimonialidade e extrapatrimonialidade. In: TEIXEIRA, Ana Carolina Brochado. RODRIGUES, Renata de lima. *Contratos, Família e Sucessões*: Diálogos interdisciplinares. Editora Foco, Indaiatuba, 2021, p. 141.

gico, encontrando espaço para cessão solidária ou altruística. Isso porque, nas lições de Rodotà,[21] a compensação econômica sobre o corpo afasta-o da dimensão exclusiva da personalidade, aproximando-se da propriedade, sendo o critério de mercado capaz de desvirtuar a igualdade e a dignidade, dissolvendo-se, portanto, a autonomia da pessoa. Por conseguinte, na condição de *res extra commercium* a tutela existencial sobre os gametas estaria voltada, sobretudo, ao tratamento de proteção quanto ao seu destino, condicionada a vontade do seu titular. Por analogia, costuma-se atribuir a proibição à comercialização com base na expressão "substâncias humanas", contida na seção normativa dedicada à saúde na CF/88, através do § 4º do art. 199.[22]

Através da resolução CFM 2.320/2022, atualmente vigente, a proibição quanto a comercialização dos gametas reprodutivos encontra-se expressa no item IV.1,[23] cuja interpretação abarca também os embriões crioconservados em laboratório. Essa disposição encontra-se presente em todas as resoluções até então elaboradas pela autarquia federal, na qual sua função consiste em elaborar normativas de natureza ética-disciplinar, que vincula somente a conduta dos agentes da medicina. Portanto, não possuindo natureza de lei em sentido estrito. Diante disso, passar-se-á a analisar a normativa, comparativamente, através do quadro abaixo.

---

21. RODOTÀ, Stefano. *La vida e las reglas*: entre el derecho y el no derecho. Traducción de Andrea Greppi. Madrid: Editorial Trotta, 2010, p. 117.
22. Constituição Federal (1988): "*Art. 199. [...]. § 4º A lei disporá sobre as condições e os requisitos que facilitem a remoção de órgãos, tecidos e substâncias humanas para fins de transplante, pesquisa e tratamento, bem como a coleta, processamento e transfusão de sangue e seus derivados, sendo vedado todo tipo de comercialização*".
23. CONSELHO FEDERAL DE MEDICINA. *Resolução CFM 2.320/2022*, de 1 de setembro de 2022. Disponível em: https://sistemas.cfm.org.br/normas/arquivos/resolucoes/BR/2022/2320_2022.pdf. Acesso em: 9 fev. 2023.

Quadro 2 – Principais diretrizes do CFM quanto a cessão de Gametas

Resolução 1.358/92	Resolução 1.957/10	Resolução 2.013/13	Resolução 2.121/15	Resolução 2.168/17	Resolução 2.294/21	Resolução 2.320/22
Gratuita, sendo vedado o caráter lucrativo ou comercial. O anonimato da identidade civil dos cedentes do material biológico deve ser mantido. A CRHA deve evitar, na localização da unidade, mais do que 2 (duas) gestações, de sexos diferentes, numa área de um milhão de habitantes.	Gratuita, sendo vedado o caráter lucrativo ou comercial. O anonimato da identidade civil dos cedentes do material biológico deve ser mantido. A CRHA deve evitar, na localização da unidade, mais do que 1 (uma) gestação, de sexos diferentes, numa área de um milhão de habitantes.	Gratuita, sendo vedado o caráter lucrativo ou comercial. Estabelece-se como idade limite: a) mulher – 35 anos; b) homem – 50 anos. O anonimato da identidade civil dos cedentes do material biológico deve ser mantido. A CRHA deve evitar, na localização da unidade, mais do que 2 (duas) gestações, de sexos diferentes, numa área de um milhão de habitantes.	Gratuita, sendo vedado o caráter lucrativo ou comercial. Estabelece-se como idade limite: a) mulher – 35 anos; b) homem – 50 anos. O anonimato da identidade civil dos cedentes do material biológico deve ser mantido. A CRHA deve evitar, na localização da unidade, mais do que 2 (duas) gestações, de sexos diferentes, numa área de um milhão de habitantes.	Gratuita, sendo vedado o caráter lucrativo ou comercial. Estabelece-se como idade limite: a) mulher – 37 anos; b) homem – 50 anos. O anonimato da identidade civil dos cedentes do material biológico deve ser mantido. A CRHA deve evitar, na localização da unidade, mais do que 2 (duas) gestações, de sexos diferentes, numa área de um milhão de habitantes, admitindo-se exceção caso se trate do mesmo núcleo familiar.	Gratuita, sendo vedado o caráter lucrativo ou comercial. Estabelece-se como idade limite: a) mulher – 37 anos; b) homem – 45 anos. Inclui-se, na possibilidade, que haja a doação de gametas por parentes até o 4° grau colateral. O anonimato da identidade civil dos cedentes do material biológico deve ser mantido. A CRHA deve evitar, na localização da unidade, mais do que 2 (duas) gestações, de sexos diferentes, numa área de um milhão de habitantes, admitindo-se exceção caso se trate do mesmo núcleo familiar.	Gratuita, sendo vedado o caráter lucrativo ou comercial. Estabelece-se como idade limite: a) mulher – 37 anos; b) homem – 45 anos. Inclui-se, na possibilidade, que haja a doação de gametas por parentes até o 4° grau colateral. O anonimato da identidade civil dos cedentes do material biológico deve ser mantido. A CRHA deve evitar, na localização da unidade, mais do que 2 (duas) gestações, de sexos diferentes, numa área de um milhão de habitantes, admitindo-se exceção caso se trate do mesmo núcleo familiar.

Fonte: Dados coletados pelo autor.

Nessa medida, a partir da evolução do dispositivo ao longo do tempo, pode-se perceber que se estabelece como limitação à cessão de gametas: a) estar condicionada a finalidade altruísta, sem propósito lucrativo ou comercial, em consonância, portanto, com os mandamentos da CF/88; b) a possibilidade de doação dos gametas reprodutivos encontra-se limitada pela idade dos cedentes do material biológico, seguindo os parâmetros de saúde quanto a maior probabilidade de fertilidade, excetuando-se, obviamente, se os gametas reprodutivos frutos da doação estiverem crioconservados; c) abre-se a exceção para que a cessão dos gametas reprodutivos ocorra, também, por parte de parentes de até o 4º grau colateral; e, d) estabelece-se controle, por intermédio da própria CRHA, quanto a cessão de material biológico, para evitar que numa mesma área de um milhão de habitantes, nasçam mais do que (duas) crianças com sexo diverso.

Quanto ao último aspecto comparativo comentado, talvez seja um dos que ocasiona maiores alarmes considerando o mercado informal de gametas para a inseminação caseira. Isso porque, às vezes, um mesmo doador possui mais do que 100 (cem) positivos para gravidez,[24] podendo as crianças resultantes saírem da margem do CFM quanto a limitação de até 2 (dois) nascimentos numa área de um milhão de habitantes. Os problemas que poderão derivar, de ordem pública e sanitária, encontram-se na possibilidade de relações incestuosas entre irmãos que não possuíam conhecimento sobre a origem da paternidade biológica. No Código Civil vigente, a proibição neste tipo de situação é expressa através do inciso IV do art. 1.521,[25] na qual impede-se o casamento celebrado por irmãos, sendo causa de nulidade absoluta.

Destaca-se, ainda, que a própria resolução do CFM estabelece como marco temporal para a escolha do destino do material biológico o momento de contratação da CRHA, devendo ser declarado pelos beneficiários através do termo de consentimento livre e esclarecido a intenção em caso de: a) dissolução da entidade familiar, quando for projeto biparental; e, b) morte do titular do material genético.[26] Ressalta-se que embora haja a fixação da vontade no momento em que se contrata a clínica, o entendimento que prevalece atualmente no Superior Tribunal de Justiça (STJ) seria quanto a revogabilidade, a qualquer tempo, da vontade manifestada em conformidade com a genuína autonomia do titular do material biológico, ao

---

24. INSEMINAÇÃO CASEIRA: homem que doou sêmen mais de 100 vezes nota semelhança entre crianças. *CORREIO*, 04.08.2022, às 20h45min. Disponível em: https://www.correio24horas.com.br/noticia/nid/inseminacao-caseira-homem-que-doou-semen-mais-de-100-vezes-nota-semelhanca-entre-criancas/. Acesso em: 9 jan. 2023.
25. Código Civil (2002): "*Art. 1.521. Não podem casar: [...]. IV – os irmãos, unilaterais ou bilaterais, e demais colaterais, até o terceiro grau inclusive*".
26. CONSELHO FEDERAL DE MEDICINA. *Resolução CFM 2.320/2022*, de 1 de setembro de 2022. Disponível em: https://sistemas.cfm.org.br/normas/arquivos/resolucoes/BR/2022/2320_2022.pdf. Acesso em: 9 fev. 2023.

considerar que o termo de consentimento informado se tornou documento de reprodução insuficiente. O tribunal entendeu, portanto, ao analisar o destino de embrião crioconservado, que deve haver outro documento mais preciso, como testamento ou documento análogo.[27,28] Por analogia, a interpretação deve ser aplicada também aos gametas reprodutivos.

No que tange a coleta e o tratamento dos gametas reprodutivos, a ANVISA, através da Resolução 771/2022,[29] ao considerar boas práticas na utilização das células germinativas, estabelece que sejam manipuladas e controladas, de modo que a seleção de doadores de sêmen passe por uma prévia testagem, para evitar a transmissão de doenças como o HIV, hepatite B e C, sífilis, HTLV I e II, vírus Zica, entre outros.[30] Esse tipo de controle é destinado a preservação da saúde da possível gestante e da criança resultante do planejamento familiar, afirmando-se, portanto, enquanto uma prática de saúde. Na esfera da inseminação caseira, por outro lado, o controle contra contração desse tipo de enfermidade não se apresenta da mesma forma, na medida em que a coleta do sêmen ocorre geralmente em ambiente doméstico, podendo ocasionar o risco de contaminação por bactérias e microrganismo no material biológico além das comentadas doenças sexualmente transmissíveis.[31]

---

27. BRASIL. Superior Tribunal de Justiça. *Recurso Especial 1.918.421-SP*. Relator: Ministro Marco Buzzi. Relator para Acórdão: Ministro Luis Felipe Salomão. Data do Julgamento: 08.06.2021. Disponível em: https://processo.stj.jus.br/processo/revista/documento/mediado/?componente=ITA&sequencial=2058572&num_registro=202100242516&data=20210826&peticao_numero=-1&formato=PDF. Acesso em: 15 fev. 2023.
28. Sobre o tema, conferir FRANCESCONI, Paula Moura; ALMEIDA, Vitor. Os desafios da reprodução assistida post mortem e o alcance do testamento genético: ampliando as formas de disposição do próprio corpo após a morte. In: Daniele Chaves Teixeira. (Org.). *Arquitetura do planejamento sucessório*. Belo Horizonte: Fórum, 2022. t. III.
29. BRASIL. Agência Nacional de Vigilância Sanitária (ANVISA). *Resolução RDC 771*, de 26 de dezembro de 2022. Dispõe sobre as Boas Práticas em Células Germinativas, Tecidos Germinativos e Embriões Humanos, para uso terapêutico, e dá outras providências. Disponível em: https://www.in.gov.br/en/web/dou/-/resolucao-rdc-n-771-de-26-de-dezembro-de-2022-454141632. Acesso em: 5 fev. 2023.
30. Resolução RDC 771 da ANVISA (2022): "Art. 96. A seleção de doadores de sêmen deve ser realizada por meio dos seguintes testes laboratoriais: I – HIV 1 e 2: detecção de anticorpo contra o HIV ou detecção combinada do anticorpo contra o HIV + antígeno p24 do HIV; II – Hepatite B: HBsAg (detecção do antígeno de superfície do vírus da hepatite B) e AntiHBc (detecção de anticorpos contra o capsídeo do HBV, IgG ou IgG + IgM);
    III – Hepatite C: HCV-Ab (detecção do anticorpo contra o vírus da hepatite C (HCV) ou detecção combinada do anticorpo + antígeno do HCV); IV – sífilis: teste para detecção do anticorpo antitreponêmico ou não treponêmico; V – HTLV I e II: teste para detecção de anticorpo antiHTLV I/II; VI – vírus Zika: teste para detecção de anticorpo IgG e IgM; VII – "Neisseria gonorrhoeae": detecção de ácido nucleico (NAT) em amostra de urina ou sêmen; VIII – "Chlamydia trachomatis": detecção de ácido nucleico (NAT) em amostra de urina ou sêmen; IX – Cariótipo; e X – Traços falciformes".
31. BRASIL. Agência Nacional de Vigilância Sanitária (ANVISA). *Inseminação artificial caseira*: riscos e cuidados. Procedimento feito em casa com uso de seringas e esperma colhido na hora pode trazer alguns riscos e está fora da competência da Anvisa. Ministério da Saúde, 06 abr. 2018. Disponível em: http://antigo.anvisa.gov.br/resultado-de-busca?p_p_id=101&p_p_lifecycle=0&p_p_state=maximi-

Importante lembrar que, no Brasil, não há norma em sentido estrito que regule o tema de maneira abrangente, havendo tão somente as presunções de filiação contidas nas hipóteses dos incisos III, IV e V do art. 1.597 do CCB/02, para garantir algum grau de estabilidade jurídica no que tange ao reconhecimento da parentalidade. Todavia, em que pese a intenção do legislador em observar essas situações biojurídicas, a complexificação contínua dos avanços tecnocientíficos em matéria reprodutiva praticamente impõem uma insuficiência do regramento posto, na medida em que trazem mais dúvidas do que soluções, sobretudo ao olhar para a inseminação caseira. Por esse motivo, passar-se-á a analisar a insuficiência da disciplina jurídica da inseminação heteróloga atribuída pelo legislador civil e as possíveis soluções para tutelar a pessoa humana.

3. A INSUFICIÊNCIA DA DISCIPLINA JURÍDICA DA INSEMINAÇÃO HETERÓLOGA

A disciplina jurídica da filiação, na legislação civil, é pautada na intenção de garantir algum grau de certeza quanto a paternidade de origem biológica, na medida em que, historicamente, a maternidade sempre foi certa,[32] embora os avanços científicos possam relativizar a certeza sobre quem seria a mãe biológica, através da gestação por substituição, e garantir uma certeza quanto a paternidade biológica, tendo em vista o exame de DNA.

Dessa maneira, no art. 1.597, o legislador propõe atribuir algum grau de certeza para algo que pode ser considerado incerto em relação a figura masculina nos incisos I e II,[33] oriundos do Código Civil de 1916, estabelecendo uma condição de probabilidade em que será: a) atribuída a paternidade quando o filho nascer 180 dias, pelo menos, depois de estabelecida a convivência conjugal; e b) conferida a paternidade quando o filho nascer 300 dias após a dissolução da sociedade conjugal, seja por morte, separação judicial, nulidade ou anulação do casamento.

Em matéria de RHA, foram inseridos no CCB/2002 os demais incisos (III, IV e V)[34] como forma de conferir segurança jurídica e igualdade no reconheci-

---

zed&p_p_mode=view&p_p_col_id=column-1&p_p_col_count=1&_101_struts_action=%2Fasset_publisher%2Fview_content&_101_assetEntryId=4265364&_101_type=content&_101_groupId=219201&_101_urlTitle=inseminacao-artificial-caseira-riscos-e-cuidados&inheritRedirect=true. Acesso em: 29 dez. 2022.
32. LÔBO, Paulo. *Direito Civil*: famílias. 11. ed. São Paulo: Saraiva Educação, 2021, p. 227.
33. Código Civil (2002): "1.597. [...]: I – nascidos cento e oitenta dias, pelo menos, depois de estabelecida a convivência conjugal; II – nascidos nos trezentos dias subsequentes à dissolução da sociedade conjugal, por morte, separação judicial, nulidade e anulação do casamento".
34. Código Civil (2002): "1.597. [...]: [...] III – havidos por fecundação artificial homóloga, mesmo que falecido o marido; IV – havidos, a qualquer tempo, quando se tratar de embriões excedentários, decorrentes de concepção artificial homóloga; V – havidos por inseminação artificial heteróloga, desde que tenha prévia autorização do marido".

mento dos filhos oriundos das ferramentas reprodutivas. Nesse sentido, cabe lembrar que as expressões "fecundação", "concepção" e "inseminação" devem ser interpretadas segundo a edição dos enunciados n. 105[35] e n. 126[36] da I Jornada de Direito Civil do Conselho da Justiça Federal (CJF), como "técnica de reprodução assistida", de forma mais abrangente. Outra contribuição, baseada na igualdade entre as entidades familiares, seria a interpretação de que as presunções jurídicas de filiação foram pensadas para a família pautada no Casamento, contudo, através do julgamento do Recurso Especial (REsp) 1.194.059/SP, entendeu-se que seriam aplicáveis também à União Estável.[37]

Nesse quadro, quanto as hipóteses contidas nos incisos III e IV, referentes a utilização de material biológico do próprio casal (homóloga), em caso de inseminação artificial ou a existência de embrião concebido de forma extracorpórea e não utilizado, por isso excedentário, não compartilham em si a natureza de presunção de filiação, na medida em que se há certeza quanto à origem biológica da maternidade e paternidade dos cedentes do material genético.[38] A única hipótese inserida na codificação vigente que suscitaria dúvidas e, portanto, guardaria natureza propriamente de presunção seria a contida no inciso V, ao passo que se ocupa em garantir presunção de paternidade decorrente de filho havido por RHA heteróloga, isto é, a partir da utilização de material genético de terceiro, desde que haja prévia anuência do marido.

O suporte fático desta hipótese, contida no inciso V, fundamenta situação na qual o casal utilizará amostra seminal de terceiro, podendo ser doador anônimo

---

35. I Jornada de Direito Civil do CJF: "Enunciado 105 – As expressões 'fecundação artificial', 'concepção artificial' e 'inseminação artificial' constantes, respectivamente, dos incs. III, IV e V do art. 1.597 deverão ser interpretadas como 'técnica de reprodução assistida'".
36. I Jornada de Direito Civil do CJF: "Enunciado 126 – Proposição sobre o art. 1.597, incs. III, IV e V: Proposta: Alterar as expressões 'fecundação artificial', 'concepção artificial' e 'inseminação artificial' constantes, respectivamente, dos incs. III, IV e V do art. 1.597 para 'técnica de reprodução assistida'. Justificativa: As técnicas de reprodução assistida são basicamente de duas ordens: aquelas pelas quais a fecundação ocorre in vivo, ou seja, no próprio organismo feminino, e aquelas pelas quais a fecundação ocorre in vitro, ou seja, fora do organismo feminino, mais precisamente em laboratório, após o recolhimento dos gametas masculino e feminino. As expressões 'fecundação artificial' e 'concepção artificial' utilizadas nos incs. III e IV, são impróprias, até porque a fecundação ou a concepção obtida por meio das técnicas de reprodução assistida é natural, com o auxílio técnico, é verdade, mas jamais artificial. Além disso, houve ainda imprecisão terminológica no inc. V, quando trata da inseminação artificial heteróloga, uma vez que a inseminação artificial é apenas uma das técnicas de reprodução in vivo; para os fins do inciso em comento, melhor seria a utilização da expressão 'técnica de reprodução assistida', incluídas aí todas as variantes das técnicas de reprodução in vivo e in vitro".
37. BRASIL. *Recurso Especial (REsp) 1.194.059/SP*, Rel. Ministro Massami Uyeda, Terceira Turma, julgado em 06.11.2012. Disponível em: https://processo.stj.jus.br/SCON/jurisprudencia/toc.jsp?livre=%28RESP.clas.+e+%40num%3D%221194059%22%29+ou+%28RESP+adj+%221194059%22%29. suce. Acesso em: 11 fev. 2023.
38. HOLANDA, Maria Rita de. *Parentalidade*: entre a realidade social e o direito. Belo Horizonte: Fórum, 2021, p. 148-149.

ou parente até o quarto grau colateral de algum dos autores do planejamento familiar, conforme determinação da Res. CFM 2.320/2022. Sendo assim, a partir do consentimento do marido a assunção da paternidade não poderá ser negada posteriormente, tendo em vista ocasionar em presunção absoluta de paternidade.[39] Nessa medida, fundamentado em origem não biológica, o estado de filiação estaria pautado em verdade socioafetiva consoante ao uso de amostra seminal de terceiro (heteróloga), havendo, na legislação constitucional e infraconstitucional, a premissa da igualdade na filiação.

Nessa medida, frente à certeza da paternidade socioafetiva, poderá haver incerteza somente quanto à origem genética em relação ao gameta sexual masculino manuseado quando tratar-se de doador anônimo ou dúvidas em relação à maternidade, quando for fundamentada em hipótese da técnica auxiliar de gestação por substituição. Afinal, diante da possibilidade de se utilizar material genético de parente até o quarto grau colateral, não haveria dúvidas quanto a origem genética do doador do sêmen e a sua identidade civil.

Contudo, essa última possibilidade levanta controvérsias, na medida em que há dúvidas se essa situação poderia fundamentar uma multiparentalidade caso haja convivência entre a criança e o doador do material genético. Nesse viés, posiciona Fabíola Albuquerque Lobo[40] que a multiparentalidade não deverá ser aplicada em filiações provenientes de inseminações artificiais heterólogas, ao passo que quando o marido ou o companheiro assume, definitivamente, a paternidade do filho havido com amostra seminal de terceiro, o vínculo de origem biológica é rompido por força de expressas disposições legais do ordenamento jurídico brasileiro, em analogia ao que ocorre na adoção.

À vista disso, passar-se-á a analisar de forma isolada a possível incidência do suporte fático do art. 1.597 nas situações usuais de inseminação caseira e, posteriormente, estudar-se-á o Provimento 149/2023 do CNJ, que obsta o registro da dupla maternidade em cartório, de modo a eleger como alternativa o estudo da validade jurídica do contrato de inseminação caseira como forma de dirimir os impactos da insegurança jurídica ocasionada pela prática doméstica de inseminação artificial.

---

39. GAMA, Guilherme Calmon Nogueira da. *A nova filiação*: o biodireito e as relações parentais: o estabelecimento da parentalidade-filiação e os efeitos jurídicos da reprodução assistida heteróloga. Rio de Janeiro: Renovar, 2003, p. 829.
40. LOBO, Fabíola Albuquerque. *Multiparentalidade*: efeitos no direito de família. Indaiatuba, SP: Foco, 2023, p. 36, 155.

3.1 A incidência do suporte fático do art. 1.597 do CCB/02 aos possíveis beneficiários da inseminação caseira

A partir da possibilidade de comercialização informal de gametas reprodutivos masculinos para utilização doméstica, fomentado pelas redes sociais, três seriam as principais hipóteses:

a) *Monoparentalidade Feminina Programada*: situação em que a mulher, estando na condição de solteira, desejaria empreender a maternidade de forma solo, isto é, sozinha, sem estar envolvida em uma conjugalidade. Pelas amarras sociais, a conjugalidade já foi entendida como necessária para haver o reconhecimento de entidade familiar protegida pelo direito. Contudo, com o avanço em matéria de direito das famílias, a partir da CF/88 a monoparentalidade foi reconhecida expressamente como entidade familiar no § 4º do art. 226, gozando de *status* e proteções devidas. Conceitualmente, até pelo próprio dispositivo, a monoparentalidade é aquela família composta por qualquer um dos pais e os seus respectivos descendentes. De forma a corroborar com essa entidade familiar, a utilização da inseminação caseira, pautada no mercado informal de sêmen, não suscitará dúvidas quanto a maternidade biológica, na medida em que incidirá a presunção *mater semper certa est*. Portanto, será a mãe aquela que demonstrar os sinais físicos de gravidez e fará o parto, independente da inseminação heteróloga ter ocorrido por intermédio de uma CRHA ou por meio de uma inseminação doméstica.

b) *Casal Heterossexual em que o Homem seja Infértil ou Estéril*: fundamenta hipótese em que, independente de se estar em uma União Estável ou Casamento, o parceiro do sexo biológico masculino possui infertilidade ou esterilidade, obstando, portanto, a concretização do projeto parental a partir do contato sexual, tornando-se necessário o recurso a técnicas de reprodução humana. Nessa esteira, considerando a possibilidade de fazer-se uso da inseminação doméstica, o estado de filiação, para fins registrais, não suscitaria dúvidas, com exceção de serem questionadas em juízo pelo doador do material genético, pois no que tange a paternidade haveria a incidência da presunção contida no inciso I do art. 1597, baseada na convivência conjugal. Além disso, a maternidade de origem biológica estaria assegurada pela presunção *mater semper certa est*. Por esse motivo, não encontrariam barreiras registrais.

c) *Casal Homoafetivo Feminino*: dentre as hipóteses apresentadas, esta é a que guarda uma maior suscetibilidade para haver algum grau de vulnerabilidade no reconhecimento do vínculo de maternidade. Isso porque, na atribuição do vínculo materno-filial, será reconhecida como mãe, pela presunção *mater semper certa est*, àquela que demonstrar os sinais físicos de gravidez e parto. Todavia, no que tange a atribuição materno-filial da outra componente da conjugalidade homoafetiva, por uma leitura literal do texto normativo, não haveria uma incidência automática do dispositivo do inciso V do art. 1.597, ao passo que em matéria de reconhecimento de vínculo de filiação, as presunções foram pensadas numa lógica heterossexual.

Contudo, considerando que no ano de 2011 o Supremo Tribunal Federal (STF) decidiu, a partir da Arguição de Descumprimento de Preceito Fundamental 132/RJ (ADPF 132/RJ)[41] e da Ação Direta de Inconstitucionalidade 4.277/DF (ADI 4.277/DF),[42] que há a proibição da discriminação da pessoa humana em função da orientação sexual, reforçando o pluralismo social, de modo a trazer interpretação inclusiva do reconhecimento das uniões homoafetivas, equiparando-as à união estável, garantindo, inclusive habilitação direta para o casamento, por meio do Recurso Especial 1.183.378/RS (Resp. 1183378/RS),[43] pelo Superior Tribunal de Justiça (STJ), pode-se, por analogia, permitir a incidência da igualdade entre as entidades familiares para se aplicar a interpretação contida no inciso V do art. 1.597.

Dessa maneira, pelas vias do reconhecimento jurisprudencial, em consonância com os valores constitucionais, não há que se falar de uma completa afastabilidade do suporte fático contida no dispositivo. Isso porque se estaria ferindo o princípio da igualdade entre as entidades familiares e o da igualdade na filiação, frente a impossibilidade de reconhecer a parentalidade de casais homoafetivos femininos, ao colocar esses em desvantagem social se comparada com as entidades familiares pautadas no Casamento, na União Estável e na Monoparentalidade feminina que, pela legislação posta, não enfrentariam óbices para o reconhecimento da parentalidade em cartório.

Além disso, ainda há a dificuldade no reconhecimento de parentalidade por casais homoafetivos femininos em decorrência dos parâmetros estabelecidos pelo Provimento 149 do CNJ, além da possibilidade da insegurança quanto a atribuição de filiação para as demais hipóteses, portanto, ora necessitando ser

---

41. BRASIL. Supremo Tribunal Federal. *Arguição de Descumprimento de Preceito Fundamental 132/RJ*. Relator: Ministro Ayres Britto. Data do julgamento: 5 maio 2011. Disponível em: http://redir.stf.jus.br/paginadorpub/paginador.jsp?docTP=AC&docID=628633. Acesso em: 10 fev. 2023.
42. BRASIL. Supremo Tribunal Federal. *Ação Direta de Inconstitucionalidade 4.277/DF*. Relator: Ministro Ayres Britto. Data do Julgamento: 05.05.2011. Disponível em: http://jurisprudencia.s3.amazonaws.com/STF/IT/ADI_4277_DF_1319338828608.pdf?Signature=3tCKJor9pw22ndmfv2CkDfbIRXg%3D&Expires=1459737468&AWSAccessKeyId=AKIAIPM2XEMZACAXCMBA&response-content-=type-application/pdf&x-amz-meta-md5-hash=82e72df83dc8520f9d7b7eeb704df7c6. Acesso em: 10 fev. 2023.
43. BRASIL. Superior Tribunal de Justiça. *Recurso Especial 1.183.378/RS*. Relator: Ministro Luis Felipe Salomão. Data do julgamento: 25 out. 2011. Disponível em: https://jurisprudencia.s3.amazonaws.com/STJ/IT/RESP_1183378_RS_1330972067974.pdf?Signature=UrJqtmv%2Fp3N%2B2R1bfDaCD-Su8KEc%3D&Expires=1555052681&AWSAccessKeyId=AKIAIPM2XEMZACAXCMBA&response-content-type=application/pdf&x-amz-meta-md5-hash=6614bce5618ad15c0806d4ac79e931ac. Acesso em: 11 fev. 2023.

reconhecida (beneficiários), outrora na expectativa de que não a seja (doadores). Por esse motivo, o próximo tópico será destinado a debater as questões centrais do referido provimento do CNJ e a possibilidade de se utilizar contrato de inseminação caseira como meio de prova.

3.2 Contrato de inseminação caseira: renúncia da parentalidade e dos deveres parentais

O CNJ estabelece, no inciso II do art. 513 do Provimento 149/2023,[44-45-46] a indispensabilidade de documento com firma reconhecida pelo diretor da CRHA para fins de registro e emissão da certidão de nascimento. Nessa medida, o documento vem sendo utilizado como meio de prova, nos cartórios notariais, para se registrar as crianças resultantes de projetos parentais assistidos heterólogos, isto é, aqueles derivados da utilização de gametas reprodutivos de terceiros alheios àquele planejamento familiar. Nesse sentido, ao trata-se da utilização da inseminação caseira, os beneficiários não possuem documentação apta a apresentar nos cartórios notariais para fins de registro de nascimento, tendo em vista o procedimento ter ocorrido em ambiente doméstico.

A partir desse cenário, como fora falado, algumas hipóteses fáticas resultam em maior vulnerabilidade que outras, com é o caso dos casais homoafetivos femininos. A disposição do CNJ de um lado é extremamente necessária para assegura a segurança jurídica no registro de filiação, com responsabilidade, frente a possíveis meios ilícitos de registro de parentalidade, como a tentativa de registrar criança que não fora fruto de determinado casal, burlando, por exemplo, a sistemática da adoção. Todavia, de outro lado, o reconhecimento da maternidade socioafetiva feminina está pautado também na insuficiência econômica das beneficiárias ao buscarem inseminação caseira como alternativa a concretização do projeto parental.

---

44. Provimento 149/2023 do CNJ: "Art. 513. Será indispensável, para fins de registro e de emissão da certidão de nascimento, a apresentação dos seguintes documentos: [...] II – declaração, com firma reconhecida, do diretor técnico da clínica, centro ou serviço de reprodução humana em que foi realizada a reprodução assistida, indicando que a criança foi gerada por reprodução assistida heteróloga, assim como o nome dos beneficiários".
45. CONSELHO NACIONAL DE JUSTIÇA. *Provimento 149 de 30/08/2023*. Instituiu o Código Nacional de Normas da Corregedoria Nacional de Justiça do Conselho Nacional de Justiça – Foro Extrajudicial (CNN/ CN/CNJ-Extra), que regulamenta os serviços notariais e de registro. Disponível em: https://atos.cnj.jus.br/atos/detalhar/5243. Acesso em: 31 out. 2023.
46. O referido dispositivo se encontrava disposto integralmente, sem qualquer diferença, no inciso II do art. 17 do Provimento 63/2017. Cf. CONSELHO NACIONAL DE JUSTIÇA. *Provimento 63 de 14.11.2017*. Institui modelos únicos de certidão de nascimento, de casamento e de óbito, a serem adotados pelos ofícios de registro civil das pessoas naturais, e dispõe sobre o reconhecimento voluntário e a averbação da paternidade e maternidade socioafetiva no Livro "A" e sobre o registro de nascimento e emissão da respectiva certidão dos filhos havidos por reprodução assistida. Disponível em: https://atos.cnj.jus.br/atos/detalhar/2525. Acesso em: 10 fev. 2023.

Nessa medida, a prática decorre sobretudo da situação de vulnerabilidade social, o que por si só não deve ser causa que impeça o reconhecimento da maternidade socioafetiva daquela que não gestou a criança. Isso, pois em caso contrário estaria ferindo o direito ao estado de filiação previsto na Constituição, no § 6º do art. 226, como desdobramento da Liberdade no planejamento familiar.

À visto disso, frente a negatória da emissão do registro de dupla maternidade feminina, a única solução possível vem sendo o ajuizamento de Ação Declaratória de Parentalidade nos tribunais, dos quais emitem posicionamento que ora caminham para o reconhecimento da maternidade socioafetiva[47] e ora se afastam do reconhecimento do vínculo materno-filial em virtude do que dispõe o CNJ.[48] Nessa perspectiva, o suporte fático do inciso V do art. 1.597 incide nas uniões homoafetivas, independente de se estar falando de Casamento ou União Estável, desde que haja expressa autorização da cônjuge ou companheira. Por se tratar de legislação ordinária, essa interpretação deve prevalecer sobre os provimentos ou regulamentos emitidos por entidades competentes.

O litígio no judiciário circunda na intenção de comprovar que houve uma inseminação heteróloga, isto é, decorrente da utilização dos gametas reprodutivos de terceiro. Isso porque, de acordo com Bodin de Moraes e Teixeira,[49] "não há norma disciplinando a situação jurídica, de modo que fica em aberto se a doação do material genético por um terceiro – geralmente pessoas conhecidas – pode gerar ou não vínculo de parentesco".

---

47. "[...] Todavia, mesmo que não tenha regulamentação sobre o registro de nascimento decorrente de reprodução caseira, entendo que merece acolhimento o pedido postulado pelas autoras, já que demonstrada a vontade de constituírem prole, a falta de condições para a realização de reprodução assistida e a sustentação de que a doação do material genético foi realizada por terceiro". RIO GRANDE DO SUL. Tribunal de Justiça do Rio Grande do Sul. *Alvará Judicial 5001755-68.2021.8.21.0004/RS*, Relator: Ricardo Pereira de Pereira, data do julgamento: 27.04.2021. Disponível em: https://ibdfam.org.br/jurisprudencia. Acesso em: 12 fev. 2023; "Assim, negar o registro da dupla maternidade tão somente pelo procedimento não ter sido realizado em clínica de reprodução assistida seria limitar direitos fundamentais do casal, e sobretudo da criança, por questões financeiras, o que seria uma flagrante violação dos princípios da dignidade da pessoa humana e da igualdade". SÃO PAULO. Tribunal de Justiça de São Paulo. *Processo Digital 1004670-75.2021.8.26.0019*, Relator: Tales Novaes Francis Dicler, data do julgamento: 21.07.2022. Disponível em: https://ibdfam.org.br/jurisprudencia. Acesso em: 12 fev. 2023.
48. "Pedido das autoras, conviventes, para que se insira nome de uma delas como mãe da criança, esta concebida por inseminação caseira. Improcedência da ação que se mantém face o disposto no Provimento 63/2017 do CNJ, o qual exige declaração com firma reconhecida do diretor técnico da clínica, centro ou serviço de reprodução humana assistida. Sentença mantida. Recurso não provido". SÃO PAULO. Tribunal de Justiça de São Paulo. *Apelação Cível 1001267-16.2020.8.26.0575*, Relatora: Maria de Lourdes Lopez Gil, data do julgamento: 27.06.2021. Disponível em: https://jurisprudencia.s3.amazonaws.com/TJ-SP/attachments/TJ-SP_AC_10012671620208260575_ea1a9.pdf?AWSAccessKeyId=AKIARMMD-5JEAO67SMCVA&Expires=1676219536&Signature=Z6JDXerkH3ol05i4ascqPKPBrQE%3D. Acesso em: 12 fev. 2023.
49. BODIN DE MORAES, Maria Celina; TEIXEIRA, Ana Carolina Brochado. Contratos no ambiente familiar. *In*: TEIXEIRA, Ana Carolina Brochado. RODRIGUES, Renata de lima. *Contratos, Família e Sucessões:* Diálogos interdisciplinares. Editora Foco, Indaiatuba, 2021, p. 27-28.

Por isso, na união homoafetiva feminina, o problema estaria atrelado a comprovação de ter havido inseminação artificial heteróloga com o material genético de doador para que haja a atribuição de filiação, ainda que de forma doméstica. Contudo, reitera-se que em todas as hipóteses dos possíveis beneficiários, o desafio estaria na vulnerabilidade quanto: a) ao doador do material genético ingressar com Ação de Reconhecimento de Paternidade, buscando o reconhecimento da paternidade biológica e o cumprimento dos deveres parentais; e, b) em situação inversa, o(s) beneficiário(s) ingresse(arem) com Ação Declaratória de Paternidade, em favor da criança, buscando o reconhecimento da paternidade biológica e o cumprimento dos deveres parentais.

Aliando este cenário com o crescente movimento de contratualização das relações familiares, vislumbra-se a possibilidade, de maneira prévia, de se estabelecer documento análogo ao que ocorre em CRHA para atestar que houve de fato cessão dos gametas reprodutivos masculinos com finalidade solidária ou altruísta, de acordo com os mandamentos constitucionais que vedam a cessão lucrativa ou onerosa. Dessa maneira, o propósito do contrato de inseminação caseira estaria atrelado, sobretudo, na renúncia da paternidade biológica e dos deveres parentais a partir do que dispõe o inciso V do art. 1.597, ao atestar parentalidade socioafetiva. Além disso, a sua natureza seria apenas declaratória, para que funcione como meio de prova.

Mas, ainda assim, explica Ana Thereza Meireles[50] que o cerne da dúvida estaria na validade deste contrato, tendo em vista tratar-se de um projeto parental alicerçado a práticas não regulamentadas. Isso porque a filiação, por tratar-se de matéria de ordem pública, "[...] não está condicionada à vontade das partes que a almejam ou simplesmente querem a descartar. O Estado interfere estabelecendo regras concernentes à filiação, considerando inclusive a situação de vulnerabilidade dos concebidos e nascidos, incapazes de fato".

A partir disso, para que seja possível o contrato de inseminação caseira, deve-se, no que for possível, cumprir o que dispõe os elementos do art. 104 do CCB/02[51] sobre o negócio jurídico, aplicando-se às situações existenciais.[52] Desse modo, os sujeitos devem ser capazes, detendo discernimento e funcionalidade, para que exerçam com responsabilidade suas escolhas sobre o seu direito subjetivo.

---

50. ARAÚJO, Ana Thereza Meireles. Projetos parentais por meio de inseminações caseiras: uma análise ético-jurídica. *Revista Brasileira De Direito Civil*, 24(02), 101, 2020, p. 116. Disponível em: https://rbdcivil.ibdcivil.org.br/rbdc/article/view/453. Acessado em: 22 abr. 2023.
51. Código Civil (2002): "Art. 104. A validade do negócio jurídico requer: I – agente capaz; II – objeto lícito, possível, determinado ou determinável; III – forma prescrita ou não defesa em lei".
52. TEIXEIRA, Ana Carolina Brochado. Autonomia existencial. *Revista Brasileira de Direito Civil – RBDCivil*, Belo Horizonte, v. 16, p. 75-104, abr./jun. 2018. Disponível em: https://rbdcivil.ibdcivil.org.br/rbdc/article/view/232. Acesso em: 12 fev. 2023.

No que diz respeito ao objeto, atinente aos direitos da personalidade, encontrar-se-ia como obstáculo a indisponibilidade de cessão dos gametas reprodutivos de forma onerosa ou lucrativo, porquanto, para ser lícito, possível e determinável, deve ocorrer de forma altruística ou solidária em consonância com os valores da Constituição. Quanto à forma, por se tratar de objeto relativa aos direitos da personalidade, haveria liberdade no modo de pactuação, mas seria aconselhável que ocorra de forma escrita, no qual o cedente do material biológico ateste a sua intenção na condição de doador solidário dos gametas, para proteger os beneficiários, e, por outro lado, conste a intenção dos autores do projeto parental em assumirem por si só a parentalidade biológica.

Seguindo esses mandamentos, um possível contrato de inseminação caseira poderia ser uma alternativa para dirimir os problemas no reconhecimento da parentalidade socioafetiva nos tribunais, além de atestar, de forma prévia, a intenção dos beneficiários (tentantes) e dos cedentes do material biológico (doadores) para assentar, em algum grau de segurança jurídica, a intenção dos agentes frente a uma possível demanda judicial declaratória ou reivindicatória de paternidade biológica. Salienta-se, também, que o documento deve ter firma reconhecida em cartório notarial para que possa ser utilizado como meio de prova para se verificar a intenção dos envolvidos no procedimento da inseminação artificial caseira.

CONSIDERAÇÕES FINAIS

1. Atualmente a inseminação caseira se apresenta de forma cada vez mais difundida na sociedade, na medida em que é possível encontrar tutoriais, ministrados por pessoas comuns, nas redes sociais sobretudo o YouTube, TikTok e Instagram. Em relação a possibilidade de cessão do material biológico, a plataforma Facebook vem sendo utilizada de maneira mais precisa para facilitar o contato entre doadores e tentantes. Contudo, ainda que haja a vedação constitucional quanto a comercialização de substâncias humanas, o mercado informal de gametas, fomentados pelas redes sociais, vêm tornando possível que haja a prática de forma onerosa.

2. A latente possibilidade de comercialização dos gametas reprodutivos confronta a premissa da irredutibilidade da pessoa ao mercado, em que se elege a preeminência das situações existenciais sobre as patrimoniais como critério a afastar a instrumentalidade da pessoa humana nas relações entre particulares.

3. A legislação civil, no que tange a regulação da reprodução humana assistida, possui somente as hipóteses dos incisos III, IV e V como forma de garantir algum grau de segurança jurídica a essas relações. Todavia, o contexto de elaboração do Código Civil é completamente distinto das demandas atuais fomentadas pelas biotecnologias, tornando praticamente insuficiente o regramento disponível.

Desse modo, em matéria de inseminação artificial heteróloga (inciso V), a realidade social exige do intérprete da norma jurídica esforço interpretativo que não pode se concentrar apenas na subsunção da norma, sendo necessário utilizar-se sobretudo da ponderação como técnica adequada para tutelar a pessoa humana.

4. Além do esforço do intérprete, ainda é necessário olhar para a realidade de forma a atender a cláusula geral de tutela da pessoa humana. Dessa forma, ainda que pareça condenável a prática da inseminação caseira, a realidade social demonstra que o recurso à reprodução assistida não é possível para toda e qualquer pessoa pelas mais diversas razões. Uma conduta generalista que afaste a possibilidade de utilização da inseminação caseira não só iria ser ineficaz para proibir a prática como iria impossibilitar que pessoas que possuem insuficiência econômica consigam concretizar o seu projeto parental.

5. Para além dos problemas de ordem sanitária, como a contração de doenças sexualmente transmissíveis, através da utilização de gametas reprodutivos que não passaram por uma prévia triagem, há também o fato de que a informalidade na cessão de gametas pode provocar insegurança no que tange ao reconhecimento do estado de filiação. Isso porque, no momento de registro, não há um documento emitido por autoridade competente que comprove a ocorrência da prática doméstica. Por esse motivo, haveria vulnerabilidade tanto do ponto de vista do reconhecimento de parentalidade para quem recebe o material genético, como também para quem cede o material genético e não gostaria de ter a sua paternidade biológica reconhecida, numa possível demanda de Ação Declaratória de Paternidade Biológica. Além disso, dentre os possíveis beneficiários, quais sejam mulheres solteiras, casais heterossexuais e casais homoafetivos femininos, guarda este último maior grau de vulnerabilidade no reconhecimento do duplo registro de maternidade.

6. O CNJ, ao estabelecer o inciso II do art. 513 do Provimento 149/2023, estava preocupado em estabelecer segurança jurídica no que se refere ao reconhecimento de parentalidade decorrente de reprodução assistida heteróloga. Contudo, frente à possibilidade da inseminação doméstica o dispositivo vem funcionando como uma barreira para o reconhecimento do duplo registro de maternidade feminina. A forma de suplementar a carência derivada da inexistência de documento que comprove a prática heteróloga de forma doméstica suscita o chamado contrato de inseminação caseira, cujo objeto, quais sejam os gametas reprodutivos, não sejam enquadrados na condição de produto a ser consumido de forma onerosa ou lucrativa. A natureza do contrato seria a de documento constitutivo, podendo vir a funcionar como meio de prova, desde que celebrado de modo a cumprir, no que couber, os elementos do art. 104 da legislação civil.

CONSENTIMENTO LIVRE E INFORMADO NA REPRODUÇÃO ASSISTIDA: A IMPORTÂNCIA DO DEVER DE INFORMAÇÃO PARA A ESCOLHA DO TRATAMENTO

Roberta T. P. Leite

Doutoranda e Mestre em Direito Civil pela Universidade do Estado do Rio de Janeiro (UERJ). Membro do IBDFAM e do IBERC. Advogada.

Sumário: Introdução – 1. O consentimento livre e informado e sua aplicação às técnicas de reprodução assistida – 2. Princípios da confiança e da boa-fé objetiva como fundamentos do consentimento livre e informado – 3. O conteúdo do dever de informar – 4. Consequências do descumprimento do dever de obter o consentimento informado na reprodução assistida – Síntese conclusiva.

INTRODUÇÃO

O desenvolvimento ao longo dos anos de novas técnicas de Reprodução Humana Assistida (RHA), técnicas utilizadas pela medicina para auxiliar os pacientes a terem filhos, bem como o barateamento dos tratamentos, fez com que uma parcela da população lançasse mão dos diversos tipos de tratamento de fertilização para realizar o sonho da parentalidade. Existe uma variedade tratamentos como Fertilização In Vitro (FIV), Inseminação Intrauterina (IIU) Artificial, Congelamento de óvulos e/ou espermatozoides, Doação de óvulos/espermatozoides, "Barriga de Aluguel", que tratam do tema.

Segundo dados do 13º Relatório do Sistema Nacional de Produção de Embriões – SisEmbrio, elaborado pela Agência Nacional de Vigilância Sanitária (ANVISA),[1] divulgado em 2020, tendo como referência ao ano de 2019, a utilização das técnicas de RHA, tem crescido bastante no país. Os dados enviados no ano de 2019 demostram que o número de ciclos de fertilizações in vitro vem crescendo no Brasil. Em 2019, foram realizados 44.705 ciclos de fertilização in vitro, resultando no crescimento de 1.607 ciclos em relação ao ano anterior, com a transferência de 25.949 embriões para o útero de pacientes ou voluntários. No ano

---

1. Fonte Agência nacional de Vigilância Sanitária (ANVISA). Disponível em: https://app.powerbi.com/view?r=eyJrIjoiOTVjMDYxOGMtMmNlYy00MjQ3LTg3Y2ItYTAxYTQ4NTkxYjFkIiwidCI6ImI2N2FmMjNmLWMzZjMtNGQzNS04MGM3LWI3MDg1ZjVlZGQ4MSJ9&pageName=ReportSection770f72a0cca27de07030. Acesso em: 31 mar. 2023.

de 2019, foram congelados 100.380 embriões para uso em técnicas de Reprodução Humana Assistida (RHA), 13% a mais do que em 2018 (88.776). Os estados que mais congelaram embriões foram São Paulo (52.201), Minas Gerais (8.463) e Rio de Janeiro (7.823). Nesse cenário, foram registradas 25.949 "transferências" por meio de técnicas de RHA, uma redução de aproximadamente 63,4% em relação ao número de transferências ocorridas no ano anterior (70.908). O relatório informa, ainda, que 22 embriões congelados foram doados para pesquisas com células-tronco em 2019. De acordo com a legislação, a doação é permitida se os embriões forem inviáveis para o processo de inseminação ou que estiveram congelados há mais de três anos, desde que congelados até 2005. O número de estabelecimentos, as chamadas clínicas de reprodução humana assistida, cresceu para 161 em todo o território nacional.

Nas últimas décadas o número de pessoas com problemas de infertilidade[2] ou por aqueles que desejassem postergar o sonho parental,[3] fez com que o crescimento da utilização das técnicas de RHA aumentasse consideravelmente.

Com o advento da Constituição de 1988, e a necessidade de se tutelar a dignidade da pessoa humana, a autonomia da vontade deixa de ter um viés patriarcal e patrimonialista, e se torna uma garantia ao livre desenvolvimento da personalidade, encontrando no art. art. 226, § 7º a garantia a autodeterminação do planejamento familiar.

A evolução do conceito jurídico de consentimento, de proteção da autonomia privada para tutela da dignidade humana, reflete a transição do paciente-objeto para o paciente-pessoa. O consentimento livre e informado está em consonância com os princípios da confiança e da boa-fé objetiva, pilares de qualquer relação obrigacional ainda que existencial. O dever de informação é um direito dos pacientes submetidos as técnicas de RHA e um dever dos médicos, que devem repassar a informação clara e objetiva das possibilidades e consequências dos tratamentos indicados, podendo haver a responsabilização daquele que o descumprir

Portanto, sob essa nova perspectiva do consentimento livre e informado – calcado nos princípios da transparência ou publicidade, da exatidão, da finalidade e da segurança –, e na falta de uma legislação atinente ao tema, o dever de informar assume posição de protagonismo, de forma a permitir que os interessados

---

2. O Ministério da Saúde (MS) considera a infertilidade como a ausência de gravidez após doze meses de relações sexuais regulares, sem uso de contraceptivos. E, segundo a Organização Mundial de Saúde (OMS), dos casais em idade reprodutiva de 8 a 15% encontram algum tipo de problema que impedem sua procriação. Os casos de infertilidade têm sido cada vez mais diagnosticados, com várias repercussões.
3. "Procura por congelamento de óvulos aumenta durante a pandemia" Disponível em: https://saude.abril.com.br/coluna/com-a-palavra/procura-por-congelamento-de-ovulos-aumenta-durante-a-pandemia. Acesso em: 15 fev. 2023.

tenham mais liberdade de escolher a qual tratamento se submeter, baseado em suas convicções pessoais.

Pretende-se examinar em que medida o descumprimento do dever de obter o consentimento informado na reprodução assistida pode atentar contra o princípio dignidade da pessoa humana, para se desenhar os contornos existentes entre o reconhecimento da lesão ao dever de informar, e a possibilidade de seu ofensor ser responsabilizado civilmente, tudo dentro da unidade axiológica e valorativa do ordenamento jurídico, fundada na Constituição humanista de 1998.

Por fim, deve-se buscar uma orientação hermenêutica que compatibilize a proteção da dignidade humana contida no artigo 1º, inciso III, da Constituição da República e os princípios constitucionais, sem que seja ferida a autonomia, a solidariedade social e a liberdade, para justificar-se a responsabilidade do ofensor, dentro dos parâmetros atuais da responsabilidade civil, demonstrando, ainda o posicionamento dos tribunais superiores.

1. O CONSENTIMENTO LIVRE E INFORMADO E SUA APLICAÇÃO ÀS TÉCNICAS DE REPRODUÇÃO ASSISTIDA

O consentimento insere-se em um processo de proteção e respeito à dignidade da pessoa humana, marcando-se a transição de um consentimento como corolário da autonomia da vontade clássica,[4] para um consentimento livre e esclarecido, numa verdadeira ampliação dos direitos da personalidade.[5]

Com a despatrimonialização do Direito Privado,[6] cedendo o patrimônio sua prioridade à dignidade da pessoa humana, novos valores passam a ser destacados, dentro do fenômeno jurídico-social da repersonalização das relações civis. A constitucionalização do Direito Civil, processo pelo qual as concepções individualistas, paternalistas e tradicionais foram abolidas, fez que, diante do novo texto constitucional, novas luzes fossem lançadas sobre o consentimento, obrigando o intérprete a redesenhar o modelo existente, com adaptação à hierarquia

---

4. "O consentimento, assim como outros instrumentos jurídicos negociais clássicos – o direito subjetivo, a obrigação o contrato – nascem no seio do liberalismo, momento histórico em que o direito estava completamente voltado para a exaltação da atividade econômica do indivíduo, como a mais idônea para a sua tutela". KONDER, Carlos Nelson. O consentimento no Biodireito: os casos dos transexuais e dos wannabes. *Revista trimestral de direito civil*. v. 15, jul./set., 2003, p. 58.
5. "As principais perplexidades em torno do tema dizem respeito ao extraordinário desenvolvimento da biotecnologia e as suas consequências sobre a esfera psicofísica do ser humano, em especial sobre a proteção ao material genético reprodutivo." MORAES, Maria Celina Bodin de. "Ampliando os direitos personalidade.' In: Na medida da pessoa humana: estudos de direito civil-constitucional. Rio de Janeiro: Renovar, 2010. p 129.
6. Sobre a despatrimonialização do direito civil, cf. PERLINGIERI, Pietro. *O direito civil na legalidade constitucional*. Tradução de Maria Cristina de Cicco. Rio de Janeiro: Renovar, 2008. p. 121-123.

axiológica dos valores constitucionais, consentânea com a pós-modernidade,[7] garantindo-lhe efetividade.

Sendo a autonomia conteúdo da dignidade humana, há uma mudança paradigmática, de um consentimento implícito, para um consentimento informado,[8] através de uma transparência no processo de decisão, no que tange ao tratamento a se submeter. Esta valorização do consentimento enaltece a autodeterminação,[9] pelos princípios da transparência ou publicidade, que determina o conhecimento prévio quanto às terapias existentes; da exatidão das informações; da finalidade do tratamento e da segurança, no sentido da proteção quanto ao sigilo dos dados sensíveis.

As modificações, tanto na forma como no conteúdo do consentimento, são notórias.[10] Carlos Nelson Konder conceitua assim o consentimento livre e informado:

> Pode-se conceituá-lo como a livre anuência do sujeito após explicação completa e pormenorizada sobre a intervenção, incluindo: sua natureza, objetivos, métodos, duração, justificativa,

---

7. "(...) que se concretiza no princípio da dignidade da pessoa humana, sinalizando novos tempos, desenvolvendo-se como direito jurídico, passando a orientar as constituições dos países ocidentais, a começar pela Alemanha, sede do nazismo. O Brasil logo acompanhou essa tendência pós-moderna, ao acolher o axioma do artigo 1º, III, da Constituição Federal de 1988." BARBOSA, Águida Arruda. Conceito Pós-moderno de Família. In: HIRONAKA, Giselda Maria Fernandes Novaes; TARTUCE, Flávio; SIMÃO, José Fernando (Coord.). *Direito de Família e das Sucessões*: temas atuais. São Paulo: Método, 2009. p. 24.
8. "E que diz respeito ao consentimento, ocorreram evoluções significativas a medida que, abandonando a técnica do *implied consent*, ocupam o centro das atenções, com especificações cada vez mais analíticas, o *informed consent*. E creio ser útil ressaltar como a disciplina *informed consente* sim regra sobre a circulação das informações, visto que se manifesta em uma série de disposições que prescreverem quais deverão ser as informações fornecidas ao interessado para que seu consentimento seja validamente expresso." RODOTÁ, Stefano. *A vida na sociedade da vigilância*: a privacidade hoje. Rio de Janeiro: Editora Renovar, 2008. p. 75.
9. "(...) O discernimento, ou a capacidade de compreensão e análise, provém de uma característica da condição humana, se não a mais importante, a que melhor define a nossa espécie: a racionalidade. Como seres racionais, a não ser por circunstâncias excepcionais – tais como as mencionadas –, somos 'capazes' de raciocinar, refletir, decidir, enfim, de fazer nossas próprias escolhas. Quando temos discernimento, temos autonomia para decidir o que queremos. (...) Ter discernimento é ter capacidade de entender e querer. Se o indivíduo for dotado desta capacidade, dela decorrem a autodeterminação e a imputabilidade (isto é, a responsabilidade)" (MORAES, Maria Celina Bodin de. Uma aplicação do princípio da liberdade. In: MORAES, Maria Celina Bodin de. *Na medida da pessoa humana*: estudos de direito civil-constitucional. Rio de Janeiro: Editora Renovar, 2010, p. 192).
10. "O ordenamento não pode formalisticamente igualar a manifestação da liberdade através da qual se assinala, profundamente, a identidade do indivíduo com a liberdade de tentar perseguir o máximo lucro possível: à intuitiva diferença entre a venda de mercadorias – seja ou não especulação profissional – e o consentimento a um transplante corresponde uma diversidade de avaliaçãoes no interno da hierarquia dos valores calcados na Constituição, A prevalência do valor da pessoa impõe a interpretação de cada ato ou atividade dos particulares à luz desse princípio fundamental". PERLINGIERI, PIETRO. *Perfis do direito civil*: introdução ao direito civil constitucional. Tradução de Maria Cristina De Cicco. 2. ed. Rio de Janeiro: Renovar, 2002. p. 276.

possíveis males, riscos e benefícios, alternativas existentes, nível de confidencialidade dos dados, assim como sua liberdade total para recusar ou interromper o procedimento a qualquer momento, tendo o profissional a obrigação de informá-lo em linguagem adequada (não técnica) para que seja compreensível.[11]

A importância ao respeito à autonomia individual do paciente na tomada de decisões que dizem respeito ao próprio corpo, se vê em alguns ordenamentos e convenções internacionais relativas à bioética, que também tratam do consentimento livre e informado, ou como denominam alguns, livre e esclarecido.[12]

Outrossim, no âmbito da relação médico-paciente, há uma verdadeira horizontalização desta: se antes o poder de decisão sobre tal ou qual tratamento a ser aplicado caberia, única e exclusivamente ao médico, atualmente, em função da aplicação direta do princípio da autonomia, abandona-se essa visão acentuadamente paternalista, para que junto com o paciente autodeterminado,[13] escolha-se o tratamento, dentre uma gama de possibilidades, que melhor se adeque as suas necessidades e expectativas, protegendo o paciente de tudo que possa limitar ou reduzir sua autonomia, refletindo a transição do paciente-objeto para o paciente-pessoa.

No caso da Reprodução Humana Assistida (RHA), os quatro princípios bioéticos[14] de Tom Beauchamp e Jamis Childress devem ser seguidos para a tomada

---

11. KONDER, Carlos Nelson. KONDER, Carlos Nelson. Privacidade e corpo: convergências possíveis. *Pensar* (UNIFOR), v. 18, p. 352-398, 2013, p. 379. Disponível em: http://ojs.unifor.br/index.php/rpen/article/view/2696/pdf. Acesso em: 15 fev. 2023.
12. A título de exemplo podemos citar a Convenção Europeia de Direitos Humanos e Biomedicina, a Declaração da Unesco sobre a Declaração Universal sobre Bioética e Direitos Humanos, a qual o Brasil é signatário. Sobre esta última, o seu artigo 5ª traz como um dos principais princípios a autonomia e responsabilidade individual, com a orientação aos Estados signatários de respeito à autonomia individual na tomada de decisões. Sendo que os artigos 6º e 7º trazem informações acerca do consentimento. Disponível em: https://bvsms.saude.gov.br/bvs/publicacoes/declaracao_univ_bioetica_dir_hum.pdf. Acesso em: 15 abr. 2023.
13. "Considera-se autônomo o indivíduo que tem capacidade para: compreender as informações relevantes sobre sua situação; compreender as possíveis consequências de cada uma de suas decisões; comunicar de forma clara e reiterada sua decisão." BARBOZA. Heloísa Helena. Responsabilidade Civil em face nas pesquisas em seres humanos: efeitos do consentimento livre e esclarecido. In: MATINS-COSTA, Judith, MÖLLER, Leticia Ludwig (Org.). *Bioética e Responsabilidade*. Rio de Janeiro: Forense, 2009. p. 227.
14. "A bioética, como disciplina que integra a ética aplicada, funciona como ferramenta que contribui eficazmente para a solução de problemas que surgem na vida cotidiana, especialmente os resultantes dos avanços biotecnológicos. O método utilizado pela bioética para tanto compreende, em síntese: a) a descrição e compreensão dos problemas, etapa de todo imprescindível, pois a análise minudente do fato que gera o problema poderá não apenas esclarecê-lo, permitindo reconhecer seu campo de pertinência (por exemplo, se há ou não um efeito jurídico, ou se a questão se restringe ao campo médico), como revelar o caminho para a sua solução, ou até mesmo a inexistência de conflito sob determinado (ou nenhum) aspecto; b) a normatização, que consiste: i. na proscrição das condutas não admissíveis eticamente, e ii na prescrição daquelas consideradas recomendáveis no caso." BARBOZA, Heloísa

de decisão e devem conduzir a relação médico-paciente. São eles:[15] (*i*) o respeito a autonomia, (*ii*) a beneficência, (*iii*) a não maleficência e (*iv*) a justiça.[16] Além destes, há também o princípio da temporalidade, de suma importância, caso haja alguma mudança no tratamento escolhido.[17]

Desde a primeira Resolução 1.358/1992 sobre RHA, editada pelo Conselho Federal de Medicina(CFM), até a sua última atualização, a Resolução 2.320/2022, em seus Princípios Gerais, determina-se que não somente os aspectos médicos devem ser informados, mas também dados jurídicos, éticos e biológicos.[18]

O consentimento livre e informado passou a ser considerado como "a expressão máxima da autonomia constituindo um direito do paciente ou do sujeito da pesquisa e um dever do médico".[19] Nas lições de Ana Carolina Brochado:

> O consentimento informado é essencial por duas razões: (*i*) para que o paciente possa participar ativamente do processo terapêutico, já que ele é o protagonista dos atos bom que têm ingerência sobre o seu corpo e (*ii*) para legitimar a conduta do médico.[20]

Com efeito, percebe-se que no caso da RHA, o consentimento livre e informado, depende de uma informação previamente oferecida ao paciente, constituindo-se no núcleo material do dever de informação, que será vista adiante com mais detalhes quando tratarmos do dever de informar no item 3.

Helena. Responsabilidade Civil e Bioética. In: MARTINS, Guilherme Magalhães (Coord.). *Temas de Responsabilidade Civil*. Rio de Janeiro: Lumen Juris, 2011, p. 487-488.

15. BEAUCHAMP, Tom L.; CHILDRESS, James F. *Princípios de ética biomédica*. 3. ed. São Paulo: Edições Loyola, 2013. p. 56.
16. "A autonomia requer, portanto, que todos os participantes consistam informada e voluntariamente como os atos médicos a serem praticados. A beneficência pressupõe que todo ato médico tem por finalidade fazer o bem e cuidar dos interesses do paciente. Aquele que procura agir de forma a beneficiar os demais deve avaliar, por conseguinte, os custos e benefícios de sua ação, o balanceamento das consequências de sua ação. (...). A não maleficência determina que toda intervenção deve evitar ou reduzir ao mínimo os riscos e danos para o afetado. As regras de não maleficência tem caráter proibitivo, exigem parcialidade dos agentes e possibilitam sanções legais,(...). O termo "justiça" interpretada a partir da justiça distributiva e se relaciona à "distribuição igual, equitativa e apropriada, determinada por normas justificadas que estruturam os termos da cooperação social". BARBOZA, Heloísa Helena. Op. cit., 2011, p. 489- 490.
17. "O consentimento deve ser requerido para cada mudança de tratamento, medicamento ou técnica, e isso ao longo de todo o tratamento, objetivando sempre uma melhora no atendimento do paciente". FRANÇA, Genival Veloso. *Direito médico*. 7. ed. rev. e aum.. São Paulo. Ed. BYK, 2001. p. 37.
18. 4. O consentimento livre e esclarecido é obrigatório para todos os pacientes submetidos às técnicas de reprodução assistida. Os aspectos médicos envolvendo a totalidade das circunstâncias da aplicação de uma técnica de RA devem ser detalhadamente expostos, bem como os resultados obtidos naquela unidade de tratamento com a técnica proposta. As informações devem também atingir dados de caráter biológico, jurídico e ético. O documento de consentimento livre e esclarecido deve ser elaborado em formulário específico e estará completo com a concordância, por escrito, obtida a partir de discussão entre as partes envolvidas nas técnicas de reprodução assistida.
19. BARBOZA. Heloísa Helena. Op. cit., p. 227.
20. TEIXEIRA. Ana Carolina Brochado. *Saúde, corpo e autonomia privada*. Rio de Janeiro: Renovar, 2010, p. 380.

Dentre as várias funções do consentimento livre e informado podemos destacar como principais: (*i*) proteger a autonomia do indivíduo; (*ii*) proteger o status de ser humano do paciente; (*iii*) evitar fraudes ou coações; (*iv*) encorajar os médicos a considerarem cuidadosamente as decisões do paciente.[21]

O consentimento livre e informado é condição prévia para a realização do tratamento de RHA, por ser um instituto composto pelas informações trocadas entre paciente e médico ao longo do contrato de tratamento; pelas anotações em prontuário; bem como pela confecção, *per si*, do termo de consentimento informado. É obrigação do médico esclarecer ao(s) sujeito(s) que submetem ao tratamento de RHA, tudo o que possa influir na sua decisão, tais como, riscos, resultados esperados, terapias alternativas, desconfortos, efeitos adversos, custos etc.,[22] cabendo ao sujeito do tratamento decidir sobre o que melhor lhe atende, segundo suas próprias convicções pessoais.

Por outro lado, o médico deve se certificar de que o sujeito que irá se submeter ao tratamento de RHA está, de fato, bem-informado e preparado tanto para enfrentar os benefícios e malefícios a que será exposto quanto para justificar moralmente a si mesmo a opção adotada, de forma que a informação e o esclarecimento sejam priorizados.

Ademais, deve ser observado também o conteúdo do termo de consentimento livre e informado, para o tratamento de RHA, que deve dispor: além da identificação do(s) paciente(s), o nome do procedimento e sua descrição técnica em termos leigos, bem como os possíveis insucessos do tratamento e suas complicações. A possibilidade de alterações na conduta durante o tratamento deve estar devidamente esclarecida. Faz-se também necessária a confirmação da autorização pelo(s) paciente(s) e a possibilidade de revogação das premissas assumidas a qualquer tempo, sem qualquer ônus para o(s) pacientes, seguido da assinatura de testemunhas. De suma importância constar o destino dos embriões excedentes. devendo ser discutido com cada paciente individualmente e, se for o caso, com seu cônjuge, à luz de seus valores morais e crenças religiosas – haja vista que certos aspectos relevantes dessa discussão podem não ser apresentados de maneira satisfatória ao(s) paciente(s), induzindo-o(s), pelo desejo do projeto parental, a tomar decisões que possam contrariar essas crenças e valores.

Como expressão do princípio da autonomia privada e da dignidade da pessoa humana, o livre consentimento informado, baseia-se também no princípio da confiança, pois a adequada informação por parte do médico, revela observância

---

21. FURROW, Barry R. et alil. *Health and Law* – Cases, material and problems. 3. ed. St Paul: Minn: West Group, 1997. p. 397.
22. No item 3 iremos destrinchar mais a fundo o que deve ser informado nos tratamentos de RHA.

ao princípio da boa-fé objetiva, corolário das relações privadas, na qual se insere os contratos para tratamento de RHA, como se verá a seguir.

2. PRINCÍPIOS DA CONFIANÇA E DA BOA-FÉ OBJETIVA COMO FUNDAMENTOS DO CONSENTIMENTO LIVRE E INFORMADO

A Constituição Federal de 1988, de concepção muito mais humanista, ao privilegiar a tutela da pessoa, sua existência e dignidade, determina que as relações se travem com base na probidade e na eticidade, tendo como fundamento a solidariedade.

A boa-fé e a confiança devem estar sempre presentes em qualquer relação contratual. No caso dos tratamentos de RHA, exige-se também o dever de informar por parte do médico, de forma a qualificar a vontade do paciente, podendo ele, de posse das informações necessária, decidir ou não se deseja ser submetido àquele tratamento, se irá correr certos riscos. Espera-se um comportamento de lealdade e confiança entre as partes, um agir honesto antes, durante e após a relação. Agir se aproveitando da condição de inferioridade do outro, omitindo informações que influenciam na vontade da outra parte, não é uma atitude que expresse os valores sociais aceitos na sociedade que vivemos.

A confiança é a base de qualquer relacionamento, jurídico ou não, sendo o pilar da construção de uma sociedade e tornando o futuro, na verdade uma incerteza, um pouco mais seguro.[23] A confiança se mostra, então, como um mecanismo essencial de controle da vida social.[24] Viver em sociedade exige relações de confiança, traduzidas em regras, morais, de conduta e jurídicas.[25]

Funcionando como um mediador, a confiança estabiliza as relações sociais, pois modera as expectativas recíprocas e proporciona maior solidariedade entre as partes envolvidas. A expectativa é de cooperação naquela relação. Ausente o valor da confiança, impossível existir relações intersubjetivas, em função da falta de um dos pilares das relações jurídicas.

A confiança ganha, portanto, status de princípio jurídico:[26] dentro do ordenamento jurídico brasileiro, contém pungente axiologia, que lhe serve como

---
23. ARAÚJO, Valter Shuenquener de. *O Princípio da Proteção da Confiança* - Em Busca da Tutela de Expectativas Legítimas. 2008. 206f. Tese (Doutorado em Direito Público) – Faculdade de Direito. Universidade do Estado do Rio de Janeiro, Rio de Janeiro.
24. ARAÚJO, Idibem p. 25-30.
25. Como bem conceituado por Barbara Misztal, a confiança "é essencial para a existência de relações sociais estáveis, vital para a manutenção da cooperação, fundamental para qualquer troca e necessária até mesmo para as rotinas de interações diárias". MISZTAL, Barbara A. *Trust in Modern Societies*. The search for the Base of Social Oreder. Cambrigde: Polity Press, 1996, p. 12 apud ARAÚJO. Ibidem. p. 29.
26. Claudia Lima Marques afirma textualmente ser a confiança um princípio diretriz das relações contratuais, na medida em que "as condutas na sociedade e no mercado de consumo, sejam atos, dados ou

fundamento de norma fundamental. A confiança é um conceito jurídico, com efetividade e com concretude.

É norte das relações jurídicas, de forma a proteger expectativas legitimamente geradas e que merecedora de tutela, alicerçada na boa-fé objetiva.[27]

No âmbito do direito, influenciado diretamente pelo valor da confiança, o princípio da boa-fé sempre permeou as relações jurídica.[28]

Conforme nos ensina Pablo Stolze e Rodolfo Pamplona Filho: "[...] a boa-fé é, antes de tudo, uma diretriz principiológica de fundo ético e espectro eficácia jurídico. Vale dizer, a boa-fé se traduz em um princípio de substrato moral, que ganhou contornos e matiz de natureza jurídica cogente".[29]

A boa-fé objetiva consiste em verdadeira regra de conduta, cuja função é de evitar um desvio em relação a promessas e condutas anteriores.[30] Trata-se de uma conduta fundada no dever de lealdade, na exigência de uma colaboração e na confiança que deve haver entre as partes.[31] É, como a nomenclatura anuncia, modelo objetivo de conduta, padrão de comportamento humano ético esperado nas relações. Demanda um comportamento externo de ajustamento às regras, baseado na lealdade e na probidade,[32] atuando como verdadeiro balizador no estabelecimento de equilíbrio nas relações jurídicas. Resumidamente: A boa-fé objetiva é um *standard* de conduta confiável.

---

omissões, fazem nascer expectativas (agora) legítimas naqueles em quem despertamos a confiança, os receptores de nossas informações ou dados". MARQUES, Claudia Lima. *Confiança no comércio eletrônico e a proteção do consumidor*: um estudo dos negócios jurídicos de consumo no comércio eletrônico, São Paulo: Revista dos Tribunais, 2004. p. 32. Judith Martins-Costa, por seu turno, afirma que "a confiança, adjetivada como 'legítima', é um verdadeiro princípio, isto é: uma norma imediatamente finalística, estabelecendo o dever de ser atingido um 'estado de coisas' (isto é: o estado de confiança) para cuja realização é necessária a adoção de determinados comportamentos". MARTINS-COSTA, Judith. Almiro do Couto e Silva e a Re-significação do Princípio da Segurança Jurídica na Relação entre o Estado e os Cidadãos. In: ÁVILA, Humberto (Org.). *Fundamentos do Estado de Direito*: estudos em homenagem ao Professor Almiro do Couto e Silva. São Paulo: Malheiros, 2005. p. 137.

27. BERGSTEIN, Gilberto. *A informação na relação médico-paciente*. São Paulo: Saraiva, 2013, p. 70-76.
28. "Pode-se dizer que o sistema hoje, inclusive no Brasil, se encontra fundado no princípio geral da boa-fé, ainda mais porque ela representa expressão da dignidade humana e da solidariedade social no campo das relações privadas." MORAES, Maria Celina Bodin de. A Responsabilidade Civil e a reparação civil em direito de família. In: PEREIRA, Rodrigo da Cunha (Coord.). *Tratado de Direito das Famílias*. Belo Horizonte: IBDFAM, 2016, p. 834-835.
29. GAGLIANO, Pablo Stolze; PAMPLONA FILHO, Rodolfo. *Novo curso de direito civil*, volume 4: contratos: teoria geral. 12. ed. rev. ampl. e atual. de acordo com o novo CPC. São Paulo: Saraiva, 2016. t. 1. p. 103.
30. DIAS, Maria Berenice. *Manual de direito das famílias*. 10. ed. São Paulo: Ed. RT, 2015, p. 79.
31. GOMES, Orlando. *Contratos*. 11. ed. Rio de Janeiro: Forense, 1986. p. 43.
32. A Ministra Nancy Andrighi, no REsp 783.404-GO, afirma sobre a boa-fé objetiva que esta "se apresenta como uma exigência da lealdade, modelo objetivo de conduta, arquétipo social pelo qual se impõe o poder-dever de que cada pessoa ajuste a própria conduta a esse modelo, agindo como agiria uma pessoa honesta, escorreita e leal" (STJ. REsp 783.404/GO. Rel. Min. Nancy Andrighi. Terceira Turma. julgado em 28.06.2007).

No Código Civil de 2002, está prevista no art. 422, em consonância com os artigos 113 e 187, vinculando a boa-fé objetiva ao interesse social de segurança das relações jurídicas, uma vez que impõe padrões de comportamento. A cooperação é um fator essencial na relação médico-paciente, onde ambos devem colaborar para melhor qualidade da informação, e, consequentemente, do consentimento livre e informado.

O agir com lealdade e confiança recíproca, é componente indispensável na vida em relação. Principalmente nas relações ditas existências. Na expressão de Sergio Cavalieri, a boa-fé objetiva "É o cinto de segurança da ordem jurídica".[33]

A doutrina moderna entende atualmente que a essência do direito privado reside não na promoção e garantia da autonomia privada, mas sim no equilíbrio entre autonomia privada e proteção da parte mais fraca da relação jurídica.

Em que pese o fato, incialmente, a grande maioria dos estudos relacionados a boa-fé objetiva, serem voltados para questões de relações de cunho patrimonial,[34] o assunto, por ser um princípio geral de direito, pode ser alçado também às relações de cunho existenciais e pessoais, na medida em que estabelece um padrão de conduta para todas as relações intersubjetivas.

Em todas as relações jurídicas obrigacionais agrega-se o teor da cláusula geral de boa-fé de tal modo que por sua incidência são criados deveres jurídicos para ambas as partes da relação de forma autônoma, deveres esses relacionados ao comportamento dos sujeitos no desenvolver do processo obrigacional.[35]

Portanto, no vigente sistema normativo, a boa-fé objetiva passa então a ter a função de criadora de deveres no interior das relações jurídicas obrigacionais.

Tanto o princípio da confiança quanto a boa-fé objetiva proporciona proteção efetiva e concreta aos valores constitucionais, devendo, inegavelmente, ser aplicada na relação médico-paciente, como substrato do consentimento livre e informado.

---

33. CAVALIERI FILHO, Sérgio. *Programa de Responsabilidade Civil*. São Paulo: Atlas, 2015. p. 187.
34. "Inicialmente, porém, a incidência da boa-fé objetiva permanece estritamente limitada a relações contratuais, onde os abusos da autonomia privada se verificavam de forma intensa e desenfreada.". SCHREIBER, Anderson. O princípio da boa-fé objetiva no direito de família. In: PEREIRA, Rodrigo da Cunha. (Coord.). *Família e Dignidade Humana*. Anais do V Congresso Brasileiro de Direito de Família. Belo Horizonte: IBDFAM, 2016. Disponível em: http://www.ibdfam.org.br/_img/congressos/anais/6.pdf. Acesso em: 22 nov. 2017. p.3
35. "Ressalte-se que os deveres anexos não têm fundamentação na vontade pura dos contratantes, mas nas exigências de lealdade e transparência dos contatos sociais. Dessa forma são capazes de sobreviver a ineficácia do negócio, de incidir além do período contratual, abrangendo os períodos pré e pós-contratuais e de atingir terceiros. Sua configuração não pode ser determinada em abstrato, a priori, pressupondo, ao invés um diálogo hermenêutico com as circunstâncias específicas do caso concreto". TEPEDINO, Gustavo; KONDER, Carlos Nelson de Paula; BANDEIRA, Paula Greco. *Fundamentos do Direito Civil*: contratos. Rio de Janeiro: Ed. Forense, 2020. v. 3.

Uma vez que, notadamente, há uma desigualdade no conhecimento,[36] o consentimento livre e informando, serve como o "fiel" da balança na tentativa de equilibrar esta relação entre o médico e o paciente, marcada pela vulnerabilidade do paciente[37] e ancorada nos princípios da confiança e da boa-fé objetiva. Segundo Carlos Konder:

> A boa-fé objetiva atua aqui com força especial, impondo a lealdade e confiança recíprocas, sendo ainda mais essencial o dever de' informar, característica que é de um modelo de cooperação mútua que substitui o de sujeitos antagônicos do sinalagma contratual liberal.[38]

Para que haja este equilíbrio, é, primordial, uma relação de confiança entre o médico e o paciente, sendo que estes devem se relacionar em igualdade de condições, e através de um diálogo, aberto e transparente,[39] de posse das informações esclarecedoras repassadas pelo médico, o paciente, protagonista da relação, possa exercer a sua autodeterminação na escolha do tratamento a ser implementado, garantindo-se os seus direitos da personalidade,[40] sua autonomia, liberdade e dignidade.[41]

O livre consentimento informado é expressão do princípio da autonomia privada e da dignidade da pessoa humana. A adequada informação por parte do médico, por sua vez, revela observância ao princípio da boa-fé objetiva e da confiança, corolário das relações privadas.

---

36. "Segundo Rubén Stiglitz, o fundamento do dever de informar está ancorado na desigualdade que pressupõe que uma das partes se encontre informada e a outra desinformada sobre um fato que influencie o consentimento da última. Assim sendo, conforme o autor o dever de informar ocupa o plano das obrigações acessórias, que depende da obrigação principal, a qual emana da cláusula geral da boa-fé objetiva". SILVA, Gleicimara Kelen Custódio. Responsabilidade civil médica por violação à boa-fé objetiva. *Civilistica.com*. Rio de Janeiro, a. 11, n. 3, 2022. Disponível em: http://civilistica.com/responsabilidade-civil-medica/. Aceso em: 20 mar. 2023.
37. "Da mesma forma, pode-se afirmar que todo paciente médico encontra-se em situação de vulnerabilidade. A doença, por si só, remete à fragilidade do corpo humano, vulnerabilidade que fica agravada pelo paradigma paternalista ainda dominante na relação entre médico e paciente, no qual aquele, em razão de seu saber técnico, é reputado autoridade e toma as decisões sem franquear voz e poder de decisão ao paciente, que perde a autonomia sobre o próprio corpo". KONDER. Carlos Nelson. Vulnerabilidade Patrimonial e Vulnerabilidade Existencial: Por Um Sistema Diferenciador. *Revista de Direito do Consumidor*. v. 99, p. 101-123, maio/jun. 2015. p. 6.
38. KONDER, Carlos Nelson. O consentimento no Biodireito: os casos dos transexuais e dos wannabes. *Revista trimestral de direito civil*. v. 15, jul./set. 2003, p. 61.
39. De acordo com Gustavo Tepedino, o paciente "deve obter as informações necessárias para que seu consentimento seja expressão de uma livre avaliação das circunstâncias que cercam o seu estado de saúde e as condições de sua recuperação". TEPEDINO, Gustavo. A responsabilidade médica na experiência brasileira contemporânea. *Temas de direito civil*. Rio de Janeiro: Renovar, 2006, t. 2. p. 73.
40. A expressão "Direitos de personalidade" foi concebida por jusnaturalistas franceses e alemães, a fim de designar direitos inerentes ao homem, que já existiam antes mesmo do reconhecimento deles por parte do Estado. (SCHREIBER, Anderson. *Direitos da personalidade*. São Paulo: Atlas, 2011, p. 5).
41. BERGSTEIN, Gilberto. *A informação na relação médico-paciente*. São Paulo: Saraiva, 2013, p. 11.

3. O CONTEÚDO DO DEVER DE INFORMAR

Reflexo do direito à informação, abrigado pelo art. 5º, inciso XIV, da CRFB/1988, o dever de informar é originário, diretamente, do princípio da transparência (art. 4º do CDC), norteador na formação dos contratos e da boa-fé objetiva, onde deve imperar a cooperação, a lealdade, a probidade e a confiança, sendo um ônus do médico na relação com o paciente, tratando-se de um comportamento proativo do médico.[42]

A relação médico-paciente, tal qual uma relação consumerista,[43] também é marcada pela desigualdade de posições: de um lado têm-se o médico, que detém o conhecimento sobre cada tipo de tratamento de RHA que se encontra disponível, sendo o detentor do conhecimento técnico-científico; e do outro o paciente, que, em geral, ou possui pouco ou nenhum conhecimento acerca das técnicas de tratamento de RHA, e de qual melhor se adapta a sua necessidade ou é indicada ao seu caso. Debruçado sobre este aspecto, da falta de conhecimento do paciente, é que se confere a vulnerabilidade deste.

Dada a hipossuficiência técnica do paciente, que não possui, nem tem como possuir, todas as informações, exatas e precisas, inerentes aos tratamentos de RHA, ele não pode fazer uma escolha livre, afetando assim a sua autonomia negocial. Por este motivo, cabe ao médico, inicialmente, disponibilizar as informações acerca da qualidade, características, riscos, dentre outras, do tratamento que será oferecido.

Dessa forma o dever de informar, funciona como um instrumento de igualdade e de reequilíbrio da relação médico-paciente.

A obrigação ou dever de informar por parte do médico decorrem da cláusula geral da boa-fé objetiva, e impõe o respeito a esse dever acessório de esclarecimento, inerente à complexidade de qualquer vínculo obrigacional. Neste sentido nos ensina Gustavo Tepedino e Rodrigo da Guia:

> À luz dessas considerações, parece justificar-se o reconhecimento de que o dever de informar se conjuga diretamente a um ônus de se informar. Com isso pretende-se destacar que, em matéria de informação (tal como na generalidade das manifestações do fenômeno obrigacional), tão importante quanto a cooperação do devedor é a cooperação do credor. Incumbe ao credor, dentro das suas concretas possibilidades, o ônus de empreender esforço razoável para a obtenção – ou, ao menos, para a solicitação – das informações necessárias à formação do seu convencimento ou ao desempenho da prestação assumida no bojo do contrato. Fala-se em ônus para se ressaltar que, embora não se constitua propriamente em dever juridicamente coercitivo, a postura diligente do credor apresenta-se como pressuposto para o legítimo

---

42. CAVALIERI FILHO, Sérgio. *Programa de Direito do Consumidor*. 4. ed. São Paulo: Atlas, 2014. p. 104
43. Informamos que nos filiamos a doutrina que entende que a relação médico-paciente se submete ao CDC. Contudo, observa-se que alguns uma doutrina minoritária entende que deve ser afastada, ou pelo menos mitigada, a aplicação do CDC nas relações entre médicos e paciente.

exercício do seu direito à informação. Com efeito, dificilmente poder-se-ia concluir que age conforme à boa-fé objetiva o credor que deixa de buscar – ou, ao menos, de solicitar – as informações às quais razoavelmente poderia ter acesso sem esforço desmesurado."[44]

Embora há muito prevista no Código de Ética Médica,[45] fora revalorizado pelo Código de Defesa do Consumidor[46] e pelo Código Civil. Tal entendimento foi esboçado em julgado do Superior Tribunal de Justiça (STJ) abaixo transcrito:

> O dever de informação é a obrigação que possui o médico de esclarecer o paciente sobre os riscos do tratamento, suas vantagens e desvantagens, as possíveis técnicas a serem empregadas, bem como a revelação quanto aos prognósticos e aos quadros clínico e cirúrgico, salvo quando tal informação possa afetá-lo psicologicamente, ocasião em que a comunicação será feita a seu representante legal. 4. O princípio da autonomia da vontade, ou autodeterminação, com base constitucional e previsão em diversos documentos internacionais, é fonte do dever de informação e do correlato direito ao consentimento livre e informado do paciente e preconiza a valorização do sujeito de direito por trás do paciente, enfatizando a sua capacidade de se autogovernar, de fazer opções e de agir segundo suas próprias deliberações. 5. *Haverá efetivo cumprimento do dever de informação quando os esclarecimentos se relacionarem especificamente ao caso do paciente, não se mostrando suficiente a informação genérica*. Da mesma forma, para validar a informação prestada, não pode o consentimento do paciente ser genérico (blanket consent), necessitando ser claramente individualizado. 6. *O dever de informar é dever de conduta decorrente da boa-fé objetiva e sua simples inobservância caracteriza inadimplemento contratual, fonte de responsabilidade civil per se*. A indenização, nesses casos, é devida pela privação sofrida pelo paciente em sua autodeterminação, por lhe ter sido retirada a oportunidade de ponderar os riscos e vantagens de determinado tratamento, que, ao final, lhe causou danos, que poderiam não ter sido causados, caso não fosse realizado o procedimento, por opção do paciente.[47] (grifo nosso)

Segundo a doutrina brasileira, o dever de informar deve preencher alguns requisitos básicos, devendo ser: (*i*)Adequada, clara: os meios de informação devem ser compatíveis com os riscos do produto ou do serviço e o seu destinatário. A informação deve ser de fácil entendimento a todo e qualquer grupo de consumidores; (*ii*)Suficiência, precisa: a informação deve ser completa e integral, não podendo ser prolixa ou escassa e, dependendo do produto, específica a um

---

44. SILVA, Rodrigo da Guia e TEPEDINO, Gustavo. Op. cit., p 28. Disponível em: https://www.migalhas.com.br/depeso/328590/dever-de-informar-e-onus-de-se-informar--a-boa-fe-objetiva-como-via-de--mao-dupla. Acesso em: 31 mar. 2023.
45. Art. 34, Código de Ética Médica: É vedado ao médico: Deixar de informar ao paciente o diagnóstico, o prognóstico, os riscos e os objetivos do tratamento, salvo quando a comunicação direta possa lhe provocar danos, devendo, nesse caso, fazer a comunicação a seu representante legal.
46. Art. 6º, III Do Código de Defesa do Consumidor: São direitos básicos do consumidor: III – a informação adequada e clara sobre os diferentes produtos e serviços, com especificação correta de quantidade, características, composição, qualidade, tributos incidentes e preço, bem como sobre os riscos que apresentem.
47. STJ – REsp: 1540580 DF 2015/0155174-9, Relator: Ministro Lázaro Guimarães (Desembargador Convocado do TRF 5ª Região), Data de Julgamento: 02.08.2018, T4 – Quarta Turma, Data de Publicação: DJe 04.09.2018.

tipo de consumidor (idosos, crianças, doentes); (*iii*) Verdadeira, correta, real: a informação deve conter as informações verídicas sobre o produto ou serviço, informando sobre os possíveis riscos; (*iv*) Ostensiva: de fácil percepção ou constatação; (*v*) E, em língua portuguesa.

Apenas com o cumprimento desses requisitos, é que o paciente poderá fazer a escolha mais correta, mais acertada, aquela que se adequa às suas necessidades, sustentáculo do consentimento informado.[48]

Assim, protege-se o paciente, de forma que haja uma igualdade substancial, garantindo, assim, uma autonomia real da vontade do contratante ignorante, que não possui o conhecimento necessário sobre aquele tratamento. Exigir deste o conhecimento prévio, a necessidade de se informar, perguntar, perquirir informações suficientes para se submeter ao tratamento de RHA, seria um ônus extremamente pesado ao paciente, já que o detentor dessas informações é justamente a outra parte, neste caso o médico ou a clínica. Se assim não o fosse, converter-se-ia o dever de informar em dever de informar-se.

Para contrabalancear esses "perigos", os médicos e as clínicas, no seu papel de fornecedores, devem, então, respeitar e obedecer aos princípios da transparência, da lealdade, bem como o dever de informação.

Com efeito, o médico é obrigado a informar o paciente de todas e quaisquer circunstâncias relevantes para consentir. Isto inclui, em particular, a natureza, extensão, aplicação, as consequências previsíveis e riscos envolvidos na medida, bem como sua necessidade, urgência, adequação e perspectivas de sucesso no que diz respeito ao diagnóstico ou terapia. As alternativas para uma determinada medida também devem ser referidas na informação a ser transmitida, se várias forem igualmente indicadas, com os métodos habituais que podem levar a diferentes efeitos colaterais, riscos ou chances de recuperação. O esclarecimento pode ocorrer oralmente, através do médico ou por outra pessoa da equipe que tenha o conhecimento técnico adequado, assim como, através de textos e informes que melhor esclareçam; ser fornecido em tempo justo para que o paciente possa tomar sua decisão sobre a aprovação de forma bem pensada, isto é, segura; e ser compreensível pelo paciente. Não há qualquer diferença entre o termo escrito ou a informação verbal, contudo o termo escrito pode facilitar o meio de prova.

Portanto, ainda que se trate de contratos de RHA, é dever do médico ou da clínica, manter o paciente adequada e permanentemente informado sobre todos os aspectos do(s) procedimento(s) pertinentes ao seu tratamento, daquela relação

---

48. Sergio Cavalieri Filho traz, ainda, duas outras expressões, vontade qualificada e consentimento esclarecido. CAVALIERI FILHO, Sérgio. *Programa de Direito do Consumidor*. 4. ed. São Paulo: Atlas, 2014, p. 104-107.

contratual, especialmente aqueles ligados aos riscos, por menor que seja, qualquer opção de tratamento, ainda que em fase experimental ou não existente no país, a qualidade do produto ou serviço, ou qualquer outra informação relevante para a sua decisão de consumo, durante todo o período em que perdurar a relação contratual.

Conclui-se que o dever de informação está diretamente relacionado com o princípio da confiança e com a autodeterminação do paciente. A demonstração de domínio em relação às características e particularidades dos possíveis tratamentos a serem realizados, as informações orais transmitidas durante as consultas e o correto registro no prontuário, aliado a um bom relacionamento com o paciente, constituem o pilar da informação.[49-50]

Mas, pergunta-se: O que deve ser, realmente, informado? Quais informações são necessárias, ou não, para que o paciente possa expressar, livremente, o seu consentimento? Teria o médico que discorrer sempre e minuciosamente sobre todos os riscos do tratamento de RHA? Gustavo Tepedino, responde com maestria a questão:[51]

> [...] o dever de informação diz com os riscos do tratamento, a ponderação quanto às vantagens e desvantagens da hospitalização ou das diversas técnicas a serem empregadas, bem como a revelação quanto ao prognósticos e ao quadro clínico e cirúrgico, salvo quando esta informação possa afetar psicologicamente o paciente.

Outros fatores, também podem ser considerados: a circunstância em que o fato ocorreu, a relevância do risco do tratamento para a decisão final do paciente e a influência da informação na decisão do paciente em se submeter ou não, ao tratamento nos moldes em que o foi informado. O dever de informação neutraliza a hipossuficiência do paciente.

Há assim, a necessidade de existir uma razoabilidade e uma limitação nesse dever de informar, devendo seu conteúdo ser suficiente para "*esclarecer em profundidade consoante a inteligência e os conhecimentos do paciente*"[52] os tratamentos normalmente disponíveis e os riscos típicos e prováveis que decorrem desses tratamentos ou do não tratamento, de tal modo que o paciente possa optar, enquanto consciente vir por tratar ou não com uma ou outra técnica ou, mesmo, por buscar um outro profissional.

---

49. DE SOUZA, Eduardo. Nunes. *Do erro à culpa na responsabilidade civil do médico*. Editora Renovar. Rio de Janeiro, 2015. p. 40-43.
50. NILO, Alessandro Timbó. Op. cit., 2019. p. 95.
51. TEPEDINO, Gustavo. A responsabilidade médica na experiência brasileira contemporânea. *Temas de direito civil*. Rio de Janeiro: Renovar, 2006, t. 2. p. 90.
52. "só pela existência de limites o dever de informar fica praticável. Sem limites claros haveria um risco tão alto de ser responsável que seria afetado ou dificultado fortemente o exercício da profissão". FABIAN, Christoph. *O Dever de informar no Direito Civil*. São Paulo: Ed. RT, São Paulo, 2002, p. 49.

Logo, existe, sim, uma limitação ao dever de informar, porém, não sendo o caso de fato notório necessário, se faz, verificar as circunstâncias do caso concreto.

Essa informação, razoável e significativa, e que servirá de base ao consentimento informado, deverá conter no mínimo: (*i*) o diagnóstico; (*ii*) o prognóstico; (*iii*) o tratamento possível (incluindo aqui o comportamento a ser adotado pelo paciente); (*iv*) a existência de algum tratamento alternativo; (*v*) os riscos decorrentes do tratamento e do não tratamento; (*vi*) esclarecimentos não somente com relação aos diferentes tratamentos existentes a sua efetividade e seus efeitos colaterais, mas também sobre o preço do tratamento de forma que o paciente possa avaliar o tratamento a seguir.[53]

Portanto, caberá ao médico e a clínica, explicar para o paciente de modo compreensível, no início do tratamento e, se necessário, durante o mesmo, todas e quaisquer circunstâncias que são relevantes para o tratamento, em particular, o diagnóstico, o prognóstico e o desenvolvimento do tratamento, a terapia e as medidas que tome por ocasião da, e após, a terapia.

Em relação ao tratamento de RHA, também devem ser discutidos com o paciente entre outros pontos: (*i*) o efeito que se busca com o tratamento; (*ii*) os riscos decorrentes do tratamento; (*iii*) a probabilidade de sucesso, ou não do tratamento.

A obrigação da informação deverá ser sempre respeitada. Todos os riscos e efeitos colaterais que ocorrem com frequência, mesmo que baixa, deverão ser advertidas e autorizadas pelo paciente. Por isso, o paciente deverá ser expressamente informado sobre possíveis riscos inerentes ao tratamento e suas consequências. Podemos exemplificar alguns riscos atinentes a RHA, que deverão ser informados aos pacientes: (*i*) Insucesso na captação de óvulos após a estimulação ovariana; (*ii*) Mutações genéticas;[54] (*iii*) Síndrome de hiperestimulação ovariana;[55] (*iv*) Gravidez ectópicas;[56] (*v*) Gravidez múltipla – abortos e prematuridade.[57]

---

53. Importante ressaltar aqui que todas as opções de tratamento devem ser apresentadas ao paciente, ainda que este não tenha condições econômicas para suportar os custos do tratamento sugerido, uma vez que ele poderá, com fundamento no art. 196 da CRFB de 1988, que garante ser a saúde um direito de todos e um dever do Estado (União, Estados e Municípios), obter decisões determinando que a União, o Estado, é Município deem, ou disponibilizem, tratamento ou medicamentos para pacientes carentes.
54. Anomalia cromossômica e malformação fetal, as quais podem ocorrer principalmente com casais com idade igual ou superior a 40 anos
55. Trata-se de constitui-se numa reação exacerbada às medicações utilizadas. A resposta é individual e a ocorrência de hiper estimulação não é rara. Quando houver, pode constituir uma urgência médica e a paciente poderá necessitar de acompanhamento por uma equipe médica em ambiente hospitalar.
56. Consiste na implantação do embrião em órgão que não seja o útero, geralmente nas trompas. Esta ocorrência leva necessariamente à interrupção da gravidez, devendo a paciente estar devidamente informada a respeito desta possibilidade emergencial.
57. Por isso A decisão da quantidade de embriões transferidos devem ser criteriosamente decidido pelo médico e aprovada pelo paciente, pois sempre traz um risco majorado à paciente e aos bebês, principalmente as triplas e quádruplas

Ao fim e ao cabo, o dever de informar envolve o esclarecimento, o aconselhamento e o advertimento,[58] devendo esse estar presente em todas as fases de atendimento e tratamento do paciente, sendo no caso da RHA, ainda mais exaustivos, devendo ser informados tanto os riscos normais e previsíveis, quanto os significativos, e, principalmente, os riscos graves, não sendo, a *priori*, obrigatório informar os riscos excepcionais. Frise-se que o dever de informar alcança todos os envolvidos no tratamento da RHA, incluindo-se os profissionais envolvidos no atendimento do paciente, o médico, a equipe clínica, e, também o próprio paciente, pois o dever de informação traduz-se, em realidade, numa via de mão dupla, na medida em que não apenas o profissional, mas também o paciente deve prestá-lo, a fim de obter o correto tratamento ao seu caso.

Sempre caberá ao médico o dever compartilhar as informações de forma clara e compreensível; caberá ao paciente, receptor da informação, eleger o tratamento adequado, sopesando os riscos a ele inerentes, de forma livre e voluntária, de tal forma que a informação, cumpra a sua função de proteção a dignidade da pessoa humana.

4. CONSEQUÊNCIAS DO DESCUMPRIMENTO DO DEVER DE OBTER O CONSENTIMENTO INFORMADO NA REPRODUÇÃO ASSISTIDA

A responsabilidade civil é um conceito dinâmico e que veio ao longo dos tempos se modificando e se adaptando ao tempo presente, saindo de uma mera vingança instintiva[59] para ser abrigada pelo Direito como um grande instrumento de pacificação social. Essa evolução ocorreu em múltiplos sentidos, como por exemplo, tanto no que diz respeito ao seu fundamento, ao que seria o dano reparável, quanto ao seu campo de incidência, e a quem se buscaria proteger.

No caso brasileiro, percebe-se essa mudança de escopo a partir da jurisprudência, que passou a imputar a certas atividades determinados riscos, alargando a responsabilidade subjetiva para hipóteses em que se presumia a conduta do agente.[60]

---

58. "o dever de informar tem graus; conforme a situação, a simples dever de esclarecer ou, mais fortemente, o de aconselhar um, até mesmo vir se houver riscos, o de advertir pronto se o fornecedor é um profissional é provável que deva cumprir os três graus (basta pensar(...) no fornecimento de serviços médicos(...). AZEVEDO. Antônio Junqueira de. *Estudos de Direito Privado*. Rio de Janeiro. Saraiva, 2004. p. 179.
59. "entende ser ela uma 'forma primitiva, selvagem, talvez, mas humana, da reação natural contra o mal sofrido; solução comum a todos os povos nas suas origens para a reparação do mal pelo mal". LIMA, Alvino. *Culpa e Risco*. 2. ed. São Paulo: Ed. RT, 1963. p. 20.
60. Exemplo marcante é a Súmula 341 do STF: "É presumida a culpa do patrão ou comitente pelo ato culposo do empregado ou preposto." Outro exemplo que podemos citar se encontra na seguinte decisão: "Embora o Decreto 2681/12 veio a lume para regulamentar a responsabilidade civil das estradas de ferro, certo é que, com o passar dos anos, pacificou-se na jurisprudência que esse diploma legal se aplica a qualquer tipo de transporte"(STJ – Segunda Turma, REsp 258.335/SE, Ministro Castro Meira, DJ

A Constituição de 1988 trouxe no inciso III de seu primeiro artigo a necessidade de se tutelar a dignidade da pessoa humana, e, com isso, a perspectiva da responsabilidade civil muda totalmente: se era voltada mais à punição do responsável pelo dano, agora passa proteger a vítima, permitindo, inclusive a reparação de danos não patrimoniais.

Para selar essa nova visão da responsabilidade, o Código Civil de 2002 incluiu no artigo 927 a cláusula geral de responsabilidade civil objetiva para as atividades de risco, o que facilita a indenização das vítimas, mas mantendo ainda, como regra, a responsabilidade civil subjetiva do Código Civil de 1916.[61] Assim, a obrigação de indenizar, pode ocorrer de um inadimplemento ou da verificação de um dano injusto.[62]

Verifica-se, então, essa passagem da sociedade que valorizava as instituições para uma sociedade que valoriza o indivíduo, de um direito que penalizava a conduta do agente para um que protege a vítima, sendo esta a grande transição da responsabilidade civil.

E assim, diante dessa evolução tanto do consentimento implícito para o consentimento livre informado, do paciente-objeto para o paciente-pessoa, quanto da responsabilidade civil, e dentro deste novo contexto de ambos os institutos, que possuem como fundamento a dignidade humana do art. 1º, III, da Constituição Federal é que a falha no dever de informar e a falha no dever de obter o consentimento informado na reprodução assistida, importa violação ao direito de autodeterminação e ao livre desenvolvimento da personalidade,[63] ensejando a responsabilidade civil do médico, gerando, portanto, o dever de indenizar:

> Responsabilidade civil. Médico. Consentimento informado.
> A despreocupação do facultativo em obter do paciente seu consentimento informado pode significar – nos casos mais graves – negligência no exercício profissional. As exigências do princípio do consentimento informado devem ser atendidas com maior zelo na medida em que aumenta o risco, ou o dano.[64]

21.03.2005, p. 305). Jorge Sinde Monteiro aduz que foi nos acidentes de trabalho que a teoria do risco teve a sua primazia. Posteriormente houve um alargamento para os acidentes de circulação ferroviária, rodoviária e, por fim, aérea. MONTEIRO, Jorge Sinde. *Estudos sobre a responsabilidade civil*. Coimbra: Almedina, 1983. p. 10-13.

61. Trata-se do conhecido "giro conceitual" de Orlando Gomes, onde nota-se uma mudança de perspectiva da proteção, passa-se do causador para a vítima, pouco importando quem foi o causador do dano, a vítima tem que ser integralmente reparada pelo dano a ela causado. Substitui-se, assim, o ato ilícito pelo dano injusto, por exigência da solidariedade social, da proteção do cidadão, da vítima.
62. BARBOZA, Heloísa Helena. *Responsabilidade Civil e Bioética*. In: Guilherme Magalhães Martins (Coord.). Temas de Responsabilidade Civil. Rio de Janeiro: Lumen Juris, 2011.p.491.
63. BERGSTEIN, Gilberto. *A informação na relação médico-paciente*. São Paulo: Saraiva, 2013, p. 73.
64. STJ – REsp: 436827/SP Relator: Ministro Ruy Rosado de Aguiar, Data de Julgamento: 1º.10.2002, Quarta Turma, Data de Publicação: 18.11.2002. No julgamento do recurso especial ficou acentuado o dever ético do médico de informar o paciente sobre as consequências da cirurgia, o que não se confunde

Não obstante, a incipiente regulamentação jurídica ordinária sobre a RHA,[65] a Resolução 2.320/2022 do Conselho Federal de Medicina, contém dispositivos deontológicos a ser seguidos pelos médicos, contendo o dever de informar. Dado a "mercantilização da saúde", os tribunais têm reconhecido a aplicação das regras do protetivas Código de Defesa do Consumidor as situações geradas pelas técnicas de RHA. Por isso, entende-se que o descumprimento do dever de obter o consentimento informado na RHA implica na realização de um serviço defeituoso, na realização de um ato médico irregular,[66] caracterizando um fato de produto ou de serviço, podendo dar ensejo a responsabilização civil dos envolvidos:

> Responsabilidade civil. Hospital. Santa Casa. Consentimento informado. A Santa Casa, apesar de ser instituição sem fins lucrativos, responde solidariamente pelo erro do seu médico, que deixa de cumprir com a obrigação de obter consentimento informado a respeito de cirurgia de risco, da qual resultou a perda da visão da paciente. Recurso não conhecido.[67]

Por outro ângulo, considerando-se que o verdadeiro detentor do conhecimento técnico é médico, sendo aquele que está em condições de compartilhar as informações atinentes ao tratamento, opções de terapia, riscos, contraindicações e consequências do tratamento, pode-se dizer que o médico está em posição de vantagem em relação ao paciente vulnerável, ao não obter o consentimento livre e informado viola a autodeterminação do paciente, substrato da dignidade da pessoa humana, devendo ser responsabilizado por eventuais danos causados ao paciente:

> Recurso Especial. Ação de Indenização por Danos Morais. Procedimento cirúrgico realizado para resolver Síndrome Da Apneia Obstrutiva do Sono (Saso). Falecimento do paciente. Negativa de prestação jurisdicional. Não ocorrência. Falha no dever de informação acerca dos riscos da cirurgia. Constatação apenas de consentimento genérico (blanket consent), o que não se revela suficiente para garantir o direito fundamental à autodeterminação do paciente. Restabelecimento da condenação que se impõe. Redução do valor fixado, considerando as particularidades da causa. Recurso provido parcialmente.[68]

---

com a simples comunicação da duração do ato operatório. Ficou firmada a importância de esclarecer sobre a conveniência da intervenção cirúrgica, resultados, expectativas e possibilidades de êxito ou de agravamento do quadro.

65. No julgamento do REsp 1.918.421 – SP, o ministro Luis Felipe Salomão – cujo voto prevaleceu na Quarta Turma – destacou que o ordenamento jurídico brasileiro possui regulamentação insuficiente para a resolução de conflitos sobre reprodução assistida. O Código Civil de 2002, por exemplo, é omisso quanto à possibilidade de utilização do material genético de pessoa falecida.
66. Define-se ato médico irregular aí viola a lei o código de conduta médica e as demais regras de conduta profissional. Esses atos irregulares normalmente não respeitam a vontade e a autonomia do paciente, como por exemplo, a falta de informação e a obtenção de consentimento livre e informado do paciente para a realização de atos médicos.
67. STJ – REsp: 467.877/RJ Relator: Ministro Ruy Rosado de Aguiar, Data de Julgamento: 05.12.2002, Quarta Turma, Data de Publicação: 10.02.2003.
68. STJ – REsp: 1.848.862/RN Relator: Ministro Marco Aurélio Bellizze, Data de Julgamento: 05.04.2022, Terceira Turma, Data de Publicação: 10.02.2023.

Dúvidas não restam que a não observância do dever de informação na relação médico-paciente pode ensejar responsabilização civil, também para os casos de RHA.

Vários são os acórdãos encontrados no STJ ratificando que nas hipóteses em que o médico não cumpre o dever de obter o consentimento livre e informado,[69] advertindo, informando e compartilhando os riscos com o paciente, ou quando o médico não transmite as informações suficientes e de forma adequada ao paciente, viola sua liberdade e sua autodeterminação, ensejando danos morais.

Vê-se, portanto, que a jurisprudência e a doutrina já vêm, largamente, reconhecendo a responsabilidade civil do médico em razão do descumprimento do dever de obter o consentimento informado, o que também será válido na RHA, dada a posição de vulnerabilidade do paciente diametralmente oposta a posição de vantagem daquele que detém o conhecimento, ressaltando que "na relação médico-paciente, a prestação de informações corretas e suficientes sobre o diagnóstico, a proposta de tratamento e os riscos existentes em eventuais procedimentos cirúrgicos constitui direito do paciente e de seus representantes legais".[70]

Conclui-se, assim, que o médico precisa do consentimento informado do paciente para executar qualquer tratamento ou procedimento médico, em decorrência da boa-fé objetiva e do direito fundamental à autodeterminação do indivíduo, sob pena de inadimplemento do contrato médico-hospitalar, o que poderá ensejar a responsabilização civil,[71] caso haja a violação ao princípio constitucional basilar do direito brasileiro: a dignidade da pessoa humana; mais

---

69. Duas ressalvas se fazem necessárias: 1) o consentimento genérico e não informado é inválido, pois até mesmo o documento escrito de forma genérica e à qual o paciente concorda mecanicamente, é considerada mero ato burocrático, uma vez que a simples assinatura de um papel não é suficiente para comprovar que o paciente recebeu todas as informações devidas do procedimento médico; 2) as informações e os esclarecimentos podem ser ordinariamente efetuados de forma verbal, contudo, cabe ao médico, comprová-lo, sendo o consentimento por escrito, meio de prova, mas não requisito para a validade do ato. "Segundo Beauchamp e Childress, o consentimento livre e esclarecido é "um processo que ocorre com o tempo, e que se evite a visão comum de que um formulário de consentimento assinado é a essência do consentimento". Assim sendo, deve ser levado em consideração o cerne da relação médico-paciente, ou seja, o processo num geral e não somente a assinatura de um termo de consentimento". SILVA, Gleicimara Kelen Custódio. Responsabilidade civil médica por violação à boa-fé objetiva. *Civilistica.com*. Rio de Janeiro, a. 11, n. 3, 2022. p. 25-26. Disponível em: http://civilistica.com/responsabilidade-civil-medica/. Acesso em: 20 mar. 2023.
70. SILVA, Gleicimara Kelen Custódio. Op.cit. p. 25.
71. A falta de informação em si, não é suficiente pelo STJ para caracterizar o dano moral indenizável. O Tribunal apenas determina responsabilização nos casos em que violação a integridade psicofísica do paciente. No Julgamento do Recurso Especial 1.540.580/DF, a decisão deixou exarado que o dever de informação se relaciona com o direito que possui o paciente, ou seu representante legal, de decidir livremente sobre a execução de práticas diagnósticas ou terapêuticas, já que tais informações são necessárias para o convencimento e a tomada de decisão sobre a intervenção médica. STJ – REsp: 1.540.580/DF Relator: Ministro Lázaro Guimarães, Data de Julgamento: 02.08.2018, Quarta Turma, Data de Publicação: 04.09.2018.

especificamente, pela violação de um dos quatro substratos, corporificada no conjunto dos princípios da igualdade, da solidariedade, da integridade psicofísica e da liberdade.[72]

SÍNTESE CONCLUSIVA

A Reprodução Humana Assistida é um procedimento que trouxe grandes benefícios a indivíduos inférteis ou ainda àqueles que desejam postergar o sonho da parentalidade. Contudo, esse benefício não pode se sobrepor ao processo de esclarecimento de determinadas questões, baseadas na confiança que é depositado no médico, e que podem, inclusive, fazer com que o(s) paciente(s) se recuse(m) a ser submeter a tal procedimento – como, por exemplo a questão atinente ao descarte de embriões. Somente com amplo esclarecimento do procedimento, de seus aspectos éticos e de suas consequências é que se poderá exercer de fato sua autodeterminação nesta questão e decidir o melhor para si, dentro de suas crenças e convicções pessoais.

Conforme demonstrado anteriormente, a relação médico-paciente e o consentimento passaram por inúmeras alterações, sob perspectiva existencial, centradas na pessoa humana. Atualmente, a doutrina e a jurisprudência ratificam a importância do dever de informar, da boa-fé objetiva e do respeito à autodeterminação do paciente como elemento estrutural das relações entre médicos e pacientes.

O direito ao livre desenvolvimento da personalidade de cada indivíduo, dentre outros, são reconhecidos pela CF/88. O consentimento livre e informado, entendido como um processo de diálogo entre médico e paciente, deve ser realizado adequadamente, livre de coerção, com as informações adequadas sobre o procedimento, seus riscos e benefícios, funcionando como um instrumento que pode auxiliar no respeito à autonomia do paciente, assegurando a efetivação da dignidade da pessoa humana.

As transformações no campo da RHA, exige do Direito uma resposta rápida, sendo primordial sua adequação. Não se encontrando respostas na legislação atinente ao caso concreto, deve o julgador se ater à interpretação funcional dos institutos, baseado na tabua axiológica da Constituição, pautada na dignidade da pessoa humana, na pluralidade familiar e na proteção integral à autodeterminação. A riqueza e sensibilidade que permeiam o tema, tornam uma tarefa árdua analisar todas as questões atinentes à RHA.

---

72. MORAES, Maria Celina Bodin de. *Danos à pessoa humana*: uma leitura civil-constitucional dos danos morais. Rio de Janeiro: Renovar, 2003. p. 81-117.

Tais preocupações são pulsantes e atuais, e os doutrinadores vêm se debruçando sobre a questão. Porém, caberá ao Poder Judiciário, em casos que envolvam também o tratamento de Reprodução Humana Assistida (RHA), apreciar e ponderar cada caso concreto que lhe for posto à prova, garantindo a devida responsabilização na ausência do consentimento livre e esclarecido ou de algum de seus elementos fundamentais, como o dever de informação, dado o ponto em comum da bioética com a reponsabilidade civil: a proteção do ser humano.

NOTAS SOBRE O PRINCÍPIO DO ANONIMATO NAS TÉCNICAS DE REPRODUÇÃO ASSISTIDA HETERÓLOGA

Beatriz Souza Costa

Mestranda em Direito Civil na Universidade do Estado do Rio de Janeiro (UERJ). Graduada em Direito pela UERJ. Membro Acadêmico da Associação Brasileira de Direito Civil – ABDC. Advogada.

Sumário: Considerações iniciais: da retirada do véu do anonimato – 1. O princípio do anonimato na experiência brasileira e estrangeira – 2. O anonimato na Resolução 2.320/2022 do CFM e o debate legislativo – 3. A flexibilização do anonimato – Considerações finais.

CONSIDERAÇÕES INICIAIS: DA RETIRADA DO VÉU DO ANONIMATO

Desde o nascimento do primeiro bebê gerado por fertilização *in vitro* em 1978, as técnicas de reprodução assistida evoluíram, tanto no âmbito biomédico, com a atualização dos procedimentos médicos, quanto na sociedade, com a popularização da técnica. De acordo com o 14º Relatório do Sistema Nacional de Produção de Embriões (SisEmbrio), os ciclos de fertilização *in vitro* realizados no Brasil em 2021 cresceram em 32,72% (trinta e dois vírgula setenta e dois por cento) comparado com o ano de 2020.[1] Este procedimento permite diariamente que famílias, independentemente da sua configuração, consigam realizar o seu planejamento familiar, direito constitucional preconizado no § 7º do artigo 226 da Carta Magna.

As técnicas de reprodução assistida são "procedimentos biomédicos que promovem a reprodução humana sem a necessidade de haver contato sexual entre um homem e uma mulher, e abrangem, além da inseminação artificial, a fertilização in vitro (FIV)".[2] O procedimento é classificado como homólogo, quando se utiliza gametas do próprio casal que desejam ser pais da criança que

---

1. "Divulgado relatório sobre fertilização in vitro no país em 2020 e 2021". ANVISA, 2022. Disponível em: https://www.gov.br/anvisa/pt-br/assuntos/noticias-anvisa/2022/divulgado-relatorio-sobre-fertilizacao-in-vitro-no-pais-em-2020-e-2021 Acesso em: 1º maio 2022.
2. BARBOZA, Heloisa Helena. Reprodução assistida: questões em aberto. In: CASSETTARI, Christiano (Coord.). *10 anos de vigência do Código Civil Brasileiro de 2002*: Estudos em homenagem ao professor Carlos Alberto Dabus Maluf. São Paulo: Saraiva, 2013. p. 93.

nascerá, ou heterólogo, na hipótese de o material genético ser de terceiro. Para fins do presente artigo, trataremos apenas da reprodução assistida heteróloga.

Um dos princípios que operam na prática heteróloga é o do anonimato do doador de gametas, que encontra raízes na grande maioria das normas internacionais. O anonimato objetiva proteger a integridade psíquica da criança gerada por meio da reprodução assistida heteróloga e proteger o doador dos efeitos jurídicos decorrentes de eventual filiação. Contudo, ao longo dos últimos anos, vemos um crescimento na indústria do mapeamento da identidade genética e testes de ancestralidade, com sites como Meu DNA, Genera, My Heritage, Ancestry, 23andMe e Family Tree, e uma mudança de paradigma à nível internacional e nacional sobre o sigilo, que acaba por afastar a anonimização do doador de gametas em situações específicas.

Esse movimento é marcado pela necessidade de cada indivíduo em conhecer a sua história genética, com fundamento na prevenção da própria vida[3] e na construção da identidade. Nesse sentido, ao longo dos últimos anos, a doutrina e o poder judiciário brasileiro traçaram parâmetros para a flexibilização do princípio do anonimato, que serão abordados ao longo do presente trabalho. De todo modo, ainda permeiam pontos de atenção que devem ser observados pelo intérprete do direito acerca dos efeitos decorrentes da retirada do véu da anonimidade.

Questiona-se se (i) poderia ser criado um vínculo de filiação ou, ainda, de parentalidade entre o doador do gameta e o fruto da reprodução assistida; (ii) teríamos um desestímulo para ser doador de gametas; e (iii) eventuais reflexos patrimoniais poderiam operar na relação entre doador e o indivíduo nascido de tais práticas. Nos lembra Ana Carolina Brochado Teixeira e Carlos Nelson Konder, nos termos da metodologia civil-constitucional aqui adotada, que o intérprete do direito deve "[f]uncionalizar [o] instituto e descobrir sob qual finalidade ele serve melhor para o cumprimento dos objetivos constitucionais, qual seja, a tutela da pessoa humana na perspectiva não apenas individual, mas também solidarista e relacional".[4]

Neste diapasão, com fim de funcionalizar o princípio do anonimato do doador, observaremos os efeitos jurídicos e sociais gerados pelo referido princípio e os principais argumentos utilizados em sede doutrinal e jurisprudencial para sua a flexibilização de modo a balancear os direitos do indivíduo fruto das téc-

---

3. LÔBO, Paulo. *A repersonalização das relações de família*. Jus Navigandi, Teresina, ano 9, n. 307, 10 maio 2004. Disponível em: http://jus.com.br/artigos/5201. Acesso em: 05 maio 2023.
4. TEIXEIRA, Ana Carolina Brochado; KONDER, Carlos Nelson. Situações Jurídicas Dúplices: Continuando o debate controvérsias sobre a nebulosa fronteira entre patrimonialidade e extrapatrimonialidade. In: TEIXEIRA, Ana Carolina Brochado; RODRIGUES, Renata de Lima (Coord.). *Contratos, Família e Sucessões*: Diálogos interdisciplinares. São Paulo: Editora Foco, 2019. p. 140.

nicas de reprodução assistida com os direitos do doador de gametas. O trabalho foi elaborado a partir da metodologia civil-constitucional, que propugna que todos os institutos do ordenamento jurídico devem ser relidos à luz da axiologia constitucional, de modo que só serão merecedores de tutela se, de acordo com o seu perfil funcional, promoverem valores fundamentais.

Traçado o marco teórico, de modo a alicerçar os fundamentos do presente trabalho, passa-se a pontuar sua linha de raciocínio, iniciando com o estudo da origem e transformação do princípio do anonimato no ordenamento jurídico brasileiro e no cenário internacional, incluindo a diferenciação do anonimato frente ao dever de segredo. Na sequência, discute-se a Resolução 2.320/2022 do Conselho Federal de Medicina, em especial, os itens 2 e 4 do Capítulo IV. Observaremos que devido a resolução ter caráter deontológico e não existir, até o presente, norma jurídica em vigor sobre a matéria, cabe ao poder judiciário determinar em quais casos a flexibilização deve operar.

Sem o objetivo de esgotar a matéria, mas almejando traçar o panorama brasileiro atual, analisaremos o Projeto de Lei 2.855/1997 e o Projeto de Lei 90/1999 que tratam sobre a matéria. Ao final, apresenta-se, de forma crítica, os fundamentos legais e principiológicos utilizados para a flexibilização do anonimato dos doadores de gameta, a partir da análise normativa nacional e da experiência traçada pela literatura internacional.

1. O PRINCÍPIO DO ANONIMATO NA EXPERIÊNCIA BRASILEIRA E ESTRANGEIRA

Diversos são os estigmas sociais que ainda permeiam as práticas de reprodução humana assistida. A sociedade ocidental, na qual o Brasil se insere, é marcada por uma forte influência de ditames religiosos e, como consequência, temos uma sociedade com fortes traços conservadores, especialmente no âmbito do direito de família. Dentre os preceitos conservadores que, por muito tempo orientam a sociedade ocidental, temos a pressão social para que os descendentes sejam concebidos sem a intervenção médica.

Por isso, a infertilidade, tanto masculina quanto feminina, ainda é considerada tabu e tende a ser mantida em segredo por aqueles que sofrem desta condição médica. Assim, a prática de reprodução assistida, por mais popularizada que seja, ainda é coberta de preconceitos e acobertadas pelas famílias que fazem uso. Outro fato social argumento para o segredo acerca da técnica, quando esta for heteróloga, gira em torno dos possíveis conflitos psicológicos e familiares que podem surgir quando a criança fruto da reprodução assistida descobre que não possui os traços biológicos de seus pais. Nas palavras de Rosana Machin,

A postura de não abrir informações sobre esse processo, em regra, está relacionada ao estigma que cerca a infertilidade masculina. O desejo de proteger a criança e também a família tem sido dado como uma justificativa para essa informação permanecer em segredo.[5]

O princípio do anonimato do doador de gametas perpassa por diversos ordenamentos jurídicos, porém, existem duas posições acerca do sigilo: os países com influência anglo-saxónica e germânica afastam o anonimato; enquanto os países de influência francesa tendem a segui-lo.[6] É certo que a França, até setembro de 2022, protegia a identidade do doador de gametas e, por isso, influenciou diversos países a seguir este caminho. Contudo, a alteração feita em 2021 na Lei de Bioética Francesa, determina que os doadores deverão consentir que sua identidade seja revelada quando a criança concebida completar 18 (dezoito) anos e desejar conhecer sua origem biológica.[7]

Apenas a título exemplificativo, os EUA,[8] por terem uma lei omissa acerca do assunto, aplicam o princípio do anonimato do doador, cabendo ao doador declarar no momento da doação se permite a sua identificação *a posteriori*. Seguindo o antigo posicionamento francês, a Noruega[9] e a Espanha[10] consagraram o sigilo

---

5. MACHIN, Rosana. Anonimato e segredo na reprodução humana com participação de doador: mudanças em perspectivas. *Revista Saúde Soc*. São Paulo, v. 25, n. 1, p. 83-95, 2016. Disponível em: https://www.scielo.br/j/sausoc/a/3WRRbVtkxW978qdPZHPMbXC/?lang=pt. Acesso em: 10 maio 2023. p. 87.
6. CHAVES, Luiz Cláudio da Silva. *Reflexões sobre a reprodução assistida*: o direito à identidade genética versus o direito do anonimato do doador. Disponível em: https://www.oab-ro.org.br/gerenciador/data/uploads/2018/02/Lui%CC%81s-Cla%CC%81udio-artigo_-reflexoes-sobre-a-reproducao-assistida-direito-a-id___.pdf. Acesso em: 10 maio 2023. p. 13.
7. MOYSÉS, Adriana. *França retira anonimato de doadores de óvulos e esperma para facilitar acesso às origens*. Radio França Internacional. Publicado em 02.09.2022. Disponível em: https://www.rfi.fr/br/podcasts/um-pulo-em-paris/20220902-fran%C3%A7a-retira-anonimato-de-doadores-de-%C3%B3vulos-e-esperma-para-facilitar-acesso-%C3%A0s-origens. Acesso em: 10 maio 2023.
8. COHEN, Glenn; COAN, Travis; OTTEY, Michelle; BOYD, Christina. Sperm donor anonymity and compensation: an experiment with American sperm donors. *Journal of Law and the Biosciences*, v. 3, n. 3, p. 468-488, Dezembro, 2016. Disponível em: doi:10.1093/jlb/lsw052. Acesso em: 12 maio 2023.
9. Lei 68/1987, artigo 10: "O pessoal de saúde é obrigado a preservar o anonimato do dador de esperma. Este não deve receber qualquer informação sobre a identidade do casal ou da criança" (ROMEIRO, Rita. *Identidade do doador na procriação medicamente assistida*. Disponível em: https://www.cidp.pt/revistas/rjlb/2017/6/2017_06_0641_0660.pdf. Acesso em: 12 maio 2023).
10. Lei 35/1998, artigo 5º: "Artículo 5º/5: "La donación será anónima, custodiándose los datos de identidad del donate en el más estricto secreto y en clave en los Bancos respectivos y en el Registro Nacional de Donantes. Los hujos nacidos tiene derecho, por sí o por sus representantes legales, a obtener información general de los donantes que no incluya su entidade. Igual derecho corresponde a las receptoras de los gametos. Sólo excepcionalmente, en circunstancias extraordinárias que comportem un comprovado peligro para la vida del hijo, o quando proceda con arreglo a las leys procesales penales, podrá relelarse la identidad del donante, sempre que dicha revelación sea indispensable para evitar el peligro o para conseguir el fin legal porpuesto. En tales casos se estará a lo dispuesto en el artículo 8, apartado 3. Dicha revelación tendrá carácter restringido y no implicará, en ningún caso, publicidade de la identidade del donante." (Espanha. Lei 35/1998, sobre técnicas de reproducción asistida, Madrid. Disponível em: https://www.boe.es/buscar/doc.php?id=BOE-A-1988-27108#:~:text=1.,y%20plena%20capacidad%20de%20obrar. Acesso em: 12 maio 2023).

na lei que dispõe sobre a fecundação artificial. Em Portugal, até 2016, vigorava o anonimato do doador de gametas, todavia, o Tribunal Constitucional Português, por meio do acórdão 225/2018, no Processo 95/17, declarou inconstitucional as normas legais que determinavam o sigilo.[11]

Por outro lado, desde 1985, a Suíça[12] proibiu, após aprovação de referendo, esconder dos interessados a identidade de seus genitores, sendo permitido apenas para os casos em que a lei expressamente previsse, tornando o anonimato em exceção. Outrossim, a Suécia[13] dispõe que a pessoa fruto da reprodução assistida heteróloga tem o direito de conhecer seus progenitores biológicos ao atingirem a maioridade. No mesmo sentido, a Alemanha, em sua Lei de Proteção aos Embriões, promulgada nos anos 90, entende que o direito de conhecer suas origens biológicas pode ser exercido a partir dos 16 (dezesseis) anos.

É notório que existem argumentos plausíveis para a defesa do anonimato do doador de gametas, podendo ser considerado, até mesmo, como pilar fundamental para a sobrevivência das técnicas de reprodução assistida heteróloga. Contudo, o movimento internacional aponta para uma flexibilização cada vez mais latente acerca da disponibilidade das informações desse doador.

Antes de adentrarmos na análise do princípio no ordenamento jurídico brasileiro, cumpre distinguir o direito ao anonimato do doador de gametas para o direito de segredo, uma vez que este tem como objetivo ocultar a prática de reprodução assistida e aquele almeja encobrir os dados do doador e da família receptora do material genético. Nas palavras de Rosana Machin

> O termo "anonimato" indica uma política adotada com relação ao doador do material genético pela qual há uma ocultação mútua da identidade das pessoas envolvidas no processo, sendo

---

11. SILVA, Regina Beatriz Tavares da. A reprodução assistida e o anonimato do doador. *Revista Jurídica da FA7*. v. 15, n. 2, p. 47-59, 18 nov. 2018. p. 58.
12. Lei 1.140/1984. Artigo 4º: "Toda a criança concebida por inseminação artificial nos termos do artigo 3º quanto atingir um grau de maturidade suficiente tem o direito de acesso aos dados relativos ao dador que se encontrem no registo especial do hospital. Incumbe ao Comité da Previdência Social ajudar a criança a obter as informações desejadas" (ROMEIRO, Rita. *Identidade do doador na procriação medicamente assistida*. Disponível em: https://www.cidp.pt/revistas/rjlb/2017/6/2017_06_0641_0660.pdf. Acesso em: 12 maio 2023). Atualmente, o artigo 27 da Lei Federal sobre Reprodução Humana Assistida (Lei 810.11/1998), determina que "quando a criança atingir a idade de 18 anos, esta poderá requerer informações pessoais sobre o doador do gameta" (tradução livre). Disponível em: https://www.fedlex.admin.ch/eli/cc/2000/554/en. Acesso em: 22 maio 2023.
13. Lei 771/1988 – Suécia; Lei Federal de Reprodução Assistida (Gesamte Rechtsvorschrift für Fortpflanzungsmedizingesetz), artigo 20, item 2: A criança concebida com o esperma ou óvulo de uma terceira pessoa poderá, a seu exclusivo critério, ter acesso aos registros de acordo com a seção 15, subseção 1 e receber informações sobre o doador. Conforme o melhor interesse da criança, em casos excepcionais medicamente justificados, o representante legal da criança terá acesso e receberá informações do doador. (tradução livre). Suécia. Lei 771/1988, Lei Federal de Reprodução Assistida. Disponível em: https://www.ris.bka.gv.at/GeltendeFassung/Bundesnormen/10003046/FMedG%2c%20Fassung%20 vom%2027.08.2018.pdf. Acesso em: 22 maio 2023.

somente o médico o detentor destas informações. Assim, segredo se refere à ocultação da própria existência de um doador, enquanto o anonimato esconde sua identidade (Salem, 1995; Novaes, 1989; Fonseca, 2010, 2011).[14]

Em alguns países, como nos Estados Unidos da América, existe um mercado para a doação de material genético, culminando na remuneração do doador. Outros, como no Reino Unido, os doadores são dotados de anonimidade, mas fazem jus a uma compensação relativa às despesas de alimentação e deslocamento no processo de doação.[15] O nosso ordenamento jurídico proíbe que estes recebam qualquer tipo de compensação pela prática, nos termos do § 3º, do artigo 5º, da Lei 11.105/2005 (Lei de Biossegurança).[16] Por isso, a atitude do doador é considerada altruísta, realizada apenas para auxiliar aqueles que possuem dificuldades para a concepção.[17]

Nos recorda Heloísa Helena Barboza que o sigilo sobre a identidade dos doadores tem como objetivo "proteger a privacidade dos interessados, principalmente dos doadores, prevenindo e dificultando eventual busca pelo estabelecimento da paternidade/maternidade com base no vínculo genético".[18] Nesse cenário, Stela Marcos de Almeida Neves Barbas demonstra que o primeiro argumento para o sigilo seria a proteção da intimidade e privacidade do doador, uma vez que a doação tem caráter voluntário e filantrópico. Além disso, afirma que o anonimato garante que o doador não possa reclamar qualquer direito sobre o seu "filho biológico". E,

---

14. MACHIN, Rosana, op. cit., .85.
15. Ibidem, p. .86.
16. Art. 5º É permitida, para fins de pesquisa e terapia, a utilização de células-tronco embrionárias obtidas de embriões humanos produzidos por fertilização in vitro e não utilizados no respectivo procedimento, atendidas as seguintes condições:

    I – sejam embriões inviáveis; ou

    II – sejam embriões congelados há 3 (três) anos ou mais, na data da publicação desta Lei, ou que, já congelados na data da publicação desta Lei, depois de completarem 3 (três) anos, contados a partir da data de congelamento.

    § 1º Em qualquer caso, é necessário o consentimento dos genitores.

    § 2º Instituições de pesquisa e serviços de saúde que realizem pesquisa ou terapia com células-tronco embrionárias humanas deverão submeter seus projetos à apreciação e aprovação dos respectivos comitês de ética em pesquisa.

    § 3º É vedada a comercialização do material biológico a que se refere este artigo e sua prática implica o crime tipificado no art. 15 da Lei 9.434, de 4 de fevereiro de 1997.
17. Neste sentido, ver. LEITE, Eduardo de Oliveira. Defende que a inseminação heteróloga é medida de generosidade, que permite, por meio da doação, que as pessoas impossibilitadas de terem filhos possam realizar esse sonho. Por isso, é por ele considerada como medida de filantropia, excluindo qualquer possibilidade de vínculo entre o doador e a criança, defendendo, portanto, a necessidade do anonimato do doador de material genético. E, ainda, defende que caso seja revelada a identidade do doador, ele pode pleitear reparação civil aos responsáveis pelos danos a ele causados (LEITE, Eduardo de Oliveira. *Procriações artificiais e o direito*: aspectos médicos, religiosos, psicológicos, éticos e jurídicos. São Paulo: Ed. RT, 1995., p. 145).
18. BARBOZA, Heloísa Helena, op. cit., p. 29.

ainda, seria uma forma de proteger a criança de possíveis traumas ocasionados pela descoberta da prática.[19]

Corroborando com o entendimento, Guilherme Calmon Nogueira da Gama defende que o anonimato das pessoas envolvidas no processo de reprodução assistida deve ser mantido, mas deve ser possibilitado a criança, com fulcro nos direitos fundamentais à dignidade, à identidade, à privacidade e à intimidade, o acesso às informações sobre sua origem genética.[20]

A partir desse cenário, o princípio do anonimato do doador de material genético foi introduzido no cenário brasileiro na década de 90 pela Resolução 1.358/92 do Conselho Federal de Medicina – CFM, em seus itens 2 e 3.[21] De acordo com as normas éticas do CFM, os doadores não deveriam conhecer a identidade dos receptores e vice-versa. Além disso, as informações dos doadores estariam protegidas por sigilo, podendo ser acessado somente por motivação médica.

Os efeitos jurídicos que o princípio do anonimato busca afastar tem caráter dúplice, sendo tanto existenciais quanto patrimoniais.[22] Conforme ensinamentos de Heloisa Helena Barboza e Vitor Almeida, a filiação pode ser compreendida como o "vínculo sobre o qual se estrutura o parentesco" e, com a promulgação da Carta Magna de 1988, sofreu intensas modificações acerca de sua percepção, com a valorização da socioafetividade como critério de atribuição da parentalidade.[23]

De acordo com o artigo 1.593 do Código Civil, o vínculo parental pode decorrer tanto da consanguinidade (reprodução humana biológica) quanto de "outra origem". A partir deste termo, foi possível imputar a parentalidade para os filhos concebidos com as técnicas de reprodução humana assistida. Corroborando com tal entendimento, o artigo 1.597 em seu inciso V, determina a presunção da

---

19. BARBAS, Stela Marcos de Almeida. *Direito do Genoma Humano*. Coimbra, Almedina, reimpressão, 2011, apud, CHAVES, Luiz Cláudio da Silva, op. cit., p. 10.
20. GAMA, Guilherme Calmon Nogueira. *A nova filiação e as relações parentais*: o estabelecimento da parentalidade-filiação e os efeitos jurídicos da reprodução assistida heteróloga. Rio de Janeiro: Renovar, 2003. p. 803- 804.
21. Resolução do Conselho Federal de Medicina 1.358/92. Capítulo IV. 2 – Os doadores não devem conhecer a identidade dos receptores e vice-versa.
    3 – Obrigatoriamente será mantido o sigilo sobre a identidade dos doadores de gametas e pré-embriões, assim como dos receptores. Em situações especiais, as informações sobre doadores, por motivação médica, podem ser fornecidas exclusivamente para médicos, resguardando-se a identidade civil do doador.
22. PEREIRA, Caio Mário da Silva. *Reconhecimento de paternidade e seus efeitos*. 7. ed., rev., atual. e ampl., atualizada por Heloisa Helena Barboza e Lucia Maria Teixeira Ferreira. São Paulo: Gen/Forense, 2015.
23. BARBOZA, Heloisa Helena; ALMEIDA, Vitor. Novos rumos da filiação à luz da Constituição da República e da jurisprudência dos tribunais superiores brasileiros. *Civilistica.com*, v. 10, n. 1, p. 1-26, 2 maio 2021. Disponível em: https://civilistica.emnuvens.com.br/redc/article/view/706/522. Acesso em: 29 maio 2023. p. 3.

concepção dos filhos "havidos por inseminação artificial heteróloga, desde que tenha prévia autorização do marido", como concebidos na constância do casamento

Ademais, atualmente, opera no ordenamento jurídico brasileiro, três critérios para o estabelecimento da parentalidade:

> a) o critério jurídico, previsto no Código Civil, sendo a paternidade presumida nos casos ali previstos, independente da existência ou não de correspondência com a realidade; b) o critério biológico, hoje predominante como antes mencionado, pelo qual prevalece o vínculo biológico e c) o critério socioafetivo, fundamentado nos princípios do melhor interesse da criança e da dignidade da pessoa humana, segundo o qual o pai deve ser aquele que representa tal função, mesmo que não haja o vínculo de sangue. Esse último critério que assume feição evolutiva, embora não tenha ainda recebido o merecido acolhimento pelos tribunais, é o mais condizente com a atual estrutura das entidades familiares, formadas pela comunhão de afetos e reconhecidas pelo Direito como o ambiente adequado de formação do indivíduo e do desenvolvimento de suas plenas potencialidades como ser humano.[24]

Desse modo, independentemente da configuração familiar, o critério a socioafetividade poderá criar o vínculo de parentesco para aqueles que fizeram uso de técnicas de reprodução assistida heteróloga para a consagração de seu planejamento patrimonial. Assim, "[e]mbora o Código Civil considere parentes pessoas que guardam entre si relação de ascendência e/ou descendência, quer na linha reta, quer na colateral, o parentesco não mantém necessariamente correspondência com o vínculo sanguíneo".[25]

Feita esta consideração, ressaltamos que a partir da parentalidade, a relação entre a criança e seus pais passa a gerar efeitos patrimoniais e existenciais. Assim, caso o vínculo biológico fosse o critério mais relevante para a aferição de parentalidade, poder-se-ia pleitear tais efeitos entre a criança e o doador de gametas. Dentre os efeitos temos:

> São efeitos pessoais: a) a criação do vínculo de parentesco na linha reta e na colateral (até o 4º grau), permitindo a adoção do nome da família e gerando impedimentos na órbita civil, como os impedimentos para casamento, e pública, como os impedimentos para assunção de determinados cargos 11 públicos; b) a criação do vínculo de afinidade. Sob o aspecto patrimonial são gerados direitos (deveres) a alimentos e direitos sucessórios.[26]

---

24. BARBOZA, Heloisa Helena, Direito à Identidade Genética. *III Congresso Brasileiro Direito de Família*, 2001, Belo Horizonte. Anais do III Congresso Brasileiro de Direito de Família. Belo Horizonte: IBDFAM, 2001. p. 379-389. Disponível em: https://ibdfam.org.br/_img/congressos/anais/208.pdf. Acesso em: 29 maio 2023. p. 380.
25. BARBOZA, Heloisa Helena, Op. cit., p. 381.
26. BARBOZA, Heloisa Helena. Efeitos Jurídicos do Parentesco Socioafetivo. *VI Congresso Brasileiro de Direito de Família*, 2008, Belo Horizonte. Família e Solidariedade: Teoria e prática do Direito de Família. Rio de Janeiro: Editora Lumen Juris, 2007. p. 221-230. Disponível em: https://ibdfam.org.br/_img/congressos/anais/180.pdf. Acesso em: 29 maio 2023.

Reitera-se que como a doação de gametas tem caráter voluntário e gratuito e o doador do material genético não possui pretensão de ser pai ou mãe, conforme o caso, da criança gerada, tais efeitos não devem prosperar, mesmo que o véu da anonimidade seja retirado. De todo modo, é possível compreender o motivo da anonimidade ter permanecido como pilar das técnicas de reprodução assistida por tanto tempo e ainda ser aplicado no ordenamento jurídico brasileiro. De todo modo, mesmo frente a esses possíveis efeitos jurídicos, não se pode ignorar o melhor interesse da criança, princípio que será desenvolvido no capítulo 3 do presente trabalho. Por isso, cabe ao interprete do direito analisar o ordenamento jurídico com um todo e auxiliar o magistrado na aplicação da lei para que a sua função seja cumprida.[27]

2. O ANONIMATO NA RESOLUÇÃO 2.320/2022 DO CFM E O DEBATE LEGISLATIVO

O Conselho Federal de Medicina foi criado pelo Decreto-lei 7.955/1945 e transformado em autarquia pela Lei 3.268/1957, adquirindo personalidade jurídica de direito público. Conforme o artigo 2º da referida lei, o CFM tem como objetivo supervisionar a ética profissional médica. Considerando que a Lei de Biossegurança e a Lei 9.434/1997, que trata sobre a remoção de órgãos, tecidos e partes do corpo humano para fins de transplante e tratamento, não tecem dispositivos acerca da prática de reprodução humana assistida, o Conselho Federal de Medicina – CFM acaba por regular a matéria, porém, sem força jurídica.

Uma vez que o artigo 22, inciso I, da Constituição Federal da República de 1988 determina que legislar sobre matéria de direito civil é competência privativa da União, as normas proferidas pelo Conselho Federal de Medicina não possuem caráter jurídico, sendo apenas uma norma deontológica. Em que pese as resoluções editadas pelo Conselho sejam normas éticas, nos termos dos artigos 2º e 21, ambos da Lei 3.268/1957, caso o profissional submetido às regras da autarquia atue de maneira contrária aos seus ditames, esta, no âmbito do seu poder disciplinar, poderá aplicar as penas disciplinares cabíveis.

Com fim de evitar tais punições, a maioria dos profissionais da saúde se recusam a agir de modo contrário aos ditames preconizados na norma moral. Por isso, àqueles que se submetem às práticas de reprodução humana assistida,

---

27. Conforme os ensinamentos de Pietro Perlingieri, "toda questão jurídica apresenta-se sempre como o momento de conexão entre o ordenamento, que é um dado, e a atividade interpretativa, a qual, em função dos fatos concretos, tende a conhece-lo e a aplica-lo; isso pressupõe que "o problema" não possa ser considerado fora do "sistema" e o sistema, renovando-se sempre, não possa ser construído tão-somente em função resolutiva do problema". PERLINGIERI, Pietro. *Perfis do Direito Civil*. 3. ed. rev. ampl. Rio de Janeiro: Renovar, 2002, p. 26.

caso queiram afastar alguma das suas disposições, necessitam acionar o poder judiciário para afastar eventual penalidade disciplinar que poderia ser aplicada na sua equipe médica pelo descumprimento das resoluções da autarquia.

Especificamente sobre as técnicas de reprodução humana assistida, o Conselho Federal de Medicina editou a primeira norma deontológica sobre o assunto na década de 90 com a Resolução 1.358/1992, que trazia em seus itens 2 e 3, do Capítulo IV,[28] o princípio do anonimato do doador de material genético. Esta resolução sofreu diversas modificações ao longo dos anos, porém até a versão promulgada em 2021, o CFM somente permitia a mitigação do princípio por motivação médica. Além disso, a informação do doador só poderia ser fornecida exclusivamente para os médicos que as requisitavam para proferir diagnóstico ou auxiliar no tratamento da pessoa fruto da técnica.

Ocorre que, assim como o direito de conhecer as origens biológicas foi ganhando relevância no arcabouço jurídico brasileiro, diversos foram os processos judiciais instaurados para o afastamento do sigilo devido ao desejo de conhecidos doarem seus gametas para consagrar o planejamento familiar. Assim, além dos direitos conferidos à criança fruto da técnica, os quais abordaremos com maior afinco no próximo capítulo, o direito constitucional ao planejamento familiar e o princípio da autonomia privada viraram argumento para a flexibilização via judiciário.

Diversos foram os processos que solicitaram o afastamento da regra do Conselho Federal de Medicina devido o voluntariado de doares de gametas com parentesco até o 4º grau. O Acórdão do Tribunal Regional Federal da 4ª Região, de relatoria do Juiz Federal Marcos Josegrei da Silva, julgado em 24.06.2020, expõe os principais argumentos levantados pela doutrina e pela jurisprudência para esse cenário específico, vejamos:

> Processo julgado nos termos do art. 942 do CPC. Processual civil. Constitucional. Administrativo. Mandado de segurança. Fins declaratórios. Viabilidade. Interesse dos impetrantes. Doação de óvulos entre irmãs. Ausência de vedação legal. Procedimento. Profissionais envolvidos. – Consoante precedentes desta Corte e das Cortes Superiores, mandado de segurança pode ser utilizado para fins declaratórios. – No caso o que os impetrantes buscam, em última análise, é, tutelando interesse próprio, o afastamento da norma infralegal restritiva, haja vista as peculiaridades do caso concreto, para que possam ser viabilizados os procedimentos relativos à fertilização com os óvulos doados in vitro pela terceira demandante à primeira (são irmãs), o que necessariamente envolve pretensão de obstar sanções disciplinares em relação aos profissionais de saúde que venham a atuar nos citados procedimentos. – Sendo inequívoca a existência de Resolução emanada do Conselho Federal de Medicina, que em tese veda a possibilidade de doação, conquanto nos termos do artigo 18 do CPC não se possa pleitear direito alheio em nome próprio, inquestionáveis o interesse e a legitimidade dos

---

28. Conforme nota de rodapé 22.

impetrantes para postular em juízo (artigo 17 do CPC). – Presentes o interesse e legitimidade, pois o procedimento que buscam em rigor será realizado em seu proveito, não lhes pode ser tolhida a busca da via judicial. Isso porque não podem depender de consentimento de possíveis litisconsortes ativos que, por sinal, sequer são conhecidos, visto que não se sabe se os procedimentos realmente serão realizados e, em caso positivo, quais os profissionais que neles atuarão. – Tanto a Constituição Federal (artigo 226, § 7º) como o Código Civil (artigo 1.565, § 2º), estatuem que observados os princípios da dignidade da pessoa humana e da paternidade/maternidade responsável, o planejamento familiar deve ser feito mediante livre decisão do casal, competindo ao Estado propiciar recursos educacionais e científicos para o exercício desse direito. – Ainda que Resolução 2168/2017 do CFM estabeleça que a doação de óvulos deve ser realizada por pessoa desconhecida da receptora, a aplicação irrestrita da regra fere a liberdade individual. É evidente que se deve proteger o anonimato do doador no caso de pessoas desconhecidas, sendo razoável a manutenção do anonimato, até considerando os vínculos familiares que se estabelecem, e as consequências do eventual conhecimento da identidade do doador, a recomendar o sigilo. Todavia, situações diferenciadas devem ser examinadas de acordo com as suas particularidades. Conquanto a Lei 9.334/1997 (que dispõe sobre a remoção de órgãos, tecidos e partes do corpo humano para fins de transplante e tratamento e dá outras providências), por expressa determinação de seu artigo 1º, parágrafo único, não se aplique às hipóteses de disposição de esperma e óvulo, certamente a ratio que inspira seu artigo 9º segue o princípio de que a disposição voluntária e gratuita de partes do próprio corpo (assim consideradas), em lato sensu especial no caso de parentes, desde que observados limites, inclusive os determinados pela ética, não ofende a ordem jurídica a hipótese. Ademais, tratada nos autos também não encontra óbice na Lei da Biossegurança (Lei 11.105/2005), pelo que deve prevalecer a regra geral de que não se pode impedir a prática, pois não há norma que a vede (artigo 5º, II da CF), não se vislumbrando fundamento de índole legal ou constitucional a desautorizar, ainda que reflexamente, a pretensão no caso concreto.[29]*

Outro caso interessante que permitiu o afastamento do sigilo foi o decidido pela 2º Vara Cível Federal de São Paulo, julgado em 18.05.2022, em que os autores pleitearam a possibilidade de um amigo íntimo do casal doar o material genético para a utilização do método R.O.P.A (recepção dos óvulos da parceira), devido aos entraves existentes para a testagem dos óvulos de doadores desconhecidos para determinadas doenças. Isto porque, existia um histórico familiar de hemocromatose[30] e, sem a devida testagem do material genético, tal moléstia poderia ser adquirida pela futura criança, sendo um risco agravado a utilização de gametas de doadores desconhecidos.

O tribunal decidiu pelo provimento do pedido da parte autora, fundamentando a decisão nos seguintes argumentos:

---

29. TRF4, Apelação 5000913-30.2019.4.04.7000. Rel. Marcos Josegrei da Silva Data de Julgamento: 24.06.2020, 4ª Turma, Data de Publicação: 26.06.2020.
30. Distúrbio hereditário que faz o corpo absorver ferro demais e produzir acúmulos de ferro no corpo que danificam os órgãos. Definição disponível em: https://www.msdmanuals.com/pt/casa/dist%C3%BArbios-do-sangue/sobrecarga-de-ferro/hemocromatose.

Primeiramente, há que se ressaltar que inexiste lei que regule especificamente a hipótese prevista nesta demanda, ou seja, não há proibição legal para a realização do procedimento pretendido pelas autoras.

(...)

Assim, afigura-se inconstitucional a proibição por doador conhecido (especialmente em cotejo com a autorização de doação por parentes consanguíneos de até quarto grau desde que não implique em consanguinidade), por violar o princípio da legalidade.

(...)

Desta forma, considerando-se a inexistência de óbices legais e a plena capacidade das partes envolvidas, entendo estar presente a verossimilhança das alegações".[31]

Observa-se assim que a garantia de sigilo, prevista na Resolução, do Conselho Federal de Medicina, almeja proteger o doador e evitar-lhe futuras consequências pessoais, familiares ou jurídicas. Contudo, não há vedação legal ao levantamento da regra do sigilo na doação de óvulos, de modo que se a parte doadora e a parte receptora, concordam com o afastamento de tal proteção, a norma moral poderá ser afastada pelo poder judiciário brasileiro.

Considerando a quantidade de ações ajuizadas com o propósito de flexibilizar o véu da anonimidade do doador de gametas e a semelhança entre os casos, indicando uma consolidação jurisprudencial acerca da matéria, o Conselho Federal de Medicina alterou o seu posicionamento acerca do princípio do anonimato do doador de gametas a partir da Resolução 2.294, de 2021. A partir desta Resolução, os itens 2 e 4 do Capítulo IV ganharam a seguinte redação:

2. Os doadores não devem conhecer a identidade dos receptores e vice-versa, exceto na doação de gametas para parentesco de até 4º (quarto) grau, de um dos receptores (primeiro grau – pais/filhos; segundo grau – avós/irmãos; terceiro grau – tios/sobrinhos; quarto grau – primos), desde que não incorra em consanguinidade.

4. Será mantido, obrigatoriamente, sigilo sobre a identidade dos doadores de gametas e embriões, bem como dos receptores, com ressalva do item 2 do Capítulo IV. Em situações especiais, informações sobre os doadores, por motivação médica, podem ser fornecidas exclusivamente para os médicos, resguardando a identidade civil do(a) doador(a).[32]

---

31. IBDFAM. Justiça afasta obrigatoriedad d doador anônimo e autoriza fertilização in vitro com flexibilização da resolução do CFM. Disponível em: https://ibdfam.org.br/noticias/9703/Justi%C3%A7a+afasta+obrigatoriedade+do+doador+an%C3%B4nimo+e+autoriza+fertiliza%C3%A7%C3%A3o+in+-vitro+com+flexibiliza%C3%A7%C3%A3o+de+resolu%C3%A7%C3%A3o+do+CFM. Acesso em: 29 maio 2023.
32. CONSELHO FEDERAL DE MEDICINA. Resolução 2.294/2021. Adota as normas éticas para a utilização das técnicas de reprodução assistida – sempre em defesa do aperfeiçoamento das práticas e da observância aos princípios éticos e bioéticos que ajudam a trazer maior segurança e eficácia a tratamentos e procedimentos médicos, tornando-se o dispositivo deontológico a ser seguido pelos médicos brasileiros e revogando a Resolução CFM 2.168, publicada no D.O.U. de 10 de novembro de 2017, Seção I, p. 73.

Desse modo, o princípio do anonimato permaneceu como regra deontológica no ordenamento jurídico brasileiro, porém, conforme exposição da justificativa da norma,[33] o Conselho passou a permitir a doação entre conhecidos, desde que seja entre parentes até o quarto grau de parentesco e que não incorra em consanguinidade. A norma atualmente em vigor, a Resolução 2.320/2022 manteve a redação do artigo, assim como a sua justificativa.[34]

À vista disso, hodiernamente existem dois cenários que autorizam os profissionais da saúde a removerem o véu do anonimato do doador de gametas, sem a necessidade de intervenção judicial: (i) na hipótese de ser necessário obter informações acerca do doador devido à motivos médicos; e (ii) caso o doador do material genético seja parente do receptor até o quarto grau de parentesco, desde que não ocorra em consanguinidade. Não obstante, veremos uma terceira hipótese, voltada ao direito da criança de conhecer sua identidade genética e outros argumentos que podem servir de fundamento para afastar o princípio judicialmente, os quais abordaremos no próximo capítulo.

Importante ressaltar que, por mais que o ordenamento jurídico brasileiro não tenha em seu arcabouço jurídico normas positivadas acerca do princípio, 06 (seis) projetos de lei já foram propostos pelo Poder Legislativo para regular a matéria. O primeiro deles é de n. 2.855/1997, da Câmara dos Deputados, de autoria do Deputado Confúcio Mouta. Este projeto trazia no seu artigo 9º, *caput* e parágrafo único, o princípio do anonimato. Assim, somente seria permitida a quebra do sigilo em caso de motivação médica, podendo ser fornecida informações exclusivamente para a equipe responsável do caso.[35] O projeto foi arquivado em 2003, sem aprovação.

Disponível em: https://sistemas.cfm.org.br/normas/visualizar/resolucoes/BR/2021/2294. Acesso em: 29 maio 2023.
33. "Levando em consideração o número significativo de decisões judiciais a favor da doação de gametas entre parentes, a Resolução mantém a determinação de anonimato entre doador e receptor, exceto em doação de gametas para parentesco de até quarto grau, desde que não incorra em consanguinidade". CONSELHO FEDERAL DE MEDICINA. Resolução 2.294/2021, Ibidem, p. 7.
34. CONSELHO FEDERAL DE MEDICINA. Resolução 2.320/2022. Adota as normas éticas para a utilização das técnicas de reprodução assistida – sempre em defesa do aperfeiçoamento das práticas e da observância aos princípios éticos e bioéticos que ajudam a trazer maior segurança e eficácia a tratamentos e procedimentos médicos, tornando-se o dispositivo deontológico a ser seguido pelos médicos brasileiros e revogando a Resolução CFM 2.294, publicada no Diário Oficial da União de 15 de junho de 2021, Seção I, p. 60. Disponível em: https://sistemas.cfm.org.br/normas/visualizar/resolucoes/BR/2022/2320. Acesso em: 29 maio 2023.
35. BRASIL. Projeto de Lei (PL) n 2855/1997. Dispõe sobre a utilização de técnicas de reprodução humana assistida e dá outras providências. Disponível em: https://www.congressonacional.leg.br/materias/materias-bicamerais/-/ver/pl-2855-1997?_gl=1*199mtjm*_ga*OTExMjkwOTUzLjE2MzEzOTQ2NjQ.*_ga_2TJV0B8LD3*MTY4NTE1OTU5NC4xLjAuMTY4NTE1OTU5Ni4wLjAuMA. Acesso em: 29 maio 2023.

O segundo é o PL 90/1999, de iniciativa do Senado, pelo Senador Lúcio Alcântara, aprovado pela casa em 13.05.2005. Na Câmara dos Deputados o projeto recebeu o número 1.184/2003 e a ele foram apensados os projetos de n. 1.135/2003, de autoria do Deputado Dr. Pinotti; o de n. 4.892/2012, de autoria do Deputado Eleuses Paiva; e o de n. 3.977/2012, de autoria do Deputado Lael Varella. Todos eles,[36] salvo o PL do Deputado Lael Varella que tinha como objetivo regrar a técnica para pessoas portadoras de câncer, pregam ao longo do texto legislativo o princípio do anonimato do doador de gametas.

Todavia, o PL principal incorporou a hipótese de flexibilização na hipótese do exercício do direito ao conhecimento da origem genética. Por fim, temos o Projeto de Lei 2.596/2022, de autoria do Deputado Capitão Alberto Neto, que também

---

36. Art. 8º Os serviços de saúde que praticam a Reprodução Assistida estarão obrigados a zelar pelo sigilo da doação, impedindo que doadores e beneficiários venham a conhecer reciprocamente suas identidades, e pelo sigilo absoluto das informações sobre a pessoa nascida por processo de Reprodução Assistida. Art. 9º O sigilo estabelecido no art. 8º poderá ser quebrado nos casos autorizados nesta Lei, obrigando-se o serviço de saúde responsável pelo emprego da Reprodução Assistida a fornecer as informações solicitadas, mantido o segredo profissional e, quando possível, o anonimato. § 1º A pessoa nascida por processo de Reprodução Assistida terá acesso, a qualquer tempo, diretamente ou por meio de representante legal, e desde que manifeste sua vontade, livre, consciente e esclarecida, a todas as informações sobre o processo que o gerou, inclusive à identidade civil do doador, obrigando-se o serviço de saúde responsável a fornecer as informações solicitadas, mantidos os segredos profissional e de justiça. § 2º Quando razões médicas ou jurídicas indicarem ser necessário, para a vida ou a saúde da pessoa gerada por processo de Reprodução Assistida, ou para oposição de 5 impedimento do casamento, obter informações genéticas relativas ao doador, essas deverão ser fornecidas ao médico solicitante, que guardará o devido segredo profissional, ou ao oficial do registro civil ou a quem presidir a celebração do casamento, que notificará os nubentes e procederá na forma da legislação civil. § 3º No caso de motivação médica, autorizado no § 2º, resguardar-se-á a identidade civil do doador mesmo que o médico venha a entrevistá-lo para obter maiores informações sobre sua saúde. (BRASIL. Projeto de Lei do Senado (PLS) n 90/1999. Dispõe sobre a reprodução assistida. Disponível em: https://www.congressonacional.leg.br/materias/materias-bicamerais/-/ver/pls-90-1999. Acesso em: 29 maio 2023). Art. 11. A doação de gametas ou pré-embriões obedecerá às seguintes condições: I – nunca terá caráter lucrativo ou comercial; II – os doadores não devem conhecer a identidade dos receptores e vice-versa. § 1º Será mantido, obrigatoriamente, o sigilo sobre a identidade dos doadores de gametas e pré-embriões, assim como dos receptores. § 2º Em situações especiais, as informações sobre doadores, por motivação médica, podem ser fornecidas exclusivamente para médicos, resguardando-se a identidade civil do doador. (BRASIL. Projeto de Lei (PL) 1.135/2003. Dispõe sobre a reprodução assistida. Disponível em: https://www.congressonacional.leg.br/materias/materias-bicamerais/-/ver/pl-1135-2003?_gl=1*j4qhcl*_ga*OTExMjkwOTUzLjE2MzEzOTQ2NjQ.*_ga_2TJV0B8LD3*MTY4NTE1OTU5NC4xLjAuMTY4NTE1OTU5Ni4wLjAuMA. Último acesso em: 29.05.2023). Art. 13. Todas as informações relativas a doadores e receptores devem ser coletadas, tratadas e guardadas no mais estrito sigilo, não podendo ser facilitada, nem divulgada informação que permita a identificação civil do doador ou receptor. (BRASIL. Projeto de Lei (PL) n 1.135/2003. Institui o Estatuto da Reprodução Assistida, para regular a aplicação e utilização das técnicas de reprodução humana assistida e seus efeitos no âmbito das relações civis sociais. Disponível em: https://www.congressonacional.leg.br/materias/materias-bicamerais/-/ver/pl-4892-2012?_gl=1*j4qhcl*_ga*OTExMjkwOTUzLjE2MzEzOTQ2NjQ.*_ga_2TJV0B8LD3*MTY4NTE1OTU5NC4xLjAuMTY4NTE1OTU5Ni4wLjAuMA. Acesso em: 29 maio 2023).

preconizava o sigilo, mas foi retirado pelo autor em outubro de 2022.[37] Assim, os projetos de lei em trâmite indicam o princípio do anonimato como regra, mas incorporam as matérias praticamente consolidadas pelos tribunais brasileiros.

3. A FLEXIBILIZAÇÃO DO ANONIMATO

Visto o posicionamento internacional e nacional acerca do princípio do anonimato, passamos a analisar os argumentos que podem ocasionar o afastamento da regra. Além do afastamento do sigilo em casos médicos, amplamente aceito pela maioria dos países, inclusive o Brasil, outros cenários e novos direitos viraram fundamento para tanto. Ao longo do presente capítulo abordaremos os argumentos de direito que caminham em conjunto com o do caráter deontológico da Resolução do CFM – desenvolvido no capítulo 1 –, sendo eles (i) princípio do melhor interesse da criança; (ii) direito de conhecer a origem genética; e (iii) princípio da autonomia privada.

Inicialmente, o debate acerca do anonimato do doador era voltado para o doador e o receptor dos gametas, pouco se falava sobre os direitos da criança. O foco era na consagração do planejamento familiar dos receptores e no altruísmo do doador, que não tinha interesse na constituição de uma família, mas somente em ajudar o próximo a alcançar tal objetivo. Por isso, o sigilo não foi questionado por um longo período da história brasileira.

Posteriormente, tivemos um deslocamento do centro de interesse do polo doador-receptor para a criança fruto da prática. Antes, esta era representada como o resultado de um procedimento, agora é vista como uma criança inserida numa rede de relacionamentos que possui direitos acerca das informações sobre a sua concepção. Nos recorda Paulo Luiz Netto Lôbo que

> [...] além do mandamento constitucional de absoluta prioridade dos direitos da criança e do adolescente (art. 227), a Convenção Internacional dos Direitos da Criança, da ONU, de 1989, passou a integrar o direito interno brasileiro desde 1990. O art. 3.1 da Convenção estabelece que todas as ações relativas aos menores devem considerar, primordialmente, "o interesse maior da criança", abrangente do que a lei brasileira (ECA) considera adolescente. Por força da

---

37. Art. 7º Será atribuída aos beneficiários a condição de paternidade plena da criança nascida mediante o emprego de técnica de fertilização in vitro, nos termos previstos no art. 1.597 da Lei 10.406, de 10 de janeiro de 2002 (Código Civil). § 1º A morte dos beneficiários não restabelece o poder parental dos pais biológicos. § 2º A pessoa nascida pelo processo de fertilização in vitro e o doador terão acesso aos registros do serviço de saúde, a qualquer tempo, para obter informações para transplante de órgãos ou tecidos, garantido o segredo profissional e, sempre que possível, o anonimato. § 3º O acesso mencionado no § 2º estender-se-á até os parentes de 2º grau do doador e da pessoa nascida pelo processo de fertilização in vitro. BRASIL. Projeto de Lei (PL) 2.596/2022. Regulamenta o uso da técnica de fertilização in vitro. Disponível em: https://www.congressonacional.leg.br/materias/materias-bicamerais/-/ver/pl-2596-2022?_gl=1*j4qhcl*_ga*OTExMjkwOTUzLjE2MzEzOTQ2NjQ.*_ga_2TJV0B8LD3*M-TY4NTE1OTU5NC4xLjAuMTY4NTE1OTU5Ni4wLjAuMA. Último acesso em: 29.05.2023.

convenção deve ser garantida uma ampla proteção ao menor, constituindo a conclusão de esforços, em escala mundial, no sentido de fortalecimento de sua situação jurídica.[38]

O princípio do melhor interesse da criança deve ser adotado, portanto, pela família, pela sociedade e pelo Estado. Continua o autor afirmando que o "desafio é converter a população infantojuvenil em sujeitos de direito, 'deixar de ser tratada como objeto passivo, passando a ser, como os adultos, titular de direitos juridicamente protegidos'".[39] Além da previsão constitucional, o princípio está consagrado nos arts. 4º e 6º da Lei 8.069/1990 (Estatuto da Criança e do Adolescente – ECA).[40] Tal princípio, nas palavras de Heloisa Helena Barboza, Vitor Almeida e Thays Itaborahy Martins, foi intensificado pela proteção integral da criança e do adolescente, podendo ser caracterizado como:

> Os direitos da criança e do adolescente estabelecidos em sede constitucional (art. 227 da CR) como dever da família, da sociedade e do Estado, assegurar-lhes, com absoluta prioridade, o direito à vida, à saúde, à alimentação, à educação, ao lazer, à profissionalização, à cultura, à dignidade, ao respeito, à liberdade e à convivência familiar e comunitária, além de colocá-los a salvo de toda forma de negligência, discriminação, exploração, violência, crueldade e opressão. Os arts. 4º e 5º, do ECA, com ligeiras alterações de redação, repetem a fórmula constitucional.[41]

---

38. LÔBO, Paulo Luiz Netto. *Direito ao estado de filiação e direito à origem genética*: uma distinção necessária. Disponível em: https://ibdfam.org.br/artigos/126/Direito+ao+estado+de+filia%C3%A7%C3%A3o+e+direito+%C3%A0+origem+gen%C3%A9tica%3A+uma+distin%C3%A7%C3%A3o+necess%C3%A1ria. Acesso em: 29 maio 2023.
39. LÔBO, Paulo Luiz Netto. Ibidem.
40. Art. 4º É dever da família, da comunidade, da sociedade em geral e do poder público assegurar, com absoluta prioridade, a efetivação dos direitos referentes à vida, à saúde, à alimentação, à educação, ao esporte, ao lazer, à profissionalização, à cultura, à dignidade, ao respeito, à liberdade e à convivência familiar e comunitária.
    Parágrafo único. A garantia de prioridade compreende:
    a) primazia de receber proteção e socorro em quaisquer circunstâncias;
    b) precedência de atendimento nos serviços públicos ou de relevância pública;
    c) preferência na formulação e na execução das políticas sociais públicas;
    d) destinação privilegiada de recursos públicos nas áreas relacionadas com a proteção à infância e à juventude.
    Art. 6º Na interpretação desta Lei levar-se-ão em conta os fins sociais a que ela se dirige, as exigências do bem comum, os direitos e deveres individuais e coletivos, e a condição peculiar da criança e do adolescente como pessoas em desenvolvimento.
41. Os autores continuam afirmando que "A garantia constitucional de absoluta prioridade apresenta dessa forma feição de ponderação já efetuada pelo legislador constituinte, que faz prevalecer em caso de colisão, em princípio, os interesses da criança e do adolescente, chegando o Estatuto a enumerar os casos em que se deve observar tal prioridade, que atinge políticas públicas em geral, a saber: (a) primazia de receber proteção e socorro em quaisquer circunstâncias; (b) precedência de atendimento nos serviços públicos ou de relevância pública; (c) preferência na formulação e na execução das políticas sociais públicas; (d) destinação privilegiada de recursos públicos nas áreas relacionadas com a proteção à infância e à juventude (art. 4º, par. único, do ECA)". (BARBOZA, Heloísa Helena; ALMEIDA, Vitor; MARTINS, Thays Itaborahy. Contornos jurídicos do apadrinhamento no direito brasileiro: considerações à luz do melhor interesse de crianças e adolescentes. *RJLB – Revista Jurídica Luso-Brasileira*, v. 06, p. 855-896, 2020. Disponível em: https://www.cidp.pt/revistas/rjlb/2020/3/2020_03_0855_0896.pdf).

Assim, a doutrina da proteção integral, além de ratificar o princípio do melhor interesse da criança, determina que a não observância das diretrizes do ECA viola os direitos fundamentais da criança e do adolescente. Neste diapasão, quando o judiciário é posto de frente com necessidade de ponderar entre o princípio do anonimato do doador e o princípio do melhor interesse da criança, poucas serão as hipóteses em que aquele prevalecerá.

Hodiernamente nos deparamos com diversas notícias e documentários[42] sobre a matéria a partir da perspectiva da criança concebida pelos métodos de reprodução humana assistida heteróloga. Em grande parte, esta criança pode sonhar conhecer a quem pertence o seu material biológico, e a origem de certas características e, até mesmo o seu jeito de ser, podendo se sentir incompleta diante dessa insegurança e incerteza que paira em sua vida", sendo diversos os motivos que a levam a esse desejo, como, por exemplo: por necessidade psicológica, para conhecimento de impedimentos matrimoniais e para preservação da vida e da saúde.

Nas palavras de Guilherme Calmon Nogueira da Gama:

> A questão não é tão simples como a princípio transparece, considerando que a pessoa concebida por inseminação artificial heteróloga (com o doador anônimo, portanto) poderá vir a se unir sexualmente, no futuro, justamente, ao seu pai ou mãe biológica, criando a possibilidade da geração de seres com mazelas biológicas resultante de tal união. Também será viável a união entre a pessoa fruto de técnica de reprodução assistida e outra, que, apesar de ignorarem, têm laços sanguíneos, como os "irmãos" biológicos ou genéticos.[43]

As técnicas de reprodução humana assistida não possuem regramento legal, apenas a norma deontológica do CFM e os projetos de lei em tramitação. Por isso, autores como Sérgio Martinez e Everson Silva afirmam que enquanto ausente a legislação, cumpre interpretarmos o direito ao conhecimento da origem genética de forma análoga ao que foi construído para a adoção no ECA.[44] De acordo com o artigo 48 do ECA, "[o] adotado tem direito de conhecer sua origem biológica, bem como de obter acesso irrestrito ao processo no qual a medida foi aplicada e seus eventuais incidentes, após completar 18 (dezoito) anos". Tendo em vista que assim como na doação, na reprodução humana assistida a constituição do

---

42. Sugerimos que o leitor veja o documentário "Pai Nosso" ("Our Father", em inglês). Direção: Lucie Jourdan; Data de Lançamento: 11.05.2022. Assistido em 01.03.2023. Produção: Michael Petrella; Jason Blum. Netflix.
43. GAMA, Guilherme Calmon Nogueira da. *Direito de família brasileiro*: introdução – abordagem sob a perspectiva civil-constitucional. São Paulo: Juarez de Oliveira, 2001 p. 532.
44. MARTINEZ, Sérgio Rodrigo; SILVA, Everson Alexandre. O direito de acesso à origem genética no caso de concepção por reprodução humana assistida. Disponível em: https://www.eumed.net/rev/cccss/2016/03/concepcion.html. Acesso em: 29 maio 2023.

vínculo familiar é socioafetivo,[45] não sendo estabelecido o vínculo familiar com os doadores do material germinativo, o direito à origem genética deve ser garantido para as crianças fruto da técnica.[46]

Recordamos que o conhecimento da herança genética faz parte da constituição da identidade da pessoa. "[E]nquanto relacionado à integridade física-psíquica da pessoa, o direito a identidade genética insere-se nos direitos de personalidades, tendo em vista que esses são "aqueles que tem por objeto os atributos físicos, psíquicos e morais da pessoa em si e em suas projeções sociais", segundo leciona STOLZE".[47] Importante ressaltar ainda que, o processo judicial para a investigação da origem genética não se confunde com a ação de paternidade, uma vez que esta tem como objetivo conferir todos os efeitos jurídicos patrimoniais e existenciais entre as partes.

Nos lembra Paulo Lôbo que o objeto da tutela do direito ao conhecimento da origem genética é assegurar o direito da personalidade. Por isso, o magistrado não deve atribuir paternidade a alguém que não almejava tal responsabilidade no momento da doação do material biológico.[48] Seguindo o mesmo posicionamento, temos, Cristiano Chaves de Farias, Felipe Braga Netto e Nelson Rosenvald que afirmam que não se pode reconhecer quaisquer direitos decorrentes de relação de parentesco.[49] Guilherme Calmon, corroborando com tal posicionamento, entende que no que tange aos pais biológicos, os efeitos jurídicos devem ocorrer apenas para impor restrições, como: impedimento matrimonial, impossibilidade de adoção do próprio filho biológico, proibição de reconhecimento voluntário ou mesmo forçado para fins de criação de direitos ou deveres.[50]

---

45. Chamamos atenção ao leitor ao Enunciado 111 do CJF: Art. 1.626. A adoção e a reprodução assistida heteróloga atribuem a condição de filho ao adotado e à criança resultante de técnica conceptiva heteróloga; porém, enquanto na adoção haverá o desligamento dos vínculos entre o adotado e seus parentes consanguíneos, na reprodução assistida heteróloga sequer será estabelecido o vínculo de parentesco entre a criança e o doador do material fecundante.
46. Em 2011, o Supremo Tribunal Federal, no julgamento do Recurso Extraordinário 363.889/DF, reconheceu o direito identidade genética, inclusive com status fundamental, ao flexibilizar a coisa julgada de ação de investigação de paternidade que não teve exame de DNA realizado.
47. ARAÚJO, Luciana Alessandra Nunes de; ARAÚJO NETO, Henrique Batista de. Reprodução assistida heteróloga: o anonimato do doador de gametas e o direito a identidade genética. Disponível em: https://ibdfam.org.br/artigos/1046/Reprodu%C3%A7%C3%A3o+assistida+heter%C3%B3loga:+o+anonimato+do+doador+de+gametas+e+o+direito+a+identidade+gen%C3%A9tica. Acesso em: 29 maio 2023.
48. LÔBO, Paulo. A repersonalização das relações de família. *Jus Navigandi*, Teresina, ano 9, n. 307, 10 maio 2004. Disponível em: http://jus.com.br/artigos/5201. Acesso em: 29 maio 2023.
49. FARIAS, Cristiano Chaves de; BRAGA NETTO, Felipe; ROSENVALD, Nelson. *Manual de direito civil*. 4. ed. rev. ampl. e atual. Salvador: Ed. JusPodivm, 2019. p. 1876.
50. GAMA, Guilherme Calmon Nogueira da. *Filiação e reprodução assistida*: introdução ao tema sob a perspectiva do direito comparado. RT 776/68, p. 72-73.

Desse modo, o direito ao conhecimento a origem genética não é uma investigação de paternidade e tampouco deve ser reconhecido tal efeito em sede judicial, o primeiro é um direito de personalidade, o qual não gera estado de filiação, tendo em vista que este não mais é unicamente estabelecido em razão da origem biológica. Ademais, as informações devem ser concedidas somente a pessoa gerada e em segredo de justiça. Assim, o direito a origem genética também tem o condão de afastar o princípio do anonimato do doador.

Com fim de tecer breves comentários sobre a hipótese de afastamento do princípio desde o momento da concepção, ou seja, no momento de escolha do doador do material genético, podemos fazer uso do princípio da autonomia privada e da liberdade de contratar. Com a promulgação da Constituição Federal de 1988, passou a ser aplicada a mínima intervenção estatal nas relações familiares, privilegiando o instituto da autonomia privada na instituição familiar. O instituto que antes era valorizado apenas na seara patrimonial, passou a ser também reconhecido na seara existencial.[51] Assim, os lares contemporâneos, como ambientes propícios ao livre desenvolvimento da personalidade do indivíduo, devem ter suas regras ditadas pelos seus próprios integrantes, e não pela vontade do Estado.

A partir do cenário exposto, retomamos o caso decidido pelo TRF4, explicitado no capítulo anterior do presente artigo. Nele, as partes não possuíam relação familiar que permitisse a doação sem a intervenção judicial, todavia, era nítido que além do direito ao planejamento familiar, a autonomia privada deveria ser aplicada ao caso. Se ambas as partes, receptor e doador, são plenamente capazes; o ato não configurar uma compra e venda de material biológico e sim uma doação, configurando o objeto lícito; e a transação for feita em forma não defesa em lei, todos os requisitos de validade previstos no artigo 104 do Código Civil vigente estarão preenchidos e, portanto, não caberia a uma norma moral afastar a vontade das partes.

Recordamos que os argumentos para o anonimato são mais voltados para a proteção do doador, de modo a proteger este de eventuais efeitos patrimoniais e existenciais não almejados; porém também integra uma esfera de proteção da criança fruto da técnica, uma vez que a descoberta pode afetá-la psicologicamente. O receio de diminuir o banco de doadores de gametas ou de implodir o judici-

---

51. Recorda-nos Carlos Nelson Konder e Ana Carolina Brochado que: "Diante da complexidade das relações sociais e do ordenamento jurídico, que busca não apenas jurisdicizar hipóteses do mundo da vida, mas também interferir na vida quotidiana com a finalidade de emancipar as pessoas, na esteira da personalização do direito civil, transformou-se o modo de analisar o Direito, que não se prende mais apenas na relação jurídica abstrata, mas que busca analisar o fato inserido na norma, o reconhecimento normativo ante a realidade, o que denominamos de situação jurídica subjetiva, que pressupõe o diálogo entre fato e norma, para além da tríade sujeito, objeto e liame". TEIXEIRA, Ana Carolina Brochado; KONDER, Carlos Nelson. Op. cit., p. 158.

ário com ações de reconhecimento de paternidade, de imediato, não possuem peso maior que os argumentos aqui destrinchados. É notório que a depender do caso concreto, o princípio poderá prevalecer; porém, não podemos ignorar que existirão situações em que tal princípio deverá ser relevado para garantir o cumprimento de outros direitos e princípios.[52]

CONSIDERAÇÕES FINAIS

É função do intérprete do direito desvendar a função dos institutos jurídicos para a correta aplicação da norma.[53] É certo que o desenvolvimento histórico e social da sociedade também influência a interpretação de tais conceitos e acaba por adquirir novos significados e operar diferentes funções. Nas palavras de Hespanha:

> [...] não há valores permanentes, sendo a justiça ou injustiça das situações produto de avaliações (leituras) "locais" ou "contextuais". Não há um progresso histórico, fluindo a história em geral (e a história jurídica, em particular) segundo um percurso marcado pelo arbitrário das rupturas. Nem, em rigor, há um conhecimento "verdadeiro" do passado, pois a história é uma permanente construção e reconstrução dos seus objectos pelo olhar do historiador.[54]

A partir desse pressuposto, vimos que a função do princípio do anonimato do doador de gametas é proteger a privacidade das partes, prevenindo eventual estabelecimento de parentesco entre o doador e a criança fruto da técnica de reprodução assistida, com base no vínculo genético. Assim, a relação entre o doador e a criança não implicará em efeitos patrimoniais e existenciais, salvo a restrição matrimonial, que nos recorda o Guilherme Calmon. Na perspectiva da criança gerada a partir do procedimento, o objetivo do sigilo é evitar eventuais efeitos psicológicos e atritos familiares com a descoberta da prática.

---

52. O magistrado deverá aplicar as técnicas de ponderação que "consiste, portanto, em uma técnica de decisão jurídica aplicável a casos difíceis, em uma relação aos quais a subsunção se mostrou insuficiente, especialmente quando uma situação concreta dá ensejo à aplicação de normas de mesma hierarquia que indicam soluções diferenciadas. A estrutura interna do raciocínio ponderativo ainda não é bem conhecida, embora esteja sempre associada às noções difusas de balanceamento e sopesamento de interesses, bens, valores ou normas. A importância que o tema ganhou no dia a dia da atividade jurisdicional, entretanto, tem levado a doutrina estudá-lo mais cuidadosamente." BARROSO, Luís Roberto. *Interpretação e Aplicação da Constituição*: fundamentos de uma dogmática constitucional transformadora. 7. ed. rev. São Paulo: Saraiva, 2009. p. 360.
53. Conforme os ensinamentos de Pietro Perlingieri, "[a] complexidade do ordenamento, no momento de sua efetiva realização, isto é, no momento hermenêutico voltado a se realizar como ordenamento do caso concreto, só pode resultar unitária: um conjunto de princípios e regras individualizadas pelo juiz que, na totalidade do sistema sócio normativo, devidamente dispõe aplicar" (PERLINGIERI, Pietro. *O direito civil na legalidade constitucional*. Trad. Maria Cristina de Cicco. Rio de Janeiro: Renovar, 2008, p. 200).
54. HESPANHA, António Manuel. *Cultura Jurídica Europeia*: Síntese de um Milênio. Florianópolis: Fundação Boiteux, 2005, p. 90.

Ao redor do globo, o princípio é visto a partir da posição anglo-saxónica e germânica que afasta o anonimato ou da perspectiva francesa, que tende a segui-lo. Ocorre que até mesmo a França, com sua tradição de conferir o anonimato, sofreu mudanças no seu cenário social e alterou a sua Lei de Bioética, adotando a flexibilização do sigilo acerca do doador de gametas. Em paralelo ao cenário mundial, o ordenamento jurídico brasileiro, por não ter norma legal expressa sobre a matéria, segue as determinações morais editadas pelo Conselho Federal de Medicina, que prega, como regra, o anonimato do doador de gametas. Contudo, nos deparamos com uma guinada jurisprudencial que tende a flexibiliza-lo cada vez mais.

É inegável que existem argumentos plausíveis para a defesa do anonimato do doador de gametas. Contudo, o movimento internacional e nacional, conforme as últimas decisões emanadas pelo nosso poder judiciário, apontam para uma flexibilização cada vez mais latente acerca da disponibilidade das informações desse doador. Isto decorre do direito de cada pessoa possui de conhecer a sua história genética, fundamental para a construção da identidade.

Por mais que a Resolução CFM 2320/2022, atualmente em vigor, determine que o doador deve permanecer anônimo para a família receptora e vice-versa, a norma deontológica avançou ao autorizar a doação de gametas entre parentes até o 4º grau, desde que não opere em consanguinidade. Contudo, a norma emitida pelo Conselho Federal de Medicina não passa de uma norma ética e por isso, não tem força jurídica para impedir que a doação de gametas entre conhecidos ocorra.

Ademais, os princípios possuem importância normativa no ordenamento jurídico brasileiro. Nos recorda Humberto Ávila que a aplicação de princípios precisa, necessariamente, considerar circunstâncias concretas e individuais de cada caso, abarcando critérios específicos.[55] Assim, o princípio do melhor interesse da criança, o direito ao conhecimento da origem genética e o princípio da autonomia também concorrem na aferição da melhor solução para o caso concreto. Cumpre ao magistrado ponderar quais dos princípios deverão prevalecer frente ao outro, conforme as peculiaridades casuísticas.

De todo modo, é incontroverso que obter informações acerca do doador ou afastar a anonimidade no início do procedimento médico não deve acarretar os mesmos efeitos jurídicos ocasionados devido ao vínculo de filiação e, por conseguinte, parentesco. Ao doador de gametas, em qualquer hipótese, deve ser conferida esta proteção, vez que este não tem intenção de consagrar o seu projeto familiar ingressando na relação familiar do receptor.

---

55. ÁVILA, Humberto. *Teoria dos Princípios*: da definição dos princípios jurídicos. 6. ed. rev. atual. São Paulo: Malheiros, 2006. p. 47.

A REGULAÇÃO DA GESTAÇÃO DE SUBSTITUIÇÃO NO BRASIL: PANORAMA ATUAL E DESAFIOS

Julianne Zanconato Moreira Guimarães

Mestranda em Direito Civil pela Universidade do Estado do Rio de Janeiro (UERJ). Pós-Graduada em Direito das Famílias e das Sucessões pela Pontifícia Universidade Católica do Rio de Janeiro (PUC-Rio) e Pós-Graduada em Contencioso pela Fundação Getúlio Vargas do Rio de Janeiro (FGV-Rio). Advogada.

Giulia Schettino Rigolon

Mestranda em Direito Civil pela Universidade do Estado do Rio de Janeiro (UERJ) e Pós-Graduad0a em Direito das Famílias e das Sucessões pela Pontifícia Universidade Católica do Rio de Janeiro (PUC-Rio). Advogada.

Sumário: Introdução – 1. Normativa sobre a gestação de substituição – 2. Desafios práticos: debates doutrinários e solução de alguns casos concretos; 2.1 Definição da filiação: Recurso Especial 1.608.005/SC – 3. A questão transnacional – Notas conclusivas.

INTRODUÇÃO

Infertilidade, gestação prévia com complicações de saúde, famílias conjugais homoafetivas, desejo de constituir família monoparental ou mesmo de não gestar em seu próprio corpo: estas são algumas das justificativas mais usuais mundo afora, para se optar pela gestação em útero alheio, a chamada *gestação de substituição*.[1-2]

Os avanços biotecnológicos possibilitaram o desenvolvimento de técnicas de reprodução assistida, promovendo profundas alterações no sistema de filiação e especialmente na milenar presunção *mater semper certa est*, segundo a qual a maternidade estava direta e exclusivamente associada à gestação e ao parto.[3]

---

1. Kleeman, Jenny. 'Having a child doesn't fit into these women's schedule': is this the future of surrogacy? *The Guardian*, 25 de maio de 2019. Disponível em: https://www.theguardian.com/lifeandstyle/2019/may/25/having-a-child-doesnt-fit-womens-schedule-the-future-of-surrogacy. Acesso em: 11 jan. 2024.
2. A doutrina aponta outras expressões para a gestante de substituição, como "gestante alternativa, mãe sub-rogada, mãe substituta, mãe hospedeira, mãe suporte, mãe de aluguel, mãe de empréstimo, ama-de-ventre e ama de sangue" (BARBOZA, Heloisa Helena. *A Filiação em Face da Inseminação Artificial e da Fertilização in Vitro*. Rio de Janeiro: Renovar, 1993, p. 87).
3. TEPEDINO, Gustavo; TEIXEIRA, Ana Carolina Brochado. *Fundamentos do Direito Civil*: Direito de Família. v.6. Rio de Janeiro: Grupo GEN, 2022. E-book. p. 231.

Entre tais técnicas, inclui-se a gestação de substituição, a qual "trata-se de técnica de gestação da criança em ventre de outrem, que pode tanto utilizar material genético do casal quanto de terceira pessoa, ou seja, a fertilização pode ser homóloga ou heteróloga".[4]

A prática é objeto de intenso debate jurídico, ético e moral, sendo inclusive parcial ou totalmente proibida em diversos países e expressamente rechaçada pela igreja católica, sob o argumento de mercantilização dos corpos da gestante e da criança.[5] Não obstante, as constantes alterações do papel da concepção e da procriação nas vidas privadas e na sociedade, bem como do entendimento sobre os propósitos do ato sexual e das famílias, impõem o enfrentamento da discussão pelo direito.[6]

No Brasil, a possibilidade de escolha por tal método se insere principalmente no direito constitucional ao livre planejamento familiar, tutelado pelo art. 226, § 7º[7] da Constituição Federal de 1988 (CRFB/88) como consequência da democratização e funcionalização das famílias, em razão da alteração qualitativa sobre os institutos de Direito Civil, cujo núcleo axiológico é a dignidade da pessoa humana.[8]

Diante da ausência de previsão legislativa, o Conselho Federal de Medicina (CFM) vem editando normativa deontológica desde o início da década de 1990, com o intuito de oferecer diretrizes sob o ponto de vista ético médico, competindo ao Poder Executivo coibir e investigar atuações em desacordo com essa normativa.[9] Além disso, desde 2016, o Conselho Nacional de Justiça (CNJ) conta

---

4. TEPEDINO, Gustavo; TEIXEIRA, Ana Carolina Brochado. *Fundamentos do Direito Civil*: Direito de Família. Rio de Janeiro: Grupo GEN, 2022. E-book. v. 6. p. 231.
5. Papa Francisco cita 'comercialização do corpo humano' e pede proibição universal de barriga de aluguel. *O Globo*, Cidade do Vaticano, 8 de janeiro de 2024. Disponível em: https://oglobo.globo.com/saude/noticia/2024/01/08/papa-francisco-cita-comercializacao-do-corpo-humano-e-pede-proibicao-de--barriga-de-aluguel.ghtml. Acesso em: 11 jan. 2024.
6. *Encyclopedia of bioethics* / Stephen G. Post, editor in chief. v. 1, 3. ed., p. 285-286.
7. Art. 226, § 7º da CRFB. Fundado nos princípios da dignidade da pessoa humana e da paternidade responsável, o planejamento familiar é livre decisão do casal, competindo ao Estado propiciar recursos educacionais e científicos para o exercício desse direito, vedada qualquer forma coercitiva por parte de instituições oficiais ou privadas.
8. Maria Celina Bodin de Moraes e Gustavo Tepedino foram pioneiros no Brasil ao discorrer sobre as profundas alterações na disciplina do Direito Civil após a promulgação da CRFB/1988, com embasamento na doutrina de Pietro Perlingieri (BODIN DE MORAES, Maria Celina. A caminho de um direito civil constitucional. *Revista Estado, Direito e Sociedade*, v. I, 1991, passim; e TEPEDINO, Gustavo. Premissas metodológicas para a constitucionalização do direito civil. *Revista de Direito do Estado*, a. 1, n. 2, abr.-jun. 2006, p. 37-53, passim).
9. PAGNAN, Rogério; MENON, Isabella. PF investiga suposto esquema venda de barrigas de aluguel por clínica de SP. *Folha de São Paulo*, 22 de dezembro de 2023. Disponível em: https://www1.folha.uol.com.br/amp/cotidiano/2023/12/pf-investiga-suposto-esquema-venda-de-barrigas-de-aluguel-por-clinica-de-sp.shtml. Acesso em: 12 jan. 2024.

com regulamentação sobre aspectos registrais. Por sua vez, o Poder Judiciário é constantemente acionado para solucionar lacunas legislativas e normativas, bem como controvérsias em casos concretos.

Partindo-se da premissa de que a gestação de substituição é técnica em prática e já consolidada no país, o intuito deste artigo não é analisar os argumentos jurídicos pró e contra à sua realização,[10] mas sim compreender o panorama atual da regulamentação, incluindo sua atualização ao longo do tempo e os desafios a serem enfrentados, especialmente diante do estágio de globalização da sociedade e das diferentes regulamentações ao redor do mundo.

1. NORMATIVA SOBRE A GESTAÇÃO DE SUBSTITUIÇÃO

A reprodução assistida se trata de importante tecnologia para solucionar a infertilidade humana, condição de saúde com impacto médico e psicológico, porém, ao mesmo tempo, sua realização envolve contornos éticos igualmente relevantes, com impacto sobre direitos fundamentais de todos os envolvidos no procedimento.

Muito embora inexista legislação específica sobre o tema, as regras de funcionamento editadas até o momento têm sido regidas por "parâmetros filosóficos, morais, religiosos e constitucionais, sempre condicionados ao princípio da dignidade humana".[11]

Foi essencialmente sob estas premissas que, desde o início da década de 1990, o CFM vem editando resoluções para nortear a prática, incluindo normativa especificamente aplicável à gestação de substituição, de observância obrigatória aos profissionais médicos envolvidos. Além disso, desde 2016 o CNJ regulamenta aspectos práticos inerentes ao registro civil das crianças nascidas através dessa técnica.

---

10. Bruna Kern Graziuso sintetiza os argumentos favoráveis e desfavoráveis à regulamentação comercial desta técnica de gestação, conforme as lições de Ergas: "em matéria de direitos humanos, uma eventual regulamentação da forma comercial poderia estar em desacordo com normas internacionais sobre a comercialização do corpo humano e suas partes (Convenção Europeia para a Proteção dos Direitos do Homem e da Dignidade Humana face às Aplicações da Biologia e da Medicina) e a venda de crianças (Protocolo Adicional da Convenção dos Direitos da Criança referente à venda de crianças, à prostituição infantil e à pornografia infantil). Positivamente, pode ser defendida com base no direito da criança de crescer em um ambiente familiar guiado por seus melhores interesses (Convenção Internacional dos Direitos da Criança) e no direito de adultos formarem uma família, protegido de intervenção injustificada do Estado na vida privada (Pacto Internacional sobre Direitos Civis e Políticos)" (GRAZIUSO, Bruna Kern. *Úteros e Fronteiras*: gestação de substituição no Brasil e nos Estados Unidos. Florianópolis: Tirant Lo Blanch, 2018, p. 202).
11. PEREIRA, Caio Mário da Silva. *Instituições de Direito Civil*: Direito de Família. v. V. revista e atualizada por Tânia da Silva Pereira. 29. ed. Rio de Janeiro: Grupo GEN, 2022. E-book. p. 13.

Essa normativa é referência ao referido procedimento médico no país, razão pela qual sua análise é imprescindível, tratando-se de verdadeira pavimentação às transformações que devem se seguir no ordenamento.[12]

Inicialmente, em 19.11.1992, o CFM editou a Resolução 1.358/1992, motivado pelo avanço do conhecimento científico, que àquela época já permitia solucionar a infertilidade humana, e pela necessidade de harmonizar as técnicas de reprodução humana assistida com os princípios da ética médica.[13]

Entre outros princípios gerais norteadores do uso de tais técnicas, inclui-se (i) a ineficácia ou ineficiência de outros métodos terapêuticos para a solução da infertilidade, (ii) a probabilidade efetiva de sucesso e ausência de risco para a paciente e ao possível descendente e (iii) o consentimento informado por escrito contendo "dados de caráter biológico, jurídico, ético e econômico".

Cerca de duas décadas depois, passaram a ser implementadas modificações em menor periodicidade, com o intuito de compatibilizar a técnica à realidade da sociedade contemporânea, incluindo emblemáticas decisões dos Tribunais Superiores.

Nesse sentido, cita-se (i) a exclusão de necessidade de anuência pelo eventual cônjuge ou companheiro do(a) idealizador(a) do projeto parental, implementada na Resolução CFM 1.957/2010;[14] (ii) o acesso a casais homoafetivos e pessoas solteiras, bem como a extensão das gestantes a parentes de até quarto grau (limitando-se, então, a primas) e o estabelecimento de detalhados termos de consentimento e comprometimento entre os envolvidos, conforme implementado na Resolução CFM 2.013/2013;[15] (iii) a possibilidade de gestação compartilhada na hipótese de união homoafetiva feminina, independentemente de infertilidade, vide Resolução CFM 2.121/2015;[16] (iv) o acesso a transgêneros, conforme Resolução CFM 2.168/2017;[17] e (v) a exigência de que a gestante tenha pelo menos 1 (um) filho vivo, vide Resolução CFM 2.294/2021.[18]

---

12. MADALENO, Rolf. *Direito de Família*. Rio de Janeiro: Grupo GEN, 2023. E-book. p. 639.
13. Disponível em: https://sistemas.cfm.org.br/normas/visualizar/resolucoes/BR/1992/1358. Acesso em: 14 jan. 2024.
14. Disponível em: https://sistemas.cfm.org.br/normas/visualizar/resolucoes/BR/2010/1957. Acesso em: 14 jan. 2024.
15. Disponível em: https://portal.cfm.org.br/images/PDF/resoluocfm%202013.2013.pdf. Acesso em: 14 jan. 2024.
16. Disponível em: https://sistemas.cfm.org.br/normas/arquivos/resolucoes/BR/2015/2121_2015.pdf. Acesso em: 14 jan. 2024.
17. Disponível em: https://sistemas.cfm.org.br/normas/visualizar/resolucoes/BR/2017/2168. Acesso em: 14 jan. 2024.
18. Disponível em: https://sistemas.cfm.org.br/normas/visualizar/resolucoes/BR/2021/2294. Acesso em: 14 jan. 2024.

Atualmente, está em vigor a Resolução CFM 2.320/2022,[19] a qual passou a se silenciar em relação às pessoas que poderiam utilizar a técnica, estabelecendo "procedimento gratuito, que pode ter como receptora dos óvulos apenas aquela que tiver ao menos um filho vivo, e for parente até quarto grau daqueles que lançaram mão dessa técnica e são autores do projeto parental. Outros casos devem ser aprovados previamente pelo Conselho Federal de Medicina".[20] Além disso, a candidata a gestante deve ter no máximo 50 (cinquenta) anos de idade, salvo exceções baseadas em critérios técnicos e científicos, e, no caso de reprodução assistida heteróloga, não poderá ser a doadora de óvulos ou embriões. Já o(s) idealizador(es) do projeto parental deverá(ão) necessariamente ter impedimento(s) de ordem médica à concepção.

Entre as exceções de vínculo, vale mencionar que alguns Conselhos Regionais de Medicina têm autorizado que amigas próximas aos autores do projeto parental atuem como gestante de substituição, o que é o caso no Estado de São Paulo, tendo-se identificado precedentes judiciais em igual sentido no Rio Grande do Sul, por exemplo.[21]

De maneira geral, as seguintes normas constitucionais orientam a regulamentação atual: livre planejamento familiar, vedação à comercialização do corpo[22] e consentimento informado.

O caráter altruísta da gestação de substituição é determinante à realização da técnica no Brasil, tendo sido aprimorada a regulamentação para garantir que a gestante não está sujeita a coação de qualquer ordem, o que se reflete, por exemplo, no vínculo estreito de parentesco (ou amizade, em alguns Estados), na exigência de pelo menos um filho vivo e na vedação de doação de seu próprio óvulo ou embrião.

Por sua vez, o consentimento livre e informado é condição que vem sendo objeto de maior aprimoramento a partir da Resolução CFM 2.013/2013, inserindo-se na premissa de que "consentir equivale a ser",[23] segundo a qual a autodeterminação passou a exercer influência direta sobre a relação médico-paciente. Assim, os requisitos do termo de consentimento, que deverá contemplar "aspectos

---

19. Disponível em: https://sistemas.cfm.org.br/normas/visualizar/resolucoes/BR/2022/2320. Acesso em: 15 jan. 2024.
20. TEPEDINO, Gustavo; TEIXEIRA, Ana Carolina Brochado. *Fundamentos do Direito Civil*: Direito de Família. Rio de Janeiro: Grupo GEN, 2022. E-book. v. 6, p. 231.
21. MADALENO, Rolf. *Direito de Família*. Rio de Janeiro: Grupo GEN, 2023. E-book. p. 638.
22. No que diz respeito à utilização de células-tronco embrionárias obtidas de embriões humanos produzidos por fertilização in vitro e não utilizados no respectivo procedimento, o art. 5º, § 3º da Lei da Biossegurança veda expressamente a comercialização do material biológico e prevê que a sua prática implica o crime tipificado no art. 15 da Lei 9.434/1997.
23. RODOTÀ, Stefano. Autodeterminação e laicidade. Trad. Carlos Nelson de Paula Konder. *Revista Brasileira de Direito Civil – RBDCivil*, Belo Horizonte, v. 17, p. 139-152, jul./set. 2018, p. 142.

biopsicossociais e riscos envolvidos no ciclo gravídico-puerperal, bem como aspectos legais da filiação", têm o propósito de evidenciar que houve verdadeiro processo substancial de consentimento em que o paciente é o autor das decisões sobre a gestão da sua própria vida.[24]

A ausência de legislação, contudo, causava – e ainda causa – transtornos de diferentes ordens práticas, que vêm sendo solucionados na esfera administrativa e judicial.

Em 2016, o CNJ editou o Provimento CNJ 52/2016, para autorizar o registro civil da criança nascida através de técnicas de reprodução assistida, desde que, entre outros documentos, fossem apresentados, no caso de gestação de substituição, os respectivos termos de consentimento e aprovação prévios, lavrados por instrumento público, garantindo-se que o nome da parturiente não constará dos assentamentos.[25]

A exigência de instrumento público, para os termos de consentimento e autorização, foi suprimida pelo Provimento CNJ 63/2017[26] e, em seguida, pelo Provimento CNJ 149/2023,[27] cujo art. 513, § 1º determina que o registro de gestação por substituição deve ser acompanhado, entre outros documentos, da apresentação do "termo de compromisso firmado pela doadora temporária do útero, esclarecendo a questão da filiação", sem especificar a sua forma.

Os projetos de lei que seguiram a normativa ora descrita tenderam a reproduzir a regulamentação que já está em prática, o que também se verifica da proposta de atualização do Código Civil de 2002.[28-29]

---

24. SCHULMAN, Gabriel; ALMEIDA JUNIOR, Vitor Azevedo. Novos olhares sobre a responsabilidade civil na saúde: autonomia, informação e desafios do consentimento na relação médico-paciente. In: ROSENVALD, Nelson; MENEZES Joyceane Bezerra de; DADALTO Luciana (Org.). *Responsabilidade Civil e Medicina*. Indaiatuba: Foco, 2020, v., p. 21-36, passim.
25. Disponível em: https://atos.cnj.jus.br/files//provimento/provimento_52_14032016_19032018105533.pdf. Acesso em: 14 jan. 2024.
26. Disponível em: https://atos.cnj.jus.br/files//provimento/provimento_63_14112017_19032018150944.pdf. Acesso em: 14 jan. 2024.
27. Disponível em: https://atos.cnj.jus.br/files/compilado16044520240108659c1d1dd6951.pdf. Acesso em: 14 jan. 2024.
28. "As principais propostas encontradas na Câmara dos Deputados, a partir do ano de 1993, foram: (a) PL no. 3.638/1993, que reclama parentesco de até 2º grau entre as mulheres; (b) PL 2.855/1997, que permite o parentesco até o 4º grau entre as mulheres envolvidas na prática, salvo autorização prévia do Conselho Nacional de Reprodução Humana Assistida; (c) PL 1.135/2003, que reverteu à exigência de parentesco de até 2º grau entre as mulheres. No Senado, destaque para a PL no. 90/1999, que dispôs sobre a reprodução assistida. Apesar das pequenas diferenças entre os projetos, não se poderia deixar de mencionar que todas as propostas são unânimes em afirmar o caráter não comercial desta prática" (CARR, Livia Vilas Bôas. *Desempenho do STJ nas homologações de decisões estrangeiras envolvendo poder familiar*: ações de guarda, visitação, alimentos, adoção e gestação por substituição. São Paulo: Editora Dialética, 2021. p. 202-203).
29. A comissão de juristas para atualização do CC/2002 propôs a inclusão do art. 1.629-J e seguintes. Disponível em: https://legis.senado.leg.br/comissoes/arquivos?ap=7935&codcol=2630. Acesso em: 16 jan. 2024.

2. DESAFIOS PRÁTICOS: DEBATES DOUTRINÁRIOS E SOLUÇÃO DE ALGUNS CASOS CONCRETOS

Como já delineado ao longo do presente artigo, com a consagração da dignidade da pessoa humana como objetivo máximo a ser perseguido pela CRFB/88, a pessoa humana passou a ser o centro do ordenamento jurídico, ao passo que todo e qualquer instituto do tradicional "Direito Privado" só é merecedor de tutela se, e somente se, estiver funcionalizado para atingir os objetivos e princípios presentes na Constituição.[30]

O tratamento jurídico da família brasileira, tradicionalmente entendida como "elitizada, hierarquizada e matrimonializada",[31] também foi substancialmente alterado para promover "o livre desenvolvimento das potencialidades de seus membros".[32]

A funcionalização do instituto *família* abriu espaço para novos arranjos familiares, de forma que o rol disposto na CRFB/88 deve ser compreendido como meramente exemplificativo.[33] E é exatamente nessa seara que está inserido o direito fundamental ao livre planejamento familiar, disposto no § 7º do art. 226 da CRFB/88 e regulamentado pela Lei 9.263/96.

---

30. "Todo negócio jurídico é composto por uma estrutura e uma função. A identificação da função que se pretende alcançar e sua compatibilidade com os valores constitucionais precedem e definem a estrutura a ser utilizada. Não será, pois, a estrutura do negócio, ou seja, o modus operandi (os dispositivos do Código Civil previstos para determinada tipologia ou modelo), que definirá a função a ser desempenhada, mas, ao contrário, é a função que se pretende desempenhar que indicará a estrutura a ser utilizada diante de determinado arranjo negocial (PERLINGIERI, 1997, p. 60 e ss.) Tal perspectiva funcional é informada pela tábua axiológica do ordenamento e se associa à utilidade social das relações jurídicas, de modo a justificar a promoção dos interesses socialmente relevantes dos respectivos titulares de direitos" (TEPEDINO, Gustavo José Mendes. Relações contratuais e a funcionalização do direito civil. *Pensar – Revista de Ciências Jurídicas*, v. 28, 2023, p. 1-2).
31. "De um período extremamente conservador e autoritário no que se refere à família tradicional, elitizada, hierarquizada e matrimonializada – datada do final do século XIX e início do século XX no caso brasileiro – até o estágio contemporâneo da família plural, democrática, humanizada e funcionalizada ao atendimento e à promoção da dignidade das pessoas dos seus integrantes, foram inúmeros os acontecimentos que motivaram alterações jurídicas no quadro das relações familiares" (GAMA, Guilherme Calmon Nogueira da. Novos modelos de entidades familiares. In: GAMA, Guilherme Calmon Nogueira da e NEVES, Thiago Ferreira Cardoso (Coord.). *20 anos do Código Civil*: relações privadas no início do século XXI. Indaiatuba, SP: Editora Foco, 2022, p. 435).
32. SOUSA, Thiago Andrade de. *A disciplina dos deveres não obrigacionais na gestação por substituição*: as cláusulas de conduta. Dissertação apresentada como requisito parcial para a obtenção do título de Mestre ao PPGD em Direito da UERJ. Rio de Janeiro, 2015, p. 17.
33. "Como se viu, depois de 1988, foram expressamente admitidas entidades diversas e a Constituição reconheceu, em rol exemplificativo, estruturas diferenciadas de relacionamentos familiares, de modo que outras entidades se tornaram possíveis e até mesmo desejáveis: além das uniões estáveis e das famílias monoparentais, famílias recombinadas, famílias homoafetivas (...) usufruem, hoje, de proteção legal" (MORAES, Maria Celina Bodin de. A nova família, de novo – Estruturas e função das famílias contemporâneas. *Pensar – Revista de Ciências Jurídicas*, v. 18, n. 2, p. 587-628, maio/ago. 2013. Disponível em: https://ojs.unifor.br/rpen/article/download/2705/pdf/8562. Acesso em: 12 jan. .2023, p. 593-594).

Em resumo, se entende como planejamento familiar o "conjunto de ações de regulação da fecundidade que garanta direitos iguais de constituição, limitação ou aumento da prole pela mulher, pelo homem ou pelo casal",[34] o que possibilita ao indivíduo solteiro e/ou ao casal a tomada de decisões e o planejamento da procriação através da utilização de técnicas e métodos alternativos para a reprodução, como por exemplo a gestação de substituição.

Ocorre que, apesar de os avanços no texto constitucional demonstrarem uma maior proteção às inúmeras possibilidades de arranjos familiares, ele não se mostra suficiente para regulamentar as inovações biotecnológicas relacionadas à procriação, de forma que o silêncio do legislador sobre o assunto[35] vem gerando a judicialização de questões que serão tratadas ao longo deste tópico e que, no limite, dificultam o exercício do direito constitucional ao livre planejamento familiar.[36]

A escassez de regulamentação jurídica também implica dificuldade de definição da natureza jurídica da gestação de substituição, bem como das obrigações dos envolvidos no referido procedimento. Conforme doutrina majoritária, a relação jurídica estabelecida entre os autores do projeto parental e a cedente temporária do útero – ou seja, a mulher que aceita gestar o filho de outrem – é caracterizada como um negócio jurídico extrapatrimonial e bilateral.[37]

Extrapatrimonial na medida em que é proibido o caráter lucrativo ou comercial na cessão temporária do útero, de forma que é vedada qualquer contraprestação pecuniária entre os envolvidos na realização do procedimento, concluindo, então, que a relação extrapatrimonial bilateral é à título gratuito.

Em que pese tal gratuidade, não há óbice à existência de cláusulas nos referidos termos que disciplinam questões patrimoniais da relação.[38] Sobre esse aspecto, é

---

34. Art. 2º, Lei 9.263/96.
35. Como já abordado no tópico anterior, atualmente não há legislação específica sobre o tema no país, de forma que a gravidez de substituição é regulamentada através das Resoluções publicadas pelo CFM, sendo a mais recente a de n. 2.320/2022.
36. SOUSA, Thiago Andrade de. *A disciplina dos deveres não obrigacionais na gestação por substituição: as cláusulas de conduta*. Dissertação apresentada como requisito parcial para a obtenção do título de Mestre ao PPGD em Direito da UERJ. Rio de Janeiro, 2015, p. 24-25.
37. "Nesse sentido, a gestação por substituição se enquadra na categoria dos negócios jurídicos extrapatrimoniais, pois se trata de negócio jurídico bilateral decorrente do exercício da autonomia negocial, cujo conteúdo é constituído por prestações de caráter exclusivamente existencial, relacionadas a aspectos da personalidade humana. Ao concretizar o projeto parental dos beneficiários da gestação por substituição, a técnica realiza diretamente o valor da personalidade na perspectiva do livre desenvolvimento do projeto parental, reconhecendo-se que se está diante de situação existencial, ainda que o negócio tenha repercussões econômicas (o que não significa necessariamente a existência de contraprestação pecuniária)" (ZAGARODNY, Naomi Fiszon. Responsabilidade civil diante da recusa de entrega ou de recebimento da criança na gestação por substituição. no prelo).
38. "A gestação por substituição não poderá ter caráter lucrativo ou comercial, o que equivale a dizer que não poderá haver contraprestação pecuniária entre as partes para a realização do procedimento. A gestação substituta é, por esta razão, solidária. Contudo, a mencionada gratuidade (na relação beneficiários x

importante destacar a alínea 'd' do item VII, 3 da Resolução CFM em vigor que dispõe sobre a obrigatoriedade de um compromisso, por parte dos contratantes "com tratamento e acompanhamento médico, inclusive por equipes multidisciplinares, se necessário, à mulher que ceder temporariamente o útero, até o puerpério".[39]

Parte da doutrina defende também que a relação entre as partes envolvidas poderia ser classificada como contratual, já que os requisitos estabelecidos na Resolução 2.320/22 para os dois termos obrigatórios no prontuário da paciente cedente do útero para a realização do procedimento se assemelham às dispostas em um contrato,[40-41] sendo aplicáveis todas as regras gerais dispostas no Código Civil:

> a) termo de consentimento livre e esclarecido assinado pelos pacientes e pela cedente temporária do útero, contemplando aspectos biopsicossociais e riscos envolvidos no ciclo gravídico-puerperal, bem como aspectos legais da filiação;
>
> (...)
>
> c) termo de Compromisso entre o(s) paciente(s) e a cedente temporária do útero que receberá o embrião em seu útero, estabelecendo claramente a questão da filiação da criança.

Inclusive, a Resolução CFM 2.013/13, já revogada, trazia a obrigatoriedade no prontuário médico de um *"contrato* entre os pacientes (pais genéticos) e a doadora temporária do útero (que recebeu o embrião em seu útero e deu à luz), estabelecendo claramente a questão da filiação da criança",[42] o que também permitiria concluir pela natureza jurídica de contrato.

---

gestante substituta) não significa que o acordo não possua diversas cláusulas que disciplinam aspectos eminentemente patrimoniais da relação, como, por exemplo, o dever assumido pelos beneficiários da técnica de se responsabilizarem pelas despesas médicas e farmacêuticas decorrentes do tratamento. A gestação é solidária e deve ser sem contraprestação, mas não seria razoável exigir que a gestante suportasse os custos e despesas médicas relacionadas à realização do procedimento" (SOUSA, Thiago Andrade de. *A disciplina dos deveres não obrigacionais na gestação por substituição*: as cláusulas de conduta. Dissertação apresentada como requisito parcial para a obtenção do título de Mestre ao PPGD em Direito da UERJ. Rio de Janeiro, 2015, p. 83).

39. Resolução 2.320/2022, VII, 3, d.
40. "Inegavelmente, a gestação de substituição está assentada na manifestação de vontade de uma mulher que aceita gestar o(a) filho(a) de outrem. Tal contexto faz surgir dúvidas a respeito da natureza jurídica deste ato. Nas palavras de Barbas (2006, p. 144): 'Por mãe portadora entende-se a mulher que se obriga por contrato a suportar a gravidez por conta de outrem e a entregar a criança depois do parto'. Haveria, portanto, uma relação jurídica contratual entre os autores do projeto parental e a cedente temporária do útero." (BARBOSA, Amanda Souza. A licitude da gestação de substituição no Brasil. *Revista de Biodireito e Direito dos Animais*. Salvador, v. 4, n. 1, p. 84-100 – jan./jun. 2018, p. 90).
41. "Considerando as características do documento descritas na Resolução, é evidente que se trata de um contrato, ainda que a título gratuito, e, consequentemente, as disposições gerais do Código Civil se aplicam." (ARAUJO, Nadia de; VARGAS, Daniela Trejos; MARTEL, Letícia de Campos Velho. A gestação de substituição: regramento no direito brasileiro e seus aspectos de direito internacional privado. In: BAPTISTA, Luiz Olavo; RAMINA, Larissa; FRIEDRICH, Tatyana Scheila (Coord.). *Direito Internacional Contemporâneo*. Curitiba: Juruá, 2014, p. 489).
42. Item VII, 3, Resolução CFM 2.013/13.

Na prática, contudo, os termos exigidos pela referida resolução "não resguardam sua executoriedade, tampouco oferecem soluções possíveis para a conciliação de interesses ou para a resolução de eventuais conflitos pelo Poder Judiciário",[43] seja em razão da ausência de lei sobre o assunto, que traria as balizas mínimas para a atuação médica regulamentada pelo CFM, seja por uma verdadeira confusão de conceitos muito abrangentes na resolução existente.

Nesse sentido, é preciso frisar que, apesar de louvável a intenção da regulamentação pelo CFM, o Brasil hoje convive com certa insegurança jurídica acerca do assunto, pairando diversas dúvidas sobre o tema: (i) o que deve constar objetivamente no termo sobre "aspectos legais da filiação"?; (ii) quem teria direito à licença/pensão maternidade/paternidade: todas as partes envolvidas no procedimento ou somente a parturiente? e (iii) há responsabilidade civil no caso de impedimento de registro pelos pais que utilizaram o instrumento da gravidez por substituição para gerar seu(ua) filho(a)?

Do ponto de vista jurídico, muito embora não tenha sido ainda promulgada legislação específica a respeito da regulamentação da gestação de substituição, não se pode afirmar que há lacuna no sistema, especialmente na legalidade constitucional.[44] Conforme será demonstrado a seguir, os casos judicializados analisados foram solucionados com a definição da norma para cada caso concreto,[45] apesar da inexistência de normativa específica sobre o tema no momento da ocorrência dos fatos.

Ao analisar quatro casos concretos com decisões judiciais proferidas entre os anos de 2019 e 2022, é possível constatar que a doutrina e a jurisprudência vêm, desde o início da gestação de substituição no Brasil, suprindo lacunas que a regulação do tema somente pelo CFM gerou ao longo do tempo, sempre sob o aspecto funcional[46] inerente ao conteúdo do livre planejamento familiar e em atenção à interpretação sistemática do ordenamento que tem a Constituição como "ponto fixo onde se apoiar".[47]

---

43. ZAGARODNY, Naomi Fiszon. Responsabilidade civil diante da recusa de entrega ou de recebimento da criança na gestação por substituição. no prelo.
44. Perlingieri, Pietro. *O direito civil na legalidade constitucional*. Rio de Janeiro: Renovar, 2008. p. 221.
45. "(...) na perspectiva civil-constitucional, o ordenamento apenas se completa quando encontra os próprios elementos do caso; só existe um efetivo sistema normativo à luz de cada hipótese fática concreta, com suas peculiaridades e características – noção que se costuma designar como ordenamento do caso concreto." (Souza, Eduardo Nunes de. Índices da aderência do intérprete à metodologia do direito civil-constitucional. *Revista da Faculdade de Direito da UERJ*. 2022. n. 41. p. 13).
46. Bobbio ensina que "a função do direito na sociedade não é mais servir a um determinado fim (aonde a abordagem funcionalista do direito resume-se, em geral, a individuar qual é o fim específico do direito), mas a de ser um instrumento útil para atingir os mais variados fins" (BOBBIO, Norberto. *Da estrutura à função*: novos estudos de teoria do direito. São Paulo: Manole, 2007, p. 57).
47. A expressão e a ideia são de Pietro Perlingieri (PERLINGIERI, Pietro. *O direito civil na legalidade constitucional*. Rio de Janeiro: Renovar, 2008, p. 574).

Conforme será demonstrado a seguir, a Resolução CFM 2.013/13 seria capaz de resolver extrajudicialmente determinadas questões que foram judicializadas antes da sua entrada em vigor. No entanto, como já apontado anteriormente, a referida Resolução se mostra insuficiente e, em alguns casos, gera ainda mais dúvidas sobre a filiação e o registro da criança nascida através do referido método. Isso porque a regulação existente é direcionada à atuação médica e, até o presente momento, o país convive com o silêncio do legislador.[48]

2.1 Definição da filiação: Recurso Especial 1.608.005/SC[49]

Em 2012, D.K. e J.C., um casal homoafetivo formado por dois homens, desejaram ter um filho. Para isso, procuraram uma clínica de fertilização juntamente com a irmã de J.C., que doou seu óvulo e cedeu o seu útero temporariamente para a gestação, tendo sido o sêmen fornecido por D.K.

O embrião foi implantado em 28.10.2012, momento em que vigorava no país a Resolução 1.957/2010, com apenas dois dispositivos sobre o tema da gestação de substituição e absolutamente nada dispunha sobre a situação do caso concreto.[50]

Após o nascimento da criança, a parturiente, através de uma escritura pública, renunciou ao seu poder familiar em relação ao nascituro e, ao contrário do que prevê a regulamentação hoje, o registro da criança recém-nascida como filha de D.K. e J.C. não foi possível sem uma ação declaratória de paternidade de ambos.

A sentença julgou procedente o pedido autoral. No entanto, o Ministério Público interpôs recurso de apelação alegando, em síntese, a incompetência da Vara de Família para julgar a demanda, uma vez que, na verdade, o caso se tratava de adoção unilateral da criança por parte de J.C., e não de declaratória de dupla paternidade, partindo da premissa equivocada de que a irmã de J.C. seria a mãe biológica da mesma, e não apenas a doadora do óvulo e gestante de substituição.

---

48. "Alguns projetos de lei já foram propostos, datando o primeiro de 1997, e geralmente reproduzindo explicitamente o previsto nas resoluções do Conselho Federal de Medicina, não tendo ocorrido, até o momento, a aprovação de nenhum deles. Sendo assim, permanece a regulamentação médica como sendo a única a regular a gestação de substituição no Brasil" (GRAZIUSO, Bruna Kern; CARLOS, Paula Pinhal de. Regulamentação brasileira sobre gestação de substituição. *DIÁLOGO*: Revista temática acadêmico-científica do Centro Universitário La Salle, Canoas, v. 47, p. 1-9, 2021, p. 1. Disponível em: https://revistas.unilasalle.edu.br/index.php/Dialogo/article/view/7217. Acesso em: 17 jan. 2024).
49. STJ, 3ª Turma, REsp 1.608.005/SC, Relator Ministro Paulo de Tarso Sanseverino, julgado em 14.05.2019, DJe de 21.05.2019.
50. São eles: "As clínicas, centros ou serviços de reprodução humana podem usar técnicas de RA para criarem a situação identificada como gestação de substituição, desde que exista um problema médico que impeça ou contraindique a gestação na doadora genética. 1 – As doadoras temporárias do útero devem pertencer à família da doadora genética, num parentesco até o segundo grau, sendo os demais casos sujeitos à autorização do Conselho Regional de Medicina. 2 – A doação temporária do útero não poderá ter caráter lucrativo ou comercial".

E, como a cedente do útero renunciou por escritura pública ao seu poder familiar, o caso deveria ser julgado pela Vara da Infância e Juventude.

O acórdão manteve a sentença e o Ministério Público interpôs Recurso Especial. No momento do julgamento pela Terceira Turma do Superior Tribunal de Justiça, o CNJ já havia editado o Provimento 63/2017, assim como estava em vigor a Resolução CFM 2.168/2017, que contêm a solução extrajudicial para o caso em análise: "§ 3º O conhecimento da ascendência biológica não importará no reconhecimento do vínculo de parentesco e dos respectivos efeitos jurídicos entre o doador ou a doadora e o filho gerado por meio da reprodução assistida".[51]

Foi exatamente nesses termos que o Superior Tribunal de Justiça negou provimento ao Recurso Especial: "(...) Portanto, atualmente, a questão em julgamento poderia ser resolvida na seara extrajudicial".

É possível constatar que o caso em análise somente não foi solucionado pela via extrajudicial em momento anterior ao julgamento, em razão da escassa e/ou ausente regulamentação sobre inseminação artificial e gestação por substituição quando da ocorrência dos fatos. No entanto, a resolução em vigor do CFM, solucionaria a questão apresentada no processo judicial, nos dias atuais.

Concessão de licença-paternidade equiparada à licença-maternidade: Recurso Extraordinário 1348854-SP[52] e Mandado de Segurança 5207313-67.2019.8.13.0024/TJMG[53]

Em ambos os processos judiciais em referência discutiu-se o direito ao benefício da equiparação da licença paternidade com a licença maternidade para pais de crianças geradas através da gestação por substituição, sendo o primeiro de um genitor monoparental e o segundo de um casal homoafetivo.

Nos dois julgamentos, a decisão favorável à concessão da licença paternidade equiparada à maternidade, tanto ao genitor unilateral, como a um dos genitores do casal homoafetivo, em razão da vedação da discriminação das pessoas em razão de sexo ou orientação sexual.

O julgamento do RE 1348854/SP, no ano de 2022, merece destaque na medida em que se atentou para a ausência de previsão legal do pai solteiro que opta pela utilização da fertilização *in vitro* e da gestação de substituição obter a licença-paternidade, e definiu a seguinte tese com repercussão geral (Tema 1182):

---

51. Art. 17, § 3º, Provimento CNJ 63/2017.
52. STF, Tribunal Pleno, RE 1348854/SP, Relator Min. Alexandre de Moraes, julgado em 12.05.2022, DJe de 24.10.2022.
53. TJMG, 5ª Câmara Cível, Mandado de Segurança 5207313-67.2019.8.13.0024, Relator Des. Moacyr Lobato de Campos Filho, julgado em 11.03.2021, DJe de 12.03.2021.

À luz do art. 227 da CF que confere proteção integral da criança com absoluta prioridade, bem como do princípio da isonomia de direitos entre o homem e a mulher (art. 5º, I, CF), a licença maternidade, prevista no art. 7º, XVIII, da CF/88, e regulamentada pelo art. 207 da Lei 8.112/1990, estende-se ao pai, genitor monoparental, servidor público.

A regulamentação atual sobre o tema não dispõe expressamente sobre a possibilidade de um casal homoafetivo do sexo masculino ou um único homem solteiro gerarem uma criança através da gestação de substituição e ter garantido o seu direito à licença-paternidade equiparado ao benefício da licença-maternidade. Essa lacuna normativa pode gerar dúvidas desnecessárias, uma vez que tais arranjos familiares são protegidos tanto pela Constituição, como pela jurisprudência atual do Supremo Tribunal Federal,[54] o que, evidentemente, demonstra a necessidade de tal equiparação. Tanto assim o é que a jurisprudência do STF vem se solidificando nesse sentido, conforme o julgamento já citado do Tema Vinculante 1182.

Outra questão que pode gerar dúvidas é a possibilidade de licença-maternidade para a cedente temporária do útero, que, muito provavelmente, não estará apta ao trabalho no período puerperal. Sobre o tema, não há regulação específica, seja na normativa do CFM, seja na normativa trabalhista e previdenciária, o que demanda acordo com o empregador e, no limite, a judicialização do caso concreto.

Responsabilidade da clínica pela emissão de documentos para o registro: Apelação 1023466-57.2020.8.26.0114/TJSP[55]

Por fim, no último caso analisado, foi discutida a responsabilidade civil de uma clínica de reprodução assistida no Estado de São Paulo, em razão da impossibilidade de os pais homoafetivos, que se utilizaram da técnica de reprodução assistida e da gestação de substituição, registrar a criança gerada.

No referido processo, ficou comprovado que a clínica contratada deixou de emitir documento necessário ao registro da criança em nome dos genitores. Apesar da ausência da referida documentação, ambos foram conduzidos à Delegacia de Polícia e, depois, escoltados ao cartório de registro civil para que realizassem o registro da recém-nascida, embora estivessem dentro do prazo legal para tal.

A atual Resolução do CFM não define de forma clara qual seria a documentação que a clínica contratada deve emitir e entregar para o(s) genitor(es) que contrata(m) a gestação de substituição consiga(m) realizar o registro da criança

---

54. Vide art. 226, § 4º, CRFB/88: "§ 4º Entende-se, também, como entidade familiar a comunidade formada por qualquer dos pais e seus descendentes" e ADI 4277 (STF, Pleno, ADI 4277, Relator Ministro Ayres Britto, julgado em 05.05.2011).
55. TJSP, 6ª Câmara de Direito Público, Apelação 1023466-57.2020.8.26.0114, Relatora Des. Maria Olívia Alves, julgado em 19.08.2022, DJe de 25.08.2022.

gerada, somente elenca os documentos que devem constar no prontuário da paciente gestante.

Desta forma, o que existe hoje em matéria normativa não seria capaz de solucionar o caso em questão sem a judicialização, apesar de a matéria ser considerada relativamente simples quando comparada com os demais casos apresentados.

Em síntese, é possível concluir que, apesar da ausência de uma legislação mais assertiva acerca da gravidez por substituição, assim como a generalização de diversos conceitos atinentes sobre o tema presentes na atual Resolução do CFM, a normativa existente vem sendo, ao longo do tempo, atualizada, incorporando as decisões judiciais consolidadas sobre o assunto. No entanto, como demonstrado, ainda há certa insegurança jurídica, ensejando a atuação jurisdicional para a definição do ordenamento do caso concreto,[56] sempre de acordo com a legalidade constitucional.

Apresentados os principais debates doutrinários, bem como análise de alguns precedentes importantes sobre a gravidez de substituição, o artigo se debruçará a seguir sobre a questão transnacional.

3. A QUESTÃO TRANSNACIONAL

Os debates sobre a gestação de substituição ultrapassam as fronteiras do direito brasileiro, suscitando desafios que perpassam o polêmico *turismo dos direitos*[57-58] e as consequências práticas para a atribuição de filiação e nacionalidade da criança gerada através da referida técnica quando "encomendada por pessoas que não têm a mesma nacionalidade da gestante e que precisam se deslocar para outros Estados, a fim de concretizarem o sonho de se tornarem pais".[59]

Além disso, também traz à tona dilemas éticos sobre a possível violação de direitos humanos de mulheres de países pobres que se submetem ao processo gestacional pura e simplesmente em razão da remuneração, sem contar com apoio médico e/ou psicológico durante a gestação e no período puerperal. Sob a ótica de quem cede temporariamente o útero à título oneroso, indaga-se: o fato de uma mulher receber remuneração por necessidades financeiras para submeter o seu

---

56. SOUZA, Eduardo Nunes de. Índices da aderência do intérprete à metodologia do direito civil-constitucional. *Revista da Faculdade de Direito da UERJ*. 2022. n. 41. p. 13.
57. O termo é de autoria de Stefano Rodotà, em artigo traduzido por Carlos Nelson de Paula Konder. (RODOTÀ, Stefano. Autodeterminação e laicidade. Trad. Carlos Nelson de Paula Konder. *Revista Brasileira de Direito Civil – RBDCivil*, Belo Horizonte, v. 17, p. 139-152, jul./set. 2018, p. 148).
58. Também denominado de "turismo de fertilidade ou reprodutivo" neste artigo.
59. MASSARO, Ana Carolina Pedrosa. Baby Business: a indústria internacional da 'barriga de aluguel' sob a mira da Convenção da Haia. *Revista do Instituto do Direito Brasileiro*, ano 3 (2014), n. 8, p. 5.770.

próprio corpo a uma gestação com a finalidade de gerar o(a) filho(a) de terceiros é desespero ou liberdade?[60]

A pretensão não é, de forma alguma, esgotar o tema, mas sim trazer uma reflexão e lançar luz sobre o que parece ser o maior desafio do tema na atual sociedade cada vez mais globalizada, com maior facilidade na circulação de pessoas: as diferentes regulações ao redor do mundo.[61]

Como ensinado por Marcelo Truzzi Otero são três as orientações no direito estrangeiro sobre o tema: "a) aqueles que a proíbem indistintamente; b) aqueles que a admitem irrestritamente; c) aqueles que a admitem apenas na modalidade gratuita e observadas algumas condições".[62] De maneira geral, Rolf Madaleno observa que a tendência tem sido a de não admitir a maternidade de substituição.[63]

Viu-se que o Brasil está entre os países da terceira orientação. À título de exemplificação, a China, a França e a Espanha se enquadram entre os países de proibição total; a Ucrânia e os Estados Unidos (especialmente o estado da Califórnia) entre aqueles de liberação irrestrita; e países como o Brasil, o Reino Unido e a Índia entre os países que autorizam a prática de maneira condicionada, especialmente com caráter altruísta.

Na China, França e Espanha, a prática da gestação de substituição, seja ela gratuita ou onerosa, é ilegal e há previsão de sanções criminais a todos os envolvidos.[64] No ano de 2023, inclusive, uma clínica clandestina localizado no sul da

---

60. "Diversos documentos internacionais, o mais recente a Carta dos Direitos Fundamentais da União Europeia, vedam que o corpo possa ser fonte de lucro, pondo assim um princípio que se refere à vida inteira. Esta não é limitação da autodeterminação, uma nova sujeição sua a lógicas paternalistas. É, ao contrário, a criação das condições necessárias para retirar a pessoa de formas de condicionamento ligadas sobretudo a dificuldades econômicas, que podem levá-la a fazer do corpo uma mercadoria como as outras. Podemos verdadeiramente confundir o desespero com a liberdade?" (RODOTÁ, Stefano. Autodeterminação e laicidade. Trad. Carlos Nelson de Paula Konder. *Revista Brasileira de Direito Civil – RBDCivil*, Belo Horizonte, v. 17, p. 139-152, jul./set. 2018, p. 150-151).
61. "Com efeito, muitos são os casais que se deslocam de seus países de origem em busca de legislações mais flexíveis e permissivas, de mulheres dispostas a "cederem" seus corpos para gerarem filhos alheios e de 'baixos preços' por estes serviços, o que inevitavelmente deu ensejo a abusos e ilegalidades, a ponto de confirmarem a exploração da mulher e o desamparo do melhor interesse do menor que nascerá por tais técnicas médicas de procriação artificial" (MASSARO, Ana Carolina Pedrosa. Baby Business: a indústria internacional da 'barriga de aluguel' sob a mira da Convenção da Haia. *Revista do Instituto do Direito Brasileiro*, ano 3 (2014), n. 8, p. 5770).
62. OTERO, Marcelo Truzzi. Contratação da barriga de aluguel gratuita e onerosa. Legalidade, efeitos e o melhor interesse da criança. *Revista Brasileira de Direito das Famílias e Sucessões*. Porto Alegre: Magister-IBDFAM, v. 20. p. 23. fev./mar. 2011.
63. MADALENO, Rolf. *Direito de Família*. Rio de Janeiro: Grupo GEN, 2023. E-book. p. 641.
64. A título exemplificativo, confira-se o art. 227-13 do Código Penal francês: "*La substitution volontaire, la simulation ou dissimulation ayant entraîné une atteinte à l'état civil d'un enfant est punie de trois ans d'emprisonnement et de 45 000 euros d'amende. La tentative est punie des mêmes peines*". Disponível em: https://www.legifrance.gouv.fr/codes/article_lc/LEGIARTI000006418045. Acesso em: 20 jan. 2024.

China foi desmantelada, tendo o seu gerente e operador das instalações sofrido uma penalidade administrativa.[65]

A Índia, país que desde 2019 deixou de autorizar a prática indiscriminadamente e passou a ter uma regulação mas parecida com a brasileira, já foi mundialmente conhecida como uma das "principais metas do turismo de procriação". No entanto, em razão de diversas denúncias de violação aos direitos humanos das gestantes indianas que se submetiam à técnica, em 2019, o Parlamento aprovou "uma disposição que proíbe alugar o útero para fins comerciais em todo o país. A lei autoriza a sub-rogação somente em caso de escolha altruísta, entre pessoas da mesma família e somente para casais de indianos casados pelo menos por 5 anos, que não têm outros filhos".[66]

Já em alguns estados nos Estados Unidos e na Ucrânia, a regulação é considerada mais liberal: é permitida tanto a prática a título gratuito, como a título oneroso. É exatamente essa maior permissividade regulatória de alguns países que gera uma grande discussão sobre os desafios atuais e futuros do *turismo reprodutivo*. É preciso destacar que as pessoas advindas de outros Estados que recorrem à técnica nos referidos países, na maior parte das vezes, estão *fugindo* da regulamentação do próprio Estado.[67] No entanto, somente os indivíduos com maiores condições financeiras para custear todo o procedimento, além do deslocamento, são capazes de realizar tal *fuga*, o que, no limite, significa uma verdadeira barreira de acesso para determinadas pessoas, culminando em maiores desigualdades.[68]

---

65. Illegal surrogacy activities found in residential villa in South China's Shenzhen. *Global Times*, 18 de setembro de 2023. Disponível em: https://www.globaltimes.cn/page/202309/1298382.shtml. Acesso em: 19 jan. 2024.
66. Índia proíbe aluguel de útero. *Vatican News*, 9 de agosto de 2019. Disponível em: https://www.vaticannews.va/pt/mundo/news/2019-08/india-alugue-utero-maternidade.html. Acesso em 19 jan. 2023; India surrogate mothers talk of pain of giving up baby. *BBC News*, 15 de agosto de 2016. Disponível em: https://www.bbc.com/news/world-asia-india-37050249. Acesso em: 19 jan. 2024.
67. Stefano Rodotà já tratava dos dilemas provenientes do turismo dos direitos: "Para liberar-se de uma mão pública que quer mais uma vez apossar-se do corpo e da vida das pessoas, e que assim nega o novo habeas corpus, foge-se para países em que não existem estas restrições, dando assim origem a inéditas formas de emigração ou, para dizer melhor, a verdadeiros pedidos de um asilo político provisório para fugir às prepotências legislativas do próprio Estado (não apenas na Itália). Para nascer e para morrer, transpõem-se as agora fugazes fronteiras nacionais, com um turismo dos direitos que deslegitima o Parlamento e as regras, que foram por ele aprovadas para lançar um manifesto ideológico com a cínica consciência de que serão contornadas" (RODOTÀ, Stefano. Autodeterminação e laicidade. Trad. Carlos Nelson de Paula Konder. *Revista Brasileira de Direito Civil – RBDCivil*, Belo Horizonte, v. 17, p. 139-152, jul./set. 2018, p. 148-149).
68. Em 2021, a Revista Pais & Filhos entrevistou advogada especialista no tema que afirmou que os valores "costumam variar entre os países, mas o procedimento pode ir de US$ 58 mil na Georgia, até US$ 130 mil nos Estados Unidos" (JARDIM, Cinthia. Barriga de aluguel: como funciona, por que é ilegal no Brasil, quanto custa e quais os limites. *Pais & Filhos*, 2 de abril de 2021. Disponível em: https://paisefilhos.uol.com.br/gravidez/barriga-de-aluguel-como-funciona-por-que-e-ilegal-no-brasil-quanto-custa-e--quais-os-limites/. Acesso em: 19 jan. 2023).

As discussões ficam ainda mais acirradas se considerada a crescente tendência de "social" *surrogacy*: quando o motivo da contratação da técnica de gestação, além do desejo da maternidade, não envolve nenhuma necessidade médica, mas sim a vontade da contratante em não sofrer nenhum impacto da gestação em seu próprio corpo ou a crença chinesa (sem comprovação científica) de que gestações prévias teriam "envelhecido" seu útero.[69]

Os problemas práticos se iniciam no retorno da família ao seu país de origem, após o nascimento da criança.

Na França, tornaram-se emblemáticos os casos *Mennesson* e *Labasse*, em que foram negados os pedidos de registro de transcrição do nascimento de crianças geradas por gestação de substituição, tanto administrativa, como judicialmente, por alegação de ofensa à ordem pública e fraude à lei francesa, que veda expressamente a gestação de substituição, seja na modalidade gratuita, seja na modalidade comercial. Os casos foram julgados simultaneamente pela Corte Europeia de Direitos Humanos, que, em 26.06.2014, condenou a França pela recusa no registro das crianças, em observância ao melhor interesse da criança, segundo o qual não se pode negar proteção legal quando a gestação de substituição for legal no país em que realizado. Desde então, de maneira a compatibilizar os interesses em jogo, as decisões judiciais francesas têm sido no sentido de conceder a adoção simples ao genitor intencional que não forneceu material biológico.[70]

Em ambos os casos acima retratados, o nascimento ocorreu nos Estados Unidos e os pais intencionais pretendiam regularizar a filiação e nacionalidade em seu país de origem, para que refletisse a sua efetiva ascendência. No entanto, em hipótese de nascimento na Índia, a situação foi ainda mais grave, tendo sido uma criança considerada apátrida porque aquele país não concede nacionalidade em razão do nascimento em seu território e a gestante havia renunciado ao poder parental. Felizmente, em 25.01.2013, o Ministério da Justiça francês determinou a concessão de nacionalidade, inobstante suspeitas de gestação de substituição.[71]

No Brasil, não se tem notícia de medidas judiciais semelhantes e o caso que mais se aproxima é a homologação de sentença estrangeira que foi objeto do

---

69. Sobre o tema, cita-se novamente matéria do The Guardian sobre a crescente procura pela *social surrogacy*, por questões alheias a impedimentos médicos. (Kleeman, Jenny. 'Having a child doesn't fit into these women's schedule': is this the future of surrogacy? *The Guardian*, 25 de maio de 2019. Disponível em: https://www.theguardian.com/lifeandstyle/2019/may/25/having-a-child-doesnt-fit-womens-s-chedule-the-future-of-surrogacy. Acesso em: 19 jan. 2023).
70. CARR, Livia Vilas Bôas. *Desempenho do STJ nas homologações de decisões estrangeiras envolvendo poder familiar*: ações de guarda, visitação, alimentos, adoção e gestação por substituição. São Paulo: Editora Dialética, 2021, p. 210-219.
71. CARR, Livia Vilas Bôas. *Desempenho do STJ nas homologações de decisões estrangeiras envolvendo poder familiar*: ações de guarda, visitação, alimentos, adoção e gestação por substituição. São Paulo: Editora Dialética, 2021, p. 217-219.

processo SE 4525 / US, decidido, em 02.08.2010, monocraticamente pelo então Presidente do STJ, Min. Cesar Asfor Rocha, de maneira favorável à homologação. Tratava-se de pedido de homologação de sentença estrangeira prolatada pela Corte de Cook, no estado de Illinois, Estados Unidos, que concedeu a adoção de uma criança a casal homoafetivo, formado por cidadãos norte-americano e brasileiro, este último pai biológico da criança adotada. Muito embora não se faça qualquer menção à gestação de substituição, os elementos do caso levam a acreditar que essa era a hipótese.[72]

Nos últimos anos, o conflito de regulamentações ao redor do mundo foi potencializado por eventos extraordinários com efeitos deletérios sobre o *modus operandi* do mencionado *turismo dos direitos*. A pandemia de Covid-19, com diversos decretos de *lockdown* a partir de 2020, bem como as guerras, entre elas a invasão da Rússia na Ucrânia a partir do início de 2022, impuseram restrições de deslocamento que costumavam ser tão usuais no mundo globalizado.

Como resultado das restrições impostas pela pandemia, diversas crianças geradas por gestação de substituição não puderam ser prontamente buscadas pelos pais intencionais, que foram privados dos momentos iniciais de vida tão aguardada.[73]

Por sua vez, a invasão russa no território ucraniano também implicou sérias consequências, especialmente porque o país correspondia a um quarto do "mercado" global de gestação de substituição, com cerca de 2.000-2.500 contratos assinados anualmente, antes do início da guerra. Desde a invasão, estima-se que 1.000 crianças nasceram através dessa técnica de gestação, as quais sofreram com a demora na emissão de documentos autorizando a sua viagem. Além disso, algumas gestantes de substituição fugiram do país, eventualmente se deslocando

---

72. "O relatório da decisão monocrática não fez qualquer referência à perda, destituição ou renúncia do poder familiar; nem mesmo nada foi dito quanto ao processo original de adoção. Contudo, a respectiva decisão mencionou nas razões de decidir o uso da técnica de inseminação artificial heteróloga, na qual foram usados óvulos doados por uma mulher desconhecida. Desse modo, as circunstâncias do caso concreto levam a acreditar que, na realidade, tratou-se de uma gestação por substituição. Como foram utilizados gametas masculinos do brasileiro, a utilização de óvulo de doadora anônima só poderia ser possível através da fertilização in vitro. Explica-se: como a decisão monocrática fez referência à "utilização de óvulos doados por uma mulher não identificada", é de se concluir que a pessoa que doou os óvulos não foi a mesma que gerou a criança, o que caracteriza, muito provavelmente, a celebração de um contrato de maternidade por substituição. Até porque a lei do Estado americano de Illinois, denominada de *Gestational Surrogacy Act* de 2005, veda a gestação por substituição de forma tradicional, só admitindo a modalidade gestacional" (CARR, Livia Vilas Bôas. *Desempenho do STJ nas homologações de decisões estrangeiras envolvendo poder familiar*: ações de guarda, visitação, alimentos, adoção e gestação por substituição. São Paulo: Editora Dialética, 2021, p. 209).
73. KALE, Sirin. Surrogates left holding the baby as coronavirus rules strand parents. *The Guardian*, 14.05.2020. Disponível em: https://www.theguardian.com/lifeandstyle/2020/may/14/surrogates-baby-coronavirus-lockdown-parents-surrogacy. Acesso em: 20 jan. 2024.

para outros territórios com regulamentação distinta, o que também impactou a atribuição de nacionalidade e filiação dessas crianças.[74]

Como consequência, em março de 2022, o governo do Reino Unido autorizou a emissão de visto especial às gestantes de substituição ucranianas (e seus respectivos dependentes), que estivessem gerando crianças britânicas e mantém guia com orientações sobre a gestação de substituição transnacional.[75]

No Brasil, tramita no Senado o Projeto de Lei 787/2022, de autoria da senadora Mara Gabrilli, a fim de regulamentar, em caráter excepcional, a gestação de substituição envolvendo gestantes que vieram ao Brasil no contexto do conflito armado entre a Ucrânia e a Rússia. Além de dispor sobre os documentos a serem apresentados e sua respectiva avaliação, a proposta estende as regras brasileiras à hipótese, porém, estabelece que "o caráter oneroso do contrato de gestação por substituição não implicará invalidade, se o contrato tiver sido feito com clínica ou com parturiente que, à época da celebração do contrato, eram da Ucrânia". Após o prazo regimental, não foram apresentadas emendas e, no momento, aguarda-se o relatório da relatora, senadora Margareth Buzetti.[76]

Ciente da relevância do tema, a Conferência da Haia de Direito Internacional Privado conta com grupo de trabalho que vem mapeando a prática ao redor do mundo e discute possíveis soluções à regulamentação em nível global.[77] A regulação transnacional é, há muito, demandada por especialistas e visa oferecer segurança jurídica a todos os envolvidos, especialmente à criança, cujo melhor interesse deve ser a prioridade máxima de qualquer normativa. Como alternativa, sugere-se o recurso, com as devidas adaptações, a dispositivos da Convenção Relativa à Proteção das Crianças e à Cooperação em Matéria de Adoção Internacional.[78]

Ainda que a definição da matéria implique imenso esforço em equalizar regulamentações distintas, refletidas em culturas, políticas e sociedades igualmente distintas, o estabelecimento de princípios gerais baseados em direitos humanos

---

74. WILLIAMS, Sally. An English couple, a Ukrainian surrogate and a baby: the extraordinary story of how war united two unlikely families. *The Guardian*, 9 de dezembro de 2023. Disponível em: https://www.theguardian.com/lifeandstyle/2023/dec/09/an-english-couple-a-ukrainian-surrogate-and-a-baby-the-extraordinary-story-of-how-war-united-two-unlikely-families. Acesso em: 20 jan. 2024.
75. Disponível em: https://www.gov.uk/government/publications/surrogacy-overseas/surrogacy-overseas. Acesso em: 20 jan. 2024.
76. Disponível em: https://www25.senado.leg.br/web/atividade/materias/-/materia/152552. Acesso em: 20 jan. 2024.
77. Disponível em: https://www.hcch.net/en/projects/legislative-projects/parentage-surrogacy. Acesso em: 20 jan. 2024.
78. A título exemplificativo, menciona-se a proposta de Katarina Trimmings e Paul Beaumont, que foi objeto de resenha crítica por Claire Fenton-Glynn (FENTON-GLYNN, Claire. Review Article: Human Rights and Private International Law: Regulating International Surrogacy. *Journal of Private International Law*, v. 10, 2014).

parece ser o caminho mais adequado no contexto atual de globalização, a fim de evitar conflitos como os aqui descritos.

NOTAS CONCLUSIVAS

Muito embora a doutrina nacional seja divergente sobre a legalidade da gestação de substituição, essa prática gestacional é admitida e está em vigor no Brasil desde o início da década de 1990, quando o CFM editou a primeira resolução em matéria de reprodução assistida.

Desde então, a normativa deontológica vem sendo atualizada, de maneira a refletir o retrato da sociedade contemporânea, bem como a jurisprudência sobre aspectos práticos do tema, incluindo a constitucionalidade de entidades familiares homoafetivas e a ampla proteção a todas as pessoas, independentemente de sua orientação sexual.

Atualmente, a regulamentação sobre a prática de gestação de substituição se limita às resoluções editadas pelo CFM e pelo CNJ, este último a respeito do registro civil das crianças fruto desta técnica. Essa regulamentação está alinhada a preceitos constitucionais determinantes, como o livre planejamento familiar, a vedação à comercialização do corpo (manifestada no caráter exclusivamente altruístico da gestante) e a autodeterminação (manifestada através do consentimento livre e informado).

As propostas de legislação sobre o tema seguem orientação semelhante e, apesar de inexistir atualmente legislação em vigor, a hierarquia e completude da CRFB/88 permitem a resolução de casos concretos pelo Poder Judiciário, com fundamento especialmente na cláusula geral da dignidade da pessoa humana.

Como visto ao longo deste trabalho, a doutrina majoritária defende a promulgação de legislação para promover maior segurança jurídica ao negócio, especialmente no que diz respeito à definição da natureza jurídica da relação entre os envolvidos (idealizador(es) do projeto parental-clínica de reprodução assistida-gestante substituta), com repercussão sobre o instituto da responsabilidade civil, por exemplo.

Não obstante, este artigo também cuidou, de maneira exemplificativa, da interpretação sistemática do ordenamento em casos concretos, com a aplicação da norma em matérias como o registro civil de criança nascida através da técnica (previamente à regulamentação extrajudicial), concessão de licença-paternidade equiparada à licença-maternidade para casais homoafetivos e família monoparental, bem como a definição de responsabilidade da clínica de reprodução assistida pela providência dos documentos legais.

Os desafios atuais também incluem as diferentes regulações sobre a gestação de substituição ao redor do mundo, com orientações no sentido de proibi-la totalmente, autorizá-la indiscriminadamente ou autorizá-la com certas condições, sendo este último o caso do Brasil.

O retorno ao país de origem dos pais intencionais encontra entraves de ordem prática quando há conflito material entre as diferentes regulamentações, mais especificamente na definição da nacionalidade e da filiação da criança nascida através da técnica, o que vem sendo solucionado com base no melhor interesse da criança, como por exemplo em julgados paradigmáticos da Corte Europeia de Direitos Humanos. Esses conflitos foram ainda potencializados pela pandemia de Covid-19 e guerras, eventos extraordinários recentes que impactaram a circulação de pessoas e também demandaram providências em prol do melhor interesse das crianças nascidas através da técnica.

Devido à relevância da matéria, o tema é inclusive objeto de discussão pela Conferência de Haia, com o intuito de se editar regulamentação no âmbito do Direito Internacional Privado, cujos desafios também são inúmeros devido aos múltiplos direitos envolvidos.

Logo, é notória a constante atualização na regulamentação da matéria a nível nacional, mas os desafios atrelados ao mundo globalizado demandam o estabelecimento de diretrizes a nível transnacional, alinhados aos preceitos dos direitos humanos.

DIREITO AO PLANEJAMENTO FAMILIAR E ELEGIBILIDADE À GESTAÇÃO DE SUBSTITUIÇÃO NO BRASIL

Breno Cesar de Souza Mello

Doutorando em Direito Civil – UERJ. Mestre em Direito e Inovação – UFJF (2022). Especialista em Direito Empresarial. Pós-graduando "Lato sensu" em Direito Médico e da Saúde, Faculdade Legale. Bacharel em Direito pela Universidade Federal de Juiz de Fora, com período sanduíche na Universidade de Coimbra – Portugal. E-mail: brenocesar.m@gmail.com. Lattes: http://lattes.cnpq.br/3521689466406923.

Sumário: Introdução – 1. Direito à procriação e o papel da gestação de substituição na reconfiguração dos novos modelos familiares. – 2. Breve análise sobre as normas deontológicas do CFM sobre a gestação de substituição e as exigências de elegibilidade – 3. Gestação de substituição à luz da experiência jurisprudencial brasileira – Considerações finais.

INTRODUÇÃO

Nas últimas décadas, em decorrência do desenvolvimento tecnológico proporcionado pela biomedicina e pelos movimentos sociais em prol dos direitos reprodutivos, a instituição familiar pôde assistir uma verdadeira revolução e reestruturação nas suas bases de formação. Com a guinada dos métodos contraceptivos que proporcionaram um maior controle sobre o momento ideal para a fecundação e com o advento e o constante aprimoramento das técnicas de reprodução medicamente assistidas (TRA's) responsáveis por cumprir um importante papel no tratamento das causas de infertilidade e de esterilidade que impossibilitavam a realização de muitos projetos parentais, o direito à procriação passou ser alcançado e buscado por novos indivíduos, o que possibilitou a criação de novos modelos familiares.

Diante desses impactos trazidos pela biotecnologia, o presente trabalho buscará fazer uma análise sobre a reconfiguração do âmbito familiar, a partir do aprimoramento das Técnicas de Reprodução Medicamente Assistidas, mediante uma análise específica sobre a técnica conhecida como Gestação de Substituição. Pelo fato do uso dessa técnica ser marcado por inúmeros questionamentos quanto à permissibilidade ou não do seu acesso, por ser condicionada ao cumprimento de inúmeras exigências, por haver críticas concernentes à instrumentalização do útero cedente, sobretudo, quando a técnica é utilizada na modalidade onerosa e buscada em países periféricos, além dos conflitos de maternidade, já que essa técnica rompe com a velha máxima trazida pelo brocardo *mater semper certa est*, ou seja, de que mãe é aquela que gesta, dentre outras questões controversas, buscar-se-á destacar os obstáculos normativos e sociais impostos quanto à elegibilidade à técnica.

Tendo em vista que inexiste um tratamento legal regulando o assunto no Brasil, um cenário jurisprudencial e doutrinário com inúmeras divergências quanto à compreensão dessa técnica específica, além do pouco rigor terminológico na sua definição, serão utilizados os termos "gestação de substituição", para se referir à técnica em si, pais de intenção ou contratantes, para se referir aos sujeitos interessados em utilizar a técnica e gestante substituta, ao invés de mãe de substituição ou mãe cedente do útero, uma vez que se considera, *a priori*, que o ato de gestar se difere da intenção exercer a relação de parentalidade, sendo que essa característica se aproxima mais com a prevalência do aspecto socioafetivo sobre a questão meramente biológica de doar o material genético ou de gestar um filho para outrem, mas sem visar estabelecer um vínculo afetivo com a criança gestada.

Assim, através de um estudo exploratório traçado mediante uma análise bibliográfica qualitativa e documental,[1] pretende-se evidenciar a necessidade de uma legislação específica ao tema, pois as imprecisões na tutela desse ato da vida podem abrir margem para decisões e interpretações jurídicas antagônicas à máxima efetivação da dignidade da pessoa humana, de modo a obstaculizar as múltiplas formas de consolidação da instituição familiar contemporânea por meio dessas tecnologias.

1. DIREITO À PROCRIAÇÃO E O PAPEL DA GESTAÇÃO DE SUBSTITUIÇÃO NA RECONFIGURAÇÃO DOS NOVOS MODELOS FAMILIARES

Um dos fenômenos que marcou a reformulação da instituição familiar foi o advento das novas tecnologias inseridas no âmbito da reprodução assistida, pela possibilidade de haver "sexo sem reprodução e, principalmente, reprodução sem sexo", segundo Ana Brochado Teixeira.[2] No que diz respeito à família e o desejo de concretização da parentalidade, essas tecnologias permitiram a ampliação das possibilidades de materialização do chamado direito à procriação, mediante

---

1. GILL, Antônio Carlos. *Como elaborar um projeto de pesquisa*. 4. ed. São Paulo: Atlas, 2002.
2. TEIXEIRA, Ana Carolina Brochado Teixeira. Conflito positivo de maternidade e a utilização do útero de substituição. In: CASABOBA, Carlos María Romeo; QUEIROZ, Juliane Fernandes. *Biotecnologia e suas implicações ético-jurídicas*. Belo Horizonte: Del Rey, 2005, p. 309. Disponível em: https://docplayer.com.br/17065451-Conflito-positivo-de-maternidade-e-a-utilizacao-de-utero-de-substituicao.html. Acesso em: 09 jun. 2021.

aprimoramento desses métodos e das garantias de acesso e, em decorrência disso, a procriação passou a ir além do ato íntimo de um casal heterossexual fértil, ao passar a ser demandada como um direito,[3] por outros indivíduos nas relações familiares contemporâneas,[4] como ensina Rolf Madaleno, ao afirmar que tal categoria de direito tornou-se um direito subjetivo de cada um, tendo o Estado, portanto, "o dever de assegurar o direito de acesso a qualquer técnica de reprodução assistida a casais héteros e homoafetivos".[5]

No âmbito nacional, embora não haja uma norma ou lei específica prevendo o chamado direito à procriação de forma expressa, extrai-se da Constituição Federal de 1988 o direito ao planejamento familiar, diante da previsão do art. 226,§ 7º que trouxe em seu bojo a garantia da livre decisão do sujeito para a estruturação do seu núcleo social familiar, sob uma perspectiva positiva, ou seja, permitindo que haja uma gama de opções para que a procriação seja concretizada, mediante políticas públicas de acesso aos tratamentos terapêuticos e também um viés negativo, ao conferir a liberdade de acesso aos métodos contraceptivos à população. Ademais, com a Lei de Planejamento Familiar 9.263/96 houve a regulação desse artigo constitucional, reforçando as ideias concernentes ao tratamento da paternidade responsável e sobre o melhor interesse da criança e do adolescente.[6]

Nesse ínterim, além da dimensão positiva ter ampliado os novos perfis das instituições familiares, também promoveu um importante papel em garantir a livre escolha dos interessados em estabelecer quais formas e condições que a procriação deverá ocorrer, caso optem por realizá-la.[7] Assim, o uso dessas tecnologias passaram a abranger a reivindicação para o acesso por parte da parcela populacional que é solteira, pertencente à comunidade LGBT+, além de trazer novas formas de realização do fenômeno da multiparentalidade, por exemplo.[8]

---

3. Nesse lume, pelo fato dos direitos reprodutivos possuírem a capacidade de envolver o foro íntimo da pessoa humana e suas predileções e anseios relacionais, e por influir, assim, diretamente nos direitos basilares, como à vida e à liberdade para criação dos núcleos afetivos, Flávia Piovesan defende que há uma emergência dos direitos reprodutivos serem lidos como direitos humanos. PIOVESAN, Flávia. *Temas de direitos humanos*. 2. ed. São Paulo: Max Limonad, 2003.
4. FERNANDES, Silvia da Cunha. *As técnicas de reprodução humana assistida e a necessidade de sua regulamentação jurídica*. Rio de Janeiro: Renovar, 2005.
5. MADALENO, Rolf. *Curso de Direito de Família*. 8. ed. Rio de Janeiro: Forense, 2018, p. 714.
6. OLIVEIRA, Cheila; LIMA, Bianca. O direito ao livre planejamento familiar e a doação de útero. *Cadernos de Direito*, Piracicaba, v. 16 (31):447-479, jul./dez. 2016.
7. KONDER, Carlos Nelson; KONDER, Cíntia Muniz de Souza. Violações à autonomia reprodutiva no cenário das novas tecnologias. In: TEPEDINO, Gustavo; TEXEIRA, Ana Carolina Brochado; ALMEIDA, Vitor (Coord.). *O Direito Civil entre o sujeito e a pessoa*: estudos em homenagem ao professor Stefano Rodotà. Belo Horizonte: Fórum, 2016, p. 217-232.
8. CORRÊA, Marilena; LOYOLA, Maria. Reprodução e bioética. A regulação da reprodução assistida no Brasil. *Caderno CRH*, Salvador, v. 18, n. 43, p. 103-112, jan./abr. 2005, p. 104.

Inobstante o "direito ao planejamento familiar" esteja diretamente ligado aos direitos que "permitem a realização das potencialidades da pessoa humana",[9] segundo Heloísa Barboza, tais prerrogativas não podem ser consideradas como direitos absolutos, pois devem estar em conformação com as normas jusfundamentais, sendo passíveis de ponderação, a depender da situação concreta envolvendo um conflito de interesses.

Dito isso, as biotecnologias vêm cumprindo esse papel de transformação na reconfiguração das famílias, ao permitir, sobretudo, que a parentalidade deixe de seguir uma linearidade proveniente de "um ato sexual, seguido da concepção e posterior nascimento", além de trazer novas reflexões e relativizações às presunções de maternidade e de paternidade, trazendo, por conseguinte, um maior peso ao desejo humano de procriar como um reflexo da vontade, da autodeterminação humana, e fortalecendo as noções de socioafetividade nessas relações privadas.[10] A título de destaque, a gestação de substituição evidencia bastante essas questões supracitadas, porque além dessa técnica permitir o uso de material genético de terceiros, geralmente anônimos, rompendo com a noção de identidade paterna e materna pelo mero olhar no dado referente à possível consanguinidade, também possibilita questionar quem será a mãe e se esse papel estará condicionado ao momento do parto.

A respeito do uso da técnica de reprodução assistida através de um útero cedente, substituto, temos que é um assunto relativamente recente na literatura, pois o primeiro caso relatado e judicializado ocorreu na década de 1980, em uma demanda apresentada no Tribunal de New Jersey que visava resolver o conflito de maternidade criado entre os pais de intenção e a gestante substituta. Esse caso paradigmático que ficou conhecido como "Baby M",[11] em linhas gerais, foi extremamente controverso na época, pois além do uso dessa forma de reprodução assistida ter ocorrido na modalidade onerosa, houve a utilização do material genético da gestante substituta e uma renúncia dos direitos parentais, por meio de um contrato e um arrependimento posterior da gestante substituta em entregar a criança gestada para os pais de intenção.[12]

Hoje, diante do aprimoramento da técnica em si e das distintas formas de regulações estabelecidas por cada país que permite, proíbe ou que se abstém de

---

9. BARBOZA, Heloisa Helena. A reprodução humana como direito fundamental. In: DIREITO, C. A. M.; TRINDADE, A. A. C.; PEREIRA, A. C. A. P. (Coord.). *Novas perspectivas do direito internacional contemporâneo*. Rio de Janeiro: Renovar, 2008, p. 785.
10. DIAS, Maria Berenice. *Manual de Direito das Famílias*. 14. ed. São Paulo: Ed. RT, 2021, p. 221.
11. HABERMAN, Clyde. *Baby M and the Question of Surrogate Motherhood*. The New York Times, 23 mar. 2014. Disponível em: https://www.nytimes.com/2014/03/24/us/baby-m-and-the-question-of-surrogate-motherhood.html. Acesso em: 10 abr. 2023.
12. LEITE, Eduardo de Oliveira. *Procriações artificiais e o direito*: aspectos médico-legais. São Paulo: Ed. RT, 1995.

regular a temática, pode-se definir que a gestação de substituição representa uma técnica que permite que a pessoa interessada em figurar como pai de intenção possa se valer da cessão temporária e voluntária do ventre de outrem, que no caso será considerada a gestante substituta. Não obstante, essa técnica de reprodução assistida possa ser utilizada por qualquer pessoa capaz e que almeje concretizar o seu projeto parental, insta salientar que no plano internacional há inúmeras restrições e critérios concernentes ao público que poderá se beneficiar da técnica, havendo, assim, certa tendência em beneficiar modelos familiares conformados ao padrão heterossexual.

Destaca-se, por exemplo, a situação mais conservadora da Índia que, após ter passado anos sendo um dos países mais procurados pelos estrangeiros que buscavam utilizar a técnica, entrou em uma onda mais conservadora decorrente de alguns casos relatados pela mídia de abandono das crianças gestadas pelos pais de intenção estrangeiros – desde o ano de 2016, o governo vem trabalhando em um projeto de lei que proibirá o acesso aos casais homossexuais, pessoas solteiras e sem o passaporte indiano. No mesmo caminho da Índia, a Tailândia também vem buscando sair da rota do "turismo reprodutivo", por casos como o do *"Baby Gammy"*. Nesse trágico episódio, após o casal contratante identificar que uma das crianças nasceria com Síndrome de Down e má formação cardíaca, optaram por desistir da "prole indesejada", separando-a da sua irmã gêmea e abandonando-a no país, aos cuidados da gestante substituta que se recusou a abortá-la, por questões religiosas.[13]

Já na Europa, existem diversos entendimentos e requisitos para o uso da técnica. Apesar da Ucrânia figurar com um dos atuais países inseridos na rota internacional, prevê que a técnica deve ser utilizada por casais heterossexuais com problemas de infertilidade.[14] Ainda no contexto europeu, cabe destacar que muitos países optam pela proibição da técnica, como a França que segue a máxima *mater sempter est* na Lei 94-693[15] e no Código Civil artigo 16-7, 1.128, a Espanha que, além de proibir a técnica pela Lei 14/2006,[16] prevê uma pena restritiva de

---

13. HCCH. CONFERÊNCIA DA HAIA DE DIREITO INTERNACIONAL PRIVADO. *International Surrogacy Agreements*: Study of Legal Parentage and the issues arising from International Surrogacy Arrangements, 2014.
14. CASTRO, Luiz. Lockdown deixa dezenas de bebês de barriga de aluguel 'presos' na Ucrânia: Proibidos de entrar no Leste Europeu, pais de diversas partes do mundo não conseguem conhecer seus filhos; Caso reacende debate sobre exploração de mulheres, 2019. VEJA. Disponível em: https://veja.abril.com.br/mundo/lockdown-deixa-dezenas-de-bebes-de-barriga-de-aluguel-presos-na-ucrania/. Acesso em: 14 jul. 2021.
15. FRANÇA. Lei de Criação 94-653, de 29 de julho de 1994 – art. 3 – JORF 30 de julho de 1994. Disponível em: https://www.legifrance.gouv.fr/codes/article_lc/LEGIARTI000006419302/. Acesso em: 16 abr. 2021.
16. ESPANHA. *Ley 14/2006*, de 26 de mayo, sobre técnicas de reproducción humana asistida. Boletín Oficial del Estado, 26 de mayo de 2006. Disponível em: http://noticias.juridicas.com/base_datos/Admin/

liberdade no artigo 220º 1 do Código Penal,[17] por entender que a gestante estaria renunciando a criança gestada, para beneficiar o terceiro, e na Itália que, ao estar em conformidade com Lei 2004[18] e por expressa manifestação do artigo 4º co.3, proíbe a modalidade heteróloga da gestação de substituição, além de vedar o caráter lucrativo da técnica.[19]

Ademais, sobre as possibilidades de efetivação da técnica, ela poderá ocorrer através da fecundação do material genético cultivado *in vivo*, quando há a utilização das células germinativas da própria gestante substituta, fazendo com que essa também seja considerada a "mãe genética, generatriz, doadora do óvulo".[20] Além da possibilidade de haver uso do próprio material genético dos pais de intenção ou através do material genético oriundo de um banco de doação de gametas, sendo essas hipóteses de gestação de substituição considerada *in vitro*. Por essas formas de realização, Maria Rita H. Oliveira entende que essa técnica permite que, a depender da tese, haja uma forma de "multiparentalidade", diante dos inúmeros sujeitos envolvidos durante o procedimento:[21]

> [...] do ponto de vista médico, seriam várias as probabilidades de combinações na utilização das técnicas. A biotecnologia permitindo a manipulação genética, viabiliza, com relação à GS, a participação de uma mulher para gestar e outra para doar o óvulo, caso a contratante também seja estéril além de infértil. Socialmente falando e considerando a intenção parental, poderíamos estar diante de até 03 (três) mulheres, entre as já citadas, e a contratante do procedimento. Da mesma forma, o sêmen pode ser de doador anônimo ou pertencente ao contratante.

Além disso, a gestação de substituição poderá ocorrer de forma gratuita, quando a gestante tem um gesto de altruísmo e não estipula nenhum tipo de contraprestação, ou onerosa, quando há um pagamento, para a consecução do ato, um lucro que ultrapasse os gastos do procedimento em si e dos alimentos gravídicos, durante o período da gestação. Ainda, cabe nota que, sob a perspectiva dos pais

---

l14-2006.html. Acesso em: 29 jan. 2021.
17. Idem. Código Penal, 2010. Disponível em: http://perso.unifr.ch/derechopenal/assets/files/legislacion/l_20121008_02.pdf. Acesso em: 04 fev. 2021.
18. ITÁLIA. "Norme in materia di procreazione medicalmente assistita" pubblicata nella *Gazzetta Ufficiale* n. 45 del 24 febbraio 2004. Disponível em: http://www.parlamento.it/parlam/leggi/04040l.htm. Acesso em: 15 set. 2018.
19. LIGUORO, Anna. *Maternità surrogata*: cosa prevede l'ordenamento italiano ala luce degli sviluppi dela giurisprudenza. IUSITINERI, 2018. Disponível em: https://www.iusinitinere.it/maternita-surrogata-cosa-prevede-lordinamento-italiano-alla-luce-degli-sviluppi-della-giurisprudenza-cedu-9259. Acesso em: 20 abr. 2023.
20. MELLO, Breno Cesar de Souza Mello. *A autonomia reprodutiva no contexto do direito humano à procriação: aspectos fáticos e normativos da gestação por substituição no Brasil*. Dissertação (Mestrado em Direito). Programa de Pós-graduação em Direito e Inovação, Universidade Federal de Juiz de Fora, 2022, p. 146.
21. OLIVEIRA, M. R. H. S. A vulnerabilidade da mulher no caso da gestação sub-rogada no Brasil. *Vulnerabilidades e sua compreensão no Direito*, 2021, p. 200.

de intenção, a técnica será considerada homóloga quando há a utilização do seu material genético e heteróloga, quando o material genético vem de um terceiro, geralmente anônimo.

No que diz respeito ao aspecto intencional na construção desse vínculo de filiação com a parte responsável por criar o projeto parental, pode-se dizer que isso se dá no contexto social e jurídico marcado pelo processo de desbiologização das relações parentais, ao conferir um maior destaque e forma de tutela aos aspectos sociais, psicológicos e afetivos nas relações familiares que, até então, eram caracterizadas por um vínculo meramente biológico, sanguíneo.

No entanto, reconhecendo que o cenário internacional tende a se guiar pela máxima que atribui o vínculo de filiação pelo momento do parto, advoga-se que a afinidade genética com os pais de intenção, na modalidade homóloga, ainda é uma alternativa viável para os interessados que se deparam com óbices jurídicos e normativos no reconhecimento da parentalidade proveniente de uma reprodução assistida, especialmente, nos casos em que os contratantes buscam clínicas estrangeiras e tentam retornar com a criança gestada ao país de origem. Desse modo, estando alinhados o elemento intencional e uma afinidade genética entre os pais de intenção com a prole futura (modalidade homóloga) ou mesmo na hipótese de uso do material genético de um anônimo, reconhece-se o que o vínculo de parentalidade por intenção também é uma forma de garantir que não haja um possível conflito de maternidade entre a gestante substituta e a parte contratante, diminuindo, por conseguinte, os casos de arrependimento, sem falar das limitações burocráticas no reconhecimento dos pedidos de adoção ou reconhecimento dos contratos celebrados no exterior, por haver a possibilidade da aplicação do critério do *ius sanguinis*, como vem sendo aplicado pela Corte Europeia de Direitos Humanos.[22]

2. BREVE ANÁLISE SOBRE AS NORMAS DEONTOLÓGICAS DO CFM SOBRE A GESTAÇÃO DE SUBSTITUIÇÃO E AS EXIGÊNCIAS DE ELEGIBILIDADE

No tocante a ausência de lei específica, no Brasil há inúmeros projetos de lei que vêm buscando regular a temática, além de algumas normas já positivadas que, corriqueiramente, servem como fonte de analogias, muitas vezes *in malam partem*, para tentar conter o turismo reprodutivo e os contratos de gestação de substituição onerosos considerados clandestinos, como o Código Penal e seu artigo 242, que criminaliza o ato "dar parto alheio como próprio; registrar como seu o filho de

---

22. MELLO, Breno Cesar de Souza Mello. *A autonomia reprodutiva no contexto do direito humano à procriação*: aspectos fáticos e normativos da gestação por substituição no Brasil. Dissertação (Mestrado em Direito). Programa de Pós-graduação em Direito e Inovação, Universidade Federal de Juiz de Fora, 2022, p. 58.

outrem; ocultar recém-nascido ou substituí-lo, suprimindo ou alterando direito inerente ao estado civil", a Lei de Biossegurança, que criminaliza a venda de tecidos humanos, além do extensivo histórico de resoluções emanadas pelo Conselho Federal de Medicina que dão um norte deontológico e delineiam as definições das técnicas, qual o público alvo que terá o direito ao acesso às RA's, além dos requisitos referentes à idade, à destinação do material genético excedentário, dentre outros elementos inseridos na parte geral e nas partes específicas de cada técnica elencada.

Dito isso, quando observamos o histórico das resoluções emanadas pelo CFM sobre o tratamento da gestação de substituição, fica evidente que, embora ainda exista um grau de conservadorismo e de paternalismo nos entendimentos atuais, vem havendo um paulatino processo de amadurecimento das normas, uma maior conformação com a pluralidade dos arranjos familiares e uma superação do olhar de que a reprodução se resume, tão somente, ao aspecto biológico na relação de parentesco heterossexual.

À vista disso, podemos observar que a primeira manifestação do CFM através da Resolução 1.358, de 1992, a reprodução assistida (RA) teria como finalidade principal auxiliar os casos de infertilidade humana, após as tentativas da procriação por meio da conjunção carnal ou quando os outros meios terapêuticos tivessem sido ineficazes. Além disso, nas normas gerais, havia uma clara manifestação de que as técnicas deveriam ter como público alvo as mulheres capazes e, caso fossem casadas ou se estivessem em união estável, dever-se-ia comprovar a manifestação de vontade para o uso da técnica de ambas as partes. Essa norma evidencia que, na constância do casamento ou da união estável, haverá uma "interdependência entre o direito do homem e o da mulher no que se refere à reprodução", contudo, havendo uma decisão contrária aos interesses reprodutivos da outra parte, de modo que não haja ou se crie óbices ao planejamento reprodutivo do parceiro, como bem apontou Heloísa Barboza, os princípios constitucionais e o acesso à justiça serão imprescindíveis, para que não haja a supressão da autonomia, do direito ao corpo de uma das partes interessadas em ter o seu direito reprodutivo preservado na perspectiva positiva e negativa.[23]

No tocante ao uso específico da gestação de substituição, foi definido na época que a técnica deveria ser utilizada, após comprovar a existência de fatores que pudessem impedir ou contraindicar a gestação na doadora genética. Sobre a gestante substituta, optou-se por permitir que a candidata tivesse um grau de parentesco até o segundo grau com os pais de intenção, condicionando as demais candidaturas à autorização do Conselho Regional de Medicina (CRM).

---

23. BARBOZA, Heloisa Helena. A reprodução humana como direito fundamental. In DIREITO, C. A. M.; TRINDADE, A. A. C.; PEREIRA, A. C. A. P. (Coord.). *Novas perspectivas do direito internacional contemporâneo*. Rio de Janeiro: Renovar, 2008, p. 788.

Posteriormente, após aproximadamente dezoito anos dessa primeira resolução, o CFM a revogou e pôs em vigor a Resolução 1.957, de 2010. Nesse documento, diferentemente do texto anterior, não houve menção expressa ao gênero de destinação ao uso das RA, optando-se pela expressão "pessoas capazes", o que representou em termos práticos uma ampliação interpretativa sobre o público alvo de destinação ao uso das técnicas, ao englobar todos os particulares capazes e, em decorrência disso, os novos arranjos familiares, até então pouco evidenciados nas políticas públicas e normativas de proteção e reconhecimento. No que diz respeito à gestação de substituição, manteve-se a mesma redação da resolução anterior, ao vedar o seu uso em caráter oneroso e limitar o grau de parentesco até o segundo grau, deixando os demais casos sujeitos à aprovação do CRM. A possibilidade do uso da reprodução assistida no contexto *post mortem*, foi um ponto interessante introduzido nessa resolução, com a condição de que o *de cujus* houvesse manifestado, expressamente, o interesse de deixar que o seu material genético fosse utilizado em alguma das técnicas de reprodução assistida.

Seguindo esse encadeamento de resoluções, no ano de 2013 houve a revogação da resolução supracitada, para colocar em vigor a Resolução 2.013. Por influência da ADI 4.277, da ADPF 132 e do fortalecimento dos debates sobre os novos arranjos familiares, do reconhecimento da união estável homoafetiva, essa resolução buscou compatibilizar a sua redação com esses avanços normativos e sociais, o que buscou trouxe uma maior democratização quanto ao acesso, introduzindo também a "gestação compartilhada entre homoafetivos onde não existe infertilidade".[24]

Embora as resoluções anteriores não tivessem se preocupado em estabelecer uma idade máxima das candidaturas à gestação assistida, nessa redação foi estipulada a idade de até 50 anos. Assim, sobre o público-alvo, ficou definido nas normas gerais que as técnicas de RA teriam como pacientes todas as pessoas capazes, além de ter deixado normas expressas de elegibilidade para pessoas solteiras e em relacionamentos homoafetivos, embora o texto tenha feição menção a um direito de "objeção de consciência do médico".[25]

Sobre o novo tratamento referente à gestação de substituição, houve uma maior flexibilidade quanto às permissibilidades de uso. Além de a destinação ter se dado para os pacientes que apresentassem problemas de saúde que impedissem ou contraindicassem a gestação na doadora genética, de ter permitido que a técnica fosse utilizada nos casos de união homoafetiva, houve a ampliação do grau de parentesco da gestante substituta com os pais de intenção até o quarto grau, com a possibilidade dos demais casos passarem pelo crivo do CRM. Seguindo o

---

24. BRASIL. Resolução CFM 2.013, de 2013, p. 8.
25. Ibidem, p. 4.

mesmo entendimento anterior, a nova diretriz deontológica também manifestou entendimento contrário à modalidade onerosa da técnica, além de ter mantido a possibilidade da reprodução assistida *post mortem*, desde que houvesse uma manifestação expressa do falecido permitindo que o seu material genético criopreservado fosse utilizado, posteriormente.

Após a revogação dessa resolução, em setembro de 2015 entrou em vigor a Resolução 2.121. Pode-se dizer que, no tocante à elegibilidade, houve uma mudança singela na redação, porém bem significativa, com a hipótese de exceção à regra da idade máxima de anos para se candidatar ao uso das técnicas. Assim, nas normas gerais, foi estipulado que, após um devido acompanhamento do estado clínico, a equipe médica poderia autorizar que a técnica fosse utilizada por pessoas com uma idade mais avançada à idade fixada anteriormente. Além de essa redação ter revelado o avanço dos procedimentos, também demostrou uma mudança relacionada ao etarismo, ao possibilitar a criação de projetos parentais à parcela da população que, pelas noções gerais e abstratas, já havia ultrapassado o seu período reprodutivo, no contexto social marcado pela parentalidade tardia e pelo aumento da expectativa de vida. No tocante à gestação de substituição, optou-se por retirar o trecho "respeitada a idade limite de até 50 anos" estipulado na resolução de 2013, mantendo-se as normas da resolução anterior.

Já no ano de 2017, após a revogação da Resolução 2.121 de 2015, entrou em vigor a Resolução 2.168 de 2017 que, posteriormente, foi modificada pela Resolução 2.283, de outubro de 2020. Na redação proposta em 2017, foram mantidas boa parte das construções anteriores, ao prever a idade máxima de 50 anos e sua hipótese de exceção, além de estabelecer que a RA tinha como objetivo atender os pacientes capazes que tivessem solicitado o procedimento, permitindo também que as técnicas fossem utilizadas nos relacionamentos homoafetivos, por pessoas solteiras, além de prever, novamente, a hipótese da gestação compartilhada, definindo-a da seguinte forma: "considera-se gestação compartilhada a situação em que o embrião obtido a partir da fecundação do (s) oócito (s) de uma mulher é transferido para o útero de sua parceira".[26] Sobre a gestação de substituição, foram mantidas as mesmas regras retromencionadas.

Com o advento da alteração trazida pela Resolução 2.283/2020, optou-se por evidenciar que as técnicas seriam permitidas para os "heterossexuais, homoafetivos e transgêneros". Na exposição de motivos, foi pontuado que essa alteração na redação original foi feita para evitar "interpretações divergentes" e restritivas ao uso das TRA's, posto que:

---

26. Idem. Resolução CFM 2.168, de 2017, p. 4.

[...] ao indicar expressamente sua aplicação a determinados segmentos da população nomeadamente homoafetivos e pessoas solteiras, a norma poderia ensejar interpretações contrárias, com a adoção literal do texto, excluindo (...) assim outras categorias ali não expressas.[27]

Sobre a gestação de substituição, estipulou-se que essa técnica era aconselhada "desde que exista um problema médico que impeça ou contraindique a gestação na doadora genética, em união homoafetiva ou pessoa solteira",[28] sendo que, sobre a cedente temporária útero, manteve-se a regra que limitava até o quarto grau de parentesco o vínculo familiar com os pais de intenção, deixando os demais casos sujeitos à autorização do CRM. Ainda, seguindo o histórico de vedação da modalidade onerosa, vedou-se o caráter lucrativo ou comercial da prática.

No ano seguinte, em maio de 2021, houve a revogação da Resolução 2.283/2020 e entrou em vigor a Resolução 2.294/2021. Seguindo os requisitos anteriores, manteve-se a condição de elegibilidade para pessoas capazes, além de reintroduzir o trecho da redação anterior que dizia que as técnicas poderiam ser empregadas para beneficiar os pacientes "heterossexuais, homoafetivos e transgêneros".[29] Nessa redação, foi mantida a estipulação etária nas normas gerais de 50 anos, para poder se candidatar à gestação assistida, juntamente, com a hipótese de exceção, a depender do caso concreto, das condições clínicas da paciente e do aval médico, atestando que a candidata não apresentava nenhuma doença ou restrição que pudesse comprometer a sua saúde e da futura prole.

Na gestação de substituição, além de ter mantido a regra que estipulava uma relação de parentesco entre a gestante substituta e a parte responsável pelo projeto parental, com a hipótese de autorização pelo CRM, novamente, considerou-se que a técnica deveria ser utilizada quando houvesse algum problema médico que impedisse ou contraindicasse a gestação. Quanto aos interessados, também foi mantido que a destinação poderia se dar para pessoas solteiras, em união homoafetiva, além da hipótese da gestação de substituição na modalidade compartilhada. Outra questão que foi mantida foi a vedação da modalidade onerosa da prática. Apesar de a redação seguir boa parte do entendimento que vinha sendo traçado, houve a estipulação de uma nova regra, qual seja: "a cedente temporária do útero deve ter ao menos um filho vivo e pertencer à família de um dos parceiros em parentesco consanguíneo até o quarto grau".

Embora essa exigência possa ser flexibilizada pelo CRM, considera-se que essa redação trouxe um dos maiores óbices já estipulados, pois essa regra veio somada à dificuldade de identificar alguma candidata que queira se submeter de forma altruística e passar pela gestação, superando todas as dificuldades que são

---

27. Idem, Resolução CFM 2.283, de 2020.
28. Idem, Resolução CFM 2.168, de 2017, p. 6.
29. Idem, Resolução CFM 2.294, de 2021, p. 3.

inerentes desse processo natural da vida e da exigência de haver uma relação de consanguinidade. Ou seja, esse texto exclui todo o rol de futuras candidatas que poderiam se candidatar ao procedimento, como uma amiga, mulher consanguínea do quinto grau em diante ou alguma mulher que figurasse como familiar por afinidade, e reduziu, ainda mais, o pequeno universo de candidatas, posto que essa norma, na verdade, pode ser dividida em duas regras: (1) ter filho e (2) que o mesmo ainda esteja vivo, antes do procedimento.

Por mera suposição, se por um lado essa regra tenha sido estipulada como um antídoto paternalista para inibir atos abusivos decorrentes do uso indevido dessas técnicas, ao tentar proteger o corpo feminino potencialmente instrumentalizado, colocado em risco no tocante a sua saúde, além de servir como um freio para que a candidata possa refletir sobre todos os riscos e ônus da gravidez antes de querer gestar um filho para outrem, infere-se que esse paternalismo vem no sentido histórico de destituição do poder sobre as dimensões da autonomia reprodutiva do corpo feminino em decidir, tal como foi apontado anteriormente, o momento e as condições da gestação no seu corpo, sendo para si ou para terceiros. Portanto, considera-se que essa norma rompe com a atual percepção de liberdade reprodutiva, ao delimitar a "escolha livre do se, como e quando procriar" e realizar o sonho do "filho desejado" pelos pais de intenção e pela disponibilidade, interesse e autodeterminação da gestante substituta em participar desse processo.[30] Ademais, mesmo que essa preocupação tenha ocorrida pela questão apontada, resta-nos questionar: essa norma cumpriria uma função paternalista pedagógica na situação hipotética de uma mulher capaz, sem problema de saúde e que já estivesse passado pela experiência particular da gravidez, mas que não tivesse um filho vivo?

Por fim, em setembro de 2022, o CFM revogou a resolução supracitada de 2021 e publicou no D.O.U. a Resolução CFM 2.320 de 2022. De modo geral, percebe-se que a atual resolução trouxe poucas alterações, quando comparada com as normas anteriores. Foram mantidos os mesmos critérios etários para o uso dos procedimentos e suas exceções. Desta vez, discrimina-se que a atual redação não evidenciou que a técnica se aplica às pessoas "heterossexuais, homoafetivos e transgêneros", valendo-se, portanto, da concepção "pessoas capazes". Por óbvio a concepção de pessoas capazes engloba a diversidade de gênero e as múltiplas formas de uniões afetivas, porém, diante do atual cenário de retrocessos políticos, ideológicos e institucionais, vislumbra-se que a redação anterior poderia ensejar uma maior tutela aos grupos e projetos familiares estigmatizados pelo conservadorismo, tal como foi apontado na justificação emanada pelo CFM no ano de 2021.

---

30. KONDER, Carlos Nelson; KONDER, Cíntia Muniz de Souza. Violações à autonomia reprodutiva no cenário das novas tecnologias. In: TEPEDINO, Gustavo; TEXEIRA, Ana Carolina Brochado; ALMEIDA, Vitor (Coord.). *O Direito Civil entre o sujeito e a pessoa*: estudos em homenagem ao professor Stefano Rodotà. Belo Horizonte: Fórum, 2016, p. 220.

Diante do exposto, pôde-se perceber que a elegibilidade ao uso das técnicas vem se ampliando a cada resolução emanada, já que, se no primeiro momento a destinatária principal era uma mulher capaz, com uma idade limitada e, caso estivesse casada ou tivesse um companheiro deveria ter o aval de seu parceiro. Hoje em dia, houve uma ampliação da faixa etária para se tornar paciente das TRA's, além disso, as últimas resoluções aumentaram os perfis de destinatários finais das técnicas, rompendo com a estrutura de tutela destinada a privilegiar o modelo familiar heterossexual em matrimônio, ao deixar claro que o uso também é permitido para pessoas solteiras, em união homoafetiva, para casais de lésbicas, na modalidade de gestação compartilhada, dentre outros aspectos.

Resoluções do CFM – Requisitos quanto à elegibilidade à gestação de substituição				
	Público Alvo	Faixa Etária	Grau de Parentesco	Modalidade da cessão do útero
Resolução 1.358/1992	Mulheres capazes; casadas ou em união estável com autorização por parceiro; pessoas solteiras	Não mencionado	Até o segundo grau; ou aprovação do CRM	Gratuita
Resolução 1.957/2010	"Pessoas capazes"	Não mencionado	Até o segundo grau; ou aprovação do CRM	Gratuita
Resolução 2.103/2013	Pessoas capazes, solteiras, em relacionamentos homoafetivos	Até 50 anos para pacientes.	Até o quarto grau; ou aprovação do CRM	Gratuita
Resolução 2.121/2015	Pessoas capazes, solteiras, em relacionamentos homoafetivos e por gestação compartilhada	Até 50 anos para pacientes, reservado a possibilidade de autorização para pessoas com idades mais avançadas.	Até o quarto grau; ou aprovação do CRM	Gratuita
Resolução 2.168/2017 e 2.283/2020	Pacientes heterossexuais, casais homoafetivos, transgêneros e por gestação compartilhada	Até 50 anos para pacientes, reservado a possibilidade de autorização para pessoas com idades mais avançadas.	Até o quarto grau; ou aprovação do CRM	Gratuita
Resolução 2.294/2021	Pessoas capazes, solteiras, em relacionamentos homoafetivos e por gestação compartilhada	Até 50 anos para pacientes, reservado a possibilidade de autorização para pessoas com idades mais avançadas.	Até o quarto grau e que seja mãe de um filho vivo; ou aprovação do CRM	Gratuita
Resolução 2.320/2022	Pessoas capazes. É permitido o uso da gestação compartilhada	Até 50 anos para pacientes, reservado a possibilidade de autorização para pessoas com idades mais avançadas.	Até o quarto grau e que seja mãe de um filho vivo; ou aprovação do CRM	Gratuita

Fonte: Coleta e sistematização dos dados realizados pelo autor, a partir dos documentos públicos disponibilizados pelo Conselho Federal de Medicina (2023).

Todavia, cabe nota que, justamente por serem normas deontológicas, ainda assim se vislumbra certos equívocos na compreensão dessa técnica. Além das normas existentes inibirem algumas situações de elegibilidade, insta salientar que esses óbices também se dão pelo fato da técnica se espraiar por eixos pouco debatidos como a carência no enfretamento equilibrado das questões históricas e sociais relacionadas à instrumentalização dos corpos, por ainda haver forte menção aos brocardos obsoletos "*mater semper certa est*" e "*pater est*" e um debate raso referente à modalidade onerosa,[31] às limitações quanto ao grau de parentesco, ao constante histórico de alterações das normas deontológicas que acaba sendo responsável por gerar uma insegurança às partes, sem falar no tom discricionário existente nas normas já emanadas que colocam determinadas situações como passíveis ou não de autorização pela comunidade médica.

Salvo melhor juízo, aduz-se que existe uma falta de razoabilidade, de coerência pela comunidade científica e técnica em compatibilizar essas transformações tecnológicas com as alterações da sociedade e da percepção sobre as novas formas de estruturação familiar, nessa constante tentativa de catalogação sobre quem pode ou não exercer os direitos reprodutivos na dimensão positiva, através da reprodução medicamente assistida. Posto que o cerne dos impedimentos orbitam nas premissas que colocam todo o corpo feminino em uma situação de vulnerabilidade econômica, social e biológica, pelos riscos oriundos da gravidez, também caberia ao Estado paternalista estabelecer, nessa mesma toada, políticas públicas de proteção a esses corpos na reprodução natural, pois essas situações de riscos à incolumidade física e psíquica, traçadas por essas normas gerais e abstratas também estariam na gênese da cadeia de reprodutiva da população heterossexual e fértil.

Não obstante, existam relações concretas aviltantes à pessoa humana inserida nessas situações como a abandono das crianças gestadas, a busca pelo uso em países periféricos, considera-se que a proibição total das técnicas ou, tão somente para os perfis que não estão inseridos no modelo familiar tradicional com problemas reprodutivos, representa uma tendência conservadora e contrária à ordem constitucional que busca inibir às formas de discriminações. Por isso, ao invés de haver essas restrições e imposições desses requisitos de elegibilidade, dever-se-ia, no primeiro momento, traçar políticas públicas nacionais e inter-

---

31. Maria Berenice Dias lança uma importante reflexão sobre o debate, ao defender o emprego da modalidade onerosa: "Apesar deste verdadeiro arsenal de vedações, nada justifica negar a possibilidade de ser remunerada quem, ao fim e ao cabo, presta um serviço a outem. Aliás, um serviço em tempo integral por longos nove meses e que acarreta dificuldades e limitações de toda ordem. E, como bem lembra Rodrigo da Cunha Pereira, se a gravidez ocorresse no corpo dos homens certamente a barriga de aluguel já seria um mercado regulamentado". DIAS, Maria Berenice. *Família pluriparental*, uma nova realidade, 2019, p. 404.

nacionais de responsabilização, caso esses direitos reprodutivos se revelassem contrários ao melhor interesse da criança gestada, caso colocassem a gestante substituta em uma situação de maior vulnerabilidade, como a recusa posterior do custeio dos alimentos gravídicos ou em levar a cabo o interesse em permanecer com a criança, por exemplo.

Ademais, além desses elementos, cabe tecer que, até o momento, todas as resoluções não vislumbraram a permissibilidade dos parentes por afinidade estarem abrangidos na primeira análise feita pelo CFM. Nesse prisma, Berenice Dias,[32] ao analisar esses pedidos de autorização ao CFM e ao CRM é categórica ao dizer que isso é algo absurdo e, apesar da norma ser omissa quanto à admissão dos parentes por afinidade, deve ser garantida a possibilidade dessas candidatas se sujeitarem ao procedimento, de modo a abranger a sogra e a cunhada dos pais de intenção.

3. GESTAÇÃO DE SUBSTITUIÇÃO À LUZ DA EXPERIÊNCIA JURISPRUDENCIAL BRASILEIRA

Diante da lacuna legal, das restrições trazidas pelas resoluções do CFM e pela possível discricionariedade do CRM em permitir ou não que determinados projetos parentais não abrangidos pelas normas deontológicas sejam materializados é que, em alguns casos, resta aos particulares judicializar os seus pedidos.

O primeiro julgado a se analisar é decorrente do processo 8009569-57.2012.8.13.0024 no TJMG, no ano de 2012. De acordo com os autos, o requerente almejava que o registro de nascimento do seu filho fosse diferente do que havia sido apresentado na DNV (Declaração de Nascido Vivo), pois nesse documento constava que a mãe da criança era a gestante substituta. Na sentença proferida pelo Tribunal de Justiça foi considerado que o documento deveria ser desconsiderado, pois houve uma interpretação favorável ao requerente, especialmente, pela justificativa de afinidade genética com a criança, uma vez que a gestação de substituição tinha sido utilizada através do material genético dos pais de intenção. Além de a decisão ter dado um passo importante, seguindo as atuais compreensões que rompem com a máxima de que "mãe é aquela quem dá a luz", esse entendimento foi importante, pois antecedeu o Provimento 63 do CNJ que pacificou a situação, ao compreender que o registro de nascimento da criança poderá ser feito no nome dos pais de intenção, nos termos do seu artigo 17, III, § 1º, ao prever que "não constará do registro o nome da parturiente, informado na declaração de nascido vivo, devendo ser apresentado termo de compromisso firmado pela doadora temporária do útero, esclarecendo a questão da filiação".[33]

---

32. Idem, p. 228.
33. BRASIL. Provimento 63 de 14.11.2017b. Disponível em: http://www.cnj.jus.br/busca-atos-adm?documento=3380. Acesso em: 20 abr. 2023.

Além das questões relacionadas aos pedidos de autorização para o uso da técnica e de uma possível relativização das regras deontológicas estabelecidas, existem questões levadas à justiça referentes aos possíveis direitos decorrentes do vínculo de parentalidade advindos. No ano de 2021, o Tribunal de Justiça de Minas Gerais-TJMG, através Remessa Necessária – CV: 10000205869480001, reconheceu que a licença maternidade deveria ser concedia para o casal homossexual que teve a sua prole gestada por meio dessa técnica.

Já no Tribunal Regional Federal da 4ª Região-RS, o Recurso Cível de n. 5008785-23.2015.4.04.7102, houve uma análise sobre um pedido de concessão do salário maternidade à gestante substituta. Embora a gestante substituta tivesse sido beneficiada pelo auxílio-doença durante a gestação em decorrência de uma situação que gerou a sua incapacidade de trabalhar, foi observado que a sua condição de gestante substituta não comportaria os requisitos para receber o novo benefício social, pois ela "não exerce, genuinamente, o papel de mãe em relação aos gêmeos que deu à luz".[34]

A apelação Cível 1114911382019826 0100-SP, sob relatoria de Hertha Helena de Oliveira, 2021, deu provimento parcial do recurso apresentado para o uso da gestação de substituição. No caso em tela, os pais da "*de cujus*", buscando realizar o sonho da sua filha falecida em se tornar mãe, buscaram na justiça a autorização judicial para que a antiga amiga de sua filha, pudesse se tornar a gestante substituta. Os óvulos a serem utilizado seriam os da própria falecida, pois em vida, após ser acometida por vários problemas de saúde, ela decidiu procurar uma clínica especializada e congelar as suas células germinativas, para que pudesse, futuramente, procurar um banco de sêmen e se tornar mãe.

Embora a falecida não tenha manifestado de forma expressa o seu interesse em ter os seus óvulos fecundados e, posteriormente, utilizados através da gestação de substituição, foi constatado que a relativização da regra trazida pela resolução do CFM deveria ser relativizada. Assim, foi ponderado que a autorização para o uso da técnica não geraria nenhum prejuízo nas questões envolvendo os aspectos patrimoniais da família e, além disso, havia uma série de indícios capazes de apontar que essa seria a vontade da mãe falecida, conforme os depoimentos dos pais, do irmão e dos amigos mais próximos da genitora.

CONSIDERAÇÕES FINAIS

Pelo constante desenvolvimento da reprodução humana assistida, foi possível perceber que o direito à procriação e, por conseguinte, ao acesso às biotecnolo-

---

34. TFR-4 – Recurso Cível: 50087852320154047102 RS 5008785-23.2015.4.04.7102, Relator: Oscar Valente Cardoso, Data de Julgamento: 14.09.2016, Primeira Turma Recursal do RS.

gias para a superação da infertilidade e esterilidade humana, impulsionaram a consolidação de novos modelos familiares e a possibilidade de criação de projetos parentais mais plurais, ao abranger pessoas solteiras e sem nenhuma causa biológica impeditiva à procriação.

Todavia, percebe-se que o debate sobre o acesso à gestação de substituição é marcado por vários estigmas sociais, já que além do imaginário popular ainda associar a técnica como a uma relação precipuamente comercial, existe uma linha de debate estabelecida pela comunidade científica entrelaçada às antigas concepções de que ser mãe é o mero ato de gestar e de parir, que a técnica em toda e qualquer situação representa um risco de instrumentalização ao corpo feminino, dentre outras generalizações e construções discursivas eivadas por um maniqueísmo incapaz de observar as peculiaridades concretas desse fenômeno. Por essas questões, além da crítica apontada quanto à inexistência de uma lei específica, reforça-se que o histórico de definição e controles deontológicos, além de limitar o acesso dessa técnica, induz na criação de um controle abusivo sobre a autonomia reprodutiva das partes interessadas em se submeter aos tratamentos de RA.

Como apontado alhures, embora falte um profundo debate interdisciplinar entre a comunidade científica para compreender o papel da biotecnologia nessas relações existenciais, uma legislação específica ancorada nos valores constitucionais, pode se dizer que, existem fatores que extrapolam essas questões. Pelas questões históricas, culturais e religiosas, sobretudo, no que diz respeito ao entendimento sobre o que é a família, se existe ou não uma sacralidade na gestação e sobre a conformação da autonomia sobre o próprio corpo nas nuances do biopoder, nota-se que há um profundo impacto na compreensão sobre as garantias de permissibilidade e de elegibilidade dessas tecnologias.

Conforme foi evidenciado, apesar do Brasil apresentar um histórico vanguardista no tratamento da reprodução assistida, o atual cenário ainda vem sendo guiado por entendimentos técnicos e normativos conservadores, gerando insegurança jurídica nos casos já realizados e nos casos vindouros, pela instabilidade das resoluções que, constantemente, são alteradas e passam pelas influências instáveis trazidas pelos fatores econômicos, políticos e culturais. Dito isso, por fim, resta-nos indagar: quais serão as regras de elegibilidade que serão incluídas ou retiradas na resolução do CFM que está por vir?

RESPONSABILIDADE CIVIL DIANTE DA RECUSA DE ENTREGA OU DE RECEBIMENTO DA CRIANÇA NA GESTAÇÃO POR SUBSTITUIÇÃO

Naomi Fiszon Zagarodny

Doutoranda e Mestre em Direito Civil pela Universidade do Estado do Rio de Janeiro (UERJ). Pós-Graduada em Direito Civil-Constitucional pela Universidade do Estado do Rio de Janeiro (UERJ). Graduada em Direito pela Pontifícia Universidade Católica do Rio de Janeiro (PUC-Rio). Professora substituta de Direito Civil e Internacional Privado da Faculdade Nacional de Direito (FND). Advogada.

> *"Não façamos esforços inúteis,*
> *pois o amor nasce ou não espontaneamente,*
> *mas nunca por força de imposição"*[1]

Sumário: Introdução – 1. Apontamentos sobre negócios jurídicos extrapatrimoniais – 2. A gestação por substituição como um negócio jurídico extrapatrimonial – 3. Consentimento na gestação por substituição – 4. A responsabilidade civil dos participantes na gestação por substituição – Conclusão.

INTRODUÇÃO

"Este foi o último desejo de Aless, trazer um filho ao mundo". Assim respondeu a atriz Ana Obregón à mídia sobre o nascimento de sua neta: uma bebê gestada por uma mulher cubana nos Estados Unidos com uma amostra congelada do material genético do seu filho, vítima fatal de câncer aos 27 anos.[2] Diversos questionamentos puseram em xeque tal prática, especialmente porque a prática é ilegal na Espanha, país em que Ana Obregón vive.

Fato é que essa situação tangencia diversas questões jurídicas complexas que envolvem tecnologia, avanços da biomedicina, autonomia reprodutiva, técnicas de reprodução assistida, uso de material biológico *post mortem*, vín-

---

1. Trecho extraído do texto "Inutilidade" de Clarice Lispector, publicado no livro *Correio feminino* em 2018.
2. KIRBY, Paul. A atriz que gerou polêmica ao usar barriga de aluguel para gerar bebê do filho morto. *BBC News*, 06 abr. 2023. Disponível em: https://www.bbc.com/portuguese/articles/cnlxzvrknxyo. Acesso em: 20 maio 2023.

culo de filiação, adoção de netos por avós, entre outras. É nesse contexto que se registra aqui o reconhecimento e o agradecimento às valiosas lições da nossa querida homenageada, tão aguerrida e generosa no papel de elucidar temas de tamanha complexidade.[3]

Para este artigo, interessa analisar a gestação por substituição, vulgarmente conhecida como "barriga de aluguel". Trata-se de técnica que costuma ser utilizada por mulheres que não podem biologicamente engravidar, por casais homoafetivos masculinos ou por pessoas solteiras,[4] possibilitando que grupos sociais que não poderiam procriar por razões biológicas realizem seus projetos parentais e exerçam seu direito fundamental ao planejamento familiar, sobretudo quando desejam utilizar o seu próprio material genético.[5] No entanto, embora a gestação por substituição seja realizada no Brasil,[6] não constitui técnica regulada pelo ordenamento jurídico brasileiro, a evidenciar o descompasso entre os avanços científicos e a legislação brasileira.

Diante dessa lacuna legislativa, a gestação por substituição é regulamentada, desde 1992, pelas resoluções do Conselho Federal de Medicina,[7] que não têm força de lei, não vinculam os órgãos do Poder Judiciário e nem regulam os efeitos jurídicos da gestação por substituição,[8] constituindo meros dispositivos deontológicos. Consequentemente, o Poder Judiciário fica encarregado de solucionar

---

3. Além das contribuições à comunidade jurídica e à sociedade, é particular da autora deste artigo o sentimento de gratidão à querida Professora Heloisa Helena Barboza – uma mulher à frente do seu tempo –, pelos ensinamentos, pelas trocas em sala de aula e pelo conhecimento compartilhado. Ter sido aluna da Professora Heloisa foi um privilégio que palavra nenhuma é capaz de traduzir, embora essa seja a única forma alcançável.
4. Não se descarta que outras formações familiares utilizem a gestação por substituição para realizar seus respectivos projetos parentais.
5. O art. 226, § 7º da Constituição Federal assegura a liberdade no planejamento familiar e atribui ao Estado o dever de disponibilizar recursos educacionais e científicos para sua promoção. Tal dispositivo é regulado pela Lei 9.263/1996 que, por sua vez, prevê, em seus arts. 1º e 2º, que "o planejamento familiar é direito de todo cidadão" e deve ser entendido como "o conjunto de ações de regulação da fecundidade que garanta direitos iguais de constituição, limitação ou aumento da prole pela mulher, pelo homem ou pelo casal", entre as quais se inclui a gestação por substituição.
6. "Em que pese certa resistência, é razoavelmente pacífica a licitude deste negócio jurídico em nosso ordenamento, ao menos na modalidade padrão em que o óvulo não é da própria gestante, uma vez que o pacto traduz um gesto altruísta que atende ao direito à procriação daquela que manifesta o desejo, a escolha pela maternidade, conduzindo ao afeto da criança. Trata-se de ato de boa-fé, respaldado pelo princípio constitucional da solidariedade, não pode deixar de receber tutela jurídica" (KONDER, Carlos Nelson. TEIXEIRA, Ana Carolina Brochado. Situações jurídicas dúplices: continuando o debate sobre a nebulosa fronteira entre patrimonialidade e extrapatrimonialidade. In: TEIXEIRA, Ana Carolina Brochado; RODRIGUES, Renata de Lima (Org.). *Contratos, famílias e sucessões*: diálogos interdisciplinares. Indaiatuba, SP: Foco, 2019, p. 153).
7. Em prol da fluidez deste trabalho, "Conselho Federal de Medicina" será, daqui em diante, referido apenas como CFM.
8. GOZZO, Débora; LIGIERA, Wilson Ricardo. Maternidade de substituição e a lacuna legal: questionamentos. Editorial à *Civilistica.com*. Rio de Janeiro, a. 5, n. 2, 2016, p. 14.

eventuais conflitos decorrentes da realização dessa prática sem ter instrumentos apropriados para tal.

Nesse contexto, este artigo tem como objetivo tratar da responsabilização dos sujeitos envolvidos na gestação por substituição diante da recusa da gestante substituta em entregar a criança aos autores do projeto parental ou da recusa destes em receber a criança.[9] Assim, a partir da análise do conceito de negócio jurídico extrapatrimonial e da qualificação da gestação por substituição como tal, o artigo busca aprofundar como o consentimento – pressuposto para a formação de qualquer negócio jurídico, inclusive da gestação por substituição – é verificado na prática e pode fundamentar eventual responsabilidade civil das partes envolvidas na gestação por substituição na situação em que uma delas não cumpra com seu dever de entregar ou receber a criança conforme acordado.

1. APONTAMENTOS SOBRE NEGÓCIOS JURÍDICOS EXTRAPATRIMONIAIS

A partir da promulgação da Constituição Federal de 1988, a pessoa humana passou a ocupar a posição central do sistema jurídico e a dignidade humana foi considerada como epicentro axiológico do sistema normativo[10] e fundamento para a construção do Estado Democrático de Direito, na forma do art. 1º, III da Constituição Federal.[11]

A tutela patrimonial demonstrou ser insuficiente para efetiva proteção integral do ser humano e dos projetos de vida relevantes à pessoa humana, de modo que os institutos civilísticos passaram a ser relidos à luz da nova ordem jurídica e funcionalizados à promoção das situações jurídicas existenciais, reconhecendo-se a preeminência das situações jurídicas existenciais frente às patrimoniais.[12]

A categoria de negócios jurídicos, antes estruturada para tutelar somente os negócios jurídicos patrimoniais firmados por particulares no exercício de sua autonomia privada, foi ampliada para também abarcar negócios jurídicos extra-

---

9. Quando este artigo fizer referência aos "beneficiários" da gestação por substituição, deve-se entender tal expressão de forma ampla, abrangendo também as situações em que há apenas um beneficiário da gestação por substituição, como ocorre, por exemplo, no caso de homens solteiros que se valem da gestação por substituição para realização de seu projeto parental.
10. TEPEDINO, Gustavo. A tutela da personalidade no ordenamento civil-constitucional brasileiro. In: TEPEDINO, Gustavo. *Temas de direito civil*. 3. ed. Rio de Janeiro: Renovar, 2004, p. 50.
11. MEIRELES, Rose Melo Vencelau. *Autonomia privada e dignidade humana*. Rio de Janeiro: Renovar, 2009, p. 12.
12. PERLINGIERI, Pietro. *Perfis do direito civil*. 3. ed. Rio de Janeiro: Renovar, 2002, p. 33-34.

patrimoniais.¹³ Restou superada a concepção de que apenas os negócios jurídicos cujos atos são suscetíveis de valoração patrimonial têm natureza negocial.¹⁴ Em outras palavras, passou-se a reconhecer que a autonomia negocial ultrapassa os limites da patrimonialidade e que a manifestação válida de vontade em situações jurídicas existenciais também configura atos de autonomia, podendo ser objeto de negócios jurídicos.¹⁵

Com efeito, a autonomia se constrói por meio da privacidade e da intimidade, de modo que decisões de um sujeito sobre o próprio corpo também estão incluídas nesse âmbito, pois dizem respeito à essencialidade da própria existência da pessoa humana. Nessa linha, Stefano Rodotà ensina que a vontade individual é a única verdadeiramente a guiar as decisões de cada particular quando estiverem em jogo questões referentes à sua personalidade.¹⁶ Tendo em vista a importância de proteger a vida privada e os interesses existenciais de interferências externas, busca-se assegurar um espaço para que cada sujeito desenvolva sua personalidade de forma livre e autônoma.

Sendo assim, os limites impostos pelo ordenamento jurídico ao exercício da autonomia privada são distintos no âmbito patrimonial e extrapatrimonial: no primeiro, o ato é limitado pela solidariedade, que se concretiza por meio do princípio da função social; já no segundo, prevalece a liberdade ilimitada quando o ato se refere a aspectos existenciais do próprio titular e não afeta a esfera jurídica de terceiros, invocando-se a solidariedade apenas quando interferir na esfera jurídica de terceiros.¹⁷ Fica claro, portanto, que a normativa referente à autonomia se aplica de modo diverso aos negócios jurídicos patrimoniais e extrapatrimoniais.¹⁸

---

13. Segundo Pietro Perlingieri, a autonomia negocial pode se referir a "hipóteses de negócios com estrutura unilateral e dos negócios com conteúdo não patrimonial" (PERLINGIERI, Pietro. *O direito civil na legalidade constitucional*. Rio de Janeiro: Renovar, 2008, p. 338).
14. Essa ampliação do conceito de "negócio jurídico" está associada ao caráter histórico do Direito. Pietro Perlingieri afirma que não há instrumentos válidos para todos os tempos e lugares, pois "[o] conhecimento jurídico é uma ciência jurídica relativa: precisa-se levar em conta que os conceitos e os instrumentos caracterizam-se pela sua relatividade e por historicidade. É grave erro pensar que, para todas as épocas e para todos os tempos, haverá sempre os mesmos instrumentos jurídicos. É justamente o oposto: cada lugar, em cada época, terá os seus próprios mecanismos" (PERLINGIERI, Pietro. Normas constitucionais nas relações privadas. *Revista da Faculdade de Direito da UERJ*, n. 6-7, 1998/1999, p. 63-64).
15. RODRIGUES, Renata de Lima; TEIXEIRA, Ana Carolina Brochado. Aspectos gerais dos direitos da personalidade. In: RIBEIRO, Gustavo Pereira Leite; TEIXEIRA, Ana Carolina Brochado. *Manual de teoria geral do direito civil*. Belo Horizonte: Del Rey, 2013, p. 229-248.
16. RODOTÀ, Stefano. Politici, liberateci dalla vostra coscienza. *Ritagli*, 13 jan. 2008. Disponível em: https://daleggere.wordpress.com/2008/01/13/stefano-rodota-%C2%ABpolitici-liberateci-dalla-vostra-coscienza%C2%BB/. Acesso em: 13 maio 2023.
17. TEIXEIRA, Ana Carolina Brochado. Autonomia existencial. *Revista Brasileira de Direito Civil – RBDCivil*, v. 16, abr./jun. 2018, p. 101.
18. FILHO, José Abreu. *O negócio jurídico e sua teoria geral*. 3. ed. São Paulo: Saraiva, 1995, p. 93-94.

Diante disso, embora os elementos previstos no art. 104 do Código Civil também sejam exigidos aos negócios jurídicos extrapatrimoniais, tais requisitos devem ser verificados levando-se em conta a normativa a eles aplicável.

O primeiro elemento exigido para a validade do negócio jurídico é a capacidade do agente. A doutrina entende que, nas situações existenciais, exige-se a "capacidade de consentir" (e não a capacidade de fato ou de direito),[19] sendo importante que se avalie no caso concreto se o sujeito tem discernimento quanto ao ato praticado e quanto às suas consequências. Assim, é necessário que o ato seja autônomo, livre de interferências externas e, em regra, expresso pelo próprio titular,[20] já que o negócio extrapatrimonial muitas vezes se refere à disposição de direitos da personalidade.[21]

Na gestação por substituição, a Resolução 2.320/2022 do CFM atualmente em vigor apenas prevê em seu item II.1 que "todas as pessoas capazes que tenham solicitado o procedimento e cuja indicação não se afaste dos limites desta resolução podem ser receptoras das técnicas de reprodução assistida, desde que os participantes estejam de inteiro acordo e devidamente esclarecidos".[22] Ou seja, considera-se capazes as pessoas maiores de 18 anos.

O segundo elemento necessário é o objeto lícito, possível e determinado (ou determinável), cujo conteúdo deve estar vinculado a uma situação existencial, isto é, ao exercício de direitos de personalidade, pois a finalidade do negócio está associada ao livre desenvolvimento da personalidade da pessoa humana.[23] O objeto é o principal elemento que diferencia os negócios jurídicos patrimoniais dos extrapatrimoniais, que, no caso da gestação por substituição,

---

19. MARTINS-COSTA, Judith. Capacidade para consentir e esterilização de mulheres tornadas incapazes pelo uso de drogas: notas para uma aproximação entre a técnica jurídica e a reflexão bioética. In: MARTINS-COSTA, Judith; MOLLER, Letícia Ludwig (Org.). *Bioética e responsabilidade*. Rio de Janeiro: Forense, 2009, p. 324. Nessa linha, o consentimento pode ser manifestado independentemente de eventual reconhecimento de incapacidade civil.
20. O Estatuto da Pessoa com Deficiência (Lei 13.146/2015) privilegia a proteção da pessoa com deficiência por meio de instrumentos legais de apoio e salvaguardas frente à restrição prévia de sua autonomia. Assim, deve-se verificar, no caso concreto, em que medida a pessoa com deficiência necessita de especial proteção para que sua vulnerabilidade seja tutelada de maneira adequada, garantindo-se o exercício de sua autodeterminação sobretudo no que diz respeito aos seus atos de autonomia existencial, na linha do que dispõe o art. 6º da referida lei.
21. Reconhece-se que o elemento da capacidade do agente pode não se adequar perfeitamente aos negócios extrapatrimoniais, principalmente quando for relacionado à reprodução assistida humana, de modo que o discernimento do agente deve ser apurado no caso concreto.
22. A Resolução 2.320/2022 do CFM estabelece, em seu item I.3.1, que a "idade máxima das candidatas à gestação por técnicas de reprodução assistida é de 50 anos".
23. TEIXEIRA, Ana Carolina Brochado. *Saúde, corpo e autonomia privada*. Rio de Janeiro: Renovar, 2010, p. 165.

são sempre gratuitos, uma vez que o caráter oneroso violaria o princípio da dignidade humana.[24]

Por fim, o terceiro elemento do negócio jurídico se refere à forma. Apesar de se privilegiar a liberdade das formas nos negócios extrapatrimoniais, é recomendável que o consentimento seja expresso e escrito. Exemplo que ilustra bem isso é o art. 9º, § 4º da Lei 9.434/97 que estabelece que, para fins de transplante, "[o] doador deverá autorizar, preferencialmente por escrito e diante de testemunhas, especificamente o tecido, órgão ou parte do corpo objeto da retirada".

A ausência de algum desses três elementos acarreta a invalidade do negócio jurídico, na forma do art. 166 do Código Civil. Contudo, a disciplina das invalidades dos negócios jurídicos foi desenvolvida a partir da concepção de que os negócios jurídicos são patrimoniais, revelando-se insuficiente para regular a invalidade dos negócios jurídicos extrapatrimoniais e os efeitos daí decorrentes,[25] já que, em tese, não há que se falar no retorno ao *status quo ante* e na indenização pelo equivalente nessas situações.

2. A GESTAÇÃO POR SUBSTITUIÇÃO COMO UM NEGÓCIO JURÍDICO EXTRAPATRIMONIAL

A gestação por substituição é o procedimento pelo qual uma mulher se dispõe a gerar no seu ventre, com ou sem a utilização de seu material genético, um filho em benefício de outrem, comprometendo-se a entregar o bebê, após o seu nascimento, à pessoa ou ao casal autor do projeto parental, que pode ou não contribuir com seus gametas e que assume as responsabilidades parentais em relação à criança gestada. A Resolução 2.320/2022 do CFM estabelece, em seu item VII, que a gestação por substituição pode ser realizada "desde que exista um problema médico que impeça ou contraindique a gestação". O(s) sujeito(s) interessado(s) em ter filho, então, encarregam outra mulher a gestar o seu bebê, de forma que a gestação é realizada por meio de inseminação artificial ou fertilização *in vitro*.

Nesse cenário, é importante ressaltar que, enquanto o Código Civil de 1916, reflexo da visão liberal burguesa, não tutelava os direitos da personalidade, o Código Civil de 2002 passou a protegê-los de maneira ampla, em linha com a ordem jurídico-constitucional estatuída em 1988.[26]

---

24. BARBOZA, Heloisa Helena. *A filiação em face da inseminação artificial e da fertilização "in vitro"*. Rio de Janeiro: Renovar, 1993, p. 88.
25. LIMA, Taisa Maria Macena de; SÁ, Maria de Fátima Freire de. Aplicação da teoria das nulidades aos fatos jurídicos existenciais. In: TEIXEIRA, Ana Carolina Brochado; RIBEIRO, Gustavo Pereira Leite (Coord.). *Manual de Teoria Geral do Direito Civil*. Belo Horizonte: Del Rey, 2011, p. 667-675.
26. TEPEDINO, Gustavo. A tutela da personalidade no ordenamento civil-constitucional brasileiro, cit., p. 50.

Como a pessoa humana se tornou o centro do ordenamento jurídico e as situações patrimoniais foram funcionalizadas para atenderem às situações existenciais,[27] o corpo não poderia mais ser alvo de interferência de terceiros ou de investidas lesivas de seu próprio titular, passando a ser tutelado especialmente pelos arts. 13, 14 e 15 do Código Civil.[28-29]

No entanto, o direito à disposição do próprio corpo deve ser exercido de maneira voluntária e limitada pela própria lei, na forma do art. 11 do Código Civil, e engloba não somente os atos de disposição que implicam a separação de uma parte do restante do corpo, como também aqueles que acarretam a utilização do corpo para alguma finalidade dirigida a outrem, como é o caso da gestação por substituição. Heloisa Helena Barboza entende que, embora a utilização do útero não trate de transplante, nem de pesquisa ou tratamento, não implicando em mutilação ou separação do corpo, trata-se de uma forma de disposição do órgão.[30] A gestação por substituição, portanto, consiste em ato de disposição do próprio corpo pela gestante substituta.

Diante disso, questiona-se qual seria a qualificação jurídica da gestação por substituição. Há entendimento na literatura jurídica que considera que os contratos existenciais são aqueles cujo objeto consiste em um bem destinado à subsistência da pessoa humana, sem que seja almejado lucro, a exemplo dos contratos de "atendimento à saúde, à manutenção da vida, ao salvamento em situações periclitantes, acesso à moradia, à propriedade imobiliária como bem de família, à educação, ao trabalho, à energia elétrica, ao transporte, aos meios de comunicações e provedores virtuais".[31]

Rose Melo Vencelau Meireles, por sua vez, afirma que os contratos existenciais possuem objeto mais amplo, pois, além dos interesses relacionados à subsistência, po-

---

27. TEPEDINO, Gustavo. O direito civil-constitucional e suas perspectivas atuais. In: TEPEDINO, Gustavo (Org.). *Direito civil contemporâneo*: novos problemas à luz da legalidade constitucional. São Paulo: Atlas, 2008, p. 32..
28. VIVEIROS DE CASTRO, Thamis Dalsenter. Questões atuais sobre o direito ao próprio corpo na legalidade constitucional. In: MATOS, Ana Carla Harmatiuk; TEIXEIRA, Ana Carolina Brochado; TEPEDINO, Gustavo. (Org.). *Direito Civil, Constituição e unidade do sistema*. Belo Horizonte: Fórum, 2019, v. 1. p. 36.
29. Em que pese os artigos 13, 14 e 15 do Código Civil tratarem do direito ao corpo, as suas redações são pouco reveladoras e repletas de conceitos de conteúdo indeterminado. Heloisa Helena Barboza, por exemplo, traz a seguinte indagação sobre o conceito de bons costumes estabelecido no art. 13 do Código Civil: "Como interpretar os bons costumes, conceito jurídico indeterminado, variável consoante os tempos e lugares, que se refere ao conjunto de regras morais e normas de conduta social, que são estabelecidas e aceitas pela sociedade em determinado momento, em geral relativas à moralidade sexual, honestidade, decoro em uma sociedade pluralista como a brasileira?" (BARBOZA, Heloisa Helena. A proteção da pessoa humana no limiar do século XXI: o florescer da biopolítica. In: BARBOZA, Heloisa Helena; LEAL, Livia Teixeira; ALMEIDA, Vitor (Coord.). *Biodireito*: tutela jurídica das dimensões da vida. São Paulo: Editora Foco, 2021, p. XVII).
30. BARBOZA, Heloisa Helena. *A filiação em face da inseminação artificial e da fertilização "in vitro"*, cit., p. 90-91.
31. MARTINS, Fernando Rodrigues; PACHECO, Keila Ferreira. Contratos existenciais e intangibilidade da pessoa humana na órbita privada. Homenagem ao pensamento vivo e imortal de Antonio Junqueira de Azevedo. *Revista de Direito do Consumidor*, v. 79. São Paulo: Revista dos Tribunais, jul. 2011, p. 265.

dem versar sobre qualquer aspecto da personalidade humana.[32] Ou seja, esses contratos tutelam algum interesse extrapatrimonial avençado no programa contratual, destinado à sobrevivência de alguma das partes ou relacionado com a dignidade humana, de modo que a prestação tem alto conteúdo ético e moral, "humanizando" a prestação.[33]

No entanto, embora se reconheça que os contratos existenciais visem a tutelar interesses extrapatrimoniais, não se descarta a possibilidade de que o seu objeto tenha expressão econômica ou que as obrigações previstas sejam de cunho patrimonial, como ocorre, por exemplo, nos contratos médicos firmados entre pacientes e clínicas de reprodução humana assistida.[34]

Na gestação por substituição, não há qualquer prestação dotada de patrimonialidade, em razão do princípio da gratuidade e da vedação da mercantilização e da instrumentalização da pessoa humana,[35-36] sendo o seu objeto o exercício do direito da personalidade por parte da gestante substituta, especialmente de sua autonomia corporal.[37]

A disposição do item VII.2 da Resolução 2.320/2022 do CFM que proíbe o caráter lucrativo ou comercial da gestação por substituição evidencia que a gesta-

---

32. MEIRELES, Rose Melo Vencelau. Ensaio sobre a função das garantias nos contratos existenciais. In: GUEDES, Gisela Sampaio da Cruz; MORAES, Maria Celina Bodin de; MEIRELES, Rose Melo Vencelau (Coord.). *Direito das Garantias*. São Paulo: Saraiva, 2017, p. 418.
33. MARTINS, Fernando Rodrigues; FERREIRA, Keira Pacheco. Contratos existenciais e intangibilidade da pessoa humana na órbita privada – Homenagens ao pensamento vivo e imortal de Antonio Junqueira de Azevedo, cit., p. 265-308.
34. YOUNG, Beatriz Capanema. *A gestação por substituição como negócio jurídico*. Dissertação de Mestrado em Direito Civil na Universidade do Estado do Rio de Janeiro (UERJ), 2019, p. 63-64.
35. Para além da mercantilização do corpo feminino, a exigência de que a gestação por substituição realizada no Brasil seja gratuita não pode ser desvinculada à desigualdade social brasileira e à vulnerabilidade de mulheres pobres que, não raro, se submeteriam à gestação por substituição onerosa apenas para complementarem suas rendas. Sobre a vulnerabilidade, Heloisa Helena Barboza ensina que "o conceito de vulnerabilidade (do latim *vulnerabilis*, "que pode ser ferido", de *vulnerare*, "ferir", de *vulnus*, "ferida") refere-se a qualquer ser vivo, sem distinção, que pode, eventualmente, ser "vulnerado" em situações contingenciais. Trata-se, portanto, de característica ontológica de todos os seres vivos. Determinados seres vivos são circunstancialmente afetados, fragilizados, desamparados ou *vulnerados*" (BARBOZA, Heloisa Helena. Vulnerabilidade e cuidado: aspectos jurídicos. In: PEREIRA, Tania; OLIVEIRA, Guilherme de (Coord.). *Cuidado e vulnerabilidade*. São Paulo: Editora Atlas, 2009, p. 110).
36. Segundo Carlos Nelson Konder, a não mercantilização "determina que os aspectos existenciais da pessoa humana devam ser regidos por uma sistemática própria, distinta da lógica aplicável aos aspectos patrimoniais. Impõe uma barreira contra a possibilidade de que bens jurídicos insuscetíveis de avaliação econômica sejam negociados como se fossem objetos de uma típica transação mercantil" (KONDER, Carlos Nelson. O consentimento no Biodireito: os casos dos transexuais e dos *wannabes*. *Revista Trimestral de Direito Civil – RTDC*, Rio de Janeiro: Padma, v. 15, jul./set. 2003, p. 56). Por outro lado, sobre questionamentos a respeito da existência do princípio da gratuidade ou de não mercantilização, v. SÁ, Maria de Fátima Freire de; RETTORE, Anna Cristina de Carvalho. A gestação de substituição vista como um contrato em prol da garantia de segurança jurídica aos participantes e à criança a nascer. In: TEIXEIRA, Ana Carolina Brochado; RODRIGUES, Renata de Lima (Coord.). *Contratos, família e sucessões*. São Paulo: Foco, 2019, p. 122.
37. RETTORE, Anna Cristina de Carvalho de. *Gestação de substituição no Brasil*: a estrutura de um negócio jurídico dúplice, existente, válido e eficaz. Dissertação de Mestrado em Direito na Pontifícia Universidade Católica de Minas Gerais (PUC-Minas), 2018, p. 124.

ção por substituição não tem prestação de caráter patrimonial,[38] a fim de afastar a situação em que a gestante substituta decida disponibilizar seu útero para gestar um bebê por interesses econômicos.[39-40]

A gestação por substituição também não se adequa à categoria das situações jurídicas dúplices,[41] caracterizadas por duas situações jurídicas subjetivas concomitantes (uma patrimonial e outra extrapatrimonial), a exemplo do direito à imagem, do direito do autor e do direito à privacidade.[42] Isso porque tais situações, apesar de serem consideradas existenciais por pretenderem a realização da dignidade humana, têm expressão econômica e, por isso, são mercantilizadas e ingressam na lógica de mercado, o que é incompatível com o direito ao próprio corpo.[43] Como explica a literatura jurídica, "nem sempre será possível afirmar que uma relação jurídica é existencial ou patrimonial, pois não é raro que ambos os

---

38. Apesar de não se referir expressamente à gestação por substituição, o art. 199, § 4º da Constituição Federal veda a comercialização de órgãos, tecidos e substâncias humanas. Além disso, o art. 14 do Código Civil dispõe que o ato de disposição do próprio corpo deve ser sempre gratuito.
39. A doutrina reconhece que a gratuidade assegura a espontaneidade do ato de disposição e afasta eventuais interesses econômicos da gestante substituta e de terceiros (como as próprias clínicas médicas) na realização dessa técnica, não havendo que se falar em qualquer instrumento de pressão e coerção indireta da liberdade e da autodeterminação da gestante substituta (MEIRELES, Rose Melo Vencelau. *Autonomia privada e dignidade humana*, cit., p. 207-208). Nessa linha, a gratuidade da gestação por substituição também está atrelada à proteção da dignidade da criança, à proteção da mulher e à vedação de transações onerosas envolvendo o corpo humano (TEIXEIRA, Ana Carolina Brochado. Conflito Positivo de maternidade e a utilização de útero de substituição. In: CASABONA, Carlos Maria Romeo; QUEIROZ, Juliane Fernandes (Coord.). Biotecnologia e suas implicações ético-jurídicas. Belo Horizonte: Del Rey, 2005, p. 309-322; BRAUNER, Maria Claudia. Novas tecnologias reprodutivas e projeto parental: contribuição para o debate no direito brasileiro. *Revista Trimestral de Direito Civil – RTDC*, Rio de Janeiro: Padma, v. 12, out.-dez. 2002, p. 237-252).
40. Outra importante medida tomada pelo CFM para evitar que a gestação por substituição tenha "caráter lucrativo ou comercial" é a exigência de que as gestantes substitutas sejam mulheres que tenham parentesco consanguíneo com algum dos beneficiários até o quarto grau, isto é, mães, filhas, avós, irmãs, tias, sobrinhas e primas, conforme item VII.1.b da Resolução 2.320/2022 do CFM. Na hipótese de a mulher que se propõe a ser gestante substituta não se encaixar nessas categorias, deve-se requerer autorização específica do Conselho Regional de Medicina (item VII.1.c da Resolução 2.320/2022 do CFM). Maria de Fátima Freire de Sá e Anna Cristina de Carvalho Rettore mencionam que "[d]entre as situações submetidas à análise específica inclui-se a autorização de autorização a mulheres amigas do casal que se dispuseram a figurar como gestantes substitutas sem que se tenha identificado o recebimento de vantagem financeira por isso (CRM-MG, 2015a; CRM-GO, 2014), além de um caso no qual uma funcionária do casal de beneficiários se dispôs a gestar o filho por eles, uma vez inexistentes parentes do casal com condições para uma gestação (CRM-MG, 2015b)" (SÁ, Maria de Fátima Freire de; RETTORE, Anna Cristina de Carvalho. A gestação de substituição vista como um contrato em prol da garantia de segurança jurídica aos participantes e à criança a nascer, cit., p. 113).
41. Sobre a gestação por substituição ter natureza jurídica de situação jurídica dúplice, v. RETTORE, Anna Cristina de Carvalho de. *Gestação de substituição no Brasil*: a estrutura de um negócio jurídico dúplice, existente, válido e eficaz, cit., p. 110. Entende-se que, caso fosse afastado o princípio da gratuidade, permitindo que a gestante substituta recebesse alguma contrapartida financeira em virtude da gestação por substituição, seria possível reconhecer a caracterização de situação jurídica dúplice.
42. PERLINGIERI, Pietro. *Perfis do direito civil*, cit., p. 106.
43. Nesse sentido, "[e]nquanto o preço deve representar um valor exterior (de mercado) e manifestar interesses particulares, a dignidade deve representar um valor interior (moral) e é de interesse geral. As coisas têm preço; as pessoas, dignidade" (MORAES, Maria Celina Bodin de. *Na medida da pessoa humana*: estudos de direito civil. Rio de Janeiro: Renovar, 2010, p. 81).

interesses estejam nela envolvidos. As situações jurídicas podem refletir interesses existenciais e patrimoniais ao mesmo tempo".[44]

Nesse sentido, a gestação por substituição se enquadra na categoria dos negócios jurídicos extrapatrimoniais, pois se trata de negócio jurídico bilateral decorrente do exercício da autonomia negocial, cujo conteúdo é constituído por prestações de caráter exclusivamente existencial, relacionadas a aspectos da personalidade humana.[45] Ao concretizar o projeto parental dos beneficiários da gestação por substituição, a técnica realiza diretamente o valor da personalidade na perspectiva do livre desenvolvimento do projeto parental, reconhecendo-se que se está diante de situação existencial, ainda que o negócio tenha repercussões econômicas (o que não significa necessariamente a existência de contraprestação pecuniária).[46]

Apesar de ser vedada a atribuição de caráter oneroso à gestação por substituição no Brasil,[47] é frequente a previsão de cláusulas que disciplinem aspectos eminentemente patrimoniais do negócio, como, por exemplo, o dever dos beneficiários de arcarem com as despesas médicas e farmacêuticas decorrentes da gestação por substituição, até porque é do interesse deles que a criança nasça saudável.[48] Dito de outro modo, apesar de a gestação por substituição ser caracterizada pela solidariedade e pelo espírito altruísta, afastando-se qualquer previsão que estabeleça uma contrapartida financeira em favor da gestante substituta, é possível estabelecer o dever dos beneficiários com relação ao pagamento de todas as despesas, diretas ou indiretas, relacionadas à gestação.[49]

Para além dos deveres patrimoniais, também é possível estipular deveres relativos a aspectos existenciais, normalmente regulados por cláusulas de conduta que estabelecem deveres comportamentais, em regra, exigidos da gestante substituta. Exemplo disso são os deveres de praticar exercícios físicos com regularidade,

---

44. MEIRELES, Rose Melo Vencelau. *Autonomia privada e dignidade humana*, cit., p. 47-48.
45. YOUNG, Beatriz Capanema. *A gestação por substituição como negócio jurídico*, cit., p. 72.
46. SOUSA, Thiago Andrade. *A disciplina dos deveres não obrigacionais na gestação por substituição: as cláusulas de conduta*. Dissertação de Mestrado em Direito Civil na Universidade do Estado do Rio de Janeiro (UERJ), 2015, p. 81.
47. Destaca-se que alguns países como Estados Unidos, Colômbia, Albânia e Ucrânia permitem a comercialização da gestação por substituição.
48. TEIXEIRA, Ana Carolina Brochado. *Conflito positivo de maternidade e a utilização do útero de substituição*, cit., p. 315.
49. É comum que as partes estipulem que os beneficiários da gestação por substituição são responsáveis pelo pagamento de alimentos gravídicos à gestante substituta, cujo valor abrange as despesas decorrentes do período de gravidez "sejam dela decorrentes, da concepção ao parto, inclusive as referentes a alimentação especial, assistência médica e psicológica, exames complementares, internações, parto, medicamentos e demais prescrições preventivas e terapêuticas indispensáveis", na forma do art. 2º da Lei 11.804/2008. Nessa linha, o Enunciado 675 aprovado pela IX Jornada de Direito Civil do Conselho da Justiça Federal que dispõe que "[a]s despesas com doula e consultora de amamentação podem ser objeto de alimentos gravídicos, observado o trinômio da necessidade, possibilidade e proporcionalidade para a sua fixação" também deve ser observado na gestação por substituição.

de não ingerir bebida alcóolica, de não consumir drogas, de não pintar o cabelo, de não se submeter a atividade de riscos durante a gestação,[50] uma vez que suas condutas impactam, de maneira direta, o desenvolvimento saudável da criança.[51]

3. CONSENTIMENTO NA GESTAÇÃO POR SUBSTITUIÇÃO

Como já dito, atos de autonomia existencial são legítimos quando praticados pelo próprio titular de maneira informada e consciente sobre o ato em si e suas consequências. Carlos Nelson Konder ensina que o "consentimento é um elemento dos atos jurídicos em geral, mas, utilizado numa acepção mais ampla e com menor rigor técnico, expressa todo movimento de aquiescência, de autorização, enfim, de manifestação de vontade favorável, com efeitos jurídicos obrigacionais".[52]

A obtenção do consentimento livre e esclarecido[53] se dá por um processo dialógico aberto de deliberação conjunta entre gestante substituta, beneficiários e clínica de reprodução assistida (e não pela mera assinatura de um documento). As informações transmitidas à gestante substituta devem ser completas, esclarecedoras e verdadeiras, sobretudo porque diz respeito à "liberdade de decidir o que melhor lhe convém sobre o seu corpo, de autodeterminar-se em escolhas que envolvam a pessoa também na sua dimensão física".[54]

Nas técnicas de reprodução assistida, o consentimento livre e esclarecido corresponde à autorização obtida do paciente após receber uma explicação com-

---

50. Entende-se que tais deveres de conduta decorrem do dever de cuidado. A respeito do cuidado como valor jurídico, v. BARBOZA, Heloisa Helena. Paternidade responsável: o cuidado como dever jurídico. In: PEREIRA, Tânia da Silva; OLIVEIRA, Guilherme de (Coord.). *Cuidado e responsabilidade*. São Paulo: Atlas, 2011, p. 87-88; VIVEIROS DE CASTRO, Thamis Dalsenter; ALMEIDA, Vitor. Famílias monoparentais, vulnerabilidade social e cuidado. *Revista Brasileira de Direito Civil – RBDCivil*, Belo Horizonte, v. 28, abr./jun. 2021, p. 77-96.
51. Thiago Andrade de Sousa afirma que "as cláusulas de conduta estabelecidas no acordo de gestação por substituição não podem ser compreendidas como obrigações propriamente ditas, posto que o comportamento a que se obriga a gestante substituta (dever de não ingerir substâncias nocivas e de praticar exercícios físicos regularmente) não é passível de avaliação econômica" (SOUSA, Thiago Andrade. *A disciplina dos deveres não obrigacionais na gestação por substituição*: as cláusulas de conduta, cit., p. 108). Quanto aos atos de autonomia da gestante substituta durante a gravidez que venham a causar lesão ou risco real de lesão para o bebê (como a ingestão de substâncias tóxicas nocivas), a doutrina entende que se configura conduta abusiva na forma do art. 187 do Código Civil, com base no melhor interesse da criança, podendo, inclusive, gerar o dever de indenizar (YOUNG, Beatriz Capanema. *A gestação por substituição como negócio jurídico*, cit., p. 104).
52. KONDER, Carlos Nelson. O consentimento no biodireito: Os casos dos transexuais e dos *wannabes*, cit., p. 57.
53. Na literatura estrangeira, a denominação mais utilizada é *informed consent*, que tem sua origem no Código de Nuremberg, desenvolvido após o fim da Segunda Guerra Mundial em reação às práticas nazistas que realizavam pesquisas com seres humanos sem que se aferisse a vontade do sujeito submetido a elas. No Brasil, a expressão "termo de consentimento livre e esclarecido" é utilizada com maior frequência, estando disposta, inclusive, nas resoluções do CFM.
54. TEIXEIRA, Ana Carolina Brochado. *Saúde, corpo e autonomia privada*, cit., p. 245.

pleta sobre o procedimento médico ao qual se submeterá, incluindo informações sobre a natureza da intervenção, seus objetivos, o método aplicável, sua duração, justificativa, protocolos atuais de tratamento, contraindicações, riscos e benefícios, outros métodos alternativos de tratamento existentes e nível de confidencialidade dos dados,[55] a fim de assegurar o seu discernimento sobre o ato praticado.

No caso da gestação por substituição, o estabelecimento responsável pela realização da gestação por substituição deve fornecer toda e qualquer informação referente ao procedimento à gestante substituta.[56] Especificamente sobre os riscos envolvidos na gestação, a gestante substituta deve ser informada, por exemplo, sobre a possibilidade de ter sangramentos, náuseas, vômitos ou infecções urinárias, sofrer um aborto espontâneo, desenvolver diabetes gestacional, ter que realizar laqueadura tubária por conta de complicações durante o parto e, até mesmo, sobre os riscos de vida.

Nesse sentido, o termo de consentimento é o documento recomendado por códigos de ética para ser utilizado na prática cotidiana em saúde, em especial em pesquisas com seres humanos e em situações em que se aplicam tecnologias avançadas. Há entendimento na doutrina no sentido de que o termo de consentimento livre e esclarecido das técnicas de reprodução humana assistida constitui uma autorização concedida pelo paciente por meio do qual ele aceita se submeter a determinado procedimento.[57]

De fato, como já mencionado, o consentimento é imprescindível para a realização da gestação por substituição, devendo ser verificado por meio de alguns

---

55. KONDER, Carlos Nelson. O consentimento no biodireito: os casos dos transexuais e *wannabes*, cit., p. 59. Nos termos do item I.4 da Resolução 2.320/2022 do CFM, "o consentimento livre e esclarecido é obrigatório para todos os pacientes submetidos às técnicas de reprodução assistida. Os aspectos médicos envolvendo a totalidade das circunstâncias da aplicação de uma técnica de RA devem ser detalhadamente expostos, bem como os resultados obtidos naquela unidade de tratamento com a técnica proposta. As informações devem também atingir dados de caráter biológico, jurídico e ético. O documento de consentimento livre e esclarecido deve ser elaborado em formulário específico e estará completo com a concordância, por escrito, obtida a partir de discussão entre as partes envolvidas nas técnicas de reprodução assistida".
56. "A condição necessariamente hipossuficiente em alto grau do paciente demanda uma série de cautelas necessárias e uma mudança do médico/cientista para uma postura ativa e interrogante, com vistas a verificar o perfeito entendimento do paciente, considerando suas características específicas. [...] No biodireito, faz-se necessária uma apreciação ainda mais cuidadosa da relevância da manifestação de vontade, que só será valorizada quando operar como projeção da dignidade da pessoa humana. O consentimento será necessário e suficiente quando traduzir uma manifestação do livre desenvolvimento da pessoa, mas não será idôneo a tornar legítimo um ato que causar afronta à dignidade daquele que consente, amplamente protegida, mesmo contra a sua vontade; uma tal sintonia, porém, só pode se dar em face do caso concreto" (KONDER, Carlos Nelson. O consentimento no biodireito: Os casos dos transexuais e dos *wannabes*, cit., p. 60-71).
57. PEREIRA, Paula Moura Francesconi de Lemos. *A responsabilidade civil como instrumento de proteção à pessoa humana nos ensaios clínicos*. Tese de Doutorado em Direito Civil na Universidade do Estado do Rio de Janeiro – UERJ, 2017, p. 128.

documentos, notadamente pelo (i) termo de consentimento livre e esclarecido assinado pelos pacientes e pela gestante substituta, contemplando aspectos biopsicossociais e riscos envolvidos no ciclo gravídico-puerperal, bem como aspectos legais da filiação;[58] e (ii) termo de compromisso[59] entre os beneficiários e a gestante substituta, estabelecendo claramente a questão da filiação da criança.[60] Além disso, (iii) os beneficiários se comprometem, por escrito, tanto com a realização do registro civil da criança quanto com o pagamento do acompanhamento médico da gestante até o puerpério;[61] (iv) se a gestante for casada ou viver em união estável, seu cônjuge ou companheiro deve autorizar por escrito a realização do procedimento;[62] e (v) a clínica medica deve atestar por meio de relatório médico a adequação da saúde física e mental dos envolvidos.[63]

A Resolução 2.320/2022 do CFM, além do consentimento livre e esclarecido da gestante substituta compreendendo e avaliando os riscos e as consequências da gravidez, exige que ela tenha ao menos um filho vivo.[64] Entende-se que dessa forma a gestante substituta é capaz de consentir com o procedimento de forma precisa, reduzindo as chances de desistência ou de envolvimento emocional com o bebê, em especial porque ela, provavelmente, já vai ter passado por uma gestação anterior.[65]

Quanto à indicação de aspectos legais da filiação no termo de consentimento livre e esclarecido, vale ressaltar que um dos principais compromissos assumidos pela gestante substituta é a renúncia à criança que vier a nascer, aceitando que todos os direitos e deveres decorrentes do poder familiar serão atribuídos aos beneficiários.

No entanto, a doutrina alerta que a prática revela que o consentimento na gestação por substituição corresponde a verdadeiro contrato de adesão, uma vez que as partes simplesmente aderem ao conteúdo preestabelecido pela clínica de reprodução assistida, que é elaborado para ser utilizado por um número indeterminado de participantes.[66]

---

58. Item VII.3.a da Resolução 2.320/2022 do CFM. Apesar de a Resolução 2.168/2017 do CFM prever que o termo de consentimento livre e esclarecido "estabelecerá claramente a questão da filiação da criança" e exigir o "compromisso do registro civil da criança pelos pacientes (pai, mãe ou pais genéticos)", não há qualquer previsão sobre a possibilidade de revogação dessas manifestações de vontade.
59. Vale ressaltar que até a Resolução 2.013/2013 do CFM o "termo de compromisso" era denominado como "*contrato* entre os pacientes (pais genéticos) e a doadora temporária do útero (que recebeu o embrião em seu útero e deu à luz)".
60. Item VII.3.c da Resolução 2.320/2022 do CFM.
61. Itens VII.3.d e VII.3.e da Resolução 2.320/2022 do CFM.
62. Item VII.3.f da Resolução 2.320/2022 do CFM.
63. Item VII.3.c da Resolução 2.320/2022 do CFM.
64. Item VII.1.a da Resolução 2.320/2022 do CFM.
65. YOUNG, Beatriz Capanema. *A gestação por substituição como negócio jurídico*, cit., p. 87.
66. FERNANDES, Carolina Fernández; PITHAN, Lívia Haygert. O consentimento informado na assistência médica e o contrato de adesão: uma perspectiva jurídica e bioética. *Revista Hospital das Clínicas de Porto Alegre*, v. 27, n. 2, 2007, p. 81.

Além disso, embora a Resolução 2.320/2022 seja omissa sobre esse aspecto, os termos firmados pelas partes podem regular especificamente as consequências do inadimplemento dos deveres que assumiram.

Iniciada a gravidez com a fertilização do óvulo e a nidação na parede do endométrio (isto é, a implantação do embrião no útero da gestante substituta), o consentimento dos participantes se torna irrevogável, pois o ato já foi concretizado e não é mais possível interromper a gestação, já que o aborto é tipificado como crime na forma dos arts. 124 a 127 do Código Penal.[67-68] Em outras palavras, entende-se que tanto a gestante substituta quanto os beneficiários podem desistir de realizar o procedimento até o início da gravidez, sendo "melhor que se materialize [a desistência] do que levar adiante o negócio considerando obrigado qualquer dos envolvidos".[69] De igual modo, como a gestação por substituição corresponde a exercício de direito da personalidade, o direito de arrependimento, caso seja previsto, também só pode ser exercido até a nidação.[70]

No entanto, é possível que conflitos de interesses surjam entre os envolvidos, os quais são classificados como (i) conflito *positivo*, configurado quando a gestante substituta e os beneficiários reivindicam para si a parentalidade da criança;[71] e (ii) conflito *negativo*, caracterizado quando nenhuma das partes deseja assumir a parentalidade,[72] o que, não raro, ocorre pelo fato de a criança ser portadora de alguma deficiência ou porque houve alguma mudança no projeto parental dos beneficiários durante o curso da gravidez (como no caso de separações e divórcios).[73]

---

67. Não se ignora as situações excepcionais previstas no art. 128 do Código Penal que permitem a prática do aborto.
68. Nas situações em que o aborto for provocado pela gestante substituta ou por terceiro com o seu consentimento, além de responder criminalmente, a gestante substituta também pode ser responsabilizada no âmbito civil, podendo os autores do projeto parental pleitear indenização por danos materiais (por exemplo, referentes aos valores despendidos com a técnica de reprodução assistida) e morais (quando violado algum dos seus direitos da personalidade).
69. SÁ, Maria de Fátima Freire de; RETTORE, Anna Cristina de Carvalho. A gestação de substituição vista como um contrato em prol da garantia de segurança jurídica aos participantes e à criança a nascer, cit., p. 126.
70. SÁ, Maria de Fátima Freire de; RETTORE, Anna Cristina de Carvalho. A gestação de substituição vista como um contrato em prol da garantia de segurança jurídica aos participantes e à criança a nascer, cit., p. 126.
71. Uma das medidas sugeridas pela doutrina para solucionar tal impasse é a multiparentalidade, que "consiste no reconhecimento, pelo ordenamento jurídico, de que uma pessoa tenha mais de um vínculo parental paterno ou mais de um vínculo parental materno" (SCHREIBER, Anderson; LUSTOSA, Paulo Franco. Efeitos jurídicos da multiparentalidade. *Revista Pensar*, Fortaleza, v. 21, n. 3, set./dez. 2016, p. 847-873). Nessa linha, o Supremo Tribunal Federal já reconheceu a possibilidade de multiplicidade de vínculos parentais quando do julgamento do Recurso Extraordinário 898.060/SP (STF, Tribunal Pleno, RE 898.060/SP, Rel. Min. Luiz Fux, julg. 21.09.2016).
72. TEIXEIRA, Ana Carolina Brochado. Conflito positivo de maternidade e a utilização do útero de substituição, cit., p. 318.
73. A responsabilidade parental não sofre alterações na hipótese de ocorrerem mudanças no âmbito das entidades familiares que decidiram realizar a gestação por substituição, pois, uma vez reconhecida essa condição, todos os direitos e deveres (existenciais e patrimoniais) são exigíveis.

Nesse contexto, a documentação exigida pelo CFM para realização da gestação por substituição se "presta à formalização desse vínculo moral antecedente que funciona como uma 'política de minimização de riscos', reduzindo a possibilidade de conflitos".[74] Na realidade, os documentos exigidos para formalização do consentimento das partes envolvidas na gestação por substituição não resguardam sua executoriedade, tampouco oferecem soluções possíveis para a conciliação de interesses ou para a resolução de eventuais conflitos pelo Poder Judiciário, notadamente em virtude da ausência de regulamentação específica.[75]

Esse cenário é capaz de gerar situações de insegurança jurídica para a gestante substituta, os beneficiários e a criança diante de eventuais conflitos como (i) o desentendimento entre a gestante e os beneficiários sobre quais comportamentos são adequados ou não durante a gravidez; (ii) quem deve tomar decisões referentes à gestação e/ou ao desenvolvimento do feto; (iii) as mudanças de postura ou de decisão pela gestante substituta ou pelos beneficiários quanto ao inicialmente acordado, em razão de fatos que não poderiam ter sido previstos quando firmaram os termos; (iv) a não coercibilidade do compromisso firmado em prol do pagamento do tratamento da gestante até o puerpério. Tais conflitos, inclusive, pode culminar na recusa da gestante substituta em entregar a criança aos beneficiários da gestação por substituição ou na recusa destes em receber a criança, sendo pertinente analisar quais as medidas cabíveis para reparação dos prejuízos provocados a cada um dos envolvidos nessas situações.

4. A RESPONSABILIDADE CIVIL DOS PARTICIPANTES NA GESTAÇÃO POR SUBSTITUIÇÃO

Muitas intercorrências podem surgir desde o momento da manifestação do consentimento livre e esclarecido dos envolvidos acerca do conteúdo da gestação por substituição até a efetiva entrega da criança pela gestante substituta aos autores do projeto parental. A ausência de legislação específica sobre a gestação por substituição no Direito brasileiro torna a situação ainda mais complexa, havendo na doutrina quem entenda cabível utilizar como referência a experiência portuguesa.[76]

---

74. SÁ, Maria de Fátima Freire de; RETTORE, Anna Cristina de Carvalho. A gestação de substituição vista como um contrato em prol da garantia de segurança jurídica aos participantes e à criança a nascer, cit., p. 114.
75. RAPOSO, Vera Lúcia. Tudo aquilo que você sempre quis saber sobre contratos de gestação (e o legislador teve medo de responder). *Revista do Ministério Público*, 149, jan./mar. 2017, p. 19; e SÁ, Maria de Fátima Freire de; RETTORE, Anna Cristina de Carvalho. A gestação de substituição vista como um contrato em prol da garantia de segurança jurídica aos participantes e à criança a nascer, cit., p. 114.
76. EHRHARDT JUNIOR, Marcos; ROCHA, Patricia Ferreira. A (im)possibilidade do reconhecimento de responsabilidade civil por incumprimento contratual ante a recusa de entrega ou de recebimento

Nessa linha, vale destacar que, no Acórdão 225/2018, o Tribunal Constitucional de Portugal[77] entendeu que o direito de arrependimento da gestante substituta pode ser exercido em qualquer etapa da gravidez, uma vez que o seu consentimento não se limitaria à mera realização da gestação por substituição, vinculando-a a todo o processo de gestação. Naquela ocasião, o tribunal português reconheceu que não haveria simetria entre o consentimento da gestante substituta e dos beneficiários: enquanto o consentimento da gestante substituta implicaria a aceitação de intervenções contínuas em seus direitos fundamentais como a integridade física, a saúde e o direito de constituir família e ter filhos, o dos beneficiários se limitaria à coleta do material genético necessário para a concretização da gestação por substituição e à transferência uterina do embrião.

Daí Marcos Ehrhardt Junior e Patricia Ferreira Rocha questionam "se, de fato, pode se falar num consentimento suficientemente informado", pois, "apesar de vinculante desde o início da formação do contrato, o consentimento da gestante deve se manter atual ao longo de todo o processo de gestação de substituição".[78]

O estabelecimento da parentalidade, então, dependeria da entrega da criança pela gestante substituta ou da sua recusa em fazê-la:[79] de um lado, se ela entregasse a criança aos beneficiários da gestação, a parentalidade seria reconhecida em favor destes; de outro lado, recusando-se a gestante substituta a entregar a criança, a filiação seria reconhecida em seu favor. Em outras palavras, o reconhecimento da filiação dependeria tão somente da decisão da gestante substituta de entregar ou não a criança aos autores do projeto parental.

Já em relação à possibilidade de desistência dos beneficiários da gestação por substituição, o Tribunal Constitucional português, na mesma oportunidade, declarou que eles não poderiam mais interferir nas "obrigações essenciais do contrato", tampouco renunciar à assunção do projeto parental ao qual decidiram se vincular livre e espontaneamente após a coleta dos gametas e da concretização da transferência uterina que marca o início dos processos terapêuticos desse procedimento.

---

da criança na gestação de substituição: subsídios do direito português para o Brasil. *Revista Brasileira de Direito Civil – RBDCivil*, Belo Horizonte, v. 28, abr./jun. 2021, p. 97-121.

77. PORTUGAL. Acórdão 225/2018 do Tribunal Constitucional de Portugal. Disponível em: https://dre.pt/home/-/dre/115226940/details/maximized. Acesso em: 21 maio 2023.
78. EHRHARDT JUNIOR, Marcos; ROCHA, Patricia Ferreira. A (im)possibilidade do reconhecimento de responsabilidade civil por incumprimento contratual ante a recusa de entrega ou de recebimento da criança na gestação de substituição: subsídios do direito português para o Brasil, cit., p. 113-114.
79. PEDRO, Rute Teixeira. O estabelecimento da filiação de criança nascida com recurso a contratos de gestação de substituição – reflexões à luz do Acórdão do Tribunal Constitucional 225/2018, de 24 de abril. In: CRORIE, Benedita Mac; ROCHA, Miriam; MOREIRA, Sónia (Coord.). *Temas de direito e bioética*: novas questões do direito da saúde. [s.l.]: DH-CII – Centro de Investigação Interdisciplinar e JUSGOV – Centro de Investigação em Justiça e Governação, 2018. v. I, p. 212-213.

Vera Lúcia Raposo, por sua vez, afirma que, havendo conflito positivo de parentalidade, os beneficiários e a gestante substituta deveriam chegar a um acordo. Não havendo consenso, a autora portuguesa sugere a estipulação de "guarda conjunta e direitos de visita, repartindo entre os interessados a guarda da criança e as responsabilidades a ela inerentes", além da perda do direito da gestante de receber "a quantia que tiver sido estipulada no âmbito do ressarcimento das despesas médicas e, para além disso, poderá ter que indemnizar os pais contratantes por danos morais, eventualmente causados pela promessa de um filho e sua subsequente perda".[80]

Vale ressaltar que, embora haja controvérsias sobre qual é a medida adequada a ser utilizada nas situações em que a gestante substituta se recusa a entregar a criança ou os beneficiários se recusam a recebê-la, não há que se falar propriamente em execução específica da prestação,[81] uma vez que as obrigações personalíssimas não são compatíveis com a execução específica, pois "o fato devido pelo devedor só poderá ser prestado pelo próprio, não sendo possível que um ato judicial o substitua, produzindo os mesmos efeitos".[82]

Parece, portanto, mais adequado o entendimento de que um dos deveres assumidos pela gestante substituta ao se submeter à procriação medicamente assistida é o de entregar a criança após o seu nascimento aos autores do projeto parental, embora se reconheça a possibilidade de designar encontros entre a gestante substituta e a criança para assegurar sua amamentação e, consequentemente, o seu crescimento saudável.[83]

Assim, se a gestante substituta se recusar a entregar a criança aos beneficiários da gestação por substituição, cabe, em tese, o ajuizamento de ação de busca e apreensão com esse fim,[84] com fundamento no art. 1.634, VIII do Código Civil.[85] A lógica proprietária é incompatível com a posição da criança como pessoa e titular de direitos, de modo que a sua categorização como coisa constitui violação direta aos princípios da dignidade humana e do melhor interesse da criança, bem

---

80. RAPOSO, Vera Lúcia. *De mãe para mãe*: questões legais e éticas suscitadas pela maternidade de substituição. [s.l.]: [s.n.], 2005, p. 119-131.
81. "No caso de inadimplemento, como executar? Caberia a conversão em perdas e danos? [...] Nitidamente estamos fora do campo patrimonial. Inadequado qualquer tipo de contratação" (BARBOZA, Heloisa Helena. *A filiação em face da inseminação artificial e da fertilização "in vitro"*, cit., p. 92).
82. TEPEDINO, Gustavo; BARBOZA, Heloisa Helena; MORAES, Maria Celina Bodin de. *Código Civil interpretado conforme a Constituição da República*. Rio de Janeiro: Renovar, 2006, v. 2. p. 103.
83. RAPOSO, Vera Lúcia. *Tudo aquilo que você sempre quis saber sobre contratos de gestação (e o legislador teve medo de responder)*, cit., p. 46-47.
84. MELO, Diogo Leonardo Machado de. *Gestação de substituição*. São Paulo: Instituto dos Advogados de São Paulo, 2017, p. 155.
85. "Art. 1.634. Compete a ambos os pais, qualquer que seja a sua situação conjugal, o pleno exercício do poder familiar, que consiste em, quanto aos filhos: [...] VIII – reclamá-los de quem ilegalmente os detenha".

como à doutrina da proteção integral da criança.[86-87] Caso a ação seja ajuizada e a gestante substituta se mantenha resistente a entregar a criança, não se descarta a possibilidade de serem utilizados os instrumentos de força do Poder Judiciário, como aplicação de multa e medidas coercitivas para se obter o fim esperado com a demanda,[88] inclusive a teor do que determina o art. 139, IV, do Código de Processo Civil.[89]

Além disso, a gestante substituta que não entregar a criança conforme acordado nos termos firmados também pode ser responsabilizada ao pagamento de indenização por danos morais causados aos autores do projeto parental, em virtude do abalo psicológico por estes sofrido durante o período que ficaram sem o seu filho.[90]

Por outro lado, na hipótese de os autores do projeto parental se recusarem a receber a criança na forma prevista, a gestante substituta não tem o dever de assumir a maternidade da criança, pois não seria cabível impor a ela a assunção de um projeto parental que não almejou. Dessa forma, em caso de conflito negativo de parentalidade, essa situação acarretaria o encaminhamento da criança para adoção,[91] nos termos do art. 39 e seguintes da Lei 8.069/1990.

Os autores do projeto parental podem ainda ser responsabilizados a arcarem com os custos incorridos pela gestante substituta, como despesas com consultas médicas, alimentação e higiene do bebê. Evidentemente, a quantificação dos valores devidos à gestante substituta deve ser verificada em concreto, pois algumas variáveis haverão que ser consideradas, como, por exemplo, o tempo razoável durante o qual a gestante substituta arcou com determinados custos e até mesmo

---

86. Vicente Sabino Junior aduz que a ação de busca e apreensão "é a forma última da ação de vindicação e do interdito de exibição e ducção do filho, que o direito romano, como ação vindicatória, e acomodara aos tempos novos" (SABINO JUNIOR, Vicente. *Direito e guarda do filho menor*. Rio de Janeiro: Alba, 1968, p. 201). Apesar de a ação de busca e apreensão ter sua origem nas ações do direito romano de reivindição de propriedade, na ausência de previsão pelo ordenamento jurídico de um instrumento especificamente voltado a proteger os interesses existenciais envolvidos nessa situação, entende-se que a ação de busca e apreensão é a via legal mais adequada para os beneficiários da gestação por substituição garantirem a custódia física da criança.
87. CRUZ, Elisa Costa. *A guarda como expressão de cuidado das responsabilidades parentais: a despatrimonialização do instituto a partir do reconhecimento da criança como pessoa*. Tese de Doutorado em Direito Civil na Universidade do Estado do Rio de Janeiro (UERJ), 2020, p. 107.
88. CRUZ, Elisa Costa. *A guarda como expressão de cuidado das responsabilidades parentais: a despatrimonialização do instituto a partir do reconhecimento da criança como pessoa*, cit., p. 107.
89. "Art. 139. O juiz dirigirá o processo conforme as disposições deste Código, incumbindo-lhe: [...] IV – determinar todas as medidas indutivas, coercitivas, mandamentais ou sub-rogatórias necessárias para assegurar o cumprimento de ordem judicial, inclusive nas ações que tenham por objeto prestação pecuniária".
90. MOREIRA, Raquel Veggi; CABRAL, Hildeliza Lacerda Tinoco Boechat. Útero de substituição: a responsabilidade civil da mulher hospedeira em caso de recusa da entrega da criança. *Revista da EMERJ*, Rio de Janeiro, v. 19, n. 4, set./dez. 2017, p. 188.
91. RAPOSO, Vera Lúcia. Tudo aquilo que você sempre quis saber sobre contratos de gestação (e o legislador teve medo de responder), cit., p. 20.

a ocorrência de adoção da criança. Na hipótese de a gestante substituta decidir assumir a maternidade da criança, o poder familiar deve ser a ela conferido por meio da adoção.[92]

Quanto à criança, os beneficiários da gestação por substituição que desistiram de assumir a sua parentalidade podem ser responsabilizados, (i) na seara criminal, por abandono de incapaz ou recém-nascido, na forma dos arts. 133 e 134 do Código Penal; e, (ii) na seara cível, ao pagamento de indenização por danos materiais e morais em razão de abandono afetivo,[93] independentemente de quem assumiu as responsabilidades parentais relacionadas à criança (se a gestante substituta ou terceiros adotantes).

CONCLUSÃO

A gestação por substituição está alinhada com os valores da ordem-constitucional estatuída em 1988, uma vez que possibilita que entidades familiares que biologicamente não poderiam procriar tenham filhos, em especial quando desejam utilizar o seu próprio material genético. No entanto, a ausência de regulamentação sobre essa técnica de reprodução assistida gera insegurança jurídica, na medida em que a gestação por substituição acaba sendo tutelada por resoluções do CFM, que não têm força de lei.

A gestação por substituição é um negócio jurídico extrapatrimonial, fruto do exercício da autonomia negocial dos participantes (gestante substituta e autores do projeto parental), sem prestações de caráter patrimonial, mas apenas existencial, relacionadas a aspectos da personalidade humana.

A manifestação de consentimento livre e esclarecido pelos envolvidos assume grande relevância na realização da gestação por substituição, pois, uma vez ocorrida a nidação do embrião no útero da gestante substituta, entende-se que os envolvidos não podem mais revogar os deveres que assumiram (notadamente, o da gestante substituta de entregar a criança após o seu nascimento e o dos autores do projeto parental de receber a criança). Caso essas recusas sejam verificadas no caso concreto, tanto a gestante substituta quanto os beneficiários da gestação por substituição podem vir a ser responsabilizados pelos danos materiais e/ou morais causados à outra parte e à própria criança, tudo a ser analisado em concreto.

---

92. RAPOSO, Vera Lúcia. Tudo aquilo que você sempre quis saber sobre contratos de gestação (e o legislador teve medo de responder), cit., p. 21.
93. O STJ já determinou que o pai pagasse à filha o valor de R$ 30.000,00 a título de indenização por danos morais em razão do abandono afetivo que causou graves consequências psicológicas e problemas de saúde eventuais como tonturas, enjoos e crises de ansiedade (Pai é condenado a pagar R$ 30 mil de danos morais por abandono afetivo da filha. *STJ*, 21 fev. 2022. Disponível em: https://www.stj.jus.br/sites/portalp/Paginas/Comunicacao/Noticias/21022022-Pai-e-condenado-a-pagar-R--30-mil-de-danos-morais-por-abandono-afetivo-da-filha.aspx. Acesso em: 27 maio 2023).

Apesar das incertezas quanto aos efeitos jurídicos da gestação por substituição, as particularidades desse negócio jurídico extrapatrimonial exigem do intérprete um olhar distinto daquele direcionado aos negócios jurídicos patrimoniais, para assegurar a proteção do livre desenvolvimento da personalidade humana, do planejamento familiar e do melhor interesse da criança.

SEXISMO E EDIÇÃO GENÉTICA: NOVAS PRÁTICAS EM REPRODUÇÃO HUMANA ASSISTIDA, NOVAS FORMAS DISCRIMINATÓRIAS DE EUGENIA PRIVATIZADA

Luiza Leite Cabral Loureiro Coutinho

Mestranda em Direito pela Universidade do Estado do Rio de Janeiro (UERJ), na linha de pesquisa em Direito Civil. Pós-graduada *lato sensu* pela Escola da Magistratura do Estado do Rio de Janeiro (EMERJ). Graduada em Direito pela UNIFLU. Professora universitária de Direito Civil e Direito Digital. Advogada. ORCID: https://orcid.org/0000-0003-3118-2049.

Sumário: Introdução – 1. A proteção do concepturo no cenário normativo nacional – 2. A qualificação jurídica dos dados genéticos humanos e o direito de igual acesso às biotecnologias – 3. Sexagem: princípio da não discriminação e responsabilidade civil diante dos chamados "novos danos" – Considerações finais.

INTRODUÇÃO

A maternidade e a paternidade costumavam ser vislumbrados como uma forma de os seres humanos se abrirem ao inesperado de uma experiência transformadora. Isso porque, no mundo ideal, filhos não devem ser meros produtos da vontade de seus pais, nem instrumentos de projeção de suas ambições e frustrações. A busca parental incessante por perfeição projetada nos filhos e nas expectativas geradas por vultosos investimentos em edição genética para a manipulação de aspectos extrapatológicos macula o valoroso amor incondicional que precisa ser próprio da parentalidade.

A valorização e aceitação dos filhos como dádivas não afasta o inegável impulso de pais projetistas de tentar controlar os mistérios da vida, que vão além da prevenção de enfermidades. Mas o que se perde quando a bioengenharia dissolver da humanidade a concepção da vida como benção? Ante a classificação binária objeto-sujeito, têm os pais o direito de promover alterações genéticas embrionárias em sua futura prole? A Constituição da República de 1988, quando, em seu artigo 229, atribui aos pais o dever de assistência, criação e educação dos filhos menores de dezoito anos, lhes concede um poder de decisão amplo e irrestrito?

Questionamentos assim não devem priorizar uma visão meramente utilitarista, porém visar uma perspectiva bioética mais balizada.

Considerada a evolução da biotecnologia no último século, é indubitável que as técnicas de reprodução humana assistida (RHA) se sobressaem em virtude das consideráveis mudanças que engendraram nos preceitos concernentes à concepção e ao termo inicial da vida humana. Tal torna iminente a demanda por delimitações na atividade científica, não obstante a necessidade de se preservar sua viabilidade. Para que o nascido com vida, que adquire personalidade para exercer direitos e deveres na ordem civil, seja apto a realizar escolhas livres quanto ao seu projeto de vida e tenha, desde a concepção, seus direitos resguardados, precisa ser mantido em aberto seu futuro, sem que seus genitores o tenham planejado e editado, de forma, moral e juridicamente, questionável.

As extravagantes tentativas dos pais de moldar seus filhos, ainda que por nascer, alcançou a fase embrionária pré-implantacional, aproximando esses clientes das clínicas de reprodução humana assistida, de modo perturbador, de uma nova forma de eugenia. O presente trabalho científico debruça-se, em particular, sobre os limites bioéticos da sexagem no uso de técnicas de reprodução humana assistida, abordando a proteção do concepturo no cenário normativo vigente, estabelecendo a qualificação jurídica dos dados genéticos humanos e destacando o direito de igual acesso às biotecnologias, o princípio da não discriminação e a responsabilidade civil ante os "novos danos".

1. A PROTEÇÃO DO CONCEPTURO NO CENÁRIO NORMATIVO NACIONAL

A depender do estágio do ciclo da vida humana a ser analisado pelo intérprete do direito caberá distinta proteção jurídica, contemplando o ordenamento jurídico nacional formas de tutela especializada para cada fase constitutiva do desenvolvimento humano até a morte. Diante dos mais recentes avanços tecnológicos, como a possibilidade de gestar fetos em úteros artificiais[1] e de serem criados embriões sintéticos[2] – casos em que já é possível vislumbrar a sua existência independente,

---

1. "Uma oferta chamada 'Pacote de Elite' permitiria que o cliente manipulasse geneticamente o embrião antes de implantá-lo no útero artificial, via fertilização *in vitro*. Tudo, desde a cor dos olhos e cabelos até a força, altura e inteligência, pode ser escolhido, e doenças genéticas hereditárias podem ser evitadas (...). O EctoLife, a primeira instalação de útero artificial do mundo, é totalmente alimentado por energia renovável (...) a tecnologia já está disponível (...) apenas restrições éticas estão impedindo o conceito de se tornar realidade" (EXTRA GLOBO. Primeiro complexo com úteros artificiais do mundo permitiria que pais escolhessem características de bebês em 'menu'. Por Fernando Moreira, 13.12.2022. Disponível em: https://extra.globo.com/noticias/page-not-found/primeiro-complexo-com-uteros-artificiais-do-mundo-permitiria-que-pais--escolhessem-caracteristicas-de-bebes-em-menu-25627202.html. Acesso em: 24 mar. 2023).
2. "Após 10 anos de pesquisa, cientistas criaram um embrião sintético de camundongo que começou a formar órgãos sem esperma ou óvulo (...). As células-tronco são células não especializadas que podem

dissociada da materno-biológica, precedentemente ao nascimento com vida –, reexamina-se a tese clássica do nascimento com vida como o termo *a quo* da personalidade jurídica de pessoas naturais.

Com efeito, considerada a possibilidade atual de autonomia existencial do feto previamente ao nascimento com vida e até mesmo a viabilidade de desenvolvimento de tecnologia que permita a criação de embriões sintéticos – ainda que os experimentos não tenham sido conduzidos com a manipulação de material genético humano, ao menos pelo que sabemos –, a lei precisa acompanhar a realidade social e os operadores do direito reconhecer a premência de proteção legal adequada, especial e detalhada. Ademais, inovação e direito não podem ser compreendidos como antagonistas, mas parceiros indissociáveis que correm juntos em busca de soluções éticas para fins sociais.

Se comparados fetos e recém-nascidos, identificam-se semelhanças e diferenças relevantes. Ambos poderão, ou não, atingir todas as fases do desenvolvimento humano, embora apenas os segundos sejam capazes de interagir com outros seres humanos, além da mãe biológica. Todavia, os fetos em diferentes estágios de vida intrauterina devem ter a mesma proteção jurídica? A tutela dos fetos que, examinados cientificamente, apresentem um quadro clínico de inviabilidade, deve ser legalmente distinguível daqueles viáveis? Com os investimentos em pesquisa e desenvolvimento de tecnologias que replicam e otimizam o gestar humano, quais os limites do critério de viabilidade?[3]

Considerados os eventos que antecedem o nascimento da pessoa física com vida, impende evitar equiparações e distinguir, tecnicamente, concepturos – embriões em fase pré-implantacional – e nascituros, diferenciação elucidada por Vitor Almeida[4] a seguir:

> É preciso, no entanto, realmente extremar aqueles que já foram concebidos e se encontram em gestação – os nascituros – dos embriões que se encontram criopreservados – os concepturos, ou melhor, embriões que não estão sendo gestados. Duas características importam para essa diferenciação e, ao mesmo tempo, justificam sua permanência, a saber: (i) a transitoriedade da condição de nascituro; e, (ii) a proximidade com a qualidade de pessoa, tendo em vista ser a fase imediatamente antecedente ao nascimento com vida, requisito para a atribuição da personalidade jurídica, nos termos da codificação vigente. Essas, contudo, não são carac-

---

ser manipuladas para se tornarem células maduras com funções especiais" (CNN Brasil. Embrião sintético, sem esperma ou óvulo, pode mudar tratamentos de infertilidade. Por Madeline Holcombe, 05.09.2022. Disponível em: https://www.cnnbrasil.com.br/saude/embriao-sintetico-sem-esperma-ou-ovulo-pode-mudar-tratamentos-de-infertilidade/. Acesso em: 24 mar. 2023).

3. KING, Patricia A. *The juridical status of the fetus*: a proposal for legal protection of the unborn. Michigan Law Review, v. 77, p. 1647, 1978.
4. ALMEIDA, Vitor. Personalidade, titularidade e direitos do nascituro: esboço de uma qualificação. *Revista OAB/RJ*, Edição Especial, Direito Civil, Rio de Janeiro, 2018/05. Disponível em: https://revistaeletronica.oabrj.org.br/wp-content/uploads/2018/05/Artigo_nascituro.pdf. Acesso em: 04 mar. 2023.

terísticas de que gozam os embriões não implantados no útero de mulher para gestação, na medida em que seu estado de crioconservação pode ser por tempo indefinido e, portanto, seu nascimento é totalmente incerto, e em muitos casos talvez jamais ocorra.

O nascituro já foi concebido, porém ainda não nasceu. É o que se depreende da passagem "a lei põe a salvo, desde a concepção, os direitos do nascituro", constante do artigo 2º do Código Civil (CC).

Faz-se, nesse ponto, importante ressalva quanto ao disposto no Enunciado 2 da I Jornada de Direito Civil do Conselho da Justiça Federal (CJF),[5] que assim preconiza: "sem prejuízo dos direitos da personalidade nele assegurados, o artigo 2º do Código Civil não é sede adequada para questões emergentes da reprogenética humana, que deve ser objeto de um estatuto próprio". Haja vista a ausência de um estatuto próprio do embrião, resta ainda inaplicável a proposta doutrinária.

Por sua vez, o concepturo é o embrião ainda não concebido, embora haja a esperança de que venha a ser, podendo-se fazer alusão ao que preconiza o inciso I do artigo 1.799 do Código Civil ao dispor que "na sucessão testamentária podem ainda ser chamados a suceder: I – os filhos, ainda não concebidos, de pessoas indicadas pelo testador, desde que vivas estas ao abrir-se a sucessão". Ante as novas técnicas de edição genética aplicadas em RHA e a natureza intrinsicamente humana desses embriões, merece especial atenção a vulnerabilidade existencial[6] do nascituro, ser senciente em fase intrauterina, mas que, embora não detenha personalidade jurídica, deve ter seus direitos amparados desde a concepção. O mesmo se reforça quanto ao concepturo, malgrado sua condição peculiar – nem

---

5. Urge trazer à baila alguns entendimentos doutrinários consolidados acerca dessa temática: Enunciado 1 da I Jornada de Direito Civil do Conselho da Justiça Federal: "Art. 2º. A proteção que o Código defere ao nascituro alcança o natimorto no que concerne aos direitos da personalidade, tais como nome, imagem e sepultura". Enunciado 107 da I Jornada de Direito Civil do Conselho da Justiça Federal: "Art. 1.597, IV: Finda a sociedade conjugal, na forma do art. 1.571, a regra do inc. IV somente poderá ser aplicada se houver autorização prévia, por escrito, dos ex-cônjuges para a utilização dos embriões excedentários, só podendo ser revogada até o início do procedimento de implantação desses embriões". Enunciado 267 da III Jornada de Direito Civil do Conselho da Justiça Federal: "Art. 1.798: A regra do art. 1.798 do Código Civil deve ser estendida aos embriões formados mediante o uso de técnicas de reprodução assistida, abrangendo, assim, a vocação hereditária da pessoa humana a nascer cujos efeitos patrimoniais se submetem às regras previstas para a petição da herança".
6. "Mais importante, portanto, do que o esforço de construir ou requalificar tipos-padrão de vulnerabilidade é criar e sistematizar instrumentos jurídicos próprios e adequados à tutela das situações existenciais, uma vez que a maior parte do instrumental existente foi moldado para as situações patrimoniais. (...) no caso dos deveres de assistência aos existencialmente vulneráveis, a aplicação do princípio da solidariedade é reforçada pela incidência direta do princípio da dignidade da pessoa humana, eis que sua funcionalidade dirige-se imediatamente à garantia do livre desenvolvimento da personalidade dos vulneráveis" (KONDER, Carlos Nelson. Vulnerabilidade patrimonial e vulnerabilidade existencial: por um sistema diferenciador. *Revista de Direito do Consumidor*, v. 99, p. 101-123, maio/-jun. 2015. Disponível em: http://konder.adv.br/wp-content/uploads/2018/01/Carlos-Nelson-Konder-Vulnerabilidade-patrimonial-e-vulnerabilidade-existencial-In-Revista-de-Direito-do-Consumidor.pdf. Acesso em: 1º maio 2021).

coisa, nem pessoa natural, nem prole eventual –, porém "um ser merecedor de tutela por força do princípio da dignidade humana, que rege o ordenamento jurídico, embora deva ser protegido de forma diferenciada em razão de seu estágio de desenvolvimento, que é muito rudimentar".[7]

Em que pese a sua condição de mera expectativa, existem, na ordem jurídica, normas que oferecem uma proteção apropriada aos embriões humanos não implantados forjados em laboratório e condizente com o seu estado de potencialidade e viabilidade. Nesse sentido, o artigo 5º da Lei 11.105/2005,[8] a Lei de Biossegurança,[9] permite seu uso para fins de pesquisa e atendimento à tutela da saúde dos que necessitam dos avanços da medicina para o desenvolvimento de tratamentos e cura de enfermidades e até a criação de órgãos para transplante. Desde 2008, embriões excedentes, ainda que viáveis, enquadram-se no parâmetro do inciso II desse dispositivo e o Supremo Tribunal Federal (STF), ao julgar a ADI 3510, entendeu por sua constitucionalidade.[10] Após o itinerário ponderativo, entendeu-se que a proteção da saúde e o direito à vida dos nascidos preponderam frente à proteção do embrião humano pré-implantado.

À luz do artigo 5º da Lei de Biossegurança e da interpretação pacificada pelo STF, embriões inviáveis, provenientes de fertilização *in vitro*, que seriam destinados ao descarte, não se enquadram na condição de nascituros. É pressuposta a probabilidade de, caso implantados no útero, não virem a nascer. No que concerne a embriões viáveis congelados há três anos ou mais, existindo o consentimento

---

7. BARBOZA, Heloisa Helena. Repercussões jurídicas da biotecnologia no Código Civil: o papel do Biodireito. In: BARBOZA, Heloisa Helena; SILVA, Eduardo Freitas Horário da; ALMEIDA, Vitor (Org.). *Biotecnologia e relações familiares*. Rio de Janeiro: Processo, 2021, p. 24.
8. "É permitida, para fins de pesquisa e terapia, a utilização de células-tronco embrionárias obtidas de embriões humanos produzidos por fertilização *in vitro* e não utilizados [excedentes] no respectivo procedimento, atendidas as seguintes condições: I – sejam embriões inviáveis; ou II – [embora viáveis] sejam embriões congelados há 3 (três) anos ou mais, na data da publicação desta Lei, ou que, já congelados na data da publicação desta Lei, depois de completarem 3 (três) anos, contados a partir da data de congelamento".
9. A legislação brasileira pioneira a dispor, pontualmente, sobre biossegurança foi a Lei 8.974/1995, que, entre outros temas, versava sobre limites ao uso de técnicas de engenharia genética, obstando a manipulação, produção e armazenamento de embriões humanos como material biológico de pesquisa e criminalizando a manipulação genética de células germinais humanas e a intervenção em material genético humano *in vivo*, exceto para o tratamento de defeitos genéticos, respeitando-se princípios éticos, como a autonomia e a beneficência, e desde que houvesse a aprovação prévia da CTNBio. Logo, durante os aproximadamente dez anos em que essa lei produziu efeitos, embriões humanos produzidos em laboratório só comportariam dois destinos: o reprodutivo ou a crioconservação (SCHETTINI, Beatriz. *O tratamento jurídico do embrião humano no ordenamento brasileiro*. Dissertação. Mestrado em Direito. Programa de Pós-Graduação em Direito, Pontifícia Universidade Católica de Minas Gerais, Belo Horizonte, 2010).
10. SUPREMO TRIBUNAL FEDERAL. ADI 3510 e a constitucionalidade do artigo 5º da Lei de Biossegurança. Disponível em: http://portal.stf.jus.br/noticias/verNoticiaDetalhe.asp?idConteudo=89917&ori=1. Acesso em: 15 maio 2021.

expresso dos genitores para o seu uso em pesquisas científicas, também não serão considerados nascituros até que haja a nidação, quando o embrião é implantado no endométrio.

No entanto, haja vista as qualidades em potencial desses embriões humanos, a Constituição da República de 1988, no art. 199, § 4º, veda a sua comercialização e o artigo 15 da Lei 9.434/1997 tipifica tal conduta como infração penal, demonstrando, pois, a importância do seu predicado de vir a ser uma pessoa natural, o que justifica o óbice à comercialização e vilipendia a sua coisificação.

> No sentido jurídico defende-se que o embrião *in vitro* não possui o tratamento de pessoa, uma vez que o ordenamento jurídico brasileiro não lhe confere aptidão para adquirir direitos ou deveres que o habilitaria a participar de situações ou relações jurídicas. Essa constatação não significa que o embrião deva ser tratado como coisa, mas sim que merece um tratamento particular, através de um estatuto jurídico próprio.[11]

Resta inexorável que o embrião humano não gestado é passível de tutela pelo ordenamento jurídico pátrio e que a dualidade classificatória pessoa-coisa se mostra insuficiente frente aos impactos inovadores das biotecnologias.[12] No entanto, não lhe são imputadas situações jurídicas, nem reconhecida a personalidade, seja jurídica ou judiciária, malgrado cediço que a sua coisificação não se admite. Caso superada a dicotomia pessoa-coisa, para fins de configuração da natureza jurídica de embriões humanos em fase extrauterina, em que categoria serão enquadrados? Não são considerados detentores de direitos subjetivos, nem potestativos, de deveres jurídicos, nem sujeição, tão menos de poderes, ônus ou faculdades. Todavia, pondera Pietro Perlingieri que "o sujeito não é o elemento essencial para a existência da situação, podendo existir interesses – e, portanto, situações – que são tuteladas pelo ordenamento apesar de não terem ainda um titular".[13]

Pelo exposto, impõe-se indagar se, após a concepção e o nascimento com vida, eventuais efeitos danosos decorrentes de decisões tomadas pró-futuro, ainda que na fase embrionária, cujas repercussões jurídicas se protraiam no tempo, poderão ser questionados visando reparação integral por violação a direito(s) da personalidade. Diante desse cenário, toma profunda relevância jurídica a definição

---

11. SCHETTINI, Beatriz. *O tratamento jurídico do embrião humano no ordenamento brasileiro*. Dissertação. Mestrado em Direito. Programa de Pós-Graduação em Direito, Pontifícia Universidade Católica de Minas Gerais, Belo Horizonte, 2010, p. 9.
12. DANTAS, Carlos Henrique Félix. *Aprimoramento genético em embriões humanos*: limites ético-jurídicos ao planejamento familiar na tutela da deficiência como diversidade biológica humana. Belo Horizonte: Fórum, 2022, p.151.
13. PERLINGIERI, Pietro. *Perfis do Direito Civil*: introdução ao direito civil constitucional. Trad. Maria Cristina de Cicco. 3. ed. Rio de Janeiro: Renovar, 2002, p.107.

da natureza jurídica do concepturo,[14] com o intuito de, a partir dessa qualificação, adequar as normas aplicáveis à tutela específica dos embriões humanos em fase pré-implantacional, mormente por ser impossível, material e juridicamente, ao embrião *in vitro* exprimir qualquer consentimento, quiçá livre e esclarecido, pressupostos necessários à realização de tantas pesquisas científicas e práticas gênicas as quais poderá vir a ser submetido.

A divergência doutrinária é tremenda no que tange à natureza jurídica do concepturo. Enquanto Silma Mendes Berti[15] assevera que o embrião é pessoa natural no sentido jurídico, devendo-se outorgar-lhe toda proteção legal cabível desde o instante da fecundação; Francisco Amaral[16] defende se tratar de um ser humano em potencial, ao considerar a fecundação do óvulo o início de um processo condicionado ao posterior nascimento com vida; por sua vez, propõe Heloisa Helena Barboza[17] "uma tutela particular, desvinculada dos conceitos

---

14. "Na verdade, o regime jurídico da experimentação com embriões depende da natureza que se reconheça ao ser concebido e ainda não nascido. Atualmente as soluções encontradas podem ser sistematizadas deste modo: a diferenciação total entre o concebido e o homem-pessoa, a equiparação total entre o concebido e o homem-pessoa e a diferenciação parcial entre o concebido e o homem-pessoa. 4.1. *Diferenciação total entre o concebido e o homem-pessoa*. Nesse caso, o concebido degrada-se a simples coisa. Em um utilitarismo coerente, essa tese não reconhece qualquer tutela jurídica direta para o concebido como sujeito de direito, afirmando sua total disponibilidade. (...). Essa tese não é sustentada oficialmente (...). 4.2. *Equiparação total entre o concebido e o homem-pessoa*. O concebido tem a mesma natureza e dignidade humanas do homem-pessoa. Em um coerente personalismo, essa tese confere ao concebido a mesma tutela jurídica que o homem e afirma sua indisponibilidade. Sobre ele são lícitas somente as intervenções terapêuticas e não pode ser sacrificado senão para salvaguardar a vida mãe. Portanto o concebido não pode ser utilizado para nenhuma outra finalidade. (...). *Diferenciação parcial entre o concebido e o homem-pessoa*. O concebido é ser humano, embora ainda não seja homem-pessoa, por isso é merecedor de tutela jurídica, mas em grau inferior à do homem-pessoa. (...). Prevalece, portanto, a doutrina de reconhecimento do concebido como ser humano, mas com menor valor que o homem nascido, admitindo-se a possibilidade de seu sacrifício em benefício de outros direitos, tais como os da mãe" (LIMA, Taísa Maria Macena de. O uso de amostras biológicas humanas para fins de pesquisa e identificação: uma breve reflexão. In: FIUZA, César; SÁ, Maria de Fátima Freire de; NAVES, Bruno Torquato de Oliveira. *Direito Civil*: Atualidades II. Belo Horizonte: Del Rey, 2007, p. 165-167).
15. "A proteção legal da vida humana, entendida em sua acepção natural, outorga-se no mesmo instante em que se produz a fecundação. Com o fruto da concepção humana pode, desde então, ser qualificado de humano (...), predestinado a sê-lo. Assim, se se considera o embrião pessoa humana atual, sujeito de direito, sua proteção equivalerá àquela concedida a todo ser humano. (...). Não se pode mais retardar o reconhecimento do embrião como pessoa no sentido jurídico, estabelecendo sanções a todas as condutas a ele prejudiciais" (BERTI, Silma Mendes. *Responsabilidade civil pela conduta da mulher durante a gravidez*. Tese. Doutorado. Universidade Federal de Minas Gerais. Faculdade de Direito. Belo Horizonte, 2001, p. 47).
16. "Qual a natureza jurídica do embrião? É pessoa ou coisa? Considerando que a vida é um processo contínuo de desenvolvimento protegido pelo direito (CF, art. 5º, *caput*), iniciando-se com a fecundação do óvulo, e que o embrião humano é o início desse processo, deve-se considerá-lo ser humano em potência e, como tal, revestido da dignidade própria da pessoa humana. Não é simples conjunto de células, é o começo de uma vida, o início de uma pessoa, um sujeito de direito." (AMARAL, Francisco. *Direito Civil*: introdução. 6.ed. Rio de Janeiro: Renovar, 2006, p. 263).
17. "No momento, parece que o mais razoável, à luz do princípio da dignidade da pessoa humana, seja conferir ao embrião humano uma tutela particular, desvinculada dos conceitos existentes, mas que impeça de modo eficaz, sua instrumentalização, dando-lhe, enfim, proteção jurídica condizente, se não

existentes (...), se não com a condição de indivíduo pertencente à espécie humana, com o respeito devido a um ser que não pode ser coisificado". O embate está intimamente associado ao termo *a quo* da personalidade jurídica, que atribui à pessoa a capacidade de adquirir direitos e contrair deveres.

Nesse sentido, ao se debater o alcance da proteção à vida nos casos de embriões humanos *in vitro*, a Corte Interamericana foi instada a interpretar a expressão "em geral, desde o momento da concepção", constante do artigo 4.1 da Convenção Americana de Direitos Humanos, segundo o qual: "Toda pessoa tem o direito de que se respeite sua vida. Esse direito deve ser protegido pela lei e, em geral, desde o momento da concepção". Segundo a Corte, concepção não se confunde com fecundação, razão pela qual, "entendendo concepção como implantação (...), embora a fecundação seja a etapa inicial e essencial do desenvolvimento humano, somente com a nidação, o embrião terá condições de se desenvolver, ou seja, (...) se não houver a implantação no útero materno, não há nenhuma possibilidade do desenvolvimento de um ser humano".[18]

Entretanto, com avanços biotecnológicos que transformarão a reprodução humana e a visão ético-jurídica acerca da edição genética em embriões criopreservados, seja pela ferramenta CRISPR Cas9,[19] úteros artificiais, embriões sintéticos ou outra biotecnologia mais inovadora por vir, é mister que essa nova eugenia e suas implicações ponderem, axiologicamente, liberdades civis, autonomia existencial, planejamento familiar, livre desenvolvimento da pessoa e direitos reprodutivos. Urge a observância aos princípios constitucionais, visto que os fatos jurídicos regulados pelo Biodireito são geralmente inéditos, não cogitados pelo Constituinte, razão pela qual é dever do Poder Público assegurar medidas protetivas da diversidade e da integridade do patrimônio genético, controlando a produção e o emprego de técnicas de RHA que comportem substancial risco à vida digna.[20]

---

com a condição de indivíduo pertencente à espécie humana, com o respeito devido a um ser que não pode ser coisificado" (BARBOZA, Heloísa Helena. Proteção jurídica do embrião humano. In: CASABONA, Carlos Maria Romeo; QUEIROZ, Juliane Fernandes (Coord.) *Biotecnologia e suas implicações ético-jurídicas*. Belo Horizonte: Del Rey, 2005, p. 67).

18. ZENNI, Alessandro Severino Valler; RIBEIRO, Daniela Menengoti Gonçalves; AIRES, Fernanda Diniz. A tutela do embrião *in vitro* na Convenção Americana de Direitos Humanos: uma interpretação da Corte Interamericana de Direitos Humanos. *Revista Quaestio Iuris*, v. 11, n. 2, Rio de Janeiro, 2018, p.748.

19. Questão inovadora é a edição genética e a ferramenta CRISPR Cas9, que copia, edita e cola o código genético. O CRISPR Cas9 foi desenvolvido a partir da descoberta de uma proteína em uma bactéria que acarretou mudanças drásticas nas técnicas de edição genética, permitindo programar onde será feita a edição na sequência cromossômica. Tais enzimas são como cutelos químicos na proteína que entram em ação cortando a cadeia de DNA em ponto específico, possibilitando sua abertura e a introdução da mudança genética desejada (SHULZ, William F.; RAMAN, Susha. *The coming good society*: why new realities demand new rights. Massachusetts: Harvard University Press, 2020, p. 105-125).

20. BARBOSA, Heloísa Helena. Princípios do Biodireito. In: BARBOZA, Heloísa Helena; MEIRELLES, Jussara Maria Leal; BARRETTO, Vicente de Paulo. (Org.). *Novos temas de Biodireito e Bioética*. Rio de Janeiro: Renovar, 2003, p. 73-77.

2. A QUALIFICAÇÃO JURÍDICA DOS DADOS GENÉTICOS HUMANOS E O DIREITO DE IGUAL ACESSO ÀS BIOTECNOLOGIAS

Qualificar juridicamente um fenômeno social permite delinear qual o arcabouço normativo a ele aplicável, possibilitando ao intérprete conhecer o tratamento legal subsumível ao caso concreto, prever suas consequências jurídicas e garantir segurança jurídica. A definição da natureza jurídica de um fenômeno social com repercussões para o Direito é crucial para assegurar aplicação adequada às normas e a proteção dos interesses das partes envolvidas. Por se estar diante da proteção de dados genéticos humanos, antes de categorizá-la, faz-se mister compreender o âmbito de aplicação da Lei 13.709/2018, comumente denominada Lei Geral de Proteção de Dados Pessoais (LGPD).

O que se entende por "dados pessoais"? A própria lei, em seu artigo 5º, logo no inciso I, define dado pessoal como a "informação relacionada à pessoa natural identificada ou identificável", ou seja, o ponto nodal da normativa é o gênero que passa-se a chamar de dados pessoais comuns. Haja vista serem relativos à pessoa natural determinada ou determinável, impende averiguar em que consiste a pessoa natural determinável. Seria a carga genética de um embrião humano, ainda que em fase pré-conceptiva, suficiente para torná-lo identificável como pessoa física vindoura, objetivando tornar, assim, aplicável a ele a proteção de dados pessoais disciplinada pela LGPD?

A carga genética de uma pessoa é única, e por isso uma ferramenta largamente utilizada para diferenciá-la das demais. O DNA humano contém informações que determinam as características biológicas de uma pessoa natural, incluindo a cor de olhos e cabelo, sexo biológico, tipo sanguíneo e muitos outros aspectos individualizadores. Por conter informações singulares de cada indivíduo, é vislumbrado como um identificador exclusivo e preciso, sendo usado em áreas investigativas, como a medicina forense, a identificação de vínculo de paternidade e maternidade e o rastreamento de doenças hereditárias.[21] A carga genética de uma pessoa natural é, destarte, o traço identitário mais confiável que existe, capaz de fornecer valiosas informações de uma pessoa identificável, razão pela qual, ultrapassando-se a dicotomia pessoa-coisa em virtude dos avanços biotecnológicos hodiernos, as informações genéticas do predestinado a ser pessoa natural devem merecer a proteção da LGPD.

Consolidadas essas premissas, enquadram-se os dados genéticos humanos, à luz da redação do inciso II do artigo 5º da LGPD, como dados pessoais sensíveis, eis que incluídos na parte final da listagem legal no seguinte trecho: "dado genético ou biométrico, quando vinculado a uma pessoa natural". Insta salientar que, em

---

21. ESPÓSITO, Breno Pannia. *DNA e engenharia genética*. São Paulo: Atual Editora, 2019, p. 13-14.

2023, a 2ª Turma do Superior Tribunal de Justiça, ao julgar o AREsp 2.130.619/SP, firmou entendimento, nas palavras de seu relator, o Min. Francisco Falcão, segundo o qual "o artigo 5º, inciso II, da Lei Geral de Proteção de Dados Pessoais (LGPD) traz um rol taxativo dos dados pessoais considerados sensíveis, os quais, segundo o artigo 11, exigem tratamento diferenciado" e, ainda, não reconheceu o dano moral *in re ipsa* na hipótese dos autos por serem os dados pessoais comuns, não sensíveis.[22]

Na defesa de um rol exemplificativo de dados pessoais sensíveis, Chiara de Teffé, *expert* no tema, sustenta que os dados pessoais tidos como comuns ou gerais "podem se tornar sensíveis se usados para inferir atributos de natureza sensível, porém o conteúdo de tais dados permanecerá o mesmo (...) a distinção entre dados pessoais gerais e dados pessoais sensíveis (...) torna-se cada vez mais fluída, pois aparentemente qualquer dado pode se tornar sensível, se for encontrada uma maneira de, a partir dele, serem inferidas informações sobre atributos assim protegidos".[23]

O enquadramento dos dados genéticos humanos como dados pessoais sensíveis, de acordo com o inciso II do artigo 5º da LGPD, produz efeitos impactantes, principalmente, porque a lei visa promover a proteção das informações relacionadas à pessoa natural, com enfoque nos direitos fundamentais de liberdade, privacidade e livre desenvolvimento da personalidade da pessoa natural. O reconhecimento de sua natureza jurídica acarreta restrições ao tratamento dessa espécie de dados, que, como regra, exigem o consentimento do titular ou de seu responsável legal, de forma expressa e destacada, para atendimento de propósitos específicos e desde que respeitada a autodeterminação informativa do titular, um dos fundamentos listados no artigo 2º da LGPD. A autodeterminação, em sua acepção existencial, posiciona o *ser* como fator mais relevante que o *ter*, fundando-se em uma metodologia civil-constitucional antropocêntrica e despatrimonializada.

Contudo, será admitido, nos estritos termos do inciso II do artigo 11 da LGPD, o tratamento de dados pessoais sensíveis sem o titular fornecer seu consentimento quando for indispensável: ao cumprimento de obrigação legal ou regulatória pelo controlador; ao compartilhamento de dados para a execução de políticas públicas; à realização de estudos por órgão de pesquisa; ao exercício regular de direitos, inclusive em contrato e processo judicial, administrativo e arbitral; à proteção da vida ou da incolumidade física do titular ou de terceiro; à tutela da saúde, exclusivamente, em procedimento realizado por profissionais de saúde, serviços de saúde ou autoridade sanitária; à prevenção à fraude e à segu-

---

22. STJ, AREsp 2.130.619/SP, 2ª Turma, Rel. Min. Francisco Falcão, julg. 07.03.2023, DJe 13.03.2023.
23. TEFFÉ, Chiara Spadaccini de. *Dados pessoais sensíveis*: qualificação, tratamento e boas práticas. São Paulo: Foco, 2022, p. 45.

rança do titular, nos cadastros de sistemas eletrônicos, resguardados os direitos mencionados no art. 9º da LGPD e ressalvado o caso de prevalecerem direitos e liberdades fundamentais do titular que exijam a proteção desses dados pessoais.

Além do tratamento diferenciado reservado aos dados pessoais sensíveis, cumpre ressaltar que a LGPD centraliza-se na tutela dos dados de pessoas naturais, uma vez que define como titular a pessoa natural a quem se referem os dados pessoais objeto de tratamento. Por tal razão, indaga-se se os dados genéticos de embriões humanos em estágio pré-implantacional, por se tratarem de concepturos, seriam protegidos pelas normas da LGPD, levando-se em consideração que já contêm informações sobre a constituição genética individualizada que identificará a pessoa ao nascer como única e que pode ser usada para distinguir uma pessoa física, tornando-se identificável.

Tal questionamento ganha ainda mais peso em face da inexorável impossibilidade, material e jurídica, de o embrião exprimir seu consentimento, pressuposto à realização do tratamento de seus dados em tantas pesquisas científicas e práticas gênicas as quais pode ser submetido. Se o embrião não é pessoa – malgrado também coisa não seja – e seus dados genéticos são considerados dados pessoais sensíveis, como poderá consentir com o tratamento dessas informações? Aplicando-se o inciso II do artigo 11 da LGPD só será admitido o tratamento nas hipóteses em que o consentimento não for exigido, adequando-se, em especial, à alínea "f", que versa sobre a dispensabilidade do consentimento do titular de dados pessoais sensíveis diante de "tutela da saúde, exclusivamente, em procedimento realizado por profissionais de saúde, serviços de saúde ou autoridade sanitária".

Também com o escopo de ultrapassar eventual barreira subsuntiva alegada com relação à ausência de personalidade jurídica do concepturo – para aqueles que intentam concluir que os dados genéticos de embriões humanos não poderiam ser objeto de tutela pela LGPD –, as informações de saúde de seus genitores, pessoas naturais identificadas ou identificáveis e fornecedoras do material genético fecundado, deverão, por si só, ser protegidos como dados pessoais sensíveis. A autora Chiara de Teffé recorda que "dados genéticos costumam contar a história não apenas de seus titulares, mas também de membros de sua família, sendo possível analisar doenças hereditárias por meio de determinadas informações. Tais dados podem atingir até os filhos ainda não nascidos ou concebidos, haja vista os conhecidos efeitos da hereditariedade genética".[24]

Ainda, conjugado o artigo 11 com o artigo 6º, I, da LGPD, que estabelece a finalidade como princípio da proteção de dados pessoais, conclui-se que eles

---

24. TEFFÉ, Chiara Spadaccini de. *Dados pessoais sensíveis*: qualificação, tratamento e boas práticas, op. cit., p. 88.

somente poderão ser tratados para "propósitos legítimos, específicos, explícitos e informados ao titular, sem possibilidade de tratamento posterior de forma incompatível com essas finalidades". Dessa forma, a utilização de dados genéticos de embriões em fase pré-implantacional para finalidades diferentes das previstas em lei, como discriminação genética ou fins comerciais, será considerada ilegal e sujeita às sanções previstas no artigo 52 da LGPD, como multas, advertências, suspensão do tratamento de dados ou proibição parcial ou total do exercício de atividades relacionadas ao tratamento de dados pessoais.

Tendo em vista o princípio da finalidade e a necessidade de legitimidade e especificidade do propósito de tratamento dos dados pessoais – cuja aplicação se mostra ainda mais contundente ante a natureza sensível dos dados genéticos, mesmo que não se refiram à pessoa nascida com vida, mas à pessoa natural em potencial, como é a hipótese dos embriões humanos –, a prática gênica seletiva do sexo biológico do embrião pode culminar em grave violação ao princípio da finalidade, eis que ilegítima, podendo ser considerada violadora do direito a não discriminação. O acesso à informação genética conforma novos direitos da personalidade, entrelaçados por essência à identidade pessoal, à privacidade de dados pessoais genéticos e a não discriminação genética,[25] passando a identidade genética[26] a ser avaliada à luz de critérios como indisponibilidade e irrenunciabilidade.

A escolha parental que demonstre preferência entre os cromossomos X e Y não respaldada por objetivos terapêuticos, mas fundada em preferências pessoais fúteis e até narcisistas, pode gerar a desvalorização de um sexo em relação ao outro e prejudicar a igualdade de gênero, consolidada expressamente no inciso I do artigo 5º da Constituição Brasileira como um direito fundamental, ao prescrever que "homens e mulheres são iguais em direitos e obrigações". No entanto, cabe enfatizar que a seleção de sexo do embrião pode ser justificada em casos excepcionais, como naqueles em que existe um risco de doença genética relacionada ao sexo. Nesses casos, a seleção de sexo pode ser tida como uma medida preventiva para evitar que a doença seja transmitida à próxima geração.

Consistem, a título exemplificativo, em doenças hereditárias relativas ao sexo do embrião, causadas por mutações em genes localizados nos cromossomos sexuais (X e Y) – diferentes entre homens e mulheres – as seguintes: hemofilia (patologia associada a mutações em genes localizados no cromossomo X, e por isso

---

25. ARAÚJO, Ana Thereza Meirelles. O acesso à informação genética e a conformação dos novos direitos da personalidade: o alcance da proteção à identidade genética sob a perspectiva do direito civil contemporâneo. *Revista Brasileira de Direito Civil em Perspectiva*, Maranhão, v. 3, n. 2, jul./dez. 2017, p. 138-157.
26. BARBOSA, Heloísa Helena. Direito à identidade genética. *Revista do Instituto Brasileiro de Direito das Famílias e Sucessões* – IBDFAM, Anais de Congresso, 2001. Disponível em: https://ibdfam.org.br/_img/congressos/anais/208.pdf. Acesso em: 23 abr. 2023.

mais comum em homens, na qual resta comprometida a coagulação sanguínea), distrofia muscular de Duchenne (doença derivada de mutação no gene DMD, localizado no cromossomo X, que afeta a musculatura e causa fragilidade muscular progressiva), síndrome de Turner (uma condição genética em que as mulheres nascem com apenas um cromossomo X, em vez dos dois cromossomos X normais, causando baixa estatura, problemas cardíacos e até infertilidade), síndrome de Klinefelter (distúrbio genético em que pessoas do sexo masculino nascem com um cromossomo X extra, além do cromossomo sexual Y, acarretando baixos índices de testosterona, problemas de fertilidade e outros problemas de saúde), síndrome do triplo X (disposição genética na qual as pessoas do sexo feminino nascem com três cromossomos X em vez de dois, dando azo a problemas de aprendizado e outras questões de saúde, embora muitas não apresentem sintomas).[27]

Diante da possibilidade de se evitar doenças hereditárias com o uso ético da edição genética voltada à escolha do sexo biológico do embrião humano em fase pré-implantacional, é preciso defender o livre acesso às biotecnologias desde que haja justa causa para a seleção gênica, ou seja, desde que comprovadamente motivada por razões médicas. No entanto, as pesquisas científicas realizadas no campo da engenharia genética associadas a técnicas de reprodução humana assistida, iniciadas com o escopo de tratar e prevenir doenças hereditárias e distúrbios genéticos, hoje acenam para uma amplitude desmedida de exercício do livre arbítrio e, até mesmo, para uma escolha de consumo. A partir do momento em que exames genéticos integram a rotina pré-natal, gestantes que os rejeitam são tidas por irresponsáveis, porém as que abusam desse direito também são criticadas por sobrepujarem o caráter de dádiva das potências humanas e por manipularem a loteria genética.

É consabido que a origem histórica da análise genética ainda na fase embrionária remonta aos exames pré-natais baseados em ultrassonografia e na amniocentese para detecção de anomalias, como espinha bífida e Síndrome de Down, em estágios iniciais da gravidez. A possibilidade de conhecer a carga cromossômica do feto e de visualizar sua genitália deu ensejo à proibição legal na Índia do uso de exames de ultrassom para verificar o sexo do bebê, uma vez que muitas gestantes buscavam métodos abortivos quando descobriam que o feto era, biologicamente, do sexo feminino.

A guisa de exemplo, a técnica *MicroSort* de seleção de espermatozoides com cromossomo X ou Y previamente à concepção gera preocupações com a

---

27. LOPES, Adriana. Herança ligada ao sexo: Herança genética que pode determinar algumas enfermidades. *EDUCA+BRASIL*, 2019. Disponível em: https://www.educamaisbrasil.com.br/enem/biologia/heranca-ligada-ao-sexo. Acesso em: 21 abr. 2023.

discriminação sexual.[28] Muito antes da fase gestacional, o diagnóstico genético pré-implantacional como etapa do procedimento de análise de viabilidade do embrião submetido à fertilização *in vitro*, permite descartar características genéticas indesejadas, como baixa estatura, cor de pele e dos olhos, tendência à obesidade, etc. Há debates importantes sobre a segurança desses procedimentos, o descarte de embriões servíveis – enquanto há muitos casais estéreis tentando conceber – e de discriminações fenotípicas. O problema não está somente nos meios, mas nos fins e em como essas práticas podem reduzir a autonomia existencial.

O direito ao livre acesso às biotecnologias sustenta o acesso justo e equitativo às tecnologias relacionadas à biologia, incluindo engenharia genética e outras técnicas de manipulação gênica. Sua importância decorre do fato de as biotecnologias terem o potencial de transformar muitos aspectos da vida humana, desde a medicina até a agricultura. O livre acesso às biotecnologias, concedido sem discriminação e baseado em critérios objetivos e transparentes, implica em oportunizar o seu uso em prol da vida, saúde e bem-estar, independentemente de origem ou *status* socioeconômico do beneficiado. No entanto, é necessário equilibrar as potenciais vantagens dessas tecnologias com os riscos e questões morais a ela associados. Tão-somente a regulamentação adequada, especializada e detalhada das biotecnologias cuidará de garantir que o recurso a elas seja seguro e ético.[29]

Vive-se a era do "human capital value added metric" (em livre tradução, a métrica do valor agregado ao capital humano), em uma corrida incessante por formas de maximizar as chances de sucesso. Nesse contexto, quando todos puderem acessar com igualdade material de oportunidades os melhoramentos genéticos, desaparecerá o caráter aplaudível e inspirador das conquistas humanas baseadas em disciplina, esforço e superação? A meritocracia passaria a ser menos moderada pelo acaso de onde se nasce e pelas oportunidades daí decorrentes e, por conseguinte, os fracassos serão menos tolerados e a sociedade mais inflexível diante deles? A legitimidade do aprimoramento genético está associada aos meios empregados para alcançá-lo ou também ao propósito subjacente?

Para Hans Jonas,[30] as consequências do uso dos poderes devem ser previstas em momento precedente à constatação de que eles estão prontos para serem usados. A possibilidade de praticar uma conduta não a torna moralmente aceita, nem juridicamente admitida. Qual é, então, o principal perigo ético das biotecnologias?

---

28. O sexo biológico é atribuído por um médico no nascimento segundo uma série de fatores fisiológicos, como genitália, hormônios e cromossomos sexuais. Não se confunde com identidade de gênero, que pode não coincidir, como é o caso de pessoas não binárias.
29. BOETTIGER, Sara; WRIGHT, Brian D. Open source in biotechnology: open questions. *Berkeley Innovations*, 2006, p. 43-55.
30. JONAS, Hans. *Ética, medicina e técnica*. Tradução de Antonio Fernando Cascais. Lisboa: Paimgráfica, 1994, p. 63-64.

Michael Sandel[31] aponta que seriam criadas duas classes de seres humanos: aqueles com livre acesso às biotecnologias genéticas e aqueles não aprimorados que precisariam se inserir na sociedade em tempos de Humanismo 2.0.[32] A questão não cinge apenas a assegurar o acesso igualitário à edição genética por meio de biotecnologias avançadas, porém, sobretudo, se nós, humanos, no *status quo* de nosso desenvolvimento moral, devemos aspirar a ele.

3. SEXAGEM: PRINCÍPIO DA NÃO DISCRIMINAÇÃO E RESPONSABILIDADE CIVIL DIANTE DOS CHAMADOS "NOVOS DANOS"

Segundo ensinamentos de Ana Carolina Brochado, a "Constituição Federal de 1988 adotou o pluralismo como um de seus fundamentos, o que implica a aceitação, pelo texto constitucional, de uma multiplicidade de visões de mundo, que acarretam a possibilidade de cada pessoa construir uma concepção própria do que seja bom para si".[33] Assim, a Carta Magna reconheceu o direito fundamental à escolha de um futuro aberto como mandado de otimização da subjetividade da dignidade humana. Um dos consectários da cláusula geral de dignidade da pessoa humana é a possibilidade de autogoverno da própria vida e, consequentemente, a responsabilização por escolhas feitas. Estando o ordenamento jurídico pátrio centrado na pessoa humana, permite-se afirmar, de acordo com a nova dogmática constitucionalizada do Direito, que as situações jurídicas existenciais têm primazia sobre as patrimoniais, sendo estas funcionalizadas àquelas.

Nesse sentido, face ao potencial lesivo e aos riscos das novas biotecnologias utilizadas em reprodução humana assistida, exige-se o recurso a uma indispensável base teleológica de direitos e garantias fundamentais. Com vistas ao vínculo indissolúvel entre a dignidade humana e os direitos da personalidade, que são reflexos da sua essencialidade, preceitua o Enunciado da IV Jornada de Direito Civil do CJF: "Os direitos da personalidade, regulados de maneira não exaustiva pelo Código Civil, são expressões da cláusula geral de tutela da pessoa humana,

---

31. SANDEL, Michael J. *Contra a perfeição*: ética na era da engenharia genética, op. cit., p. 27-28.
32. A Humanidade 2.0 ou Transumanismo consiste em movimento ideológico, gradualmente desenvolvido no mundo inteiro, por meio da promoção interdisciplinar de distintos modos de implementação de melhoramentos genéticos, mediante o acesso às biotecnologias disponíveis ou vindouras, com aprimoramento de capacidades físicas, cognitivas e emocionais. Não se limita o projeto transumanista a codificações do corpo humano ou animal, mas contempla aspectos socioeconômicos, políticos e culturais. (KONDER, Carlos Nelson; KONDER, Cíntia Munis de Souza. Transumanismo e inteligência artificial. In: TEPEDINO, Gustavo; SILVA, Rodrigo da Guia. *O direito civil na era da inteligência artificial*. São Paulo: Thomson Reuters Brasil, 2020, p. 103-120).
33. TEIXEIRA, Ana Carolina Brochado. Autonomia Existencial. In: TEPEDINO, Gustavo; OLIVA, Milena Donato (Coord.). *Teoria geral do direito civil*: questões controvertidas. Belo Horizonte: Fórum, 2019, p. 153.

contida no art. 1º, inc. III, da Constituição (princípio da dignidade da pessoa humana). Em caso de colisão entre eles, como nenhum pode sobrelevar os demais, deve-se aplicar a técnica da ponderação".

À luz da doutrina de Maria Celina Bodin de Moraes, observa-se um aumento do rol de hipóteses de danos jurisprudencialmente reconhecidos como uma consequência inarredável do desenvolvimento da tutela de direitos da personalidade, à luz da legalidade constitucional, exigindo dos operadores do direito que fixem critérios objetivos e parâmetros funcionais de reconhecimento e de aferição desses "novos danos".[34] Afinal, tal como ensina o brilhante mestre Orlando Gomes, a "precipitação da evolução jurídica é menos nociva do que a mumificação das ideias defuntas".[35]

Malgrado deva ser rechaçada a interpretação puramente literal do artigo 11 do Código Civil ao determinar que o exercício dos direitos da personalidade não poderá sofrer limitação voluntária, por tal recurso hermenêutico importar enfraquecimento de relevantes direitos da personalidade – a autonomia existencial, a identidade pessoal e as liberdades positivas –, o CJF firmou entendimento, no Enunciado 4 da I Jornada de Direito Civil, de que "o exercício dos direitos da personalidade pode sofrer limitação voluntária, desde que não seja permanente nem geral". Considerada a seleção de sexo do embrião uma limitação involuntária e permanente, passa-se a rechaçar essa prática de edição genética embrionária sem justa causa, por importar grave violação à dignidade humana e possível retrocesso social sexista, com impactos no direito ao livre projeto de vida.

Embora não haja uma lei em sentido estrito, existe regulação específica na área da saúde, com incontestável carga jurídica. O Item 5 dos Princípios Gerais da Resolução 2.320/2022 do Conselho Federal de Medicina,[36] que expressamente revogou a Resolução 2.294/2021 do CFM, proíbe técnicas de reprodução assistida aplicadas ao embrião para seleção de sexo, modificando a presença ou ausência do cromossomo Y ou outra característica biológica, ressalvada a possibilidade para evitar doenças no futuro descendente. Portanto, a abordagem regulatória é explícita em afirmar a regra – "as técnicas de reprodução assistida não podem ser aplicadas com a intenção de selecionar o sexo (presença ou ausência de cromossomo Y) ou qualquer outra característica biológica da criança" – e também em

---

34. MORAES, Maria Celina Bodin. *Danos à pessoa humana*: uma leitura civil-constitucional dos danos morais. Rio de Janeiro: Renovar, 2003, p. 166.
35. GOMES, Orlando. *A crise do direito*. São Paulo: Max Limonad, 1955, p. 254.
36. DIÁRIO OFICIAL DA UNIÃO. Resolução 2.320/2022 do Conselho Federal de Medicina. Adota as normas éticas para a utilização das técnicas de reprodução assistida – sempre em defesa do aperfeiçoamento das práticas e da observância aos princípios éticos e bioéticos que ajudam a trazer maior segurança e eficácia a tratamentos e procedimentos médicos, tornando-se o dispositivo deontológico a ser seguido pelos médicos brasileiros e revogando a Resolução CFM 2.294/2021. Disponível em: https://sistemas.cfm.org.br/normas/visualizar/resolucoes/BR/2022/2320. Acesso em: 21 abr. 2023.

excepcioná-la – "exceto para evitar doenças no possível descendente" –, sendo esta a única justa causa para a seleção de sexo em técnica de reprodução humana assistida.

De acordo com Chiara de Teffé, praticado o ilícito, pelo profissional de saúde, ainda que autorizado pelos genitores que se submetem à técnica de reprodução humana assistida, "não se faz necessário demonstrar a probabilidade de um dano futuro, ainda que ele possa ser invocado em determinados casos para enfatizar a necessidade dessa tutela. A proteção inibitória em nada tem a ver com o ressarcimento do dano e, por consequência, com os elementos para a imputação ressarcitória".[37] Não se está a defender o dever de reparar danos meramente hipotéticos, mas sim a sustentar a necessidade de tutelas inibitórias e eminentemente preventivas que visem a impedir um ato contrário ao direito e a conter a probabilidade de ocorrência de um ilícito.

Torna-se necessário admitir a propositura de ações de conhecimento de natureza preventiva nesses casos, que têm como objetivos: a) impedir a prática do ilícito, ainda que nenhum outro tenha previamente sido praticado pelo(s) réu(s); b) conter a repetição ou a continuidade da prática ilícita.[38] Tais ações inibitórias poderão ser promovidas na forma de tutela coletiva de interesses individuais homogêneos[39] do nascituro – e também do concepturo, estendendo-se a ele a tutela de direitos da personalidade, diante das razões já expostas – à livre escolha do projeto de vida. Ademais, como a prática da seleção do sexo pré-implantação é vedada no Brasil e eticamente controversa em diversos países,[40] as clínicas de reprodução humana assistida devem ser incentivadas a desenvolver políticas internas que desencorajem a seleção de sexo sem indicação médica cientificamente

---

37. TEFFÉ, Chiara Spadaccini de. A proteção dos direitos da personalidade no ordenamento civil-constitucional. In: TEPEDINO, Gustavo; OLIVA, Milena Donato (Coord.). *Teoria geral do direito civil*: questões controvertidas. Belo Horizonte: Fórum, 2019, p. 115.
38. MARINONI, Luiz Guilherme. Tutela inibitória e tutela de remoção do ilícito. *Academia Brasileira de Direito Processual Civil*, 2016. Disponível em: http://www.abdpc.org.br/abdpc/artigos/Luiz%20G%20Marinoni%282%29%20-%20formatado.pdf. Acesso em: 07 ago. 2021.
39. Os direitos individuais homogêneos são acidentalmente coletivos, e não essencialmente coletivos. São, de fato, divisíveis, porém o microssistema de tutela coletiva, composto em especial pela Lei 7.347/1985 e pelo Código de Defesa do Consumidor, preferiu tratá-los como coletivos para aprimorar a sua proteção. Inclusive, o Superior Tribunal de Justiça possui tese jurídica firmada no sentido de que a categoria ético-política de sujeitos hipervulneráveis justifica, até mesmo, a defesa de um direito individual indisponível, ainda que não homogêneo, de uma única pessoa, por meio de ação civil pública, contanto que observados os seguintes requisitos: a) objetivo – tratar-se de direito individual indisponível; b) subjetivo – resguardar interesses de pessoa integrante de grupo hipervulnerável, como criança, adolescente, idoso, pessoa com deficiência, etc. Nesse diapasão, deverá ser incluído neste rol exemplificativo o nascituro, porque onde há a mesma razão de fato, aplica-se o mesmo direito (*ubi eadem ratio, ibi eadem jus*).
40. AMERICAN SOCIETY FOR REPRODUCTIVE MEDICINE. Use of reproductive technology for sex selection for nonmedical reasons: an Ethics Committee opinion. *Ethics Committee of the American Society for Reproductive Medicine*, v. 117, n. 4, 2022.

confirmada, como medida de governança e autorregulação, muito embora norma sem sanção já nasça sem força.

> Para viver em sociedade, tem de pautar a sua conduta pela ética, de zoneamento mais amplo do que o direito, porque compreende as normas jurídicas e as normas morais. As ações humanas interessam ao direito, mas nem sempre. Quando são impostas ou proibidas, encontram sanção (punição) no ordenamento jurídico. São as normas jurídicas, são os princípios de direito. Quando se cumprem ou se descumprem sem que este interfira, vão buscar sanção no foro íntimo, no foro da consciência, até onde não chega a força cogente do Estado. É, porém, certo que o princípio moral envolve a norma jurídica, podendo-se dizer que, geralmente, a ação juridicamente condenável o é também pela moral.[41]

A responsabilidade civil aumentou significativamente seu alcance para abranger situações jurídicas antes ignoradas por seu campo de incidência. Ao atender aos anseios sociais de justiça e dignidade e à cláusula aberta protetiva dos direitos da personalidade em nosso país, voltados à proteção de todo o feixe de manifestações provenientes da própria natureza da pessoa humana em sua individualidade, a responsabilidade civil tem se tornado mais englobante. A ampliação das categorias de dano resulta da preocupação com o princípio da reparação integral, em perspectiva preventiva e repressiva, tanto individual quanto coletiva. A somar, o rol exemplificativo de direitos da personalidade previsto no CC e o fato de que, em sua maioria, estão também expressos no artigo 5º do texto constitucional garantem que um amplo feixe de direitos seja assegurado, mesmo aqueles que eventualmente não contem com norma explícita, eis que considerados consectários da cláusula geral de dignidade da pessoa humana, protegida no artigo 1º, III, da Constituição da República de 1988. Os direitos da personalidade são, por raciocínio lógico e sistemático, direitos fundamentais.[42]

Esse alargamento impacta não apenas o conceito de dano, mas também sua reparabilidade. Anderson Schreiber[43] explica que a expansão desmedida do dano ressarcível é identificada tanto no seu aspecto quantitativo (número de ações indenizatórias promovidas) quanto no aspecto qualitativo (novos interesses tidos pelos Tribunais como merecedores de tutela). Consiste em uma mudança estrutural que desloca o núcleo do regime de responsabilidade civil da culpa e do ilícito para a pessoa vitimada e o dano injusto, culminando no fenômeno dos "novos danos".[44] Paradoxalmente, a personificação do Direito Civil é contraditada pela

---

41. PEREIRA, Caio Mário da Silva. *Instituições de Direito Civil*: teoria geral de Direito Civil. Atualizado por Maria Celina Bodin de Moraes. 34. ed. Rio de Janeiro: Forense, 2022, p. 9. *E-book*.
42. SCHREIBER, Anderson. *Direitos da personalidade*. 2. ed. São Paulo: Atlas, 2013, p. 14.
43. SCHREIBER, Anderson. *Novos paradigmas da responsabilidade civil*. 3. ed. São Paulo: Atlas, 2011, p. 84.
44. Na esteira dos "novos danos", como os danos morais coletivos, estéticos, sociais, biológicos e os danos pela perda de uma chance, pela privação do uso e pela perda do tempo útil, como compatibilizar essa ampliação e instituição de espécies autônomas de danos extrapatrimoniais e a necessidade pragmática de se rechaçar o crescimento daquilo que se convencionou chamar de "indústria das indenizações" e os

insuficiência e indefinição da classificação binária dos "novos danos", no padrão clássico da *summa divisio*, que os distinguem em patrimoniais e extrapatrimoniais, em materiais e morais, remontando à separação entre pessoas e coisas.

Ressalta-se, pois, o trabalho de pesquisa desenvolvido por Portugal e Pinheiro, que defende a existência de terceira corrente a solucionar a questão do enquadramento do dano ao projeto de vida, concebendo sua autonomia em face da categorização dúplice patrimonial-existencial:

> Com o objetivo de desfazê-la e traçar um reconhecimento conceitual mais preciso à nova figura, este trabalho terá como marco teórico a contribuição de Carlos Fernández Sessarego. O professor da Universidade Católica do Peru propõe a classificação entre dano à pessoa e dano às coisas, imprimindo a natureza jurídica de dano à pessoa ao que denomina de "dano à liberdade fenomênica". Semelhante conformação teórica rende ao novo dano uma feição personalista, que se expressa na liberdade do ser humano projetar seu futuro em uma relação de coexistência. Atendo-se à perspectiva civil-constitucional, o trabalho depositará no livre desenvolvimento da personalidade o fundamento conceitual do dano ao projeto de vida, que se traduz no respeito e proteção à dignidade da pessoa humana.[45]

Ao reconhecer o direito fundamental ao livre desenvolvimento da personalidade como projeção da dignidade humana, Luiz Edson Fachin aduz que o "projeto existencial do homem só é possível se os demais homens livres estiverem dispostos a cooperar solidariamente em sua realização".[46] Assim, cada ser humano, por ser único e detentor de um conjunto de características que o distinguem dos demais, tem o direito de exercer plenamente sua individualidade como projeto de vida, com o poder de autodeterminar-se na escolha de um futuro aberto. A liberdade e a autonomia para planejar seu futuro representam essencial manifestação de sua própria humanidade.

Inserido nos estudos dos chamados "novos danos ressarcíveis", emerge o dano ao projeto de vida, termo trazido pela primeira vez em precedente da Corte Interamericana de Direitos Humanos (CIDH) em 1998, como forma de reparação autônoma, paralela ao dano moral e material sofrido pela vítima, no percussor Caso *Loayza Tamayo vs. Peru*, conforme se vê em passagem do julgado:

---

argumentos de precificação da dor e mercantilização da justiça? Não obstante a ampliação do conceito de dano e da sua reparabilidade, devem continuar sendo adotados os critérios firmados, desde o início dos anos 2000, pelo STJ: o grau de culpa das partes envolvidas; a condição socioeconômica das partes; a extensão do dano sofrido; a intensidade da violação a direito da personalidade (e ao princípio do livre desenvolvimento) da vítima? (BONATTO, Fernanda Muraro. A quantificação da indenização por dano extrapatrimonial: análise dos critérios jurisprudenciais na determinação do *quantum debeatur*. *Direito & Justiça*, Porto Alegre, v. 37, n. 2, p. 136-154, jul./dez. 2011).

45. PORTUGAL, Carlos Giovani Pinto; PINHEIRO, Rosalice Fidalgo. O dano ao projeto de vida e sua autonomia em face do dano moral. *Revista Brasileira de Direito Civil em Perspectiva*, e-ISSN: 2526-0243, Minas Gerais, v. 1, n. 2, jul./dez. 2015, p. 18.
46. FACHIN, Luiz Edson. *Estatuto jurídico do patrimônio mínimo*. 2. ed. Rio de Janeiro: Renovar, 2006, p. 48.

O dano ao projeto de vida não corresponde ao prejuízo patrimonial derivado imediata e diretamente dos fatos, característico do dano emergente; e tampouco pode se confundir com o lucro cessante, porque este se refere exclusivamente a perdas econômicas futuras, possíveis de quantificar a partir de certos indicadores mensuráveis e objetivos. O denominado projeto de vida (...) atende à realização integral da pessoa afetada, considerando sua vocação, atitudes, circunstâncias, potencialidades e aspirações que lhe permitem determinar razoavelmente certas expectativas e atingi-las (Corte IDH, 1998, série C, n. 42, p. 147).[47]

Em que pese tratar-se de precedente antigo, os Tribunais brasileiros ainda se manifestam de modo bastante tímido sobre as indenizações baseadas no dano ao projeto de vida. O Superior Tribunal de Justiça mencionou, *obter dictum*, essa teoria no julgado que reconheceu a união estável homoafetiva,[48] afirmando que estaria configurado o dano ao projeto de vida caso não fosse reconhecida como entidade familiar. Na mesma linha, no julgamento da ADI 4277 pelo Supremo Tribunal Federal, o Ministro Marco Aurélio, em seu voto, fez referência ao Caso *Loaysa Tamayo vs. Peru* reafirmando a proteção jurídica conferida ao projeto de vida.[49] Em 2019, diante dos trágicos acontecimentos no "Ninho do Urubu", que culminou na morte prematura de jovens atletas do Flamengo, no alojamento do centro de treinamento do time no Rio de Janeiro, os debates sobre o dano ao projeto de vida retornaram com toda força.[50]

Com efeito, amparado em personalismo jurídico caracteriza-se o dano ao projeto de vida como uma violação do direito ao livre desenvolvimento da personalidade, uma decorrência principiológica constitucionalmente implícita da cláusula geral da dignidade humana. No direito brasileiro, tal afirmação sinaliza para a adoção, já reconhecida pela doutrina civilista e pela jurisprudência pacificada dos Tribunais Superiores, da teoria da eficácia horizontal dos direitos fundamentais nas relações privadas. No entanto, conquanto possa parecer, à primeira vista, que o dano ao projeto de vida seja limitado, no plano existencial e temporal, ao tempo de vida da pessoa humana, há que ser tutelada também a autonomia extrapatrimonial do nascituro e do concepturo, para que, desde a fecundação, e não somente após a concepção, esteja preservado seu direito a um projeto independente e livre de desenvolvimento da sua personalidade, e que, após o seu nascimento com vida, possa perfazer e concretizar suas íntimas escolhas diante de um futuro aberto.

---

47. FALCÓN, Candelaria Aráoz. Dano ao "projeto de vida": um novo horizonte às reparações dentro do Sistema Interamericano de Direitos Humanos? *Revista Direitos Humanos e Democracia*, Editora Unijuí, ano 3, n. 5, jan./jun. 2015, p. 53.
48. STJ, REsp 1.183.378/RS, 4ª Turma, Rel. Min. Felipe Salomão, julg. 25.10.2011, DJe 1º.02.2012.
49. STF, ADI 4277, Tribunal Pleno, Rel. Min. Ayres Britto, julg. 05.05.2011, DJe 14.10.2011.
50. NASCIMENTO, Juliana Azevedo do. Tragédia no Ninho do Urubu e o dano ao projeto de vida. *Migalhas de Peso*, 2019. Disponível em: https://www.migalhas.com.br/depeso/296286/tragedia-no-ninho-do-urubu-e-o-dano-ao-projeto-de-vida. Acesso em: 07 ago. 2021.

Quando a seleção e a edição genéticas visam não só a tratar enfermidades e curá-las, mas vão além da saúde do embrião, alterando caracteres físicos e melhorando capacidades cognitivas para promover o nascimento de bebês com certa aparência, do sexo feminino ou masculino e com habilidades acima da régua do "homem médio", torna-se essencial questionar a premência de um Estatuto Jurídico do Embrião.[51] Seriam, então, distintos os estatutos de embriões *in vivo* e *in vitro*? Passariam os embriões *in vivo*, especialmente, a serem qualificados como sujeitos de direitos? Segundo Keating,[52] "o estatuto do embrião se refere à questão controversa da proteção moral e jurídica a conceder ao embrião humano em diversos contextos (procriação medicamente assistida, experimentação etc.), consoante a determinação da sua natureza, que oscila, segundo os casos e as filosofias, entre a de material biológico e a de pessoa". Trata-se de pessoa juridicamente, ou filosoficamente de vida humana moralmente tutelável, ou de pessoa em potencial biologicamente?

À medida que expressões como "manipulação genética" e "criopreservação embrionária"[53] ingressam no debate, o tema passa a merecer apreciação jurídica, filosófica e biológica. Por conseguinte, as técnicas de reprodução assistida que possibilitam à medicina a edição genética de embriões viáveis em fase pré-implantacional, ainda que venha a ser alterada a visão do Conselho Federal de Medicina e passe a ser permitida em nosso país a engenharia genética para fins não curativos, jamais deverão importar em restrição à autonomia existencial do concepturo e ao livre desenvolvimento de sua personalidade vindoura, comprometendo o seu futuro projeto de vida. Com foco na ideia central de seleção natural e adaptabilidade das espécies, não se cogita abordar o evolucionismo sem mencionar os ensinamentos de Charles Darwin.[54] Em vários trechos de sua obra, datada de

---

51. MARINHO, Maria Edelvacy Pinto. *Embriões*: a busca de um estatuto. *Revista de Informação Legislativa*, Brasília, a. 42, n. 165, jan./mar. 2005, p. 219-229.
52. KEATING, B. Estatuto do Embrião. *Dicionário da Bioética*. Lisboa: Instituto Piaget, 1998, p. 197.
53. Criopreservação é o processo de preservação das células, resfriando-as a temperaturas extremamente baixas, visando evitar danos às células para que possam ser reativadas em algum momento no futuro. É usado com sucesso para preservação de embriões, sangue, medula óssea, córnea e outros tipos de tecido humano, a fim de possibilitar a posterior fertilização *in vitro* dos embriões armazenados, bem como cirurgias de transplante de órgãos e tecido.
54. "The surgeon may harden himself whilst performing an operation, for he knows that he is acting for the good of his patient; but if we were intentionally to neglect the weak and helpless, it could only be for a contingent benefit, with a certain and great present evil. Hence we must bear without complaining the undoubtedly bad effects of the weak surviving and propagating their kind; but there appears to be at least one check in steady action, namely the weaker and inferior members of society not marrying so freely as the sound; and this check might be indefinitely increased, though this is more to be hoped for than expected, by the weak in body or mind refraining from marriage." Em livre tradução: "O cirurgião pode endurecer-se durante a operação, pois sabe que está agindo pelo bem de seu paciente; mas se tivéssemos de negligenciar intencionalmente os fracos e desamparados, só poderia ser para um benefício contingente, com um certo e grande mal presente. Portanto, devemos suportar sem reclamar os efeitos indubitavelmente ruins dos fracos sobrevivendo e propagando sua espécie; mas parece haver pelo menos um freio em ação constante, ou seja, os membros mais fracos e inferiores da sociedade não se casando tão livremente quanto

1871, Darwin faz referência ao que Francis Galton, ao aplicar métodos estatísticos ao estudo da hereditariedade, chamou, já em 1883, de "eugenia", que significa "bem nascido", em uma tentativa ambiciosa, desde o século XIX, de aprimorar geneticamente os seres humanos.[55]

No que tange à velha eugenia, a marca histórica mais contundente é a do período nazista de Adolf Hitler na Alemanha e as atrocidades do holocausto, trazendo a lume a promulgação, em 1933, da lei alemã que fixava abrangentes parâmetros à esterilização e muitas semelhanças com o modelo proposto pelo movimento eugênico norteamericano. Em virtude dos avanços biotecnológicos, surgem novos movimentos eugênicos, fazendo aflorar a seguinte questão: a clonagem humana, a seleção de sexo em embriões, o melhoramento genético e os bebês projetados não seriam exemplos de uma "eugenia privatizada"? Somente quando coercitiva será a eugenia censurável? O controle e a seletividade da carga genética das próximas gerações, ainda por livre escolha dos genitores e sem controle governamental externo, porém sem justa causa patológica, configuraria mero exercício da autonomia privada em uma economia de livre mercado? E se o acesso às biotecnologias não for igualitário, quais as implicações à tão almejada justiça distributiva e geracional, de John Rawls?[56]

Seja sob a premissa de melhorar o plasma geminal do mundo e de combater o aumento de "seres humanos retrógrados", seja pautada por frívolas escolhas pessoais socialmente mais valorizadas, a edição embrionária mostra um vislumbre do local para o qual não se quer regressar. Então, a seleção genética é social e moralmente aceitável desde que não resvale em premissas de teses nazistas de supremacia racial? É possível que a seletividade voluntária de certas características genéticas desencadeie novas formas de esterilização? A garantia da neutralidade do Poder Público frente à livre-iniciativa de cada cidadão de optar pelo uso, ou não, de biotecnologias genéticas não significa, por si só, a salvaguarda da base axiológica do Estado Democrático de Direito. Até mesmo a liberdade, a igualdade e a fraternidade exigem balizamentos éticos.

Não obstante os argumentos contrários às práticas eugênicas de edição genética, muitos pesquisadores[57] entendem que a ninguém é dado escolher sua

---

o som; e essa restrição pode ser aumentada indefinidamente, embora isso seja mais esperado do que o esperado, pelos fracos de corpo ou mente que se abstêm do casamento" (DARWIN, Charles. *The descent of man and selection in relation to sex*. London: John Murray, 1871, p. 26).

55. METZL, Jamie. *Hacking Darwin*: genetic engineering and the future of humanity. Chicago: Sourcebooks, 2019, p. 32.
56. RAWLS, John. *Uma teoria da justiça*. São Paulo: Martins Fontes, 1997, p. 296.
57. Em dezembro de 2015, especialistas se reuniram em um fórum de debates, o "International Summit on Gene Editing", cujos principais pontos discutidos, agrupados em três eixos temáticos, foram: 1) os aspectos técnicos e recentes aplicações práticas da edição genética humana; 2) suas implicações éticas, jurídicas e sociais; e 3) os mecanismos para sua regulação e governança.

própria herança genética, razão pela qual não haveria danos ao livre projeto de vida, e que ser um bebê não projetado não significa que o seu futuro será livre e isento de restrições e do escopo de talentos e traços previamente definidos, mas sim à mercê da loteria genética. Além disso, defendem que, em regra, essas edições genéticas trarão benefícios às futuras gerações, em verdadeiro acúmulo evolutivo pró-sociedade, pois são de ordem somática e atingirão os filhos e netos dessa criança geneticamente projetada.

CONSIDERAÇÕES FINAIS

A dádiva do acaso da vida permite que não sejamos integralmente responsáveis pelas nossas características natas, que deveriam ser um dom natural. Por outro lado, até que medida é possível controlar e refrear a evolução científica na seara da engenharia genética a favor de uma ideia kantiana de moralidade universal? As técnicas de edição do DNA humano, como a inovadora CRISPR Cas9, podem levar a caminhos repletos de incertezas, riscos e desafios, agravados quando demasiadamente ampla a liberdade na engenharia genética e aperfeiçoamento biológico, ainda mais em estágios embrionários pré-implantacionais mediante técnicas de reprodução humana assistida.

A humanidade, em sua busca egóica por reescrever o código da vida, não está preparada, em seu hodierno estágio ético-evolutivo, para conceder, sem específica e largamente debatida regulação técnico-restritiva, amplos poderes aos cientistas e demais profissionais que adotam técnicas de RHA. Ainda que não haja lei em sentido estrito e cediça a inexistência de um Estatuto do Embrião, jamais faltará o direito. Considerando, pois, que existe um princípio moral que circunda toda norma jurídica, a edição genética para seleção embrionária do sexo biológico do ser humano vindouro tem sido categoricamente obstada no Brasil, haja vista o que preconiza explicitamente o reiterado Item 5 dos Princípios Gerais da Resolução 2.320/2022 do Conselho Federal de Medicina.

Os limites éticos da engenharia genética requerem uma leitura hermenêutica axiológica e sistemática alicerçada na dignidade da pessoa humana, além de se submeterem a um arcabouço principiológico fundamental – o livre desenvolvimento da personalidade; a identidade pessoal; a autonomia existencial; a autodeterminação e o consentimento informados; a isonomia e o acesso igualitário às biotecnologias; a não discriminação; a razoabilidade e a proporcionalidade – a ser ponderado diante da necessidade de tutela inibitória, preventiva ou reparatória, contra os danos ao projeto de vida do concepturo, qualificado como pessoa em potencial, eis que a sua coisificação não deve ser admitida frente aos avanços em biotecnologia.

NOTAS SOBRE O DESCARTE DE EMBRIÕES EXCEDENTÁRIOS: UMA REFLEXÃO NECESSÁRIA

Andressa Souza de Albuquerque

Mestre em Direito pela Universidade do Estado do Rio de Janeiro (PPGD/UERJ), na área de concentração "Pensamento Jurídico e Relações Sociais", na linha de pesquisa "Direito Civil". Graduada em Direito pela Universidade Federal Rural do Rio de Janeiro – Instituto Multidisciplinar e membro do grupo de pesquisa DIALOGOS (UFRRJ/CNPQ), na linha "Direito Civil além do Judiciário" (DiCAJ). Assessora Jurídica no Ministério Público do Estado do Rio de Janeiro.

Sumário: Introdução – 1. Os embriões excedentários: regulamentação vigente – 2. Análise da questão à luz da experiência jurisprudencial brasileira – 3. O descarte de embriões à luz da legalidade constitucional – Conclusão.

INTRODUÇÃO

A partir do desenvolvimento tecnológico, sobretudo nas ciências biológicas, foram criadas e aperfeiçoadas técnicas de reprodução assistida, as quais viabilizaram que a reprodução humana se desvinculasse da sexualidade, o que demandou e ainda exige a modificação das estruturas jurídicas com vistas ao acolhimento e normatização desta nova realidade.

No Brasil, a temática ainda não possui disciplina em legislação federal, todavia, desde a década de 1990, o Conselho Federal de Medicina tem editado Resoluções para auxiliar na regulamentação das técnicas da reprodução assistida, que, embora viabilizem a concretização do projeto parental de inúmeras pessoas, também envolvem questões sensíveis controvertidas.

Embora o sucesso do procedimento proporcione o exercício da paternidade e maternidade àqueles que, naturalmente, encontrariam entraves, também gera obrigações quanto ao destino responsável dos embriões criopreservados excedentários, ou seja, daqueles embriões que não serão transferidos para o útero humano.

Em virtude do vácuo legislativo e da insuficiência das clássicas categorias do direito civil, discute-se a natureza jurídica do embrião criopreservado pré-implantatório e as possíveis destinações quanto aos excedentes, tendo em vista que, não obstante as controvérsias jurídicas, é inegável o seu caráter humano.

Ainda mais sensível é, portanto, o debate jurídico-doutrinário sobre o descarte dos embriões, os quais não há interesse na transferência para o útero, na doação ou na utilização em pesquisa e tratamento, justificando o presente estudo, que visa investigar se o mero descarte dos embriões criopreservados excedentários se coaduna com o ordenamento jurídico vigente. Para tanto, adotou-se como método de raciocínio o analítico dedutivo, a partir de pesquisa documental, com análise da legislação privada, da Constituição Federal e das Resoluções do Conselho Federal de Medicina, bem como revisão bibliográfica de doutrina nacional e jurisprudência.

1. OS EMBRIÕES EXCEDENTÁRIOS: REGULAMENTAÇÃO VIGENTE

Calcado nos princípios da dignidade humana e da paternidade responsável, o ordenamento jurídico brasileiro assegura o planejamento familiar como livre decisão da pessoa, integrando sua autonomia reprodutiva e constituindo direito inalienável de cidadania. Portanto, é de competência do Estado viabilizar recursos educacionais e científicos para o exercício desse direito, sendo, por outro lado, proibida, eventual coerção ao exercício da maternidade e paternidade ditas compulsórias.[1]

Iniciada como uma busca para propiciar o exercício do projeto parental, a Reprodução Humana Assistida surge do desejo de pessoas pela procriação, as quais encontravam entraves físicos, biológicos ou sociais, em virtude de infertilidade, esterilidade humanas ou das diversas formas de constituição de entidades familiares.[2] Assim, com o condão de contornar esses obstáculos, houve o desenvolvimento de técnicas assistidas principais e auxiliares, "capazes de viabilizar a filiação de casais e pessoas solteiras, independentemente de uma heterossexualidade necessária para o desempenho da parentalidade".[3]

A Reprodução Assistida, em linhas gerais, se trata da utilização de tratamento médico, a partir dos recursos tecnológicos da medicina reprodutiva, que compreende "a manipulação *in vitro* (no laboratório), em alguma fase do processo, de gametas masculinos (espermatozoides), femininos (oócitos) ou embriões,

---

1. Fundamenta-se tal afirmativa a partir do disposto no artigo 226, § 7º, da Constituição Federal e da regulamentação do planejamento familiar, a partir da Lei 9.263/96.
2. Em que pese as técnicas tenham surgido para suprir uma lacuna deficitária na reprodução através do método ordinário da relação sexual entre pessoas de sexos distintos, na atualidade, conforme se extrai da exposição de motivos da Resolução CFM 2.320/2022, "às famílias monoparentais e aos casais unidos ou não pelo matrimônio, fica garantida a igualdade de direitos para dispor das técnicas de reprodução assistida com o papel de auxiliar no processo de procriação".
3. DANTAS, Carlos Henrique Félix. A situação jurídica dos embriões concebidos em laboratório: destinação e natureza jurídica frente aos desafios atuais (e futuros) da reprodução humana assistida. In: JUNIOR EHRHARDT, Marcos (Org.). *Vulnerabilidades e novas tecnologias*. Indaiatuba, SP: Editora Foco, p. 343/362, 2023, p. 344.

com o objetivo de se estabelecer uma gravidez".[4] Os principais procedimentos disponíveis são: a inseminação artificial (IA), a fertilização *in vitro* (FIV), a injeção intracitoplasmática de espermatozoides (ICIS) e a transferência de embriões congelados (TEC).

Para os fins a que se destina este estudo, será considerada, tão somente, a técnica de fertilização *in vitro*, considerada como uma tecnologia da reprodução assistida de alta complexidade, em que os gametas masculinos e femininos são inseridos numa Placa de Petri para, após a fertilização e fecundação, ser realizada a transferência dos embriões para o útero.[5] Neste procedimento, há a criopreservação de embriões viáveis, os quais, contudo, não foram implantados inicialmente, os denominados embriões "excedentários".[6]

Na presente conjuntura, em virtude da ausência de legislação federal específica sobre a matéria,[7] é possível afirmar que, de maneira tácita, o Brasil adotou um sistema permissivo composto por atos normativos e administrativos, que condicionam seu uso ao respeito a princípios éticos e constitucionais, cuja regulamentação dos procedimentos e técnicas de reprodução assistida é realizada, desde 1992, pelo Conselho Federal de Medicina. A Resolução CFM 1.358/1992[8] foi pioneira no que tange a utilização das técnicas de reprodução assistida, sendo dispositivo deontológico a ser seguido pelos médicos.

Em virtude da crescente disseminação do procedimento e dos temas sensíveis envolvidos, o Conselho Federal de Medicina tem sido, além de órgão regulamentador da atividade médica, efetivo legislador quanto às questões relativas à utilização das técnicas de reprodução assistida, sendo a mais recente a edição da Resolução CFM

---

4. MOURA, Marisa Decat de; SOUZA, Maria do Carmo Borges de; SCHEFFER, Bruno Brum. Reprodução assistida. Um pouco de história. *Rev. SBPH*, Rio de Janeiro, v. 12 n. 2, p. 23-42, dez. 2009, p. 37.
5. MOURA, Marisa Decat de; SOUZA, Maria do Carmo Borges de; SCHEFFER, Bruno Brum. Op. cit., 2009.
6. SOUZA, Karla Keila Pereira Caetano; ALVES, Oslania de Fátima. As principais técnicas de reprodução humana assistida. *Saúde & Ciência em Ação – Revista Acadêmica do Instituto de Ciências da Saúde*, v. 2, n. 1, p. 26-37, jan./jul. 2016.
7. No que tange aos avanços tecnológicos e das biotecnologias reprodutivas, verifica-se a disposição contida no artigo 1597 do Código Civil, datado de 2002, sobre a presunção de paternidade dos filhos havidos pelas técnicas de reprodução assistida, a qual é insuficiente. Acerca dessa temática, refere-se ao texto: DANTAS, Carlos Henrique Félix; SILVA NETTO, Manuel Camelo Ferreira da. O "abismo" normativo no trato das famílias ectogenéticas: a insuficiência do art. 1597 (incisos III, IV e V) em matéria de reprodução humana assistida homóloga e heteróloga nos 20 anos do código civil. In: BARBOZA, Heloisa Helena; MELLO, Cleyson de Moraes; SIQUEIRA, Gustavo Silveira (Coord. Geral) e BARBOZA, Heloisa Helena; TEPEDINO, Gustavo; MONTEIRO FILHO, Carlos Edison do Rêgo (Coord. Acadêmico). *Direito civil – o futuro do direito*. Rio de Janeiro: Editora Processo, p. 125-150, 2022.
8. CONSELHO FEDERAL DE MEDICINA. Resolução 1.358, de 19 de novembro de 1992. *Adota normas éticas para utilização das técnicas de reprodução assistida*. Disponível em: http://www.portalmedico.org.br/resolucoes/CFM/1992/1358_1992.htm. Acesso em: 25 jun. 2023.

2.320/2022.⁹ Assim, "o silêncio legislativo, além de provocar insegurança jurídica em terreno sensível que envolve o direito ao planejamento familiar, a autonomia reprodutiva, o uso de material genético e a crioconservação de embrião humano, permitiu a hipertrofia do Conselho Federal de Medicina"[10] que, até o presente momento, em razão do vácuo legislativo, atua na regulamentação da temática.

Em que pese não ostentem caráter de lei, as normas deontológicas emitidas pelo Conselho "participam da tópica interpretativa e são utilizadas em diversas decisões judiciais à mingua de lei específica sobre o tema".[11] A Resolução CFM 1.358/1992 vigorou por quase vinte anos e, desde 2010, sucessivas resoluções foram editadas, revogando-se as antecessoras, na tentativa de acompanhar a velocidade com que as técnicas progridem, bem como a procura, pelas pessoas, de acessar aos procedimentos, a partir da modificação da composição dos núcleos familiares e do esforço em concretizar seus projetos parentais.[12]

Usualmente, de modo a contribuir para o êxito do procedimento, é fecundado um número superior de embriões, que, entretanto, não serão transferidos, a priori, para o útero. A evolução da medicina fetal caminhou para que, paulatinamente, menos embriões sejam transferidos para o útero, em cada tentativa, de modo, também, a diminuir a ocorrência de múltiplas gestações não planejadas.[13] Contudo, considerando que ainda se trata de técnica complexa e dispendiosa, não só financeiramente, mas, em especial, emocionalmente desgastante,[14] durante o processo, as clínicas, centros ou serviços podem criopreservar, tanto os gametas, como os embriões.

---

9. CONSELHO FEDERAL DE MEDICINA. Resolução CFM 2.320, de 20 de setembro de 2022. *Adota normas éticas para a utilização de técnicas de reprodução assistida – sempre em defesa do aperfeiçoamento das práticas e da observância aos princípios éticos e bioéticos que ajudam a trazer maior segurança e eficácia a tratamentos e procedimentos médicos, tornando-se o dispositivo deontológico a ser seguido pelos médicos brasileiros e revogando a Resolução CFM 2.294, publicada no Diário Oficial da União de 15 de junho de 2021, Seção I, p. 60.* Disponível em: https://sistemas.cfm.org.br/normas/arquivos/resolucoes/BR/2022/2320_2022.pdf. Acesso em: 25 jun. 2023.
10. PEREIRA, Paula Moura Francesconi de Lemos; ALMEIDA, Vitor. *A reprodução humana assistida e a atuação do Conselho Federal de Medicina: as repercussões da nova resolução 2.294/21*. Disponível em: https://www.migalhas.com.br/coluna/migalhas-de-vulnerabilidade/348647/a-reproducao-humana--assistida-e-a-atuacao-do-cfm. 16 jul. 2021. Acesso em: 16 fev. 2023.
11. PEREIRA, Paula Moura Francesconi de Lemos; ALMEIDA, Vitor. Op. cit., 2021.
12. PEREIRA, Paula Moura Francesconi de Lemos; ALMEIDA, Vitor. Op. cit., 2021.
13. De acordo com a exposição de motivos da Resolução CFM 2.320/2022, os avanços tecnológicos e a melhoria das taxas de gravidez possibilitaram a redução no número de embriões transferidos, com mitigação do risco de gestação múltipla.
14. De modo a verificar os motivos que conduziram à descontinuidade do tratamento para pessoas que não obtiveram sucesso com a reprodução humana, Elaine Sousa Francisco avaliou 21 (vinte e um) estudos, com 19.316 (dezenove mil trezentos e dezesseis) pacientes, em 14 (quatorze) países, com idade média de 34 e 38 anos (para mulheres e homens, respectivamente), cujo tempo de infertilidade de 5,2 anos, média de 2,6 ciclos de tratamento (95% FIV/ICSI), a partir da análise de estudos publicados nas bases de dados PubMed e Scopus. O resultado de sua pesquisa demonstrou que fatores como "mau prognóstico, socioeconômico, idade avançada, estresse físico, problemas relacionais, dentre outros, interagem entre si desencadeando um elevado nível de estresse ao ponto de determinar a decisão de descontinuar o

Tal prerrogativa, no entanto, não é isenta de controvérsias, notadamente no que pertine ao destino destes embriões excedentes, que se encontram criopreservados. Atualmente, no Brasil, existem 193 (cento e noventa e três) Centros de Reprodução Humana Assistida (CRHA), concentrando, a sua maioria, nas regiões sudeste (108 CRHA) e sul (40 CRHA) do país.[15] Os dados de produção de embriões demonstram que 297.848 (duzentos e noventa e sete mil oitocentos e quarenta e oito) embriões foram congelados e 44 (quarenta e quatro) embriões foram destinados à pesquisa. Dos 119.104 (cento e dezenove mil cento e quatro) ciclos de fertilização *in vitro*[16] realizados no período de 2020 a 2022, houve a transferência para o útero humano de 63.301 (sessenta e três mil trezentos e um) embriões, enquanto 158.129 (cento e cinquenta e oito mil cento e vinte e nove) embriões foram descartados.

Os números estão na casa das centenas de milhares, o que aponta, não só para o aumento exponencial do recurso às técnicas nas últimas duas décadas,[17] como também para uma questão de saúde pública envolvendo o destino destes embriões, que exige detida análise, sob pena de instrumentalização da vida humana para alcançar interesses pessoais privados.[18]-[19]

---

tratamento" (FRANCISCO, Elaine Sousa. *Fatores Desencadeantes do Estresse na Reprodução Humana Assistida e sua influência na decisão de descontinuar o tratamento: Uma revisão sistemática*. 36f. Dissertação de Mestrado, Universidade Federal de Minas Gerais. Programa de Pós-Graduação Saúde da Mulher, Belo Horizonte (MG), 2021).

15. Dados extraídos em 25 de junho de 2023, do Relatório do Sistema Nacional de Produção de Embriões (SisEmbrio), feito pela Agência Nacional de Vigilância Sanitária (Anvisa), considerando o período de 2020 a 2022. Publicado em 25 jul. 2022, às 10h13min, atualizado em 20 out. 2022, às 17h53min e 25 jun. 2023. Disponível em: https://www.gov.br/anvisa/pt-br/acessoainformacao/dadosabertos/informacoes-analiticas/sisembrio. Acesso em: 25 jun. 2023.
16. Considera-se como ciclo realizado de fertilização *in vitro* os procedimentos médicos nos quais a mulher é submetida à produção (estímulo ovariano) e retirada de oócitos para realizar a reprodução humana assistida (RHA).
17. Em 07 de outubro de 1984 nasceu, no Brasil, a primeira criança gerada a partir da utilização da fertilização *in vitro*. O nascimento de Anna Paula Caldeira é um marco na ciência brasileira, que já ultrapassou três décadas e seu nascimento viabilizou o desenvolvimento de técnicas cada vez mais avançadas de reprodução assistida. Em 26 de março de 1993 nasceu, no Brasil, a primeira criança gerada a partir da utilização da fertilização *in vitro*, pelo Sistema Único de Saúde (SUS), o que foi um diferencial não só pelo sucesso do procedimento, como pelo seu financiamento público (YARAK, Aretha. Ser o 1º bebê de proveta do Brasil 'sempre foi um motivo de orgulho'. *VEJA*, publicado em 05 out. 2010, às 11h59min, atualizado em 27 ago. 2020, às 12h19min. Disponível em: https://veja.abril.com.br/saude/ser-o-1o--bebe-de-proveta-do-brasil-sempre-foi-um-motivo-de-orgulho. Acesso em: 25 jun. 2023; ALVES, Vinicius. Saiba quem é e como está o 1º bebê de proveta nascido em hospital público no Brasil. *G1*, publicado em 29 ago. 2022, às 05h05min Disponível em: https://g1.globo.com/sp/ribeirao-preto-franca/noticia/2022/08/29/saiba-quem-e-e-como-esta-o-1o-bebe-de-proveta-nascido-em-hospital-publico--no-brasil.ghtml. Acesso em: 25 jun. 2023).
18. BARBOZA, Heloisa Helena. Embriões Excedentários e a Lei de Biossegurança: O Sonho Confronta a Realidade. *Família e Dignidade Humana*: Anais do V Congresso Brasileiro de Direito de Família. Belo Horizonte: IBDFAM, p. 457-468, 2005.
19. DANTAS, Carlos Henrique Félix. Op. cit., 2023.

A possibilidade do descarte de embriões, todavia, é recente. A Resolução CFM 1.358/1992 dispunha, taxativamente, que o número total de "pré-embriões" produzidos em laboratório seria comunicado aos pacientes, para que fosse decidido quantos "pré-embriões" seriam transferidos "a fresco", devendo o excedente ser criopreservado, não podendo ser descartado ou destruído. A normativa que a sucedeu, qual seja, a Resolução CFM 1957/2010,[20] retirou a proibição quanto ao descarte, tornando-se omissa nesse ponto.

Nesse ínterim houve a edição da Lei 11.105/2005, cuja finalidade era disciplinar a Política Nacional de Biossegurança – PNB, a partir do estabelecimento de normas de segurança e mecanismos de fiscalização de atividades que envolvam organismos geneticamente modificados – OGM e seus derivados. O artigo 5º assegurou a permissão, para fins de pesquisa e terapia, da "utilização de células-tronco embrionárias obtidas de embriões humanos produzidos por fertilização *in vitro* e não utilizados no respectivo procedimento". Para tanto, era necessário que houvesse o consentimento dos "genitores" e que se acatassem certas condições, a saber: 1) fossem embriões inviáveis; ou 2) fossem "embriões congelados há 3 (três) anos ou mais, na data da publicação desta lei, ou que, já congelados na data da publicação desta lei, depois de completarem 3 (três) anos, contados a partir da data de congelamento".

A constitucionalidade da normativa foi questionada pela Procuradoria-Geral da República (PGR), que ajuizou Ação Direta de Inconstitucionalidade (ADI), que recebeu o n. 3.510,[21] sob o fundamento de que a disposição feria a proteção constitucional do direito à vida e a dignidade da pessoa humana, com o argumento de que o embrião é uma vida humana. Em decisão apertada, o Plenário reconheceu a constitucionalidade do dispositivo, sustentando que a previsão da Lei de Biossegurança representava a valorização do constitucionalismo fraternal, já que a pesquisa com células-tronco embrionárias tem por escopo o enfrentamento e cura de patologias e traumatismos que limitam e afligem a vida de grande número de pessoas.

Sem adentrar na delicada e complexa seara da natureza jurídica, o Supremo Tribunal Federal consignou que o embrião pré-implantado é um bem a ser protegido, mas não uma pessoa no sentido biográfico. A insuficiência das tradicionais categorias do direito privado torna ainda mais dramática esta questão, dado que

---

20. CONSELHO FEDERAL DE MEDICINA. Resolução CFM 1.957, de 06 de janeiro de 2010. *A Resolução CFM 1.358/92, após 18 anos de vigência, recebeu modificações relativas à reprodução assistida, o que gerou a presente resolução, que a substitui in totum*. Disponível em: http://www.portalmedico.org.br/resolucoes/CFM/2010/1957_2010.htm. Acesso em: 25 jun. 2023.
21. BRASIL. Supremo Tribunal Federal. *Ação Direta de Inconstitucionalidade 3.510/DF*. Relator: Ministro Ayres Britto. Data do Julgamento: 28 mai. 2008. Disponível em: https://redir.stf.jus.br/paginadorpub/paginador.jsp?docTP=AC&docID=611723. Acesso em: 25 jun. 2023.

o embrião excedentário não se encaixa no conceito de nascituro, prole eventual, pessoa ou, sequer, coisa, possuindo uma condição *sui generis*, que merece proteção estatal por possuir natureza eminentemente humana.[22]

Inspirada pela emblemática decisão, a Resolução CFM 2.013/2013[23] foi a primeira a prever que os embriões criopreservados com mais de 5 (cinco) anos, poderiam ser, apenas, descartados, se esta fosse a vontade dos pacientes, dispondo expressamente que o descarte não se confundia com a destinação para pesquisa de células-tronco, o que se manteve na Resolução CFM 2.121/2015.[24] Há uma singela mudança na regulamentação, a partir da edição da Resolução CFM 2.168/2017,[25] que alterou o período de criopreservação para 3 (três) anos, coadunando-se com o disposto na Lei de Biossegurança, além de dispor que os embriões criopreservados e que se encontrassem na condição de "abandonados"[26] por três anos ou mais também poderiam ser descartados.

Refinando o tema, a Resolução CFM 2.294/2021[27] introduziu a necessidade de autorização judicial para que os embriões criopreservados fossem descartados, em cotejo com a manifestação expressa dos pacientes e respeitado o período de 3 (três) anos. Os imbróglios tornaram-se, portanto, objeto de ação judicial, já que o destino deles deve ser determinado, por escrito, quando o paciente for realizar o

---

22. DANTAS, Carlos Henrique Félix. Op. cit., 2023.
23. CONSELHO FEDERAL DE MEDICINA. Resolução CFM 2.013, de 09 de maio de 2013. *Adota as normas éticas para a utilização das técnicas de reprodução assistida, anexas à presente resolução, como dispositivo deontológico a ser seguido pelos médicos e revoga a Resolução CFM 1.957/10*. Disponível em: http://www.portalmedico.org.br/resolucoes/CFM/2013/2013_2013.pdf. Acesso em: 25 jun. 2023.
24. CONSELHO FEDERAL DE MEDICINA. Resolução CFM 2.121, de 24 de setembro de 2015. *Adota as normas éticas para a utilização das técnicas de reprodução assistida – sempre em defesa do aperfeiçoamento das práticas e da observância aos princípios éticos e bioéticos que ajudarão a trazer maior segurança e eficácia a tratamentos e procedimentos médicos – tornando-se o dispositivo deontológico a ser seguido pelos médicos brasileiros e revogando a Resolução CFM 2.013/13, publicada no D.O.U. de 9 de maio de 2013, Seção I, p. 119*. Disponível em: http://www.portalmedico.org.br/resolucoes/CFM/2015/2121_2015.pdf. Acesso em: 25 jun. 2023.
25. CONSELHO FEDERAL DE MEDICINA. Resolução CFM 2.168, de 10 de novembro de 2017. *Adota as normas éticas para a utilização das técnicas de reprodução assistida – sempre em defesa do aperfeiçoamento das práticas e da observância aos princípios éticos e bioéticos que ajudam a trazer maior segurança e eficácia a tratamentos e procedimentos médicos –, tornando-se o dispositivo deontológico a ser seguido pelos médicos brasileiros e revogando a Resolução CFM 2.121, publicada no D.O.U. de 24 de setembro de 2015, Seção I, p. 117*. Disponível em: https://sistemas.cfm.org.br/normas/visualizar/resolucoes/BR/2017/2168. Acesso em: 25 jun. 2023.
26. O artigo 5º, parágrafo único, da Resolução CFM 2.168/2017, dispõe que "embrião abandonado é aquele em que os responsáveis descumpriram o contrato pré-estabelecido e não foram localizados pela clínica".
27. CONSELHO FEDERAL DE MEDICINA. Resolução CFM 2.294, de 15 de junho de 2021. *Adota as normas éticas para a utilização das técnicas de reprodução assistida – sempre em defesa do aperfeiçoamento das práticas e da observância aos princípios éticos e bioéticos que ajudam a trazer maior segurança e eficácia a tratamentos e procedimentos médicos, tornando-se o dispositivo deontológico a ser seguido pelos médicos brasileiros e revogando a Resolução CFM 2.168, publicada no D.O.U. de 10 de novembro de 2017, Seção I, p. 73*. Disponível em: https://sistemas.cfm.org.br/normas/arquivos/resolucoes/BR/2021/2294_2021.pdf. Acesso em: 25 jun. 2023.

procedimento. Todavia, além de ser imprescindível a colheita de consentimento informado,[28] este pode ser modificado ou revogado a qualquer momento, em homenagem ao princípio da autodeterminação no planejamento familiar e da parentalidade responsável.

A vigente Resolução CFM 2.320/2022, divergindo das normativas antecessoras, as quais, a partir de 2013, expressamente autorizavam o descarte, calou-se sobre este aspecto, limitando-se a dispor que "antes da geração dos embriões, os pacientes devem manifestar sua vontade, por escrito, quanto ao destino dos embriões criopreservados em caso de divórcio, dissolução de união estável ou falecimento de um deles ou de ambos, e se desejam doá-los". A exposição de motivos também foi omissa quanto a esta questão, o que pode apontar para o reconhecimento de que, em se tratando de tema extremamente sensível, a sua disposição em norma deontológica de observância da prática médica não era a decisão mais acertada.

2. ANÁLISE DA QUESTÃO À LUZ DA EXPERIÊNCIA JURISPRUDENCIAL BRASILEIRA

Da proibição à omissão, passando pela permissão, desde que preenchidos certos requisitos e com autorização judicial, o descarte de embriões excedentários se tornou uma realidade no Brasil. Conforme pontuado alhures, a partir dos dados extraídos do Relatório do Sistema Nacional de Produção de Embriões (SisEmbrio), feito pela Agência Nacional de Vigilância Sanitária (Anvisa), considerando o período de 2020 a 2022, restou demonstrado que, da totalidade dos embriões gerados e transferidos para o útero humano, mais que o dobro dos excedentes foram descartados.

Sabe-se que, além da criopreservação para implantação futura e do descarte, existem as possibilidades de utilização dos embriões excedentários para a pesquisa e terapia, com a utilização de células-tronco, desde que sejam considerados inviáveis ou estejam congelados há 3 (três) anos ou mais, bem como a doação para viabilizar a concretização de projetos parentais alheios. Quanto a primeira, considerando o período de 2020 a 2022, 44 (quarenta e quatro) embriões foram efetivamente destinados à pesquisa, enquanto 3.929 (três mil novecentos e vinte e nove) embriões foram doados para uso terapêutico.[29]

---

28. BRASIL. Superior Tribunal de Justiça. *Recurso Especial 1.918.421/SP*. Relator: Ministro Marco Buzzi. Relator para o Acórdão: Ministro Luis Felipe Salomão. Data do Julgamento: 08 jun. 2021. Disponível em: https://processo.stj.jus.br/processo/revista/documento/mediado/?componente=ITA&sequencial=2058572&num_registro=202100242516&data=20210826&formato=PDF. Acesso em: 25 jun. 2023.

29. ANVISA. *SisEmbrio – Sistema Nacional de Produção de Embriões*. Acesso à Informação. Dados Abertos. Painéis. Publicado em 25 jul. 2022, às 10h13min, atualizado em 20 out. 2022, às 17h53min e 25 jun. 2023. Disponível em: https://www.gov.br/anvisa/pt-br/acessoainformacao/dadosabertos/informacoes-analiticas/sisembrio. Acesso em: 25 jun. 2023.

Os números revelam, sem ser possível adentrar às motivações de per si, as quais conduziram essas escolhas, de que a maioria dos embriões excedentes são criopreservados para uma possível implantação futura ou descarte, tendo em vista a obrigatoriedade de se aguardar o período imposto. Pode-se afirmar que o legislador, ao editar a Lei de Biossegurança, preocupou-se muito mais em disciplinar a possibilidade de emprego de certos embriões para pesquisa, condicionando sua utilização ao consentimento dos titulares do material genético que formou os embriões, do que dispor expressamente sobre o seu descarte.

Tal omissão viabilizou que a questão fosse objeto de Resoluções editadas pelo Conselho Federal de Medicina, diante da necessidade de regulamentação específica sobre a matéria. Embora, em certa medida, admirável a diligência do referido Conselho para orientar a prática da reprodução assistida no Brasil, a previsão em ato normativo não foi isenta de críticas, tampouco de "compatibilização das prescrições deontológicas à luz da legalidade constitucional",[30] isto porque, "apesar da força normativa das resoluções do CFM, com ampla aplicação até mesmo pelos Tribunais inferiores e Superiores, essas não excluem a aplicação das normas jurídicas com toda sua coercibilidade impositiva".[31]

Embora, atualmente, a Resolução em vigor não discipline sobre o descarte e, portanto, não preveja qualquer condicionante a submissão à tutela jurisdicional, inúmeros procedimentos foram ajuizados anteriormente visando a concessão de autorização para o descarte. A maioria foram deferidos, sejam observando as exigências da normativa,[32] seja considerando desnecessária a intervenção do Estado-Juiz, diante da ausência de previsão em lei em sentido estrito[33] ou até mesmo reconhecendo abusividade em não se realizar o descarte de imediato.[34]

A título de exemplo, embora a vigente Resolução seja silente quanto ao descarte, constatou-se que o Tribunal de Justiça de São Paulo,[35] desde antes da revogação

---

30. PEREIRA, Paula Moura Francesconi de Lemos; ALMEIDA, Vitor. Op. cit., 2021.
31. PEREIRA, Paula Moura Francesconi de Lemos; ALMEIDA, Vitor. Op. cit., 2021.
32. SÃO PAULO. 2ª Vara Cível do Foro Regional de Tatuapé da Comarca de São Paulo. Sentença 1009647-12.2022.8.26.0008. Relator: Juiz Claudio Pereira França. São Paulo, SP, *DJe*. 23 set. 2022.
33. SÃO PAULO. Tribunal de Justiça de São Paulo (TJSP). Apelação Cível 1010756-59.2021.8.26.0020. Relator: Desembargador Kioitsi Chicuta, São Paulo, SP, DJe. 21 jul. 2021.
34. SÃO PAULO. Tribunal de Justiça de São Paulo (TJSP). Apelação Cível 1002142-66.2017.8.26.0453. Relator: Desembargador Mauro Conti Machado, São Paulo, SP. *DJe*. 02 maio 2021.
35. Nesse sentido é o seguinte precedente: "Ação de autorização judicial para descarte de embriões criopreservados – Extinção do feito, sem julgamento de mérito, nos termos do art. 485, VI, do Código de Processo Civil – Condições da ação preenchidas – Interesse de agir e legitimidade da parte devidamente demonstradas – Processo em condições de imediato julgamento – Aplicação da teoria da causa madura, art. 1.013, § 3º, I, do Código de Processo Civil – Legitimidade da opção descarte dos embriões fertilizados e criopreservados – Livre manifestação da vontade dos titulares do material genético – Matéria de direito individual a critério dos envolvidos – Insubsistência de vinculação do procedimento à necessidade de prévia autorização judicial – Ausência de obrigação legal correlata no ordenamento jurídico pátrio, consoante o teor da Lei 11.105/2005 (Lei de Biossegurança) – Irrelevância prática para

da primeira das normativas deontológicas, já havia firmado entendimento no sentido de que não caberia a Resolução criar obrigação ou óbice ao exercício de direito sem previsão correlata em lei. A própria Lei de Biossegurança não impôs qualquer exigência de autorização judicial e a matéria, na compreensão daquele Tribunal, é de direito individual, devendo prevalecer, portanto, a autonomia privada dos pacientes.

A despeito de necessidade ou não de autorização judicial, certo é que o Superior Tribunal de Justiça, em julgamento ao Recurso Especial 1.918.421/SP, firmou entendimento de que, quanto ao destino dos embriões excedentes, é possível a implantação, a doação, o descarte e a pesquisa, cuja decisão de autorização está diretamente vinculada à personalidade e dignidade dos seres humanos envolvidos, genitor e os que seriam concebidos, de modo que tal expressão da vontade deve observar uma forma específica, seja mediante testamento ou outro instrumento equivalente.[36]

Em decisão emblemática, cujo procedimento tramitou em Segredo de Justiça, o Tribunal de Justiça do Distrito Federal e Territórios[37] julgou procedente pedido realizado em reconvenção na ação de divórcio para que fossem descartados os embriões excedentários criopreservados da fertilização homóloga realizada *in vitro* durante a constância do casamento das partes.

Na hipótese, o teor paradigmático do julgado se encontrava no fato de que autora e réu haviam consignado, em formulário da clínica de fertilização, que, na hipótese de divórcio, os embriões ficariam sob a responsabilidade da esposa. O ex-marido, entretanto, alterou a expressão de sua vontade e postulou pelo descarte, o que foi chancelado pelo Tribunal, sob o fundamento de que o consentimento pode ser modificado ou revogado a qualquer momento, em homenagem ao princípio da autodeterminação no planejamento familiar e da paternidade responsável.

Não se pretende esgotar todas as decisões judiciais atinentes às celeumas envolvendo as técnicas de reprodução assistida, todavia é possível afirmar que a análise acerca da possibilidade do mero descarte dos embriões ainda não foi objeto

---

o resultado da controvérsia sobre a exigência prevista na Resolução 2.294/2021 do Conselho Federal de Medicina (CFM) –Inexistência de imperatividade ou de eficácia de lei, na acepção do termo, das diretrizes editadas pela autarquia, e falta de caráter vinculante ao juízo das posturas administrativas, de hierarquia baixa – Precedentes deste Tribunal de Justiça – Sentença reformada – Recurso provido (SÃO PAULO. Tribunal de Justiça de São Paulo (TJSP). Apelação Cível 1034731-70.2021.8.26.0001. Relator: Desembargador César Peixoto, São Paulo, SP, *DJe*. 27 set. 2022).

36. BRASIL, Op. cit., 2021. Ao julgar declaração posta em contrato padrão de prestação de serviços de reprodução humana, o Superior Tribunal de Justiça considerou que era instrumento absolutamente inadequado para legitimar a implantação *post mortem* de embriões excedentários, cuja autorização, expressa e específica, haveria de ser efetivada por testamento ou por documento análogo.

37. DISTRITO FEDERAL. Tribunal de Justiça do Distrito Federal e Territórios. Apelação Cível 0702501-17.2019.8.07.0011. Relatora: Desembargadora Maria Ivatônia. Distrito Federal, DF, *DJe*. 13 dez. 2021.

de detida apreciação pelos Tribunais Superiores. A temática tem sido tangenciada, principalmente quando se considera a viabilidade da utilização dos embriões para pesquisa e tratamento, entretanto ainda é nebulosa e controversa, em especial por não haver uma categoria adequada que traduza a natureza jurídica do embrião humano criopreservado.

Além disso, averiguou-se que as controvérsias residiam mais no exercício da parentalidade pelas partes envolvidas, da autodeterminação e autonomia reprodutivas, pouco se refletindo sobre a natureza humana do embrião, o que, por si só, reclama proteção estatal. A importância do respeito à autonomia dos pacientes que buscam os procedimentos é inconteste, visto que os embriões são gerados a partir de seus materiais genéticos.

Contudo, é necessário sopesar, como pontuado por Jussara Maria Leal de Meirelles, em virtude da similitude originária de todos os seres humanos, que a proteção dos embriões se faz necessária para garantir, para a sociedade, a "integridade atual e futura de seus componentes, bem como pela própria continuidade da espécie humana",[38] sendo difusa a titularidade referente à sua proteção. Por outro lado, condicionar, tão somente, a destinação a "maior ou menor interesse daqueles que deram início a um projeto parental que, talvez, nem exista mais", é reduzir os embriões excedentários, cuja natureza humana é inegável, "a mero objeto de desejo, e de desejo bioindustrial".[39]

3. O DESCARTE DE EMBRIÕES À LUZ DA LEGALIDADE CONSTITUCIONAL

Embora seja possível argumentar que, implicitamente, há a autorização de descarte dos embriões viáveis após a utilização em pesquisa ou terapia com células-tronco embrionárias humanas, é cogente delinear que existe uma profunda diferença entre os destinos. É assente na Doutrina e na Jurisprudência que a proteção do embrião humano criopreservado é mandatória,[40]-[41]-[42] com fundamento no princípio da dignidade humana, do direito à identidade e a saúde.[43]

---

38. MEIRELLES, Jussara Maria Leal de. Embriões humanos e sua destinação à pesquisa: reflexões sobre a titularidade. *XV Encontro Preparatório para o Congresso Nacional do CONPEDI – Conselho Nacional de Pesquisa e Pós-Graduação em Direito*, 2006, Recife-PE. Anais do XV Encontro Preparatório para o Congresso Nacional – CONPEDI, p. 1-16, 2006, p. 8.
39. MEIRELLES, Jussara Maria Leal de Meirelles, Op. cit., 2006, p. 4.
40. BARBOZA, Heloisa Helena. A proteção jurídica do embrião humano. In: CASABONA, Carlos Maria Romeo; QUEIROZ, Juliane Fernandes (Coord.). *Biotecnologia e sua implicações ético-jurídicas*. Belo Horizonte: Del Rey, p. 248-270, 2004; BARBOZA, Heloisa Helena. Op. cit., 2005.
41. BARBOZA, Heloisa Helena. Op. cit., 2005.
42. DANTAS, Carlos Henrique Félix. Op. cit., 2023.
43. MEIRELLES, Jussara Maria Leal de. Op. cit., 2006.

Dessa forma, ainda que objeto de duras críticas, porém estabelecido em virtude da decisão da ADI 3.510, proferida pelo Supremo Tribunal Federal, o emprego dos embriões com finalidades "altruísticos e solidaristas que autorizam a obtenção de células-tronco de embriões humanos em laboratório, especialmente dos inviáveis, se sobrepõem à ideia de sua reificação ou instrumentalização, respeitado que está o princípio da dignidade humana".[44] Por outro lado, o simples descarte dos embriões em si não apresenta nenhuma motivação nobre, justa, elevada, ou seja, um fundamento idôneo que autorize a sua cabal destruição, em especial quando considerada sua natureza essencialmente humana, digna, portanto, de especial proteção.[45]

Destinou-se muito mais tempo, esforço e construção teórico-dogmática para declarar a constitucionalidade da pesquisa e terapia com células-tronco embrionárias humanas, enquanto a previsão do descarte foi introduzida no ordenamento mediante ato administrativo oriundo do Conselho Federal de Medicina, cuja constitucionalidade é questionada. Desconsiderou-se maiores implicações éticas-filosóficas e, por que não, morais da destruição de embriões criopreservados, que, embora não sejam considerados pessoas, possuem nítido caráter humano.

Não é, portanto, mero material genético ou amontoado de células, mas sim estágio inicial da formação do ser humano, que, no entanto, somente se concretizará com a transferência para o útero. O ordenamento jurídico brasileiro protege o ser humano desde a concepção, conforme dicção do artigo 2º, do Código Civil, embora condicione a aquisição da personalidade civil ao nascimento com vida. É evidente que humanos nascidos, em franco desenvolvimento no útero ou preservados em laboratório são "diversos no exercício do comércio jurídico",[46] reclamando camadas de proteção distintas. Entretanto, o fato dos embriões se encontrarem *in vitro* não os "distanciam na importância fundamental que representam para a sociedade, para as gerações futuras e para o próprio desenvolvimento das ciências".[47]

A lógica binária tradicional delimita a discussão ao tentar enquadrar o embrião criopreservado e não implantado nas existentes e clássicas categorias disponíveis: de pessoas e coisas, sendo, esta última, residual.[48] Conforme defendido por Carlos Henrique Félix Dantas, é incabível "enquadrar o embrião

---

44. BARBOZA, Heloisa Helena. Op. cit., 2005, p. 11.
45. Interessante pontuar que, na ADI 3.510, foi expressamente destacado, em nota de rodapé, que "de se registrar que a presente ação direta não impugna o descarte puro e simples de embriões não aproveitados "no respectivo procedimento". A impugnação é quanto ao emprego de células em pesquisa científica e terapia humana" (BRASIL, Op. cit., 2008, p. 30).
46. MEIRELLES, Jussara Maria Leal de. Op. cit., 2006, p. 13.
47. MEIRELLES, Jussara Maria Leal de. Op. cit., 2006, p. 13.
48. BARBOZA, Heloisa Helena. Repercussões jurídicas da biotecnologia no Código Civil: o papel do Biodireito. In: BARBOZA, Heloisa Helena; SILVA, Eduardo Freitas Horácio da; ALMEIDA, Vitor (Org.). *Biotecnologia e relações familiares*. Rio de Janeiro: Processo, 2021.

de laboratório estritamente como coisa, em função da latente possibilidade de instrumentalização da vida humana, como sequer também pessoa natural, sendo essa interpretação destoante da realidade factual", já que "o legislador civil não lhe atribui personalidade jurídica por estar condicionado não apenas ao nascimento com vida, como também pela implantação em útero para que seja gestado".[49]

De fato, diante da insuficiência das categorias clássicas da doutrina civilista, impõe-se a "necessidade, [...], de que a legislação futura, civil e penal [...] proteja especificamente o embrião pré-implantatório, assim denominado, enquanto *in vitro* ou crioconservado".[50] Todavia, a lacuna atualmente existente não o exime de receber proteção estatal, na medida em que é merecedor de tutela, "por força do princípio da dignidade humana, que rege o ordenamento jurídico, embora deva ser protegido de forma diferenciada em razão de seu estágio de desenvolvimento, que é muito rudimentar".[51]

Nessa linha de construção, a despeito de entendimentos diversos, defende-se que o mero descarte dos embriões criopreservados não se coaduna com o ordenamento jurídico brasileiro,[52] seja por vontade expressa das pessoas que contribuíram geneticamente para sua formação, seja por "abandono" nos centros de reprodução assistida. A destruição dos embriões de per si, além de não lhes trazer qualquer proteção jurídica, não encontra fundamento na Lei de Biossegurança ou na própria decisão do Supremo Tribunal Federal no julgamento da Ação Direta de Inconstitucionalidade 3.510, não obstante tal julgado tenha sido e, até o presente momento, seja um dos nortes para a interpretação positiva pelo descarte.

Assume-se que o imbróglio é extremamente complexo e, portanto, reclama solução à altura. Consoante ponderação feita por Paula Lemos e Vitor Almeida, "impor o ônus às clínicas e hospitais de manutenção *ad infinitum* desses embriões em crioconservação é demasiado e oneroso; por outro lado, o descarte de embriões envolve dilemas éticos sobre a sua própria natureza", inclusive a possibilidade de "os titulares do material genético reivindicarem no futuro o embrião crioconservado, o que ganharia tons dramáticos se fosse a única possibilidade de concretizar o projeto parental com material genético biologicamente vinculado".[53]

A tecnologia na área médica tem avançado ao longo dos anos e contribuído para o exercício do planejamento reprodutivo daqueles que, pelo método habitual, não conseguiram ou teriam extrema dificuldade em concretizar seus projetos

---

49. DANTAS, Carlos Henrique Félix. Op. cit., 2023, p. 355.
50. CHINELLATO, Silmara Juny de Abreu. Estatuto Jurídico do Nascituro: A evolução do direito brasileiro. In: CAMPOS, Diogo Leite; CHINELLATO, Silmara Juny de Abreu (Coord.). *Pessoa humana e direito*. Coimbra: Edições Almedina – AS, 2009, p. 413.
51. BARBOZA, Heloisa Helena. Op. cit., 2021, p. 24.
52. PEREIRA, Paula Moura Francesconi de Lemos; ALMEIDA, Vitor. Op. cit., 2021.
53. PEREIRA, Paula Moura Francesconi de Lemos; ALMEIDA, Vitor. Op. cit., 2021.

parentais. A evolução das técnicas e o sucesso cada vez maior do procedimento é latente, de modo que, da mesma forma que menos embriões são transferidos para o útero humano atualmente, a depender do quadro clínico do paciente, menos embriões poderiam ser formados, evitando-se um numerário expressivo de embriões excedentes.

Faz-se necessário, durante as consultas para aconselhamento quanto a melhor técnica a ser empregada, a devida orientação às pessoas que irão se submeter ao procedimento, para que compreendam com clareza todas as implicações da tomada de decisão, inclusive a possibilidade de criopreservar, separadamente, apenas os gametas.

Tal opção, além de afastar eventual discussão sobre a natureza jurídica, dado que é material genético individual, evita celeumas futuras, em ocasião de divórcio ou falecimento de uma das partes. Em que pese o necessário consentimento para o destino dos embriões ainda durante a fase inicial do tratamento, a prerrogativa de revogar a manifestação da vontade expressada se sobrepõe, posto que oriunda da autonomia reprodutiva.

Assim, diante do atual quadro normativo brasileiro, as medidas mais adequadas para destinação dos embriões criopreservados excedentários são a pesquisa e tratamento com células-tronco embrionárias, especialmente em se tratando de embriões inviáveis, ou a doação para projetos parentais alheios. É importante consignar que, a partir da atual compreensão de que os vínculos de parentalidade não são inerentemente biológicos,[54] afastada está a ideia de maternidade/paternidade compulsórias, sendo plenamente viável que os embriões excedentes sejam utilizados na concretização do exercício da paternidade responsável por pessoas que não contribuíram geneticamente para sua formação e sem que haja assunção de parentalidade pelos doadores.

Em arremate, reconhece-se que o tema é delicado, envolvendo não só o exercício de direitos fundamentais, como a utilização de materiais biológicos sensíveis, exigindo discussão acurada, plural e social, que conduza à construção legislativa. A despeito de discordâncias, pode-se afirmar que, tanto Doutrina, quanto Jurisprudência defendem que os embriões criopreservados, em maior ou menor grau, são merecedores de tutela, independente da categoria jurídica que eles sejam inseridos, pois ostentam nítida natureza humana. Em reclamando especial salvaguarda estatal, o mero descarte representa, não apenas uma proteção deficitária e insuficiente, como inexiste, em violação a dignidade humana, corolário do Estado Democrático de Direito.

---

54. LÔBO, Paulo. *Direito civil*: famílias. 10. ed. São Paulo: Saraiva, 2020.

CONCLUSÃO

No atual estado de ausência legislativa específica, as técnicas de reprodução humana assistida são regulamentadas, no Brasil, pelas Resoluções editadas pelo Conselho Federal de Medicina, as quais, por sua natureza deontológica, não devem criar ou restringir direitos, mas, tão somente, orientar a conduta ética dos profissionais médicos na utilização do procedimento.

Diante do dissenso quanto a natureza jurídica do embrião criopreservado, dado que não se encaixa em nenhuma das categorias clássicas do direito, o que implica diretamente no grau de proteção que será conferido, imperiosa a disciplina futura mediante legislação federal, o que conferirá maior legitimidade, coadunando-se com o que se espera de um Estado Democrático.

Conquanto envolva diretamente os titulares do material genético disponibilizado, a importância de se destinar adequadamente os embriões criopreservados excedentes alcança, de maneira difusa, a sociedade em geral, não sendo, portanto, temática que se restringe às esferas privadas.

É mandatório que haja transparência e diálogo com as pessoas que participarão do procedimento, devendo ser esclarecido de maneira pormenorizada tudo que permeia a criopreservação dos embriões e as questões sensíveis envolvidas, em especial quanto a possibilidade de criopreservação dos gametas individuais, o que evitaria futuras discussões sobre natureza jurídica e autorização de cônjuge ou companheiro, bem como a destinação dos embriões excedentes que não serão transferidos.

Em maior ou menor grau, ainda que divergente quanto a natureza jurídica, constitui consenso que, em razão do inegável caráter humano, o embrião criopreservado pré-implantatório é merecedor de tutela e salvaguarda. A similitude entre os seres nascidos, em desenvolvimento intraútero e os concebidos, porém mantidos em laboratório, é a sua natureza comum originária, bem como o valor que representam para a humanidade e perpetuação da espécie.

Dessa forma, não é a probabilidade de se amoldarem à categoria abstrata da personalidade jurídica que garante a sua proteção, de modo que não se afigura harmônico com o ordenamento jurídico brasileiro o mero descarte dos embriões excedentários, que, para além de proteção deficitária e insuficiente, seria inexiste, infringindo a dignidade humana.

O DANO AO PROJETO DE VIDA E A RESPONSABILIDADE CIVIL POR FALHAS NO DIAGNÓSTICO E ACONSELHAMENTO GENÉTICOS

Juliana Landim Gomes Siqueira

Mestra em Planejamento Regional e Gestão de Cidades pela UCAM. Pós-graduanda em Direito das Famílias pela Escola Brasileira de Direito (EBRADI). Bacharel em Direito pela UNIFLU. Coordenadora e professora universitária de Direito Civil do curso de Direito do ISECENSA. Associada do Instituto Brasileiro de Direito de Família e Sucessões – IBDFAM. Membra da Comissão Nacional de Família e Tecnologia – IBDFAMTEC. Advogada.

Luiza Leite Cabral Loureiro Coutinho

Mestranda em Direito pela Universidade do Estado do Rio de Janeiro (UERJ), na linha de pesquisa em Direito Civil. Pós-graduada *lato sensu* pela Escola da Magistratura do Estado do Rio de Janeiro (EMERJ). Bacharel em Direito pela UNIFLU. Professora universitária de Direito Civil e Direito Digital. Associada do Instituto Brasileiro de Direito de Família e Sucessões – IBDFAM. Membra da Comissão Nacional de Família e Tecnologia – IBDFAMTEC. Advogada. ORCID: https://orcid.org/0000-0003-3118-2049.

> A vida é o que fazemos dela. As viagens são os viajantes.
> O que vemos não é o que vemos, senão o que somos.
> (Fernando Pessoa)

Sumário: Introdução – 1. Investigação e manipulação genéticas: limites à liberdade de pesquisa – 2. Aconselhamento genético e diagnóstico embrionário pré-conceptivo, pré-implantacional e pré-natal – 3. *Wrongful conception, wrongful birth e wrongful life*: a responsabilidade civil por danos ao projeto de vida – Considerações finais.

INTRODUÇÃO

Desde a primeira regulação sobre reprodução humana assistida, a Resolução do Conselho Federal de Medicina (CFM) 1.358/1992, publicada no diário oficial de 19 de novembro de 1992, os avanços no campo das ciências biomédicas proporcionaram ao ser humano a pesquisa e o desenvolvimento qualitativo e quantitativo sobre inúmeros temas, sobretudo no que diz respeito ao controle de enfermidades e a descoberta de suas causas, de tratamentos inovadores e possíveis meios de cura, aumentando a expectativa e a qualidade de vida, especialmente, da população que acessa as biotecnologias.

As técnicas de reprodução humana assistida (RHA), investigação e manipulação genéticas são campos fascinantes e em constante evolução, que têm o potencial de trazer avanços científicos significativos para a medicina. A engenharia genética possibilita aos seres humanos subjugarem a própria natureza, inclusive com a possibilidade de mudar a si mesmo, modificando não só o seu destino, mas de toda a humanidade. No entanto, a liberdade de investigação científica não é ilimitada. À medida que se avança no fomento de biotecnologias e nas técnicas que envolvem investigação e modificação genéticas, surgem questões complexas sobre suas implicações éticas, legais e sociais, que devem ser abordadas considerando os princípios balizadores da pesquisa científica.

A segurança constitui um dos limites da liberdade de pesquisa em investigação e manipulação genética. O trato inadequado e/ou irresponsável pode gerar consequências imprevisíveis e potencialmente prejudiciais para os organismos envolvidos e o meio ambiente. Uma vez iniciadas, as técnicas de biotecnologia, podem colocar em risco a existência da própria espécie humana. Portanto, é necessário que sejam fixados limites às experiências biomédicas, estabelecendo um rigoroso controle e regulamentação para garantir que a pesquisa genética seja realizada de forma segura e responsável, minimizando os riscos associados e protegendo a identidade humana de uma modificação irreversível de suas próprias características.

A liberdade de pesquisa também deve considerar questões de equidade e justiça. É importante que as técnicas de manipulação genética sejam acessíveis e benéficas para a toda a humanidade, evitando disparidades que possam acentuar desigualdades sociais. Outro aspecto importante limitador da engenharia genética é a bioética. A manipulação genética pode levantar dilemas morais, especialmente nas aplicações em seres humanos, como a reprodução humana assistida para casais homossexuais, famílias monoparentais, as modificações genéticas voltadas ao aprimoramento humano e a seleção de embriões na fertilização *in vitro*, tópicos que geram acirrados debates éticos e requerem, além de discussões amplas, necessárias e inclusivas, uma abordagem regulatória adequada.

Nesse interim, considerando que nem tudo que é realizável pela ciência é ético e permitido pela legislação pátria, surge a problemática da presente pesquisa: as técnicas biotecnológicas hodiernas encontram limitações ou a liberdade de pesquisa prevista no texto constitucional abarca as incontáveis possibilidades de edição do material genético? A manipulação genética, embora cientificamente possível, é um caminho ético e seguro com vistas à dignidade humana e ao livre desenvolvimento da personalidade?

Partindo das inovações médico-científicas e da necessidade de acompanhamento das mudanças sociais, a análise da medicina reprodutiva e dos limites das investigações científicas se fazem prementes à luz dos aspectos bioéticos da edição genética, levando em consideração as balizas incorporadas pela proteção à dignidade humana.

1. INVESTIGAÇÃO E MANIPULAÇÃO GENÉTICAS: LIMITES À LIBERDADE DE PESQUISA

O mundo jurídico e biológico se entrelaçam na tentativa de conceituar patrimônio genético humano. A necessária aproximação das realidades jurídica e não jurídica se justifica, pois, essa conceituação não pode se restringir aos aspectos biológicos, sendo fundamental a constante e permanente participação dos elementos jurídicos. Patrimônio genético humano "é o conjunto de genes contendo toda a informação genética do indivíduo, que compõe o DNA (ácido desoxirribonucleico)".[1]

A Declaração Universal sobre o Genoma Humano e os Direitos Humanos em seu artigo primeiro conceitua genoma humano como base fundamental de todos os membros da família humana, considerando aspectos de dignidade e diversidade, indo mais além, em sentido simbólico, estabelece que o genoma humano e as informações nele contidas, são patrimônio da humanidade.[2]

A partir do conceito de genoma, compreendido como o conjunto de informações genéticas de cada ser vivo, exsurge a necessidade de protegê-lo de interferências eventuais. De acordo com Heloisa Helena Barboza,[3] o processo de medicalização da vida, a atuação da biomedicina, assim como os avanços no campo da terapia, prevenção e diagnóstico, passaram a influir diretamente na vida humana, provocando profundos questionamentos ético-jurídicos.

No final do século XX, o desenvolvimento das biotecnologias e das ciências biomédicas, principalmente das técnicas de reprodução assistida, colocaram termo na "exclusividade do ato sexual como forma de concretização do projeto

---

1. CARVALHO, Gisele Mendes; MOREIRA, Camila V. R. Silva. Os direitos da personalidade como limite à manipulação de células-tronco embrionárias na Lei de Biossegurança Brasileira. *XXI Encontro Nacional do CONPEDI*, 2012, Uberlândia. Anais do XXI Encontro Nacional do CONPEDI. Florianópolis-SC: Fundação Boiteux, 2012. v. 1, p. 1034-1066.
2. UNESCO – Organização das Nações Unidas para a Educação, Ciência e Cultura. Declaração internacional sobre os dados genéticos humanos. 2004. Disponível em: https://bvsms.saude.gov.br/bvs/publicacoes/declaracao_inter_dados_genericos.pdf. Acesso em: 26 maio 2023.
3. BARBOZA, Heloisa Helena. A reprodução humana como direito fundamental. Carlos Alberto Menezes Direito; Antônio Augusto Cançado Trindade; Antônio Celso Alves Pereira. (Org.). *Novas Perspectivas do Direito Internacional Contemporâneo*. Rio de Janeiro: Renovar, 2008, v. 1, p.777-801.

parental, permitindo novas formas de reprodução em laboratório",[4] o que beneficiou diversos grupos sociais como casais homossexuais, pessoas com idade mais avançada, casais heterossexuais com problemas de fertilidade.[5]

Segundo Barboza, a medicina determina como nascer, quando morrer, como viver, o "nascimento, desenvolvimento e preservação da vida deixaram de ser fatos naturais, transformando-se em ações médicas".[6] Nesse contexto, assim como a pílula anticoncepcional revolucionou a sociedade no século passado, a possibilidade de interferência na reprodução humana com o surgimento de técnicas que permitem a concepção gera maiores e profundas repercussões.[7] A investigação e a manipulação genética, técnicas que modificam o DNA por meio de sua recombinação com o fim de fabricar organismos aprimorados, são uma realidade, razão pela qual fez-se necessária a fixação de limites para a intervenção humana na natureza.[8]

A Constituição Federal Brasileira de 1988 resguarda tanto o patrimônio genético quanto a liberdade de investigá-lo como dimensões do princípio constitucional da dignidade da pessoa humana, no artigo 1º, III, e do direito à vida, no *caput* do artigo 5º. Além disso, no capítulo destinado ao meio ambiente, a Carta Magna traz em seu artigo 225, o dever do Poder Público de preservar a diversidade e a integridade do patrimônio genético do país, fiscalizando as entidades que desempenham atividades de pesquisa e manipulação genéticas, além de controlar a produção, a comercialização e o emprego de técnicas que possam colocar em risco o direito à vida.

A primeira legislação pátria visando normatizar a biogenética e a liberação de organismos geneticamente modificados foi a Lei 8.974/95, ao dispor sobre a proteção do patrimônio genético humano. Uma década depois, foi revogada pela hoje vigente Lei 11.105/2005,[9] conhecida como Lei de Biossegurança Nacional, que regulamenta os incisos II, IV e V do § 1º do artigo 225 da Constituição Federal de 1988 (CRFB/1988).

---

4. ALMEIDA JÚNIOR, Vitor de Azeredo. Parentalidade tardia e reprodução assistida: os limites do direito ao planejamento familiar no ordenamento jurídico brasileiro. In: NERY JÚNIOR, Nelson Nery; NERY, Rosa Maria de Andrade (Coord.). *Revista de Direito Privado*. ano 14. v. 54. São Paulo: Ed. RT, 2013, p. 279-313.
5. Idem.
6. BARBOZA, Heloisa Helena. A reprodução humana como direito fundamental. Carlos Alberto Menezes Direito; Antônio Augusto Cançado Trindade; Antônio Celso Alves Pereira. (Org.). *Novas Perspectivas do Direito Internacional Contemporâneo*. Rio de Janeiro: Renovar, 2008, v. 1, p. 777-801.
7. Idem.
8. NUNES, Ricardo Ferreira. *Bancos de dados genéticos para fins criminais*: aspectos bioéticos e biopolíticos. Dissertação (Mestrado em Bioética) – Programa de pós graduação em bioética, Universidade de Brasília. Brasília, p. 13, 2012.
9. Lei 11.105/2005, "Art. 1º Esta Lei estabelece normas de segurança e mecanismos de fiscalização sobre a construção, o cultivo, a produção, a manipulação, o transporte, a transferência, a importação, a exportação, o armazenamento, a pesquisa, a comercialização, o consumo, a liberação no meio ambiente e o descarte de organismos geneticamente modificados – OGM e seus derivados, tendo como diretrizes o estímulo ao avanço científico na área de biossegurança e biotecnologia, a proteção à vida e à saúde humana, animal e vegetal, e a observância do princípio da precaução para a proteção do meio ambiente".

São quatro os principais eixos temáticos da Lei 11.105/2005: (i) a pesquisa e a fiscalização de organismos geneticamente modificados; (ii) a utilização de embriões originados de reprodução humana assistida nas pesquisas com células tronco; (iii) a restruturação técnica da Comissão Técnica Nacional de Biossegurança; e (iv) a criação do Conselho Nacional de Biossegurança, objetivando estimular e o desenvolvimento científico e tecnológico do país[10] (vide art. 218 da CRFB/1988).

A liberdade de pesquisa e criação científica, que atende os interesses primários do pesquisador e também o interesse coletivo de promover progresso científico podendo trazer benefícios gerais à sociedade, constitui elemento básico do Estado Democrático de Direito, porém não é um direito absoluto, pois há limites ao direito de investigar, principalmente quando a liberdade de investigação científica afrontar outros valores fundamentais assegurados pelo texto constitucional[11] (artigo 5º, IX, da CRFB/1988). Vale trazer a lume a redação do § 1º do artigo 1º da Lei de Biossegurança, que classifica como pesquisa científica:

> [...] a realizada em laboratório, regime de contenção ou campo, como parte do processo de obtenção de OGM e seus derivados ou de avaliação da biossegurança de OGM e seus derivados, o que engloba, no âmbito experimental, a construção, o cultivo, a manipulação, o transporte, a transferência, a importação, a exportação, o armazenamento, a liberação no meio ambiente e o descarte de OGM e seus derivados.

Dessa forma, o direito intervém no campo das técnicas biomédicas, ora para legitimá-las, ora para regulamentá-las ou proibi-las, de modo que a humanidade seja protegida da natureza ambígua desse campo de pesquisa. Os limites bioéticos inerentes aos procedimentos envolvendo manipulação e investigação genéticas se mostram cada vez mais essenciais, sobretudo pela normalização social desses procedimentos.[12]

A Declaração Universal sobre o Genoma Humano: da teoria à prática[13] traz no capítulo C, artigos que regulamentam a pesquisa no genoma humano, colocando limites às aplicações práticas relacionadas a modificação genética, devendo prevalecer o respeito aos direitos humanos, às liberdades fundamentais

---

10. ANEZ, Tania Letícia Wouters; COSTA, Ilton Garcia. Constituição, desenvolvimento científico como forma de inclusão social: moldura e limites. *Revista de Direito Constitucional e Internacional*. São Paulo: Ed. RT, 2014, v. 87, p. 11-27.
11. CARVALHO, Gisele Mendes; ISHIKAWA, Vítor de Souza. 16 anos da Lei de Biossegurança (Lei 11.105/2005): a utilização de células-tronco embrionárias para fins de pesquisa e terapia e o status moral do embrião pré-implantatório. Revista da Faculdade de Direito da UFRGS, Porto Alegre, n. 47, p. 133-154, dez. 2021.
12. FERRARI, Melissa Mayumi Suyama; ESPOLADOR, Rita de Cássia Resquetti Tarifa. Dignidade humana e manipulação genética: reflexões jusfilosóficas acerca da modificação do genoma. *Revista do Direito Público*, Londrina, v. 16, n. 3, p. 27- 43, dez. 2021.
13. UNESCO – Organização das Nações Unidas para a Educação, Ciência e Cultura. Declaração Universal sobre o Genoma Humano e os Direitos Humanos: da teoria à prática. 2001. Disponível em: https://www2.ufrb.edu.br/cep/images/PDF/Declarao-Universal-sobre-o-Genoma-Humano-e-os-direitos-humanos.pdf. Acesso em: 02 maio 2023.

e à dignidade da pessoa humana. Em seu artigo 11 o referido documento avança regulamentando que práticas contrárias à dignidade humana não devem ser permitidas, propondo cooperação dos Estados e Organizações Internacionais na identificação e tomada de medidas necessárias para a efetivação dos direitos previstos na declaração (art. 11).[14]

Corroborando a importância e necessidade do avanço científico das técnicas de modificação genética na busca pelo alivio do sofrimento e melhoria da saúde da humanidade, atrelado as responsabilidades da pesquisa científica no campo do biodireito, o artigo 12-b da Declaração Universal do Genoma Humano traz a liberdade de pesquisa como regra, tratando como excepcional os casos que ferirem os direitos fundamentais.[15] A pesquisa científica no âmbito da edição genética também é tratada na Declaração Internacional dos Dados Genéticos e Humanos,[16] cujo objetivo é garantir o respeito à dignidade humana, a proteção dos direitos humanos e as liberdades fundamentais, além de direcionar as nações a formularem suas legislações internas.

Os direitos fundamentais individuais constituem limite insuperável à liberdade de investigação científica. Os benefícios advindos do avanço biotecnológico, sobretudo aqueles relacionados às técnicas de mutação genética, devem observar a cláusula geral da dignidade humana. Condutas marcadamente atentatórias contra a dignidade humana, como a clonagem reprodutiva – técnica que permite que o ser humano seja recriado em série – e a seleção eugênica com a finalidade de editar embriões conforme as exigências de seus futuros pais, além de serem proibidas pelo ordenamento jurídico pátrio, punem os transgressores, sejam pacientes, cientistas ou quaisquer profissionais da saúde, na forma dos artigos 24 a 29 da Lei 11.105/2005.

2. ACONSELHAMENTO GENÉTICO E DIAGNÓSTICO EMBRIONÁRIO PRÉ-CONCEPTIVO, PRÉ-IMPLANTACIONAL E PRÉ-NATAL

A história familiar é crucial para o diagnóstico genético, a avaliação de riscos e o aconselhamento genético, possibilitando ao geneticista uma análise precisa do risco para doenças em parentes de indivíduos acometidos. Tendo em vista os genes de uma pessoa serem compartilhados com sua família biológica, a história familiar fornece ao médico informações essenciais sobre o impacto que a composição genética de um indivíduo pode ter sobre a saúde, usando a história clínica de seus parentes como um indicador de suscetibilidades genéticas, além

---

14. UNESCO, 2001.
15. Idem.
16. UNESCO, 2004.

de, em regra, compartilharem fatores ambientais, como dieta e comportamento, que fornecem dados pessoais sensíveis genéticos e de saúde.[17]

A utilização do histórico familiar na avaliação de riscos patológicos retrata um método indireto de classificação da contribuição de variantes genéticas de um indivíduo para sua saúde e a suscetibilidade a uma determinada doença. Estabelecer a existência de um risco patológico agravado, baseado no histórico familiar, acarreta impacto sobre a tomada de decisão médica. Os principais desafios na aplicação da genômica à medicina são a gradação dos riscos genéticos e a sua validade para criar parâmetros orientativos a geneticistas, razão pela qual um grupo de pesquisadores,[18] ao se indagar sobre a história familiar como ferramenta de saúde pública e medicina preventiva, propôs classificação de riscos nela pautada, replicada em diversas obras especializadas em genética humana.

Para a compreensão da categorização adiante, é mister a compreensão de alguns conceitos próprios do Direito Sucessório, como linhas e graus. A ordem de preferência dos herdeiros na sucessão depende da classificação deles em relação ao falecido. As linhas decorrem da noção típica de sucessão na classe dos ascendentes – quando houver pluralidade de ascendentes no mesmo grau –, havendo divisão da herança, sendo uma parte destinada à linha materna e a outra à paterna. Adicionalmente, também existem as linhas reta e colateral de parentesco: a primeira é composta, em uma linha vertical, por descendentes e ascendentes do falecido, enquanto a colateral é formada por parentes que não estão na linha reta, como irmã(o), tio(a), sobrinho(a) e primo(a). E o que são graus? Referem-se à proximidade de parentesco existente entre o falecido e um familiar seu: quanto mais próximo for o grau de parentesco, maior é a preferência na sucessão.[19]

Serão consideradas de alto risco as hipóteses em que: a) a idade de início de uma doença no parente de primeiro grau for relativamente precoce em comparação com a população em geral; b) houver dois ou mais parentes de primeiro grau acometidos pela doença; c) houver um parente de primeiro grau com início tardio ou desconhecido da patologia e um parente de segundo grau acometido com a doença prematura da mesma linhagem; d) dois parentes de segundo grau maternos ou paternos com, pelo menos, um deles tendo sido acometido preco-

---

17. NUSSBAUM, Robert L.; MCINNES, Roderick R.; WILLARD, Huntington F. *Genética Médica*. Thompson & Thompson. Trad. Ana Julia Perrotti-Garcia. 8.ed. Rio de Janeiro: GEN – Grupo Editorial Nacional. Publicado pelo selo Editora Guanabara Koogan Ltda., 2022, p. 333.
18. SCHEUNER, MT; WANG, SJ; RAFFEL, LJ et al. *Family history*: a comprehensive genetic risk assessment method for the chronic conditions of adulthood, Am J Med Genet 71:315-324, 1997. Apud YOON, PW; SCHEUNER, MT; PETERSON-OEHLKE, KL et al. *Can family history be used as a tool for public health and preventive medicine?* 4.ed. Genet Med, 2002, p. 304-310.
19. TEPEDINO, Gustavo; NEVARES, Ana Luiza Maia; MEIRELES, Rose Melo Vencelau. *Fundamentos do direito civil*: direito das sucessões. 4. ed. Rio de Janeiro: Forense, 2023, p. 68-73.

cemente; e) três ou mais parentes maternos ou paternos acometidos pela doença; f) a presença de uma história familiar "de risco moderado" em ambos os lados da árvore genealógica.

Foram categorizadas como circunstâncias que resultam em risco moderado para determinada patologia, segundo o histórico familiar, quando houver: a) um parente de primeiro grau com início tardio ou desconhecido da doença; b) dois parentes de segundo grau da mesma linhagem com início tardio ou desconhecido. Por sua vez, entendem-se como casos de risco médio aqueles em que a história familiar for desconhecida, ou ausentes parentes acometidos pela doença, ou, ainda, quando houver tão somente um parente de segundo grau acometido de uma linha, paterna ou materna, ou de ambas.

Frente a esse cenário de riscos, a biogenética clínica, em sua preocupação latente com o diagnóstico e o manejo de vicissitudes patológicas e sociais inerentes às doenças hereditárias, alça-se como disciplina indispensável no vasto horizonte da bioética e do biodireito. Consoante o traço distintivo das enfermidades genéticas, cuja índole peculiar reside na propensão a repetir-se no seio familiar, o enfoque do aconselhamento genético revela-se não só paciente original, mas também nos membros atuais e futuros do clã consanguíneo, analisando o histórico familiar e providenciando exames para mutações e outras avaliações, a fim de ofertar um preciso prognóstico de riscos aos consanguíneos.

A *American Society of Human Genetics*[20] define aconselhamento genético como um processo de comunicação que lida com problemas humanos associados à ocorrência, ou ao risco, de uma doença genética em uma família, com participação multiprofissional e interdisciplinar[21] treinada a: 1) compreender fatos médicos, o diagnóstico, o provável curso da doença e as condutas disponíveis; 2) verificar como a hereditariedade contribui para a doença e os fatores de recorrência em parentes específicos; 3) avaliar alternativas para lidar com a possível recorrência; 4) escolher o curso de ação mais apropriado em virtude de riscos, objetivos fa-

---

20. EPSTEIN, CJ. Genetic couseling: statement of the American Society of Human Genetics ad hoc Comittee on Genetic Counseling. *American Journal of Human Genetics*, n. 27, 1975, p. 241-242.
21. "Em muitos países, o aconselhamento genético é fornecido pelos médicos. No entanto, nos Estados Unidos, Canadá, Reino Unido e alguns outros países, os serviços de aconselhamento genético são, muitas vezes, fornecidos por aconselhadores genéticos ou geneticistas enfermeiros, profissionais especialmente treinados em genética e aconselhamento, que servem como membros de uma equipe de saúde com médicos. O aconselhamento genético nos Estados Unidos e no Canadá é uma profissão da área de saúde de autorregulação com o seu próprio conselho (*American and Canadian Boards of Genetic Counselors*) para acreditação e programas de treinamento e certificação de profissionais. Alguns estados nos Estados Unidos também estão licenciando aconselhadores genéticos. Enfermeiros com experiência em genética são acreditados por meio de uma comissão de acreditação separada." (NUSSBAUM, Robert L.; MCINNES, Roderick R.; WILLARD, Huntington F. *Genética Médica*. Thompson & Thompson. Trad. Ana Julia Perrotti-Garcia. 8.ed. Rio de Janeiro: GEN – Grupo Editorial Nacional. Publicado pelo selo Editora Guanabara Koogan Ltda., 2022, p. 334).

miliares, padrões éticos e crenças religiosas; 5) ajustar-se à situação imposta pelo distúrbio de saúde na família e à perspectiva de hereditariedade.[22]

Pela prática do aconselhamento genético, um grupo de *experts* e de profissionais de diversas áreas interdisciplinares liderados por um geneticista, munidos de um vasto conjunto de informações obtidas por meio de um meticuloso exame de DNA, provêm a um indivíduo, casal ou demais integrantes da família, a identificação precisa de moléstia existente, anormalidades congênitas ou potenciais problemas genéticos, além de dissipar incertezas relacionadas ao heredograma familiar (isto é, a árvore genealógica) e outras desordens genéticas. Oferecem, assim, elementos fundamentais a embasar uma tomada de decisão quanto às terapias mais adequadas e à compreensão aprofundada acerca das implicações evolutivas da patologia para o indivíduo e para sua prole biológica.

O aconselhamento genético pode ser realizado de dois modos: (1) prospectivo, com o objetivo de prevenir doença genética na família e cumprir o dever de informar ao indivíduo que tenha risco agravado de incidência patológica; (2) retrospectivo, quando já houver outros acometidos pela doença na família, principalmente quando relacionada à herança genética dominante ou a cromossomos sexuais. Precisa ser cumprido, em ambos os casos, o dever de cabal esclarecimento de que os testes não são taxativos, mas meramente indicativos de predisposição a doenças. Independentemente do teste usado para o rastreamento, não existe garantia de confiabilidade absoluta do resultado, face à "variação na identificação de todos os indivíduos que têm a doença (verdadeiros positivos) dos que não a têm (verdadeiros negativos) (...) a probabilidade de falsos positivos ou falsos negativos (quando a prova inicial não detecta a condição de portador e supõe que os indivíduos estejam livres da anomalia) constitui verdadeira limitação".[23]

Aitziber Emaldi-Cirón consolida as cinco etapas lapidares do aconselhamento genético: (1ª) o médico comunica ao paciente a possibilidade de se submeter a exames preditivos; (2ª) o paciente consente, de forma livre e esclarecida, desde que plenamente informado previamente, sujeitar-se aos escrutínios genéticos e à extração de provas clínicas, que revelam seu diagnóstico genético, potenciais moléstias, suas causas e a possibilidade de transmissão à descendência e outras questões incrustadas nas tramas da hereditariedade; (3ª) efetiva-se o aconselha-

---

22. VIANA, Melissa Machado; AGUIAR, Marcos José Burle de. Genética em reprodução humana. In: CAETANO, João Pedro Junqueira; MARINHO, Ricardo Mello; PETRACCO, Álvaro; LOPES, Joaquim Roberto Costa; FERRIANI, Rui Alberto (Org.). *Medicina reprodutiva*. São Paulo: Segmento Farma e SBRH, 2018, p. 49.
23. COHEN, Claudio; OLIVEIRA, Reinaldo Ayer de. *Bioética, direito e medicina*. Barueri-SP: Manole, 2020, p. 762.

mento genético, sob os sábios ensinamentos de Romeo Casabona, que se desvela na avaliação técnica, interpretativa e valorativa dos resultados obtidos, traçando os caminhos mais apropriados aos anseios e demandas do paciente; (4ª) um novo fornecimento de consentimento livre e esclarecido é solicitado ao paciente, oferecendo-lhe a prerrogativa de escolher qual roteiro médico será trilhado, permitindo, inclusive, a possibilidade de declinar de qualquer procedimento e até de todos eles, em salvaguarda da sua autonomia existencial; e (5ª) a execução da decisão tomada pela equipe de profissionais de saúde.[24]

Todavia, a Sociedade Brasileira de Genética Médica (SBGM) já alertou que o Governo Federal não possui um plano adequado para o aconselhamento genético no Brasil. O Sistema Único de Saúde tão somente se propõe a oferecer exames genéticos pré-nupciais na rede pública de saúde, em que pese não haver a infraestrutura necessária à entrega adequada desse múnus. A então presidente da SBGM, Carolina Fischinger Moura de Souza, ao formular a nota oficial emitida, salienta que não há como oferecer testes genéticos sem aconselhamento de qualidade por profissionais qualificados.[25]

O diagnóstico embrionário genético pode ser realizado em momentos distintos. O diagnóstico pré-conceptivo ocorre quando há uma investigação genética previamente à fusão dos gametas masculino e feminino, *in vitro* ou *in vivo*, para detectar, desde então, possíveis anomalias cromossômicas e enfermidades que possam ser transmitidas aos descendentes, cabendo aos pacientes submetidos à avaliação genética decidirem, a depender da enfermidade ou deficiência, se recorrerão, ou não, a técnicas de reprodução humana assistida com seleção terapêutica embrionária ou edição genética. Recomenda-se o aconselhamento genético, nesse caso, quando houver falência ovariana prematura, comprovada infertilidade ou amenorreia primária e menopausa precoce, entre outros.[26]

---

24. EMALDI-CIRIÓN, Aitziber. A responsabilidade dos profissionais sanitários no marco do assessoramento genético. In: CASANOVA, Carlos Maia Romeo; QUEIROZ, Juliane Fernandes (Coord.). *Biotecnologia e suas implicações ético-jurídicas*. Belo Horizonte: Del Rey, 2004, p. 63-127, p. 64.
25. SOCIEDADE BRASILEIRA DE GENÉTICA MÉDICA – SBGM. Nota oficial: aconselhamento genético é assunto sério e complexo. Disponível em: https://www.sbgm.org.br/detalhe.aspx?id=1441&area=4. Acesso em: 21 maio 2023.
26. "O objetivo primário da realização do teste do portador é informar o indivíduo ou o casal, do risco de possíveis doenças genéticas na futura prole e relatar as opções reprodutivas para que o casal tome sua decisão com autonomia. Sendo assim, o aconselhamento genético pré e pós-teste é fundamental. (...) A causa genética mais frequente de amenorreia primária é a síndrome de Turner, doença caracterizada por ausência total ou parcial de um cromossomo X" (VIANA, Melissa Machado; AGUIAR, Marcos José Burle de. Genética em reprodução humana. In: CAETANO, João Pedro Junqueira; MARINHO, Ricardo Mello; PETRACCO, Álvaro; LOPES, Joaquim Roberto Costa; FERRIANI, Rui Alberto (Org.). *Medicina reprodutiva*. São Paulo: Segmento Farma e SBRH, 2018, p. 50).

Quando o diagnóstico embrionário é realizado na fase pré-implantacional,[27] realiza-se teste preditivo – que implica em biópsia celular do embrião através da técnica FISH (*fluorescent in situ hibridization*) para diagnosticar patologias cromossômicas ou da técnica PCR (*polimerase chain reaction*) para detectar patologias de natureza gênica –, para verificar a existência de anomalia(s) grave(s)[28] em embriões gerados por técnica de fertilização *in vitro* e que ainda não foram implantados na cavidade uterina.[29]

Nos casos em que identificada a possibilidade de transmissão de enfermidade ou deficiência, quando esta decorrer de diagnóstico cromossômico, será possível a seleção de sexo do embrião, por ressalva expressa na parte final do Item 5 dos Princípios Gerais da Resolução 2.320/2022 do Conselho Federal de Medicina. Tal resolução admite, de modo restrito, a seleção terapêutica, caso em que os embriões não selecionados poderão ser doados para pesquisa ou serem descartados, na forma da Lei 11.105/2005.

Por fim, o diagnóstico pré-natal é aquele em etapa gestacional, já diante de vida uterina, através de técnicas mais invasivas e que poderão, em alguns casos, representar riscos ao nascituro – aborto, grave sofrimento fetal e natimorto – e à gestante – ruptura prematura ou deslocamento da placenta, infecção uterina, hemorragia pós-parto etc. –, sendo, portanto, recomendadas apenas em hipóteses excepcionais.[30] Caso seja verificada enfermidade ou deficiência no nascituro, o aconselhamento genético não poderá ser no sentido de interrupção da gravidez,

---

27. Versa expressamente sobre o tema a Resolução 2.320/2022 do Conselho Federal de Medicina (CFM) no Item "VI – Diagnóstico Genético Pré-Implantacional de Embriões. 1. As técnicas de reprodução assistida podem ser aplicadas à seleção de embriões submetidos a diagnóstico de alterações genéticas causadoras de doenças, podendo nesses casos ser doados para pesquisa ou descartados, conforme a decisão do(s) paciente(s), devidamente documentada com consentimento informado livre e esclarecido. 2. As técnicas de reprodução assistida também podem ser utilizadas para tipagem do Antígeno Leucocitário Humano (HLA) do embrião, no intuito de selecionar embriões HLA-compatíveis com algum irmão já afetado pela doença e cujo tratamento efetivo seja o transplante de células-tronco, de acordo com a legislação vigente. 3. O tempo máximo de desenvolvimento de embriões in vitro é de até 14 (quatorze) dias".
28. "À aplicação da técnica de pré-implantação vincula-se a seguinte questão normativa: é compatível com a dignidade humana ser gerado mediante ressalva e, somente após um exame genético, ser considerado digno de uma existência e de um desenvolvimento? Podemos dispor livremente da vida humana para fins de seleção? Uma questão semelhante se faz quanto ao aspecto do ´consumo´ de embriões (inclusive a partir das próprias células somáticas) para suprir a vaga esperança de um dia poder-se produzir e enxertar tecidos transplantáveis, sem ter de enfrentar o problema de transpor as barreiras da rejeição a células estranhas" (HABEMAS, Jürgen. *O futuro da natureza humana*. São Paulo: Martins Fontes, 2004, p. 29).
29. SÁ, Maria de Fátima Freire de Sá; NAVES, Bruno Torquato de Oliveira. *Bioética e biodireito*. 5.ed. Indaiatuba-SP: Editora Foco, 2021, p. 204.
30. CASABONA, Carlos Maria Romeo. *El derecho y la bioética ante los limites de la vida humana*. Madrid: Centro de Estudios Ramón Areces, 1994.

por não se subsumir ao rol taxativo do artigo 128 do Código Penal o aborto eugênico, ressalvada a antecipação terapêutica do parto nos casos de feto anencéfalo, por expressa dicção do Supremo Tribunal Federal na ADPF 54.

3. *WRONGFUL CONCEPTION, WRONGFUL BIRTH* E *WRONGFUL LIFE*: A RESPONSABILIDADE CIVIL POR DANOS AO PROJETO DE VIDA

Diante de falhas tanto no diagnóstico quanto no aconselhamento genético caberá a responsabilização civil daquele(s) a quem for imputável a conduta lesiva causalmente conexa ao dano indenizável, por meio de ações de *wrongful conception, wrongful birth* e *wrongful life*, a depender do estágio de desenvolvimento biológico da vida humana gerada pela técnica de reprodução assistida aplicada.

O dano indenizável consiste na lesão a um bem jurídico tutelado, podendo ser de natureza patrimonial (ou material) ou extrapatrimonial (ou existencial). O dano deve ser certo (mas não meramente hipotético), injusto (por conduta contrária à norma jurídica) e atual (cuja indenização é medida pela extensão do prejuízo verificada no momento da sentença). A indenizabilidade do dano decorre de cláusula geral de proteção a interesses jurídicos; se o interesse prejudicado pelo lesante não é tutelado pelo direito, o dano não será considerado injusto e a conduta não gerará indenizabilidade.

Wrongful conception refere-se à concepção indevida que decorreu de incorreto diagnóstico, aconselhamento genético e/ou procedimento terapêutico que ensejou uma gravidez indesejada – como falha na realização de laqueadura ou de vasectomia, ou erro no diagnóstico de infertilidade –, ou a não concepção por aconselhamento equivocado para tanto em razão de exame falso positivo para a existência de doença congênita. São ambas hipóteses em que poderá ser promovida ação judicial de responsabilidade civil pelos genitores, por violação à autonomia existencial e ao livre planejamento familiar, previsto no § 7º do artigo 226 da Constituição Federal de 1988, considerando o nexo de causalidade[31] entre o resultado danoso que produziu uma concep-

---

31. "O nexo causal cumpre uma dupla função: por um lado, permite determinar a quem se deve atribuir o resultado danoso; por outro, é indispensável na verificação da extensão do dano a se indenizar, pois serve como medida da indenização (...) para a determinação da extensão do dano indenizável, o que importa não é tanto a gravidade ou o peso da culpa, mas o nexo de causalidade. A culpa não tem essa função" (SILVA, Caio Mário Pereira da. *Responsabilidade Civil*. 13.ed. Rio de Janeiro: Forense, 2022, p. 129).

ção indevida e o erro médico que deu causa direta, imediata e necessária[32] à *wrongful pregnancy*.[33]

Todavia, quando, em virtude de erro médico no diagnóstico ou aconselhamento genético pré-implantacional ou pré-natal por falha informacional e/ou de transparência quanto ao embrião já implantado ou em vias de ser, nascer criança cuja deficiência ou doença deveria ter sido previamente comunicada aos genitores, caberá a propositura de ação judicial de nascimento indevido (*wrongful birth*). O dano indenizável não se refere diretamente à anomalia genética em si considerada, mas à conduta médica voluntária e culpável de não ter fornecido informações claras, precisas e suficientes sobre o embrião, seja pela não realização de todos os exames cabíveis, por erro na prestação de uma ou mais informações concretas devidas ou porque foram falsa ou tardiamente informados.

Nesse sentido, os genitores, por ação ou omissão culposa da equipe de saúde que os orienta, projetam a realidade erroneamente com falsas expectativas e tomam decisões viciadas por erro,[34] caso em que, em regra, não se excluirá o nexo causal entre a conduta profissional culposa e a patologia genética. Caberá, pois, pedido indenizatório por danos extrapatrimoniais à autonomia existencial, à boa-fé objetiva e ao livre planejamento familiar, sem prejuízo de outros prejuízos devidamente comprovados, como eventuais gastos extraordinários com uma gestação de risco ou com a enfermidade da criança.

---

32. Veja o que preconiza o art. 403 da Lei 10.406/2002 (Código Civil): "Ainda que a inexecução resulte de dolo do devedor, as perdas e danos só incluem os prejuízos efetivos e os lucros cessantes por efeito dela direto e imediato, sem prejuízo do disposto na lei processual".

33. "Situação semelhante ocorreu na Espanha por meio de ação proposta pela Senhora Josefa contra o Serviço Valenciano de Saúde e dois médicos. A alegação da autora consistia no fato de que sua gestação era de alto risco, dada sua idade avançada – quarenta e cinco anos –, além de já ter tido um filho com problemas mentais. Por isso, procurou o Hospital Universitário de Valência para que pudesse ser orientada por médicos. Um deles pediu a realização de exames, cujos resultados, ocorridos em 7 de julho de 1989, não foram informados à gestante. Consta dos autos do processo que a mulher compareceu novamente ao hospital, em 14 de julho, na tentativa de conhecer o conteúdo do teste genético, mas outra médica que substituía o profissional que requereu os exames não lhe deu informações. Finalmente, ao tomar conhecimento dos resultados dos exames e das reais condições do feto, já não era possível proceder legalmente à interrupção da gravidez, por haver transcorrido o prazo estabelecido para tal, de acordo com o Código Penal espanhol" (SÁ, Maria de Fátima Freire de Sá; NAVES, Bruno Torquato de Oliveira. *Bioética e biodireito*. 5. ed. Indaiatuba-SP: Editora Foco, 2021, p. 206-207).

34. Assim dispõe o Código Civil: "Art. 138. São anuláveis os negócios jurídicos, quando as declarações de vontade emanarem de erro substancial que poderia ser percebido por pessoa de diligência normal, em face das circunstâncias do negócio. Art. 139. O erro é substancial quando: I – interessa à natureza do negócio, ao objeto principal da declaração, ou a alguma das qualidades a ele essenciais; II – concerne à identidade ou à qualidade essencial da pessoa a quem se refira a declaração de vontade, desde que tenha influído nesta de modo relevante; III – sendo de direito e não implicando recusa à aplicação da lei, for o motivo único ou principal do negócio jurídico. Art. 140. O falso motivo só vicia a declaração de vontade quando expresso como razão determinante".

Por derradeiro, é possível que figure no polo ativo da ação de vida injusta ou indevida o sujeito de direitos, fruto da falha no aconselhamento ou diagnóstico genético, que acarretou dano a sua qualidade de vida, caso em que peticionará por *wrongful life*.[35] De acordo com Shiffin,[36] consiste em processo civil incomum movido por pessoa com deficiência congênita que busca alívio financeiro para deficiências ou doenças na forma de indenização por danos resultantes de erro, falta ou má informação prévios ao seu nascimento, acusando ter nascido em uma vida indesejada ou miserável. Levantam-se questões ético-filosóficas importantes sobre a responsabilidade médica e a moralidade da procriação e, de modo geral, sobre o significado de condições de saúde impostas, em que pese não consentidas, que geram malefícios à qualidade de vida da pessoa física.

> [I]nteressa especialmente a questão que trata do modo como a neutralização biotécnica da distinção habitual entre ´o que cresceu naturalmente´ e ´o que foi fabricado´, entre o subjetivo e o objetivo, muda a compreensão ética da espécie que tínhamos até agora e afeta a autocompreensão de uma pessoa geneticamente programada. Não podemos excluir o fato de que o conhecimento de uma programação eugênica do próprio patrimônio hereditário limita a configuração autônoma da vida do indivíduo e mina as relações fundamentalmente simétricas entre pessoas livre e iguais.[37]

A hodierna aceleração exponencial dos avanços científicos acarreta a expansão dos riscos, ocasionando aumento substancial no dever de reparação integral pelos danos causados, permanecendo imprescindível que não se desvirtue a função do instituto e que sejam observados os elementos da responsabilidade civil. É inegável a proliferação dos danos ressarcíveis emergentes como efeito do reconhecimento de novos fatos lesivos e interesses jurídicos merecedores de tutela. A identificação desses bens jurídicos associa-se intrinsecamente à constatação de tais danos, em que pese a expressão "novos danos" não seja desprovida de críticas. A novidade não reside necessariamente nas categorias de dano há muito consolidadas, porém na identificação de novas circunstâncias factuais que desencadeiam reparação integral à vítima.[38]

---

35. "A rubéola é uma doença capaz de causar má-formação no feto, e uma mulher contraiu-a durante sua primeira gravidez, tendo dado à luz uma criança com problemas. Quando sua filha já contava com quatro anos de idade, a senhora Perruche esperava outro bebê. Por temor ao contágio, o casal solicitou a manifestação do médico sobre um possível problema fetal. Este, após exames laboratoriais, informou-a de que não havia com o que se preocupar, considerando-a imunizada contra rubéola. Contudo, Nicolás Perruche nasceu surdo, quase cego e com retardo mental, em razão de doença congênita. Essa triste história ocorreu na França, e veio à baila ao final do ano 2000, por meio de sentença do Tribunal de Cassação, que concedeu ao jovem Nicolás considerável indenização" (SÁ, Maria de Fátima Freire de Sá; NAVES, Bruno Torquato de Oliveira. *Bioética e biodireito*. 5.ed. Indaiatuba-SP: Editora Foco, 2021, p. 206).
36. SHIFFIN, Seana Valentine. Wrongful life, procreative responsibility and the significance of harm. *Cambridge University Press*, Legal Theory, 5(2), 1999, p. 117-148.
37. HABEMAS, Jürgen. *O futuro da natureza humana*. São Paulo: Martins Fontes, 2004, p. 32-33.
38. SILVA, Caio Mário Pereira da. *Responsabilidade Civil*. 13.ed. Rio de Janeiro: Forense, 2022, p. 104.

Nesse contexto surgiu em matéria de compensação de graves violações a direitos humanos a noção de "dano ao projeto de vida", no âmbito do Sistema Interamericano de Direitos Humanos, sobretudo por meio da jurisprudência da Corte Interamericana de Direitos Humanos (CIDH ou Corte Interamericana).[39] Teresa Alconha Lopes define o dano ao projeto de vida, caracterizado a depender do "prejuízo ao bem-estar pessoal", como a "lesão que compromete as várias atividades através das quais a pessoa atua para plena realização na esfera individual. Seus efeitos comprometem as realizações do interesse da pessoa quotidianamente nas várias áreas de sua atuação, comprometendo sua qualidade de vida".[40] Refere-se ao dano existencial que afeta diretamente os planos, metas e aspirações de uma pessoa natural, comprometendo a sua capacidade de realizar objetivos pessoais, profissionais e emocionais, superando a tradicional *summa divisio* patrimonial--moral dos danos, abrangendo aspectos mais amplos da vida do indivíduo.

O dano extrapatrimonial, como gênero, enfrenta desafios, a começar por seus limites. Judith Martins-Costa, ao distinguir o dano moral *stricto sensu*, o dano psíquico, o dano estético e o dano ao projeto de vida, observa que "[e]m regra o dano estético é de palmar constatação, mas o psíquico e o dano ao projeto de vida o são por inferência: o juiz tem o dever de ponderar sobre o que 'comumente acontece', porém, examinando os dados concretos, a singularidade da pessoa atingida, a vítima em todas as suas circunstâncias, pautando-se, sempre, pelo dever de razoabilidade".[41]

Não há que se confundir, portanto, o dano moral em sentido estrito e o dano ao projeto de vida. Entende-se este último como a lesão que transcende e desloca o sentido existencial da pessoa natural e incide sobre o livre arbítrio do sujeito. É de tal magnitude que afeta a maneira com que ao sujeito é possível viver e frustra o destino que poderia desejar para si. Retrata um dano contínuo que compromete escolhas presentes e futuras, cujas consequências dificilmente serão ultrapassadas com o transcurso do tempo.

---

39. O termo foi trazido pela primeira vez em precedente da Corte Interamericana de Direitos Humanos (CIDH) em 1998, como forma de reparação autônoma, paralela ao dano moral e material sofrido pela vítima, no percussor Caso *Loayza Tamayo vs. Peru*. "O dano ao projeto de vida não corresponde ao prejuízo patrimonial derivado imediata e diretamente dos fatos, característico do dano emergente; e tampouco pode se confundir com o lucro cessante, porque este se refere exclusivamente a perdas econômicas futuras, possíveis de quantificar a partir de certos indicadores mensuráveis e objetivos. O denominado projeto de vida (...) atende à realização integral da pessoa afetada, considerando sua vocação, atitudes, circunstâncias, potencialidades e aspirações que lhe permitem determinar razoavelmente certas expectativas e atingi-las" (CIDH, 1998, série C, n. 42, p. 147). "[...] dificilmente pode-se dizer que uma pessoa é verdadeiramente livre se não possui opções para encaminhar sua existência, de maneira a conduzi-la para sua plena realização" (CIDH, 1998, série C, n. 42, p. 39).
40. LOPES, Teresa Ancona. Dano existencial. *Revista de Direito Privado*, n. 57, p. 291, jan./mar. 2014.
41. MARTINS-COSTA, Judith. *Comentários ao novo Código Civil*: do inadimplemento das obrigações (arts. 389 a 420). Rio de Janeiro: Forense, 2009, v. 5. t. II. p. 342.

As consequências do dano moral *stricto sensu*, malgrado também comprometam os sentimentos e afetos da vítima, por mais profundas que sejam, não a acompanharão por todo o transcurso de sua vida, pelo menos não com a intensidade inicial da época dos fatos que lhe deram causa, isso porque a concepção subjetiva do dano moral tende a dissipar-se, diminuindo ou atenuando-se com o passar do tempo. Com vistas ao disposto no artigo 944 do Código Civil, segundo o qual "a indenização mede-se pela extensão do dano", é impossível equiparar o *an debeatur* e o *quantum debeatur* no devastador e contínuo dano ao projeto de vida, com outros de natureza afetiva constitutivos do dano moral em sentido estrito, sob pena de afligir o princípio da reparação integral.[42]

Consolida-se a autonomia existencial para realizar seu projeto individual de vida como um direito fundamental derivado do livre desenvolvimento da personalidade, uma projeção da cláusula geral da dignidade humana e do poder de autodeterminar-se na escolha de um futuro aberto. Segundo as lições de Luiz Edson Fachin,[43] o "projeto existencial do homem só é possível se os demais homens livres estiverem dispostos a cooperar solidariamente em sua realização", vinculando-o à solidariedade social.

CONSIDERAÇÕES FINAIS

Bioética e biodireito desempenham papel fundamental na regulamentação das biotecnologias e de técnicas de reprodução humana assistida no Brasil. Com os avanços científicos e tecnológicos, emergiram diversos novos desafios éticos, jurídicos e sociais no campo da engenharia genética, porém também proporcionando, na área das ciências biomédicas, inúmeros benefícios, como o controle e até a erradicação de enfermidades, tratamentos inovadores e a desejada cura, principalmente, para a população com acesso às biotecnologias. Ocorre que a engenharia genética e suas técnicas, como a reprodução humana assistida, por meio da investigação e manipulação genéticas, podem transbordar limites éticos, legais e regulamentares, colocando em risco a própria humanidade.

Foram examinadas, nesse trabalho, questões atinentes à liberdade de pesquisa nas investigações e manipulações genéticas, a necessidade de interpretação bioética das normas jurídicas tendo por base a cláusula geral da dignidade humana, a importância da realização de individualizado aconselhamento genético e de diagnóstico pré-conceptivo, pré-implantacional e pré-natal, bem como a responsabilização civil por danos ao projeto de vida em determinados casos de *wrongful conception, wrongful birth* e *wrongful life*.

---

42. SESSAREGO, Carlos Fernandez. El daño a la persona en el Código Civil de 1984. *Homenaje a José León Barandiarán*. Lima: Editorial Cultural Cuzco, 1985, p. 161-222.
43. FACHIN, Luiz Edson. *Estatuto jurídico do patrimônio mínimo*. 2. ed. Rio de Janeiro: Renovar, 2006, p. 48.

No primeiro capítulo, restou demonstrado que a investigação e a manipulação genéticas são ferramentas poderosas com promessas de avanços significativos no campo da RHA. No entanto, é necessário estabelecer limites claros à liberdade de pesquisa para garantir a proteção dos direitos e da dignidade dos indivíduos envolvidos. A legislação brasileira, em que pese não haja uma lei em sentido estrito sobre a temática, impõe restrições à pesquisa genética, exigindo autorizações específicas e parâmetros éticos à realização de experimentos envolvendo edição genética humana, a fim de evitar abusos e assegurar que o progresso biotecnológico seja alcançado de forma ética e responsável.

Ato contínuo, consolidou-se o entendimento de que o aconselhamento genético desempenha papel crucial no contexto das técnicas de RHA ao fornecer informações e orientações adequadas àquele que busca essas biotecnologias, possibilitando que o seu consentimento prévio seja livre e esclarecido e a sua declaração de vontade seja válida como forma de exercício do direito à autonomia existencial. Isso porque o diagnóstico embrionário pré-conceptivo, pré-implantacional e pré-natal permite hoje a detecção de doenças genéticas e anormalidades cromossômicas, precedente ou concomitantemente à gestação, possibilitando escolhas mais assertivas para a prevenção de patologias graves que poderiam afetar o crescimento saudável do embrião ou do feto e o desenvolvimento do livre projeto de vida da pessoa natural fruto desse procedimento.

O poder de autodeterminar-se na escolha de um futuro aberto é projeção bioética da dignidade humana, razão pela qual os danos ao projeto de vida – em especial nas hipóteses de concepção ou gravidez indesejada e de nascimento indevido, como direta decorrência de falha no procedimento de laqueadura ou de vasectomia, por erro no diagnóstico de infertilidade ou outro diagnóstico médico, por falha informacional ou de transparência quanto ao não aconselhamento para a concepção, ou quanto ao embrião já implantado ou em vias de ser, em razão de incorreção no exame clínico que atestou, ou não, a existência de deficiência ou doença congênita – merecem, pelo princípio da reparação integral, ser indenizados autonomamente, sem prejuízo de outros danos patrimoniais e existenciais eventualmente também configurados no caso concreto.

CONSENTIMENTO E EFEITOS NO CAMPO DA FILIAÇÃO: PRESUNÇÃO DE PATERNIDADE E REGISTRO DE FILHOS HAVIDOS POR MEIO DE TÉCNICAS DE REPRODUÇÃO ASSISTIDA PÓSTUMA

Carla Duby Coscio Cuellar

Mestre em Direito Civil pela Universidade do Estado do Rio de Janeiro. Professora da Escola da Magistratura do Rio de Janeiro.

Sumário: Introdução – 1. Reprodução assistida póstuma – 2. A questão do consentimento para o uso da técnica de reprodução assistida *post mortem* – 3. A presunção de paternidade e reprodução após a morte – 4. Registro civil dos filhos havidos *post mortem* – Conclusões.

INTRODUÇÃO

O avanço da medicina quanto ao uso da biotecnologia no campo da reprodução humana, alterou drasticamente o tema da procriação, que deixou de ser um fato natural para submeter-se à vontade do homem. Abriu-se um campo de aplicação para além das situações de infertilidade e esterilidade, possibilitando o acesso à formação do vínculo de parentalidade-filiação para aquelas pessoas que por razões biológicas não podiam procriar, com a possibilidade de participação de terceiros (doadores de gametas ou gestante por substituição).

O livre planejamento familiar, através o exercício do direito reprodutivo, impõe também a observância dos princípios da parentalidade responsável e do melhor interesse da criança por nascer. A manifestação de vontade torna-se elemento essencial para a formação dos vínculos de paternidade e maternidade, sendo irrelevante, em certos casos, a consanguinidade.

A regra legal prevista no artigo 1.597, do Código Civil se mostra insuficiente para tratar da complexidade das situações existenciais e patrimoniais que decorrem do uso das técnicas de reprodução assistida.

A possibilidade de criopreservação de embriões gerados através da fertilização *in vitro* e de gametas por tempo indeterminado possibilita procriação humana após a morte do indivíduo que havia exercido o seu projeto parental em vida. Analisa-se se reprodução humana assistida *post mortem* encontra amparo no ordenamento jurídico, à luz dos princípios e valores previstos na Constituição Federal, considerando que a criança irá nascer após o óbito de um dos seus pais.

O presente estudo visa analisar a questão do consentimento no uso das técnicas de reprodução assistida, em especial da possibilidade de utilização do material genético criopreservado *post mortem* e seus efeitos no campo da filiação.

Não se abrangerá nesta pesquisa os efeitos sucessórios decorrentes do óbito anterior ao nascimento da criança fruto da utilização dessas técnicas de reprodução assistida.

Pressupõe-se, ainda, que o uso das técnicas de procriação encontra-se no campo do livre exercício do planejamento familiar dos indivíduos que projetam esse vínculo paterno-materno-filial em vida. Não se analisa a tormentosa questão relativa à retirada de material genético fecundante praticada por familiares de pessoa já falecida com a finalidade de procriação, sem que tenha havido prévio consentimento do titular.

A insuficiência legal da matéria impõe a análise das normas éticas de conduta médica, regulamentadas pelas Resoluções do Conselho Federal de Medicina e das normas editadas pelo Conselho Nacional de Justiça que acabam por orientar o tema da reprodução humana assistida póstuma.

O trabalho busca analisar quem deve consentir com o uso das técnicas de reprodução assistida e forma como deve se dar esse ato de manifestação de vontade. Ademais, avalia-se os efeitos desse consentimento no campo da relação paterno--materno-filial, em especial da presunção legal de paternidade. Trata, ainda, da questão relativa ao registro dessa criança nascida através do uso das técnicas de reprodução assistida póstuma.

1. REPRODUÇÃO ASSISTIDA PÓSTUMA

A filiação decorrente da procriação medica assistida surge a partir do uso das técnicas de reprodução humana, onde o ato sexual entre o homem e a mulher é substituído pela intervenção médica, através do uso da biotecnologia. As técnicas utilizadas para obter a concepção – penetração do espermatozoide no óvulo para fertilizá-lo e, assim, potencialmente dar origem a um novo indivíduo – podem ser corpóreas ou extracorpóreas. No primeiro caso, a inseminação artificial é feita por meio do depósito do esperma preparado dentro da vagina, em volta do colo, dentro do colo, dentro do útero ou dentro do abdômen.[1] No segundo caso, a fertilização *in vitro* obtém a concepção medicamente assistida, que reproduz

---

1. LEITE, Eduardo de Oliveira. *Procriações artificiais e o direito*: aspectos médicos, religiosos, psicológicos, éticos e jurídicos. São Paulo: Ed. RT, 1995, p. 38.

o ambiente da trompa de Falópio, prossegue pela clivagem até a formação do embrião, que será posteriormente transferido para o útero.[2]

A depender do titular do gameta utilizado (sêmen ou óvulo), a técnica de reprodução assistida poderá ser homóloga ou heteróloga. No primeiro caso, o material genético empregado é do próprio casal envolvido na realização do projeto parental (inseminação artificial ou fertilização *in vitro*). No segundo caso, a utilização de material fecundante é apenas de um dos indivíduos, contando com a doação de sêmen ou óvulo de terceiros (TRA heteróloga unilateral). É possível, ainda, que a concepção seja proveniente da doação de sêmen e óvulos doados, não havendo, neste caso, qualquer informação genética do casal (TRA heteróloga bilateral).[3]

Aliado a esses aspectos, temos a possibilidade de a mulher que der à luz não ser a mãe da criança que gestou, ou seja, que a parturiente não seja aquela que estabelecerá o vínculo materno-filial com o recém-nascido, caso em que esta atua como "cedente temporária de útero" ou "gestante por substituição".[4]

Todos esses fatores possibilitam a formação de diversos arranjos familiares e ampliam o exercício ao direito ao planejamento familiar. O uso dessas técnicas de reprodução assistida não se limita à pessoa ou casal com problemas de fertilidade e/ou esterilidade, haja vista que também devem ser consideradas as limitações biológicas existentes em casais do mesmo sexo ou de indivíduos que pretendem formar uma família monoparental.

A uso das técnicas de reprodução assistida por casais em união estável, inclusive de famílias homoafetivas, também está protegido pelo ordenamento jurídico. A Constituição Federal reconhece a especial proteção do Estado também para essa entidade familiar, razão pela qual não há como negar o exercício do livre planejamento familiar através da procriação assistida na união estável, nos mesmos termos previstos para o casamento.[5] Heloísa Helena Barboza, em obra datada em 1993 abordando o tema da inseminação artificial e fertilização *in vitro*, já asseverava a necessidade de a lei atribuir a presunção de paternidade ao companheiro e defendia, *de lege ferenda*, a solução análoga à do casamento.[6]

Em outra oportunidade, já se defendeu a possibilidade do acesso às técnicas de reprodução assistida a pessoas que, sem possuir vínculo de conjugalidade, quei-

---

2. LEITE, Eduardo de Oliveira. Op. cit. p. 41.
3. GAMA, Guilherme Calmon Nogueira da. *A nova filiação*: o Biodireito e as relações parentais: o estabelecimento da parentalidade-filiação e os efeitos jurídicos da reprodução assistida heteróloga. Rio de Janeiro: Renovar, 2003, p. 724-725.
4. O Conselho Federal de Medicina aborda o tema no item VII, da Resolução CFM 2320/2022.
5. GAMA, Guilherme Calmon Nogueira da. *A nova filiação*. Op. cit., p. 773.
6. BARBOZA, Heloísa Helena. *A filiação em face da inseminação artificial e da fertilização "in vitro"*. Rio de Janeiro: Renovar, 1993, p. 110-111.

ram estabelecer o vínculo paterno-materno-filial através de um projeto parental exercido conjuntamente. A coparentalidade decorre do exercício de um projeto parental entre pessoas que não possuem qualquer envolvimento amoroso, mas que desejam ter um filho em parceria. O uso das técnicas de reprodução assistida atende aos interesses dos parceiros que desejam ter filhos, sem a necessidade de ter o contato sexual.[7]

Cite-se, ainda, a possibilidade de crioconservação do material genético para fins de procriação, o que permite o nascimento do filho após a morte de um ou de ambos os pais (jurídicos).

Heloísa Helena Barbosa e Vitor Almeida apontam três possibilidades quanto ao nascimento de filhos após a morte de um ou de ambos os pais: o nascimento após o falecimento, sendo que a concepção é resultante da reprodução fisiológica, ou seja, o óbito ocorre durante a gestação; a concepção *post mortem*, sendo os filhos concebidos mediante o uso das técnicas de reprodução assistida com a utilização do material genético congelado; e a gestação após a morte, com a utilização de embriões criopreservados, fruto da técnica de fertilização *in vitro* (FIV).[8]

À luz de tal possibilidade no âmbito da biotecnologia, é preciso analisar se a reprodução assistida *post mortem* seria admitida no ordenamento jurídico brasileiro.

Maria Helena Diniz considera que a reprodução humana póstuma não deveria ser autorizada, pois "o filho concebido *post mortem* não terá um lar sob o amparo dos pais, nem uma vida normal", o que violaria o princípio do melhor interesse da criança e do adolescente, já que traria prejuízos para a sua personalidade e para a integração social.[9] Eduardo Oliveira Leite também afirma que a medida seria uma prática "fortemente desaconselhável", diante do desfazimento do casal e por questões psicológicas impostas à criança na formação do vínculo psicoafetivo.[10]

Guilherme Calmon Nogueira da Gama já defendeu a inadmissibilidade da reprodução assistida póstuma, por entender que haveria uma violação ao princípio da isonomia material entre os filhos, já que, interpretando-se literalmente o disposto no artigo 1.798, do Código Civil, a criança resultante da utilização dessas técnicas não seria vocacionada para a sucessão legítima, ao contrário dos

---

7. Seja consentida a remissão a CUELLAR, Carla Duby Coscio. *Coparentalidade*: admissibilidade e conteúdo no direito brasileiro. 98f. Dissertação de mestrado (Direito Civil). Universidade do Estado do Rio de Janeiro, 2023, p. 81-82.
8. BARBOZA, Heloísa Helena. ALMEIDA, Vitor. Os desafios da reprodução assistida *por mortem* e seus efeitos sucessórios. In: TEIXEIRA, Ana Carolina Brochado. NEVARES, Ana Luiza Maia (Coord.). *Direito das sucessões*: problemas e tendências. São Paulo: Editora Foco, 2022, p. 45.
9. DINIZ, Maria Helena. *O estado atual do Biodireito*. São Paulo: Saraiva, 2001, p. 457.
10. LEITE, Eduardo de Oliveira. Procriações artificiais. Op. cit., p. 155.

filhos nascidos antes da abertura da sucessão.[11] O referido autor, todavia, reviu seu posicionamento passando a admitir a reprodução humana assistida póstuma, por entender haver compatibilidade com os limites constitucionais impostos pela parentalidade responsável, o melhor interesse da criança e do adolescente e a dignidade da pessoa humana de quem desenvolve seu projeto parental e da futura criança por nascer. Quanto à questão sucessória, o autor afirma não mais entender que há uma violação ao princípio da autonomia, seja relativamente à sucessão legítima, seja no que se refere à sucessão testamentária.[12]

Um dos grandes empecilhos observados para a admissibilidade da reprodução assistida póstuma diz respeito ao fato de a criança fruto do uso da referida técnica nascer sem o pai ou sem a mãe, o que perpassa pela discussão inerente ao direito à biparentalidade.

Em outros termos, discute-se se o exercício do direito à procriação através do uso das técnicas de reprodução assistida *post mortem* estaria em conflito com o melhor interesse da criança e adolescente e com os deveres oriundos da parentalidade responsável. Apesar das divergências quanto ao reconhecimento do direito à procriação como um direito fundamental,[13] o ordenamento jurídico impõe limites na concretização dessa norma constitucional, em especial a observância da dignidade da pessoa humana e do melhor interesse da futura criança.

Na reprodução assistida póstuma, o luto dos familiares pode levá-los a manter laços com a pessoa falecida com o fim de preservar a sua memória através do uso do material genético desta com a finalidade de procriação. A solução jurídica adequada é semelhante àquela dada aos casos de pessoas sozinhas terem acesso às técnicas de reprodução assistida. A despeito da discussão quanto à formação do vínculo materno-paterno-filial com a pessoa falecida, uma vez concretizado o planejamento familiar, a reprodução assistida *post mortem* resulta na formação de uma família monoparental planejada, o que não significa que o melhor interesse da criança e do adolescente não esteja sendo observado.

A preponderância do interesse da criança e do adolescente não impede a sua inserção em uma família monoparental, através do uso da técnica de reprodução assistida, desde que o genitor isolado forneça todas as condições necessárias para

---

11. GAMA, Guilherme Calmon Nogueira da. *A nova filiação*. Op. cit., p. 732.
12. GAMA, Guilherme Calmom Nogueira da. *Herança legítima ad tempus*: tutela sucessória no âmbito da filiação resultante da reprodução assistida póstuma. São Paulo: Ed. RT, 2017, p. 47-48.
13. BARBOZA, Heloisa Helena. Reprodução humana como direito fundamental. In: MENEZES DIREITO, Carlos Alberto; TRINDADE, Antônio Augusto Cançado; PEREIRA, Antônio Celso Alves (Org.). *Novas Perspectivas do Direito Internacional Contemporâneo*. Rio de Janeiro: Renovar, 2008. GAMA, Guilherme Calmon Nogueira da. *A nova filiação*. Ob. cit., p. 718.

que o filho se desenvolva com dignidade e afeto.¹⁴ Muito mais do que garantir um lar onde coexistam duas figuras paternas e/ou maternas, o que se exige é que esse pai ou essa mãe exerça o cuidado e tenha afeto com o filho, tornando-se um referencial na vida da criança, proporcionando-lhe segurança e conforto.

Heloisa Helena Barboza afirma com propriedade que o conteúdo da parentalidade responsável pode ser compreendido através do valor jurídico do cuidado, quando considerado em sua dimensão da alteridade, reciprocidade e complementariedade, capaz de traduzir todos os deveres dos pais para com seus filhos. Aduz que são ações concretas, atitudes e comportamentos voltados para o desenvolvimento sadio do corpo físico e psicofísico que evidenciam o cuidado com os filhos.¹⁵ O que garante o crescimento saudável e a dignidade de uma criança é o comprometimento das pessoas que se responsabilizam pela sua educação, formação e segurança. No mesmo sentido, Guilherme Calmon Nogueira da Gama associa o cuidado como valor jurídico ao princípio da parentalidade responsável, asseverando que o mesmo se verifica pelas atitudes de ocupação, preocupação, responsabilização e de envolvimento com o outro.¹⁶

É preciso observar atentamente se as questões éticas e jurídicas decorrentes do uso das técnicas de reprodução assistidas estão sendo limitadas por outros fatores sociais, morais e culturais. O reconhecimento das famílias monoparentais pela Constituição Federal (art. 226, § 4º), comumente relacionado a acontecimentos imprevisíveis da vida, também pode decorrer de uma decisão autônoma e consciente do(a) genitor(a), aliado ao uso das técnicas de reprodução assistida.

Apesar da ausência de um regulamento próprio, Vitor Almeida admite a compatibilidade das famílias monoparentais planejadas com o ordenamento jurídico, aduzindo que:

> O recente reconhecimento dos direitos reprodutivos como direitos humanos fundamentais na esfera internacional e do direito ao planejamento familiar, estabelecido no art. 227, § 6º da Constituição da República de 1988, fortalece o reconhecimento do princípio da autonomia reprodutiva, que, por sua vez, reforça a existência de um direito fundamental à reprodução, e, ambos, respeitados os princípios da liberdade e da igualdade, não permitem a restrição, com base em gênero ou formas de conjugalidade, à utilização das técnicas de reprodução assistida, descabendo, portanto, a limitação, em razão única e exclusivamente do estado

---

14. BRAUNER, Maria Claudia Crespo. A monoparentalidade projetada e o direito do filho à biparentalidade. *Estudos Jurídicos*, São Leopoldo, v.31, n. 83, set./dez. 1998, p. 151.
15. BARBOZA, Heloisa Helena. *Paternidade Responsável*: o cuidado como dever jurídico. São Paulo: Atlas, 2011, p. 90/93
16. GAMA, Guilherme Calmon Nogueira. Paternidade responsável e o cuidado: algumas reflexões. In: FERREIRA, Fernando G. de Andréa; GALVÃO, Paulo Braga (Org.). *Direito contemporâneo*: estudos em homenagem a Sergio de Andréa Ferreira. Rio de Janeiro: De Andréa & Morgado, 2009, p. 322-323.

civil, sobretudo quando houver induvidosa intenção de constituir uma família, ainda que seja monoparental, posto que reconhecida em sede constitucional.[17]

O Direito Civil tratou dos efeitos da reprodução humana assistida no artigo 1.597, do Código Civil de 2002, cujo teor se demonstrou insuficiente, pois inserido no tema da presunção de paternidade oriunda do casamento. Ainda assim, expressamente consignou a possibilidade da reprodução assistida póstuma por meio do emprego do material fecundante deixado pelo falecido marido ou pelo embrião formado com seu material genético antes de sua morte (incisos III e IV).[18]

De acordo com o diploma legal, se o marido morre e deixa seu sêmen criopreservado, a viúva poderia utilizar-se desse material genético para realizar uma inseminação artificial ou fertilização *in vitro* e o filho, fruto dessa procriação artificial, seria presumidamente do marido e da mulher. Da mesma forma, eventual embrião excedentário criopreservado gerado com a utilização do material genético do falecido marido e que fosse implantado no ventre da viúva ou de uma cedente de útero poderia ser registrado em nome do casal.

Como visto, o referido dispositivo trata da presunção legal de paternidade oriunda do casamento, cujo fundamento está calcado na ideia de que a maternidade é "sempre certa", ou seja, decorre da gravidez e do parto. Todavia, considerando a possibilidade da "gestação por substituição", deve ser admitido também que o viúvo possa se utilizar do óvulo congelado de sua falecida mulher ou do embrião excedentário criopreservado gerado com a utilização do material genético da esposa, presumindo-se a maternidade por ocasião do registro realizado pai.[19] Tal interpretação estaria de acordo com os princípios constitucionais da igualdade entre cônjuges (art. 226, § 5º, da CF) e da igualdade entre os filhos (art. 227, § 6º, da CF).

O Conselho Federal de Medicina ao editar normas deontológicas sobre o uso das técnicas de reprodução assistida permite a reprodução assistida *post mortem*, desde que haja autorização específica para o uso do material biológico criopreservado em vida, de acordo com a legislação vigente (Res. CFM 2320/2022, item

---

17. ALMEIDA, Vitor. **Planejando a família in vitro**: o direito ao planejamento familiar e as famílias monoparentais. Disponível em: https://ibdfam.org.br/artigos/893/Planejando+a+fam%C3%ADlia+in+-vitro:+o+direito+ao+palne Acesso em: 09 jun. 2023.
18. O enunciado 105, da I Jornada de Direito Civil, promovido pelo Conselho de Justiça Federal com acerto assevera que: "as expressões 'fecundação artificial', 'concepção artificial' e 'inseminação artificial' constantes, respectivamente, dos incs. III, IV e V do art. 1.597 deverão ser interpretadas como 'técnica de reprodução assistida'". Disponível em: https://www.cjf.jus.br/enunciados/. Acesso em: 09 jun. 2023.
19. No mesmo sentido do texto, o enunciado 633, da VIII Jornada de direito promovido pelo Conselho de Justiça Federal afirma que: "é possível ao viúvo ou ao companheiro sobrevivente, o acesso à técnica de reprodução assistida póstuma – por meio da maternidade de substituição, desde que haja expresso consentimento manifestado em vida pela sua esposa ou companheira.

VIII[20]). Assim, o médico não estará violando as normas éticas de conduta, caso realize uma inseminação artificial ou uma fertilização *in vitro* com o material genético de pessoa já falecida. A questão do consentimento será analisada no item a seguir, mas esclareça-se, desde já, que inexiste legislação específica a que se refere a Resolução do CFM.

Assim, pode-se afirmar que o ordenamento jurídico possibilita a reprodução assistida póstuma, baseada no liberdade e igualdade que devem permear o exercício do planejamento familiar, o qual encontra limites na parentalidade responsável e na dignidade da pessoa humana, tanto daquele(s) que exerce(m) esse planejamento, como da criança por nascer.

Eventual intervenção estatal na regulamentação da matéria somente será legítima se estiver calcada nesses limites constitucionais. Ana Amélia Ribeiro Sales assevera ser possível, por exemplo, vedar o uso das técnicas de reprodução assistida para outra finalidade que não a de constituir uma família ou proibir o seu emprego para a escolha de características físicas ou de seleção de sexo da futura criança, sendo lícita a regulamentação dos requisitos para o consentimento dos usuários dessas técnicas.[21] A reprodução assistida póstuma, para além da tímida previsão no Código Civil, padece da necessidade de regulamentação própria pelo legislador brasileiro, que deverá observar os limites impostos pela Constituição Federal.

2. A QUESTÃO DO CONSENTIMENTO PARA O USO DA TÉCNICA DE REPRODUÇÃO ASSISTIDA *POST MORTEM*

A necessidade do consentimento prévio para o uso da técnica de reprodução assistida decorre do reconhecimento da autonomia reprodutiva e da capacidade de autodeterminação, ligados ao princípio da dignidade da pessoa humana e ao livre planejamento familiar. A importância dos efeitos que surgem a partir da finalidade conceptiva, tanto no campo jurídico como na esfera afetiva, impõe um ato de manifestação de vontade livre de qualquer vício, embasado em informações claras, precisas e verdadeiras sobre o procedimento a ser empregado.

O consentimento para fins de reprodução assistida *post mortem* se estabelece tanto na relação médico-paciente, com a compreensão das ações e atividades relacionadas ao tratamento e suas consequências, a serem observadas tanto no momento da manipulação do material genético para fins de criopreservação, como

---

20. A possibilidade da utilização das técnicas de reprodução assistida *post mortem* também foi prevista pelas resoluções anteriores (vide Resoluções CFM 1957/2010, 2013/2013, 2121/2015 2168/2017, 2294/2021).
21. SALES, Ana Amélia Ribeiro. O direito ao livre planejamento familiar e a necessária regulamentação estatal das técnicas de reprodução assistida. *Revista Brasileira de Direito das Famílias e Das Sucessões*, Porto Alegre, v. 33, abr./maio 2013, p. 108.

no momento posterior, visando a gravidez e o parto; também deve ser analisado sob a ótica da relação familiar, relativo aos sujeitos ligados a esse projeto familiar que assumem deveres relativos à futura criança gerada a partir dessa técnica reprodutiva.[22]

Neste item, iremos a abordar a analisar quais os sujeitos que devem manifestar o consentimento para o uso das técnicas de reprodução assistida e a forma como deve se dar essa manifestação de vontade.

No caso da reprodução assistida póstuma, o ordenamento jurídico foi omisso quanto à necessidade de consentimento específico do uso dessas técnicas. O Código Civil de 2002 somente tratou da necessidade de consentimento do marido no uso da técnica de inseminação artificial heteróloga (art. 1.597, inc. V).

Apesar da omissão legislativa, Heloísa Helena Barbosa afirma ser indispensável a manifestação de vontade prévia do *de cujus* para a aquisição de direitos do filho póstumo.[23] Nesse sentido, não basta a manifestação de vontade no sentido de consentir o uso da técnica de reprodução assistida. É preciso que haja uma autorização específica para a utilização do material genético após o falecimento do titular.

Maria Berenice Dias afirma que, mesmo que o marido tenha fornecido o sêmen, não é possível presumir o seu consentimento para fins de reprodução assistida *post mortem*, pois "não se pode presumir que alguém queira ser pai depois de morto".[24] Assim, não é possível a presunção desse ato de manifestação de vontade a partir da autorização para a utilização das técnicas de reprodução assistida. Pressupõe-se, em verdade, que o termo de consentimento livre e esclarecido visa a formação do vínculo materno-filial/paterno-filial em vida e não após a morte.

No mesmo sentido, assim ensina Paulo Luiz Netto Lôbo:

> o princípio da autonomia dos sujeitos, como um dos fundamentos do Biodireito, condiciona a utilização do material genético do falecido ao consentimento expresso que tenha deixado para esse fim. (...) A paternidade deve ser consentida, porque não perde a dimensão da liberdade. A utilização não consentida do sêmen apenas é admissível para o doador anônimo, que não implica atribuição de paternidade.[25]

O Conselho Federal de Medicina dispõe ser obrigatório o termo de consentimento livre e esclarecido para todos os pacientes submetidos às técnicas

---

22. SCALQUETTE, Ana Claudia. *Estatuto da reprodução assistida*. Tese de doutorado (Direito Civil) 304 fls. Universidade de São Paulo, 2009, p. 159.
23. BARBOZA, Heloisa Helena. *A filiação em face da inseminação artificial e da fertilização* "in vitro". Op. cit., p. 55.
24. DIAS, Maria Berenice. *Manual de Direito das Famílias*. 10. ed. São Paulo: Ed. RT, 2015, p. 401.
25. LOBO, Paulo. *Direito Civil*. Famílias. São Paulo: Saraiva, 2008, p. 198.

de reprodução assistida.[26] Esse ato de manifestação de vontade demonstra que o indivíduo autoriza e aceita a interferência externa sobre seu corpo e deve ser dada após a informação clara e suficiente acerca do serviço médico de procriação, ponderando-se as vantagens e os riscos dessa intervenção.

Na técnica de reprodução assistida homóloga, que utiliza o material genético de ambos os indivíduos envolvidos no planejamento familiar, o consentimento deve ser dado tanto pelo homem quanto pela mulher, já que ambos irão submeter-se ao tratamento procriativo e assumirão as responsabilidades a ele inerentes quanto à futura criança. Apesar de o artigo 1.597, inc. III, do Código Civil ser omisso quanto à necessidade de consentimento do marido, é inequívoco que ele deve manifestar-se nesse sentido, não só quanto à autorização para a utilização de seu material genético, como também para fins de acesso à reprodução assistida póstuma.[27]

No caso de congelamento de gametas, havendo o falecimento de uma das partes o cônjuge ou companheiro(a) sobrevivente poderá utilizar o sêmen ou o óvulo criopreservado para fins de procriação. Com a morte do marido ou companheiro, a mulher sobrevivente poderá se utilizar da técnica de inseminação artificial ou de fertilização *in vitro* para poder conceber o filho comum. Sendo falecida a esposa ou a companheira, o viúvo poderá valer-se da maternidade de substituição com outra mulher, que cederá gratuitamente seu corpo para a gestação.[28]

Tratando-se de embriões criopreservados, com o material genético do casal ou dos parceiros, previsto no artigo 1.597, inc. IV, do Código Civil, é imprescindível o ato de manifestação de vontade de ambos para o uso da técnica de reprodução assistida, não só no momento da formação do embrião, como também quanto à sua utilização específica para fins de procriação após a morte de um dos titulares.

O casal, ou mesmo os parceiros, que utilizam material genético de terceiro, no caso de doador anônimo de gametas, também devem manifestar o seu consentimento, inclusive aquele que não irá sofrer nenhuma interferência sobre seu corpo, de forma a demonstrar a intenção inequívoca do exercício conjunto do planejamento familiar. O Código Civil somente trata da necessidade de autorização prévia do marido, na hipótese do uso das técnicas de reprodução assistida heteróloga (art. 1.597, inc. V); no entanto, também aqui é inequívoca a necessidade de consentimento de ambos tanto para a formação

---

26. Item I.4, da Resolução CFM 2320/2022. Disponível em: https://sistemas.cfm.org.br/normas/visualizar/resolucoes/BR/2022/2320. Acesso em: 09 jun. 2022.
27. GAMA, Guilherme Calmon Nogueira. *Herança legítima ad tempus*. Op. cit., p. 50.
28. Conforme o enunciado 633, da VIII Jornada de direito promovido pelo Conselho de Justiça Federal, supra citado.

do embrião, como também se há interesse na procriação póstuma. No mesmo sentido, Guilherme Calmon Nogueira da Gama afirma que "não há sentido em distinguir as modalidades homóloga ou heteróloga quanto à formação dos embriões em momento anterior à morte de qualquer um do casal e o seu uso para a reprodução póstuma".[29]

No que tange ao doador anônimo, a utilização do material genético de um indivíduo se relaciona com o direito à disposição do próprio corpo. O gameta humano é parte integrante do corpo, renovável, cuja retirada não traz nenhum prejuízo ao organismo, razão pela qual é possível a sua disponibilidade, desde que gratuita, em observância à norma prevista no artigo 199, § 4º da Constituição Federal.[30] O ato de manifestação de vontade, neste caso, não é dirigido à formação de um vínculo de filiação e sim à possibilidade de que terceiros possam utilizar esse material genético na reprodução humana assistida.[31] Uma vez doado o material genético, a efetiva utilização do gameta para fins de procriação dispensa novo ato de manifestação de vontade, posto que decorre do ato anterior de liberalidade, devendo ser observada a estrita finalidade para a qual foi destinada.

O Conselho Federal de Medicina, no item V.3, da Resolução CFM 2320/2022, dispõe sobre a necessidade de manifestação de vontade do casal quanto à destinação do material criopreservado em caso de morte, divórcio ou dissolução da união estável. Apesar de a Resolução tratar somente dos embriões, a mesma norma ética deve ser aplicada para o congelamento de gametas. Destaque-se que, de acordo a referida Resolução, o ato de manifestação de vontade deve ser colhido no momento da formação do embrião.[32] A Resolução anterior (Resolução CFM 2294/2021) mencionava que a manifestação de vontade deveria ser dada no momento da criopreservação, ou seja, quando o embrião já estava formado. Parece que a referida alteração possibilita o exercício desse ato de manifestação de

---

29. GAMA, Guilherme Calmon Nogueira da. *Herança legítima* ad tempus. Op. cit., p. 51.
30. BARBOZA, Heloisa Helena. *Direito ao corpo e a doação de gametas*. Bioética no Brasil. Rio de Janeiro: Editora Espaço e Tempo Ltda. 1999, p. 49.
31. A doação voluntária e gratuita de gametas não se confunde com a hipótese de retirada de gametas do indivíduo após a sua morte. É conhecido o caso do soldado israelense, cujos pais solicitaram a preservação de seu sêmen após o seu falecimento, que acabou sendo utilizado para engravidar uma mulher anos depois de sua morte. Nesses casos, questiona-se a possibilidade de familiares fazerem uso do material genético do parente falecido com a intenção de procriação, sem que haja prévio consentimento do titular. O tema, apesar de instigante, foge aos limites adotados no presente estudo. Disponível em: https://www.conjur.com.br/2007-jan-30/familia_israelense_morto_usar_semen. Acesso em: 09 jun. 2023.
32. "V – Criopreservação de gametas ou embriões
    3. Antes da geração dos embriões, os pacientes devem manifestar sua vontade, por escrito, quanto ao destino dos embriões criopreservados em caso de divórcio, dissolução de união estável ou falecimento de um deles ou de ambos, e se desejam doá-los."

vontade antes da concepção, ocasião em que a tutela jurídica deve ser diferenciada, considerando a potencialidade de vida já existente.

No tema específico da utilização da técnica de reprodução assistida póstuma, a Resolução vigente exige a autorização prévia específica do (a) falecido (a) para o uso do material biológico criopreservado em vida (item VIII). Quanto à forma, a Resolução afirma que tal manifestação deve ser dada por escrito, todavia não menciona haver a necessidade da observância de alguma outra solenidade.

A forma, como requisito de validade dos negócios jurídicos (art. 104, inc. III, do CC), deve seguir aquela prescrita ou não proibida em lei. Nos negócios jurídicos existenciais, cujo objeto seja a disposição do material genético criopreservado para depois da morte do titular, não há normal legal que regulamente especificamente a matéria, atraindo a regra da liberdade das formas prevista no artigo 107 do Código Civil, a qual se coaduna com o exercício da autonomia existencial como forma de desenvolvimento do ser humano.

O art. 513, § 2º, do Código Nacional de Normas da Corregedoria Nacional de Justiça – Foro Extrajudicial (CNN/CN/CNJ-Extra) trata do registro de nascimento e emissão da respectiva certidão dos filhos havidos por reprodução assistida, dispõe que, nos casos de reprodução assistida *post mortem*, o termo de autorização prévia específica do falecido ou falecida para uso do material biológico preservado seja lavrado por instrumento público ou particular com firma reconhecida.

O Superior Tribunal de Justiça analisou o caso de um casal que havia se submetido à técnica de fertilização *in vitro* e obtido dois embriões que foram criopreservados. A mulher pretendia implantar os embriões, após a morte do marido, o que foi questionado pelos filhos unilaterais deste. Ressaltou-se que outros aspectos referentes ao tema como como o exato momento em que se inicia a vida humana, ou a natureza jurídica dos embriões, ou a aplicação do conceito amplo ou restrito de nascituro não seriam analisados, pois a solução adequada ao caso perpassaria pela análise da manifestação de vontade declarada no documento fornecido pela clínica denominado de "Declaração de opção de encaminhamento de material criopreservado em caso de doença incapacitante, morte, separação ou não utilização no prazo de 3 anos ou 5 anos", na qual o marido deixava os embriões sob custódia da esposa, em caso de morte.

Em votação por maioria, a 4ª Turma do referido Tribunal entendeu que, nos casos em que o ato de manifestação de vontade projetar efeitos para além da vida do titular, com repercussões existenciais e patrimoniais, é necessário que a autorização se dê de maneira inequívoca, ou seja, de forma expressa e formal, através de instrumentos jurídicos previstos pelo ordenamento jurídico. E, concluiu, que a declaração posta em contrato padrão de prestação de serviços de reprodução humana é instrumento inadequado para legitimar a implantação *post mortem* de embriões excedentários, cuja autorização haverá de ser efetivada por testamento ou por documento análogo.[33]

A lei autoriza que o testamento pode conter cláusulas de natureza extrapatrimonial (art. 1.857, § 2º, do CC), sendo o instrumento mais seguro para tais declarações de última vontade, apesar de não ser o único.

Rose Vencelau afirma que a exigência da forma solene nas hipóteses de autorização para o uso da reprodução assistida *post mortem* atende à função do negócio jurídico celebrado e assegura o efetivo consentimento do declarante, considerando que o vínculo paterno-filial implica em um conjunto de situações patrimoniais e existenciais.[34]

Assim, embora não haja a exigência legal de forma para as disposições existenciais, cujos efeitos repercutem mesmo após a morte do titular, a exigência de que tal manifestação seja feita por escrito visa dar maior segurança jurídica e servem como prova quanto à exata manifestação de vontade do titular. O instrumento deve ser apto a demonstrar a manifestação inequívoca de vontade quanto à utilização do material fecundante após a morte. A forma nas disposições existenciais *mortis causa* é *ad probationem* e não *ad solemnitatem*.[35]

Considerando que o consentimento manifestado em vida no sentido de autorizar expressamente a técnica de reprodução assistida póstuma é o fundamento para determinar o vínculo de parentalidade-filiação,[36] parece legítima a exigência da forma testamentária ou instrumento análogo como forma de demonstração inequívoca de manifestação de vontade.

---

33. Vide STJ, REsp 1.918.421 – SP, Rel. Min. Marco Buzzi, Rel. p/ o acórdão Min. Luis Felipe Salomão, julgado em 08.06.2021, DJe 26.08.2021. Disponível em: www.stj.jus.br. Acesso em: 09 jun. 2023. Na ementa do julgado restou consignado que: "a decisão de autorizar a utilização de embriões consiste em disposição *post mortem*, que, para além dos efeitos patrimoniais, sucessórios, relaciona-se intrinsecamente à personalidade e dignidade dos seres humanos envolvidos, genitor e os que seriam concebidos, atraindo, portanto, a imperativa obediência à forma expressa e incontestável, alcançada por meio do testamento ou instrumento que o valha em formalidade e garantia. A declaração posta em contrato padrão de prestação de serviços de reprodução humana é instrumento absolutamente inadequado para legitimar a implantação post mortem de embriões excedentários, cuja autorização, expressa e específica, haverá de ser efetivada por testamento ou por documento análogo".
34. MEIRELES, Rose Melo Vencelau. Comentário ao Recurso Especial 1.918.421 – SP: desafios da reprodução humana assistida *post mortem*. Civilistica.com. Rio de Janeiro, a. 10, n. 3, 2021, p. 14. Disponível em: http://civilistica.com/comentario-ao-recurso-especial/. Acesso em: 10 jun. 2023.
35. MEIRELES, Rose Melo Vencelau. *Autonomia privada e dignidade humana*. Rio de Janeiro: Renovar, 2009, p. 146.
36. GAMA, Guilherme Calmon Nogueira da. *A nova filiação*. Op. cit., p. 1001.

3. A PRESUNÇÃO DE PATERNIDADE E REPRODUÇÃO APÓS A MORTE

Como visto acima, o Código Civil, no artigo 1.597, tratou, inicialmente, da presunção de paternidade dos filhos nascidos na constância do casamento, o qual baseia-se na presunção *pater is est quem iustae nuptieae demonstran est*, ou seja, que o marido da mãe é normalmente o pai dos filhos que nasceram da coabitação deles oriunda do vínculo matrimonial. Tal presunção leva em consideração o período relativo à concepção, gravidez e parto, facilitando o reconhecimento dos filhos nascidos na constância do casamento.

Essa presunção não é de natureza absoluta e sim relativa (*iuris tantum*), já que pode ser contestada pelo marido, ou por seus ascendentes ou descentes (art. 1.601, CC) por meio de produção de provas que contrariem esse fato,[37] em especial através da realização do exame de DNA.

No caso da reprodução assistida homóloga, os incisos III e IV, do artigo 1.597, do Código Civil, também preveem a presunção de paternidade. Todavia, a aplicação de tal presunção não se mostra de todo adequada, pois o vínculo paterno-filial decorre da própria utilização do material genético do casal, ou seja, o vínculo é biológico, dispensando-se a presunção para fins de atribuir a paternidade ao marido.[38]

Gustavo Tepedino e Ana Carolina Brochado destacam que as hipóteses dos incisos III e IV não configuram presunções de paternidade, pois não se concebe que um casal construa um projeto parental, execute-o e, sem seguida, após o nascimento da criança, simplesmente ignorem as responsabilidades inerentes ao exercício do direito ao planejamento familiar, posto que limitados pelo princípio da dignidade da pessoa humana e da paternidade responsável.[39]

Com efeito, dispõe o artigo 1.593, do Código Civil, que o parentesco será natural quando decorrer dos vínculos de consanguinidade, razão pela qual a aplicação da presunção legal se torna desnecessária.

Eventual ausência de coabitação, que fundamenta a presunção *pater is est*, sequer poderá ser alegada para contestar a paternidade, já que o casal não precisa ter mantido relação sexual à época da concepção, justamente porque a criança não foi concebida em virtude de contato sexual.[40]

---

37. FACHIN. Luis Edson. Do direito de família, do direito pessoal, das relações de parentesco. In: TEIXEIRA, Sálvio de Figueiredo (Coord.). *Comentários ao novo código civil*. Rio de Janeiro: Forense, 2004, v. 18, p. 51.
38. BARBOZA, Heloisa Helena. ALMEIDA, Vitor. Os desafios da reprodução assistida post mortem e seus efeitos sucessórios. Op. cit., p. 48.
39. TEPEDINO, Gustavo. TEIXEIRA, Ana Carolina Brochado. *Fundamentos do direito civil*: direito de família. 4. ed. Rio de Janeiro, Forense, 2023, v. 6, p. 235.
40. GAMA, Guilherme Calmon Nogueira da. *A nova filiação*. Op. cit., p. 728.

No caso da reprodução assistida homóloga póstuma, prevista no inciso III, do artigo 1.597, do Código Civil, a utilização do sêmen congelado deixado pelo marido falecido possibilita a formação do embrião após o óbito deste. Com fundamento no princípio da igualdade, a mesma disposição deve ser aplicada para a hipótese de falecimento da esposa que deixa material genético, pois, como afirmado anteriormente, seus óvulos podem ser utilizados por meio do útero de substituição. A presunção legal, todavia, é que foram concebidos na constância do casamento. Heloisa Helena Barboza afirma que a presunção legal consiste em "considerar como concebido na constância do casamento o filho que se sabe concebido quando já extinto o vínculo, em razão da morte do marido",[41] sendo inócua para fins de determinar o vínculo de paternidade, pois esta decorre, como se disse antes, do próprio vínculo genético.

Com relação aos embriões criopreservados, previsto no inciso IV, do mesmo dispositivo legal, formados a partir da técnica reprodutiva homóloga, a concepção já terá mesmo ocorrido durante o casamento, independentemente do contato sexual, pelo que o vínculo biológico, aliado à autorização para utilização do material genético após a morte, possibilitam o reconhecimento do vínculo parental.

Com relação ao uso da técnica de reprodução assistida heteróloga, onde há a utilização de material fecundante de terceiro, os critérios para a definição da maternidade-filiação e da paternidade-filiação são diferentes. Na reprodução assistida heteróloga unilateral, com o emprego do material fecundante de um dos cônjuges e de terceiro, aquele marido ou esposa que contribui com o material genético irá estabelecer o vínculo parental através da consanguinidade. O critério do outro cônjuge será jurídico, com o estabelecimento do vínculo civil. O artigo 1.593, do Código Civil estabeleceu uma cláusula geral de parentesco,[42] possibilitando o reconhecimento do parentesco civil em relação àquele que não contribui com seu material fecundante.[43]

Na hipótese de reprodução assistida heteróloga consentida pelo marido, a presunção de paternidade é absoluta, ou seja, não caberá qualquer tentativa de negação ou contestação da paternidade, já que o pressuposto fático é a vontade

---

41. BARBOZA, Heloisa Helena. Reprodução assistida e o novo código civil. In: SÁ. Maria de Fátima Freire de. NAVES, Bruno Torquato de Oliveira (Org.). *Bioética, Biodireito e o novo Código Civil de 2002*. Belo Horizonte: Del Rey, 2004, p. 225-249, p. 236.
42. TEPEDINO, Gustavo. TEIXEIRA, Ana Carolina Brochado. *Fundamentos do direito civil*: direito de família. Op. cit., p. 219.
43. No mesmo sentido, enunciado 103, aprovado na I Jornada de Direito Civil promovido pelo Conselho de Justiça Federal: "O Código Civil reconhece, no art. 1.593, outras espécies de parentesco civil além daquela decorrente da adoção, acolhendo, assim, a noção de que há também parentesco civil no vínculo parental proveniente quer das técnicas de reprodução assistida heteróloga relativamente ao pai (ou mãe) que não contribuiu com seu material fecundante, quer da paternidade socioafetiva, fundada na posse do estado de filho." Disponível em: https://www.cjf.jus.br/enunciados/. Acesso em: 10 jun. 2023.

manifestada anteriormente aliada à situação matrimonial que existia à época da concepção.⁴⁴ Desse modo, a manifestação de vontade que autoriza o uso desta técnica deve ser considerada irrevogável,⁴⁵ a exemplo do que acontece na adoção.⁴⁶

Havendo uso do embrião formado através do uso da técnica procriativa heteróloga após o falecimento de uma das partes, mesmo se for aquela que não contribuiu com o material fecundante, o vínculo parental decorrerá da existência de um projeto parental iniciado ainda em vida, aliado ao consentimento livre, expresso e específico para a reprodução póstuma do embrião.

Discute-se a possibilidade da aplicação dessa presunção legal prevista no artigo 1.597, do Código Civil à união estável. Parte da doutrina defende que o contato sexual exclusivo também se presume na união estável e decorre do dever de lealdade (art. 1.724, CC),⁴⁷ havendo entendimento do Superior Tribunal de Justiça nesse sentido.⁴⁸ Por outro lado, há quem sustente que a presunção de paternidade está fundamentada na segurança jurídica trazida pelo ato solene do casamento, que inexiste na união estável, razão pela qual não seria cabível a interpretação analógica do art. 1.597, CC à união estável.⁴⁹

De qualquer maneira, é garantido o acesso ao uso das técnicas de reprodução assistida aos casais que vivem em união estável, seja porque não há vedação legal nesse sentido, seja porque esta entidade familiar também goza da proteção especial do Estado e pode livremente exercer o seu planejamento familiar dessa maneira, consoante artigo 226, § 7º, da Constituição Federal.

O Conselho Nacional de Justiça, através do Código Nacional de Normas da Corregedoria Nacional de Justiça – Foro Extrajudicial (CNN/CN/CNJ-Extra) trata do registro de nascimento e emissão da respectiva certidão dos filhos havidos por reprodução assistida ampliou as hipóteses de presunção legal para a união estável. Isto porque possibilitou o registro para a mãe ou o pai que compareça ao cartório munidos da escritura pública de união estável ou de sentença onde foi reconhecida a união estável do casal, além da declaração de nascido vivo (DNV), conforme artigo 513, I e III, do referido provimento. Assim, na prática, possibilita a aplicação da presunção legal também para a união estável devidamente comprovada.

---

44. GAMA, Guilherme Calmon Nogueira da. *A nova filiação*. Op. cit., p. 1001.
45. BARBOSA, Heloisa Helena. Direito à procriação e as técnicas de reprodução assistida. In: LEITE, Eduardo Oliveira (Org.). *Grandes temas da atualidade. Bioética e Biodireito*: aspectos jurídicos e meta jurídicos. Rio de Janeiro: Forense, 2004, p. 153-168, p. 156.
46. GAMA, Guilherme Calmon Nogueira da. *A nova filiação*. Op. cit., p. 1003.
47. LÔBO, Paulo. *Direito civil: família s* Op. cit., p. 202. DIAS, Maria Berenice. *Manual de Direitos das Famílias*. Op. cit., p. 393.
48. STJ, REsp 1.194.059/SP, Rel. Ministro Massami Uyeda, Terceira Turma, julgado em 06.11.2012, Dje 14.11.2012.
49. TEPEDINO, Gustavo. TEIXEIRA. Ana Carolina Brochado. *Fundamentos do Direito Civil* – Direito de Família – Vol. 6. Op. cit., p. 230. ALMEIDA. Renata Barbosa de. RODRIGUES JR. Walsir Edson. *Direito Civil*: Famílias. 2. ed. São Paulo: Atlas, 2012, p. 359.

Caso não exista a prova documental da existência prévia do companheirismo, nos casos de reprodução assistida homóloga ou heteróloga, o reconhecimento poderá ser obtido pela via judicial, demonstrando-se ter havido, durante a união estável, a participação do homem no projeto parental do casal, seja com o fornecimento de seu material fecundante, seja com o consentimento expresso de autorização a utilização de sêmen ou óvulo de terceiro(a). O vínculo biológico, acaso existente, poderá ser demonstrado através do exame de DNA.

Em ambas as hipóteses, havendo reprodução assistida póstuma, será indispensável a apresentação do termo de autorização prévia específica do falecido ou falecida para uso do material biológico preservado, nos termos do artigo 513, § 2º, do CNN/CN/CNJ-Extra.

4. REGISTRO CIVIL DOS FILHOS HAVIDOS *POST MORTEM*

A certidão de nascimento constitui o primeiro ato registral de uma pessoa e é instrumento de acesso à cidadania. Através dela é possível obter outros documentos civis e ter acesso a benefícios sociais concedidos pelo Estado. Não se trata de um ato constitutivo da personalidade, pois esta, segundo o Código Civil, é adquirida com o nascimento com vida (art. 2º), mas confere a certeza quanto à existência de uma pessoa natural.[50]

Tradicionalmente, o registro civil dos filhos seguia a lógica, com relação à mãe, dos laços biológicos demonstrados através da gestação e do parto – *mater semper certa est* –, ou seja, a maternidade se estabelece pelo papel da mulher no nascimento da criança, No caso do vínculo paterno-filial, o registro poderia decorrer do reconhecimento voluntário de paternidade ou pelo vínculo solene do casamento, nas hipóteses de presunção legal (art. 1.597, do Código Civil).

As técnicas de reprodução assistida alteraram drasticamente essa realidade, diante da possibilidade de a mulher gestante não ser biologicamente a mãe da criança que está em seu ventre, no caso da gestação por substituição. Ademais, o vínculo genético nem sempre coincide com o jurídico, haja vista a possibilidade de utilização de gametas, sêmen e óvulos, serem doados por terceiros, nas hipóteses da reprodução assistida heteróloga.

As pessoas do mesmo sexo também têm a possibilidade de promover o seu planejamento familiar através do uso das técnicas de reprodução assistida, utilizando-se de material fecundante de terceiros (doadores de gametas masculinos e/ou femininos), bem como da gestante de substituição. O registro civil deve retratar o vínculo de filiação que surge a partir dessas famílias homoafetivas.

---

50. KUMPEL, V. F.; FERRARI, C. M. *Tratado Notarial e Registral*. São Paulo: YK Editora, 2017, v. 2, p. 17.

O Conselho Nacional de Justiça, com o intuito de desjudicializar as questões relativas ao registro de crianças geradas a partir do uso das técnicas de reprodução, possibilitando os registros pela via administrativa – mais ágil e menos custoso –, editou o Provimento 52/2016, o qual veio posteriormente a ser revogado pelo Provimento 63, de 14.11.2017, que por sua vez teve revogados os dispositivos que disciplinavam o assento de nascimento de filho havido por técnicas de reprodução assistida por força do Provimento 149, de 30/08/2023, do CNJ, que criou o Código Nacional de Normas da Corregedoria Nacional de Justiça – Foro Extrajudicial (CNN/CN/CNJ-Extra). O registro de nascimento decorrente de reprodução assistida será feito independentemente de prévia autorização judicial e obedecerá o disposto O registro de nascimento decorrente de reprodução assistida será feito independentemente de prévia autorização judicial e obedecerá o disposto nos artigos 512 a 515 do CNN/CN/CNJ-Extra.

O artigo do referido Provimento indica os documentos indispensáveis para a realização do registro: i) declaração de nascido vivo (DNV); ii) declaração do diretor técnico da clínica, centro ou serviço de reprodução humana em que foi realizada a reprodução assistida, indicando que a criança foi gerada por reprodução assistida heteróloga, assim como o nome dos beneficiários; iii) certidão de casamento, certidão de conversão de união estável em casamento, escritura pública de união estável ou sentença em que foi reconhecida a união estável do casal.

Nas hipóteses de reprodução assistida *post mortem,* além da referida documentação, deverá ser apresentado termo de autorização prévia específica do falecido ou falecida para uso do material biológico preservado, lavrado por instrumento público ou particular com firma reconhecida, sobre o qual tratamos em item anterior (art. 513, § 2º, do CNN/CN/CNJ-Extra).

No caso de filhos de casais homoafetivos, o assento de nascimento deverá ser adequado para que constem os nomes dos ascendentes, sem referência a distinção quanto à ascendência paterna ou materna em nome de pessoas do mesmo sexo (art. 512, § 2º, do CNN/CN/CNJ-Extra).

No caso de gestação por substituição, o nome da parturiente não constará no registro (art. art. 513, § 1º, do CNN/CN/CNJ-Extra), sendo necessária a apresentação do termo de compromisso firmado pela doadora temporária do útero, na qual restou esclarecida a questão da filiação. Este termo também está previsto na regulamentação ética prevista na Resolução do Conselho Federal de Medicina (item VII.3, alínea "c").

Também não constará do registro o nome do terceiro que forneceu o material genético para fins de reprodução humana assistida heteróloga, já que nenhum vínculo de parentalidade-filiação haverá com a pessoa concebida com o material doado, dada a ausência de vontade do doador(a).[51] Nesse sentido dispõe o art. 513, § 3º, do CNN/CN/CNJ-Extra.

Apesar de alguns países, como a Suécia e o Reino Unido[52] já terem regulamentado a quebra do anonimato do doador do material fecundante, no Brasil, o sigilo é a regra no campo da reprodução humana assistida. A Resolução do Conselho Federal de Medicina 2320/2022 afirma ser obrigatório o sigilo sobre a identidade de doadores de gametas e embriões, bem como dos receptores (item IV.4). A identidade do doador somente poderia ser liberada "por motivação médica", exclusivamente aos médicos e não aos beneficiários nem à pessoa gerada com o uso do material genético.

Se para alguns o anonimato pode colaborar com a inclusão da criança gerada com o material genético de terceiro numa família jurídica, além de atender à expectativa dos beneficiários de que não haja qualquer interesse do doador(a) com o vínculo da parentalidade;[53] por outro lado, há quem sustente que o conhecimento à origem genética integra os direitos da personalidade, não só pela relação que se estabelece com o direito à saúde, como também porque a investigação da ancestralidade está associado ao direito à identidade pessoal,[54] a possibilitar a mitigação do sigilo para que o filho possa conhecer sua ascendência genética, por aplicação extensiva do art. 48 do Estatuto da Criança e do Adolescente.[55]

De qualquer maneira, o disposto no art. 531, § 3º, do CNN/CN/CNJ-Extra reforça o entendimento de que o conhecimento da ascendência biológica não importará no reconhecimento do vínculo de parentesco e dos respectivos efeitos jurídicos entre o doador ou a doadora e o filho gerado por meio da reprodução assistida.

Como se pode perceber, o contido nas disposições dos arts. 512 a 515 do CNN/CN/CNJ-Extra atende a diversas questões relativas ao uso das técnicas de reprodução assistida, visando desburocratizar e desjudicializar o registro de nascimento de filhos nascidos através do uso das técnicas de reprodução assistida, trazendo regras que facilitam a emissão do referido documento. No entanto, a previsão na legislação federal mostra-se mais adequada para tratar do tema, de forma a observar a segurança jurídica desejada no ordenamento jurídico.

CONCLUSÕES

Como foi possível observar, embora criticável, o direito brasileiro não afastou a possibilidade da reprodução medicamente assistida póstuma, sendo esta compatível

---

51. GAMA, Guilherme Calmon Nogueira da. *A nova filiação*. Op. cit., p. 884-885.
52. MACHIN, Rosa. Anonimato e segredo na reprodução humana com participação de doador: mudanças em perspectivas. *Saúde e Sociedade*, v. 25, p. 83-95, 2016, p. 88.
53. LEITE, Eduardo de Oliveira Leite. *Procriações Artificiais e o Direito*. Op. cit., p. 341.
54. LOBO, Paulo. *Famílias*. Op. cit., p. 203. KONDER, Carlos Nelson. O alcance do direito à identidade pessoal no direito civil brasileiro. *Pensar-Revista de Ciências Jurídicas*, v. 23, n. 1, 2018.
55. TEPEDINO, Gustavo. BROCHADO, Ana Carolina. *Fundamentos do direito civil*. Op. cit., p. 243.

com as normas constitucionais relativas ao planejamento familiar, a parentalidade responsável e ao melhor interesse da criança e do adolescente. Todavia, há décadas a doutrina conclama o legislativo para regulamentar a matéria, considerando os relevantes efeitos produzidos no campo do Direito das Famílias e Sucessões.

As normas deontológicas elaboradas pelo Conselho Federal de Medicina, desprovidas da legitimidade democrática das normas jurídicas oriundas do Poder Legislativo, acabam servindo de orientação para a matéria, não sendo, todavia, imune a críticas.

A utilização das técnicas de reprodução assistida exige um consentimento prévio, livre e esclarecido, com a informação precisa, clara e suficiente quanto aos procedimentos a serem adotados e seus eventuais riscos. Todos os envolvidos no planejamento familiar devem consentir com a reprodução assistida, assumindo as responsabilidades a ela inerente, em especial quanto à formação do vínculo paterno-materno-filial.

A possibilidade de criopreservação do material genético, impõe a necessidade de autorização específica para a utilização do material genético após o falecimento do titular, que não se presume pelo simples fato desse indivíduo ter se submetido à essas técnicas em vida.

O Código Civil, ao disciplinar a matéria no campo da presunção de paternidade no casamento, somente traz a necessidade de autorização do marido na reprodução assistida heteróloga; no entanto, a legalidade constitucional impõe a autorização prévia, expressa e específica para utilização do material genético criopreservado, seja na reprodução heteróloga, seja na homóloga.

Apesar de a lei estabelecer a liberdade das formas, recomenda-se a elaboração de um instrumento escrito, capaz de demonstrar de forma inequívoca o ato de manifestação de vontade que autorize a reprodução assistida após a morte, considerando o conjunto de situações existenciais e patrimoniais que dela decorrem.

O ordenamento jurídico também é omisso quanto à aplicação da presunção legal de paternidade na união estável, o que gera divergência doutrinária. Tal situação também acaba por ser regulamentada pelo poder normativo do Conselho Nacional de Justiça, que ao editar provimento relativo ao registro e emissão de certidão de nascimento, possibilita o reconhecimento do vínculo paterno-materno-filial a partir do vínculo de união estável formalmente reconhecido, seja por escritura pública ou por sentença judicial.

O referido provimento, que visa desjudicializar e desburocratizar o registro civil das pessoas nascidas a partir do uso das técnicas de reprodução assistida, facilita o acesso, pela via administrativa, tanto aos casais heterossexuais, como aos casais homossexuais, regulamentando, ainda, a situação da gestante substituta e do doador(a) do material genético fecundante, sem adentrar, no entanto, no dilema sobre o direito ao conhecimento da ascendência genética.

AUTORIZAÇÃO PARA A CONCEPÇÃO *POST MORTEM* E VALIDADE DA FORMA: COMENTÁRIOS AO RESP 1.918.421/SP

Alexander Beltrão

Mestrando em Direito Civil pela Universidade do Estado do Rio de Janeiro (UERJ). Pesquisador vinculado ao Laboratório de Bioética e Direito (UFLA/CNPq) e ao Núcleo de Pesquisa em Biodireito (NEPBIO/UERJ). E-mail: alexbeltraodir@gmail.com.

Flávia Silveira Siqueira

Mestranda em Direito Civil pela Universidade do Estado do Rio de Janeiro (UERJ). Bolsista de Mestrado da CAPES. Pesquisadora vinculada ao Laboratório de Bioética e Direito (UFLA/CNPq). E-mail: flaviasv.siqueira@gmail.com.

Sumário: Introdução – 1. O entendimento do STJ: necessidade de manifestação de vontade em testamento – 2. A ausência de normas específicas e a postura do intérprete – 3. A (in)existência de forma exigível para a autorização relativa à concepção, após a morte, a partir de embriões congelados – 4. O caso em tela: o problema da prova – Conclusão.

INTRODUÇÃO

A reprodução assistida *post mortem* é técnica que permite que pessoas sejam capazes de ter filhos utilizando gametas de um companheiro, companheira ou cônjuge já falecido, ou, ainda, embriões fecundados por células reprodutivas do *de cujus*, quando em vida. As indicações para o uso dessa técnica podem advir de tratamentos médicos que prejudiquem a qualidade da produção de células reprodutivas, como a quimioterapia e radioterapia, de dificuldades de colheita do material para realização posterior de reprodução assistida; pela intenção de adiar a gravidez e preservar a fertilidade por mais tempo, entre outros.

O Brasil carece de legislação sobre as técnicas de reprodução assistida, em qualquer de suas modalidades. Ainda assim, a utilização dos procedimentos de inseminação artificial, fertilização *in vitro*, congelamento de gametas e embriões, gestação de substituição etc. são cada vez mais comuns e exigem do ordenamento respostas a problemas muitas vezes não vislumbrados pelo legislador.

Esse foi o caso do REsp 1.918.421/SP, julgado pelo Superior Tribunal de Justiça em 2021. No caso, a Corte decidiu disputa entre os filhos do falecido contra sua viúva junto à clínica responsável pelo procedimento de inseminação *in vitro* e armazenamento dos embriões fecundados do casal. Após o falecimento repentino do pai em um acidente aéreo, chegou ao conhecimento dos filhos que a viúva estava realizando os procedimentos necessários para implantar os embriões congelados e, assim, gerar um filho do falecido.

O debate central se deu em torno da existência ou não de autorização válida do falecido para a implantação dos embriões após a sua morte, considerando o contrato de adesão firmado entre o casal e a clínica responsável pelo procedimento. Na ausência de disposição legal sobre o tema, ganhou espaço na decisão a Resolução 2.168/2017 do Conselho Federal de Medicina, norma de conduta ética médica que estabelece que a reprodução assistida *post mortem* poderá ser realizada mediante "autorização prévia específica do (a) falecido (a) para o uso do material biológico criopreservado, de acordo com a legislação vigente." A partir dela, a Corte deu razão aos filhos, ao considerar que a autorização para a reprodução *post mortem* só é válida se prevista em testamento.

O trabalho analisa a decisão a partir de sua fundamentação, tomando por norte a concepção de um ordenamento complexo e unitário, que exige do intérprete posição ativa no sentido de construção da normativa aplicável ao caso concreto, independente da existência ou não de previsão específica sobre o tema.

Para isso, o tópico 1 se ocupa de breve descrição dos fatos e dos principais argumentos do Superior Tribunal de Justiça. O tópico 2 assume um viés metodológico no sentido de compreender o que é exigido do intérprete em um ordenamento civil-constitucional, bem como identifica os princípios constitucionais relevantes para o caso. O tópico 3 discute o papel das resoluções do Conselho Federal de Medicina no ordenamento, bem como aponta para a regra geral de liberdade de formas como elemento fundamental para a construção de solução coerente com os princípios constitucionais antes levantados. Por fim, o tópico 4, partindo da conclusão pela ausência de forma específica para o ato, analisa se no caso concreto é possível interpretar que houve autorização válida do falecido para a utilização dos embriões *post mortem* para implantação.

1. O ENTENDIMENTO DO STJ: NECESSIDADE DE MANIFESTAÇÃO DE VONTADE EM TESTAMENTO

No caso em tela, o Superior Tribunal de Justiça (STJ) decidiu disputa referente à possibilidade de utilização de embriões congelados pelo cônjuge sobrevivente, após a morte de do outro, para realizar reprodução assistida *post* mortem. Debateu-se a existência e validade da autorização deixada pelo falecido, em disputa entre os filhos do *de cujus* e a viúva junto à clínica de reprodução assistida responsável pelo procedimento desde a coleta dos embriões, seu armazenamento, até a implantação.

Na clínica, quando do congelamento dos embriões, o casal preencheu contrato hospitalar denominado "Declaração de opção de encaminhamento de material criopreservado em caso de doença incapacitante, morte, separação ou não utilização no prazo de 3 anos ou 5 anos". O contrato, de adesão, consistia em formulário múltipla escolha no qual as perguntas eram seguidas de respostas em forma de opções a serem marcadas pelo casal segundo sua vontade. Dentre as questões, naquela relativa ao destino dos embriões em caso de morte de um dos cônjuges, o casal assinalou que gostaria de "manter todos os embriões congelados sob custódia do cônjuge sobrevivente", sendo as demais opções a doação ou o descarte do material.

Após a morte do marido, que se deu repentinamente em acidente aéreo, seus filhos tomaram conhecimento de que a viúva realizava os procedimentos necessários para a implantação dos embriões em seu útero. Diante da informação, os descendentes moveram ação contra a clínica médica que realizava o procedimento, alegando que a utilização dos embriões para implantação era "ilegal e abusiva". Argumentaram que a outorga de custódia no contrato de adesão não poderia ser compreendida como autorização expressa e específica, que seria necessária à implantação de embriões *post mortem*. Requereram e tiveram concedida tutela de urgência para impedir a implantação dos embriões.

A viúva ingressou de forma voluntária nos autos, defendendo que havia expressa autorização do falecido para a implantação de dois embriões. Asseverou a inexistência de norma que exija autorização formalizada, por instrumento público ou particular, e ressaltou que ela e o *de cujus* exerceram de forma livre e consciente o direito fundamental ao livre planejamento familiar e a escolha de ambos deveria ser respeitada.

Diante dos argumentos apresentados, os pedidos dos filhos foram acolhidos em 1º instância para impedir a implantação dos embriões. Fundamentou-se na ausência de autorização expressa para o procedimento, visto que o contrato firmado com a clínica contemplava apenas a custódia do material, o que não poderia ser interpretado como autorização para a realização da reprodução *post mortem*.

Por sua vez, o Tribunal de Justiça de São Paulo (TJSP) reformou a decisão, entendendo pela suficiência da manifestação de vontade declarada no contrato hospitalar. Argumentou a Corte que a custódia deve ser interpretada como autorização para a implantação dos embriões, tendo em vista que não há outro fim a ser dado ao material exceto a doação ou descarte, opções não marcadas pelo casal. Além disso, o contrato celebrado era composto por múltiplas escolhas fáceis, objetivas e simples, de modo a não gerarem confusão ou desentendimentos para os contratantes. Destacou, por fim, não haver lei que preveja forma específica para a manifestação de vontade.

A controvérsia alcançou o Superior Tribunal de Justiça (STJ), que deu razão aos filhos do falecido por maioria de três votos a dois. Em voto vencedor, no qual abriu divergência em relação ao relator, o Ministro Luis Felipe Salomão concluiu, em suma:[1]

> Os contratos de prestação de serviço de reprodução assistida firmados por J. L. Z e T. DA C. R. Z. são instrumentos absolutamente inadequados para legitimar a implantação post mortem de embriões excedentários, cuja autorização, expressa e específica, deveria ter sido efetivada por testamento, ou por documento análogo, por tratar de disposição de cunho existencial, sendo um de seus efeitos a geração de vida humana.

O Ministro argumentou que a solução deveria ser construída a partir de leitura sistemática e teleológica do conjunto de normas e valores relativos à questão existentes no ordenamento. Diante disso, cita o art. 226, § 7º e o art. 196 da Constituição Federal, relativo ao direito do casal ao livre planejamento familiar e ao direito universal à saúde, respectivamente, a própria Lei 9.263/96 (Lei do livre planejamento familiar) e o art. 1.597 do Código Civil, relativo à presunção de paternidade dos filhos concebidos na constância do casamento. Cita ainda, por fim, a Lei 11.105/2005 (Lei de Biossegurança), que regula a utilização de embriões humanos produzidos por fertilização *in vitro*.

Juntamente e apesar de toda a legislação pertinente levantada, a decisão tem profunda sustentação na Resolução do Conselho Federal de Medicina (CFM) 2.168/2017, que estabelece as normas éticas para a utilização das técnicas de reprodução assistida.[2] Em especial, se fundamenta na seguinte disposição:

> VIII – Reprodução assistida *post-mortem*
> É permitida a reprodução assistida post-mortem desde que haja autorização prévia específica do (a) falecido (a) para o uso do material biológico criopreservado, de acordo com a legislação vigente.

Diante disso, passa-se à análise da decisão, buscando identificar, a despeito da ausência de regulamentação específica sobre o tema, as disposições normativas relevantes para a solução da controvérsia e de que modo se relacionam para a construção da norma aplicável ao caso.

---

1. BRASIL. Superior Tribunal de Justiça (STJ). *Recurso Especial 1.918.421/SP*. 4ª Turma. Ministro Relator Marco Buzzi. Data do Julgamento: 08.06.2021, p. 48.
2. Atualmente, está em vigor sobre o tema a Resolução do CFM 2.320/22. No que tange às disposições utilizadas na decisão, a resolução ainda mantém tanto as normas relativas à reprodução assistida em geral, quanto as relativas à reprodução assistida *post mortem*, em específico.

2. A AUSÊNCIA DE NORMAS ESPECÍFICAS E A POSTURA DO INTÉRPRETE

O caso em tela apresenta nível considerável de complexidade, visto que o ordenamento brasileiro carece de regulamentação relativa à utilização das técnicas de reprodução assistida.[3] Ademais, mesmo a existência de normas específicas não exime o intérprete de proceder a uma interpretação que leve em conta a complexidade do ordenamento. Sua ausência, contudo, exige cautela e atenção redobrada, de modo a construir resposta coerente à luz dos princípios constitucionais e demais normas relevantes para a solução da controvérsia.[4]

A complexidade do ordenamento implica na articulação de normas de várias espécies, rígidas ou flexíveis, mais ou menos específicas, cláusulas gerais etc. Diante desse sistema, não é possível estabelecer classificação no sentido de que as normas ordinárias preveem e são aplicáveis a situações determinadas, enquanto princípios constitucionais seriam mera generalização do seu sentido, ou um norte axiológico.[5]

Assumir tal postura torna o jurista dependente de normas específicas para a solução de qualquer situação concreta e alheio à percepção do ordenamento enquanto sistema articulado, coerente. O primeiro problema dessa concepção é prático: a ideia de completude dos códigos ou de qualquer outra lei já se provou falha,[6] e cada vez mais os juristas são desafiados com situações imprevistas pela legislação, que exigem resposta independentemente da existência de regramento específico sobre o tema.[7]

Confrontado com a necessidade de dar resposta às situações postas ao Direito, o jurista apegado à regulamentação específica e à subsunção enquanto técnica de aplicação das normas tende à arbitrariedade quando diante da aparente falta de

---

3. Guilherme Calmon chama a atenção para a inafastável necessidade de um debate interdisciplinar para que se elabore legislação referente às técnicas de reprodução assistida, bem como que o Brasil "ainda se ressente do debate interdisciplinar, democrático, pluralista e humanista a respeito de tais questões, como o destino dos embriões excedentários, as técnicas de reprodução assistida *post mortem* e de maternidade de substituição, entre outras" (GAMA, Guilherme Calmon Nogueira da. Direito Civil, Técnicas de Reprodução Humana Assistida e a Resolução 2.013 do CFM. In: BRAGA NETTO, Felipe Peixoto; SILVA, Michael Cesar. *Direito Privado e Contemporaneidade*: desafios e perspectivas do direito privado no século XXI. Belo Horizonte: Editora D'Plácido, 2014, p. 224).
4. PERLINGIERI, Pietro. *O Direito Civil na Legalidade Constitucional*. Trad. Maria Cristina de Cicco. Rio de Janeiro: Renovar, 2008, p. 590.
5. PERLINGIERI, Pietro. *O Direito Civil na Legalidade Constitucional*. Trad. Maria Cristina de Cicco. Rio de Janeiro: Renovar, 2008, p. 203.
6. TEPEDINO, Gustavo. Marchas e Contramarchas da Constitucionalização do Direito Civil: a Interpretação do Direito Privado à Luz da Constituição da República. *(SYN)THESIS*, Rio de Janeiro, v. 5, n. 1, p. 15-21, 2012, p. 18.
7. TEPEDINO, Gustavo. Crise das fontes normativas e técnica legislativa na parte geral do código civil de 2002. *Revista Forense*, v. 98, n. 364, p. 113-123, 2002.

resposta por parte do ordenamento. Além disso, fica sujeito à contingencialidade da legislação, que além de não ser capaz de acompanhar o dinamismo social, muitas vezes é setorial e alheia aos princípios fundamentais do ordenamento, se utiliza de atecnias, é feita a partir de pressão de grupos de poder, entre outros.[8]

Não se trata de diminuir o papel da legislação infraconstitucional, que calcada na legitimidade democrática do processo legislativo, é fundamental para a realização dos princípios constitucionais e à qual o jurista está fortemente vinculado.[9] Trata-se de colocar o intérprete em posição ativa, em um trabalho constante de construção de um sistema unitário, coerente, sob a axiologia constitucional, tarefa impossível com uma atuação voltada para a subsunção do fato à norma.

Assim, é tentador se respaldar em normas deontológicas que apresentam discriminada a resposta para o caso. Todavia, não é dado ao intérprete perder de vista a complexidade do ordenamento marcada pela sua organização hierárquica, no qual figura em seu topo a Constituição Federal de 1988. Nas palavras de Pietro Perlingieri,[10]

> A solução de cada controvérsia deve ser dada não somente levando em consideração o artigo de lei que parece contê-la e resolvê-la, mas à luz de todo o ordenamento, em particular dos seus princípios fundamentais, como escolhas de fundo que o caracterizam.

Ao tratar do tema da reprodução assistida, no que se refere a uma possível forma determinada para a autorização do cônjuge falecido para que o sobrevivente realize inseminação artificial após sua morte, é preciso que não se perca de vista os princípios do livre planejamento familiar e como sua garantia conforma o ordenamento brasileiro. O princípio está previsto no art. 226, § 7º da Constituição Federal e regulamentado pela Lei 9.263/1996 (Lei do livre planejamento familiar), bem como é reafirmado pelo art. 1.565 § 2º, do Código Civil.[11] Decorre do direito à liberdade (art. 5º *caput* e inciso II CF)[12] e tem estreita relação com os direitos reprodutivos[13] e com o direito à saúde (art. 196 da CF), de modo a impor o

---

8. PERLINGIERI, Pietro. *O Direito Civil na Legalidade Constitucional*. Trad. Maria Cristina de Cicco. Rio de Janeiro: Renovar, 2008, p. 233-234.
9. PERLINGIERI, Pietro. *O Direito Civil na Legalidade Constitucional*. Trad. Maria Cristina de Cicco. Rio de Janeiro: Renovar, 2008, p. 173.
10. PERLINGIERI, Pietro. *O Direito Civil na Legalidade Constitucional*. Trad. Maria Cristina de Cicco. Rio de Janeiro: Renovar, 2008, p. 175.
11. Art. 1565, § 2 Código Civil: O planejamento familiar é de livre decisão do casal, competindo ao Estado propiciar recursos educacionais e financeiros para o exercício desse direito, vedado qualquer tipo de coerção por parte de instituições privadas ou públicas.
12. GAMA, Guilherme Calmon Nogueira da. *Herança Legítima Ad tempus*: tutela sucessória no âmbito da filiação resultante de reprodução assistida póstuma. São Paulo: Ed. RT, 2017, p. 26.
13. GAMA, Guilherme Calmon Nogueira da. *A nova filiação*: o biodireito e as relações parentais: o estabelecimento da parentalidade-filiação e os efeitos jurídicos da reprodução assistida heteróloga. Rio de Janeiro: Renovar, 2003, p. 444.

respeito às decisões do casal no que tange ao projeto parental,[14] garantindo acesso a todos os métodos e técnicas de concepção disponíveis.[15]

Guilherme Calmon Nogueira da Gama[16] ressalta a importância da atuação do Estado na garantia desse direito, em dupla função:

> a) preventiva, no que se refere à informação, ao ensino, à educação das pessoas a respeito dos métodos, recursos e técnicas para o exercício dos direitos reprodutivos e sexuais; b) promocional, no sentido de empregar recursos e conhecimentos científicos para que as pessoas possam exercer seus direitos reprodutivos e sexuais, uma vez informados e educados a respeito das opções e mecanismos possíveis.

Vislumbra-se, portanto, se tratar de legítima manifestação da autonomia privada em matéria de famílias, impedindo que o poder público ou particular se utilize de qualquer instrumento coercitivo ou limite de forma desarrazoada a liberdade do casal. Ainda, impõe ao poder público obrigações positivas, no sentido de garantir acesso a informações, meios e técnicas adequados para a reprodução.[17] Cabe, diante do caso em comento, ressaltar o disposto no art. 9º da Lei 9.263/1996: "para o exercício do direito ao planejamento familiar, serão oferecidos todos os métodos e técnicas de concepção e contracepção cientificamente aceitos e que não coloquem em risco a vida e a saúde das pessoas, garantida a liberdade de opção".

Diante dessa concepção inicial, entende-se que a reprodução assistida *post mortem* integra o rol de possibilidades de meios de reprodução assegurados pelo direito ao livre planejamento familiar no Brasil. Além disso, o reconhecimento do recurso à técnica é extraído do art. 1.597, III, do Código Civil, que estabelece a presunção de que o filho foi concebido na constância do casamento se "havidos por fecundação artificial homóloga, mesmo que falecido o marido". Assim, o planejamento familiar é feito em vida pelo casal, mas seus efeitos se estendem para além da morte e da própria existência do vínculo jurídico entre cônjuges ou companheiros.[18]

---

14. Nos termos do art. 2º da Lei 9.263/1996: Para fins desta Lei, entende-se planejamento familiar como o conjunto de ações de regulação da fecundidade que garanta direitos iguais de constituição, limitação ou aumento da prole pela mulher, pelo homem ou pelo casal.
15. DIAS, Maria Berenice; OPPERMANN, Marta Cauduro. As inconstitucionalidades da Resolução CFM 2.294/2021 sobre a utilização das técnicas de reprodução assistida. *Femina*, v. 50, n. 5, p. 296-300, 2022, p. 297.
16. GAMA, Guilherme Calmon Nogueira da. *A nova filiação*: o biodireito e as relações parentais. O estabelecimento da parentalidade-filiação e os efeitos jurídicos da reprodução assistida heteróloga. Rio de Janeiro: Renovar, 2003, p. 448.
17. GAMA, Guilherme Calmon Nogueira da. *Herança Legítima Ad tempus*: tutela sucessória no âmbito da filiação resultante de reprodução assistida póstuma. São Paulo: Ed. RT, 2017, p. 27.
18. "No seguimento da filiação, é de fundamental importância identificar o projeto parental que o casal decidiu concretizar. O Estado não pode interferir na decisão do casal quanto à titularidade e ao exercício do direito ao planejamento familiar. As técnicas de reprodução assistida cumprem o papel de auxiliar na solução de dificuldades ou impossibilidade de reprodução humana, facilitando o processo reprodutivo

Todavia, a legislação é silente no que diz respeito a qualquer outra regulamentação da matéria, seja em termos de especificações quanto à autorização para a realização do procedimento, em relação aos direitos sucessórios do filho, forma de ingresso na partilha, destinação dos embriões em caso de "abandono" pelo casal, entre outras questões que são temas de debate na doutrina.[19]

Ainda assim, a ideia de "lacuna" legislativa não se sustenta na concepção civil-constitucional. O ordenamento não é composto de sistemas legislativos isolados ou com comunicação excepcional entre si. Trata-se de um todo sistêmico, a partir do qual a solução de cada caso deve ser construída de forma coerente com essa totalidade, de modo que, "a lacuna, se houver, é do sistema inteiro, e não dos possíveis níveis de normas que o compõem".[20]

Assim, o intérprete não tem o condão de alegar ausência de resposta do ordenamento para determinada questão posta.[21] Nas palavras de Pietro Perlingieri:[22]

> A teoria da interpretação [...] assume a função mais delicada de individuar a normativa a ser aplicada ao caso concreto, combinando e coligando disposições, as mais variadas, mesmo de nível e proveniência diversos, para conseguir extrair do caos legislativo a solução mais congruente, respeitando os valores e os interesses considerados normativamente prevalecentes.

Ou seja, no caso da reprodução assistida *post mortem*, a ausência de regras expressas não significa a ausência de resposta do ordenamento ao problema da autorização do cônjuge ou companheiro falecido, e cabe ao intérprete precisá-la. O jurista não pode se guiar pelo apego excessivo à regulamentação mais específica possível, inclusive à ponto de se utilizar, como se regra legislada fosse, normas deontológicas, para limitar o exercício de direito fundamentado na Constituição Federal.

---

enquanto outras técnicas terapêuticas se revelaram ineficazes ou inapropriadas" (GAMA, Guilherme Calmon Nogueira da. Direito Civil, Técnicas de Reprodução Humana Assistida e a Resolução 2.013 do CFM. In: BRAGA NETTO, Felipe Peixoto; SILVA, Michael Cesar. *Direito Privado e Contemporaneidade*: desafios e perspectivas do direito privado no século XXI. Belo Horizonte: Editora D'Plácido, 2014., p. 224).

19. GAMA, Guilherme Calmon Nogueira da. Direito Civil, Técnicas de Reprodução Humana Assistida e a Resolução 2.013 do CFM. In: BRAGA NETTO, Felipe Peixoto; SILVA, Michael Cesar. *Direito Privado e Contemporaneidade*: desafios e perspectivas do direito privado no século XXI. Belo Horizonte: Editora D'Plácido, 2014, p. 235.
20. PERLINGIERI, Pietro. *O Direito Civil na Legalidade Constitucional*. Trad. Maria Cristina de Cicco. Rio de Janeiro: Renovar, 2008, p. 221.
21. Isso não significa que o intérprete deverá recorrer à aplicação das normas constitucionais apenas nas situações em que as regras ordinárias são insuficientes. Ressalta-se, o ordenamento é um todo complexo cuja interpretação deve ser feita na sua totalidade, e não em níveis ou degraus (PERLINGIERI, Pietro. *O Direito Civil na Legalidade Constitucional*. Trad. Maria Cristina de Cicco. Rio de Janeiro: Renovar, 2008, p. 209).
22. PERLINGIERI, Pietro. *O Direito Civil na Legalidade Constitucional*. Trad. Maria Cristina de Cicco. Rio de Janeiro: Renovar, 2008, p. 222.

É necessário compreender o papel das resoluções do Conselho Federal de Medicina no ordenamento, que não é de fonte do Direito. Os Conselhos Regionais e Federal de Medicina são entidades autárquicas "sui generis", sendo suas resoluções elaboradas pela classe médica para regular sua própria atuação, com o objetivo de estabelecer regras de conduta ética.[23] Por isso, sua força coercitiva é direcionada aos profissionais médicos, sendo que sua inobservância os sujeita a sanções administrativas aplicadas pelo Conselho Profissional.[24]

Evidente, todavia, a impossibilidade de isolar seus efeitos à classe profissional, visto que afetam a esfera jurídica dos pacientes. Ao contrário, influenciados por grupos de interesse ou pela urgência de regulamentar novas possibilidades, as entidades de classe buscam estabelecer regulamentações próprias para dar respostas que o Direito ainda não apresentou.[25] É o que ocorre com a atual Resolução do CFM 2.320/22 e as demais que a precederam, que estabelece regulamentação para as diversas espécies de reprodução assistida. Além de não serem fonte de direito, muitas vezes são estabelecidas regras incompatíveis com a principiologia constitucional e as demais regras do ordenamento.

Por isso, é fundamental partir do pressuposto de que o CFM ou qualquer outro órgão de classe não tem competência para restringir direitos assegurados em lei, de modo a ser necessária constante verificação de compatibilidade dessas normas com o ordenamento jurídico.[26] A depender do caso, essa espécie normativa pode ter utilidade enquanto parâmetro de conhecimento da situação, de avaliação da conduta médica ou de esclarecimento de padrões de conduta esperados, a fim de compreender de que modo o caso concreto se coloca diante da legislação pertinente. Contudo, são inaptas a regulamentar, a limitar, direitos assegurados em lei.

Por isso, ao tratar da forma para a autorização deixada pelo cônjuge ou companheiro, é necessário recorrer ao ordenamento, e não às Resoluções do Conselho Federal de Medicina (CFM), para estabelecer a normativa aplicável ao caso.

---

23. GAMA, Guilherme Calmon Nogueira da. Direito Civil, Técnicas de Reprodução Humana Assistida e a Resolução 2.013 do CFM. In: BRAGA NETTO, Felipe Peixoto; SILVA, Michael Cesar. *Direito Privado e Contemporaneidade*: desafios e perspectivas do direito privado no século XXI. Belo Horizonte: Editora D'Plácido, 2014, p. 228.
24. OLIVEIRA, Guilherme de. Auto-regulação profissional dos médicos. *Revista de Legislação e de Jurisprudência*. Coimbra, v. 134, n. 3923, 2001, p. 34-40.
25. KONDER, Carlos Nelson; KONDER, Cíntia Muniz de Souza. Autonomia reprodutiva e novas tecnologias no ordenamento brasileiro: violações e ameaças ao direito a gerar e a não gerar filhos. *Revista da Faculdade de Direito da UFMG*, Belo Horizonte, n. 69, p. 113-131, jul./dez. 2016, p. 123.
26. GAMA, Guilherme Calmon Nogueira da. Direito Civil, Técnicas de Reprodução Humana Assistida e a Resolução 2.013 do CFM. In: BRAGA NETTO, Felipe Peixoto Braga; SILVA, Michael Cesar. *Direito Privado e Contemporaneidade*: desafios e perspectivas do direito privado no século XXI. Belo Horizonte: Editora D'Plácido, 2014, p. 240.

De volta ao problema em comento, a questão fundamental posta diante do Tribunal consiste em determinar se a concessão de custódia dos embriões à esposa, na hipótese de morte do cônjuge, feita por meio de contrato de adesão com a clínica médica, é autorização válida para que os embriões sejam utilizados para a reprodução assistida *post mortem*. A resolução do caso pode ser percebida em dois momentos: a) se há, em abstrato, exigência de forma para a autorização e; b) se nas circunstâncias do caso houve autorização para a implantação dos embriões pela viúva. As questões serão enfrentadas nos dois próximos tópicos.

3. A (IN)EXISTÊNCIA DE FORMA EXIGÍVEL PARA A AUTORIZAÇÃO RELATIVA À CONCEPÇÃO, APÓS A MORTE, A PARTIR DE EMBRIÕES CONGELADOS

No que tange à forma para a autorização, trata-se de discussão referente à validade do negócio jurídico, sobre a qual o Código Civil dispõe, em seu art. 104, III, que a forma será aquela "prescrita ou não defesa em lei". Ainda, estabelece o art. 107 do Código Civil: "A validade da declaração de vontade não dependerá de forma especial, senão quando a lei expressamente a exigir." Desse modo, consagrou-se como regra geral a liberdade de formas: todo negócio é válido independente da forma adotada, exceto se esta for vedada por lei ou por ela especificada.

Na ausência de maiores regulamentações sobre o tema da reprodução assistida *post mortem*, há também a ausência de qualquer forma prescrita em lei para as manifestações de vontade a ela relativas, inclusive para se autorizar a utilização dos embriões após a morte. Por isso, pode se dar por qualquer meio, inclusive verbal. Questão diversa, e que não influencia nesse pressuposto, é a prova quando à existência da autorização, que certamente é facilitada quando há disposição expressa registrada.

O cenário demonstra a importância do intérprete se atentar para a totalidade do ordenamento, sem se prender a normativas mais específicas, isolando-as inclusive das regras gerais sobre o tema. Pietro Perlingieri critica esse isolamento por vezes levado a cabo em razão de um descaso com as teorias gerais, a exemplo do apego à disciplina de um tipo contratual, com desatenção à teoria geral dos contratos. No mesmo sentido, critica uma separação da teoria contratual da teoria geral das obrigações.[27] Esse apego acaba por criar uma tendência à inversão axiológica, em que se interpreta o ordenamento, e os princípios constitucionais, a

---

27. PERLINGIERI, Pietro. *O Direito Civil na Legalidade Constitucional*. Trad. Maria Cristina de Cicco. Rio de Janeiro: Renovar, 2008, p. 365-368.

partir das regras mais específicas, quando na verdade o sentido destas é que deve ser construído a partir da axiologia constitucional.[28]

Nos termos apresentados, não há qualquer disposição legal que estabeleça o testamento como meio necessário para a disposição de última vontade relativa ao destino dos embriões após o falecimento de um dos cônjuges ou companheiros. A imposição, em sede jurisdicional, de determinada forma à autorização para o uso póstumo dos embriões congelados representa injustificada limitação do livre planejamento familiar por meio do impedimento de acesso à técnica de reprodução assistida eleita pelo casal. Portanto, viola o papel promocional do Estado posto pelo princípio constitucional no que tange à garantia de acesso aos meios de reprodução eleitos pelo casal.

É oportuno destacar que o caminho legislativo é apropriado e legítimo para estabelecer forma específica para a manifestação de vontade relativa à autorização para utilização de embriões congelados após a morte de um dos genitores. Tratar-se-ia de legítima regulamentação do direito ao livre planejamento familiar, em atenção a outros interesses também merecedores de tutela. Esse pode ser um caminho legítimo para se estabelecer maior segurança quanto a esse tipo de procedimento no que tange à certeza quanto à vontade do falecido e o afastamento da possibilidade de utilização da fecundação para interesses não ligados ao projeto parental.

Não se trata, portanto, de conferir ao livre planejamento familiar imunidade contra qualquer forma de limitação ou regulamentação.[29] Trata-se, na verdade, da necessidade de se realizar interpretação que considere o princípio no seio de um ordenamento complexo, de modo que se compreenda as normas a ele relativas frente àquele caso concreto. A necessidade de melhor regulamentação não justifica a construção arbitrária de limitações.

A arbitrariedade da limitação imposta parece repousar sobre a concepção, compartilhada por vozes doutrinárias,[30] de que o acesso à reprodução assistida *post mortem* deve ter limitações mais rígidas,[31] em atenção à criança que nascerá

---

28. PERLINGIERI, Pietro. *O Direito Civil na Legalidade Constitucional*. Trad. Maria Cristina de Cicco. Rio de Janeiro: Renovar, 2008, p. 574.
29. "As limitações quanto ao direito ao livre planejamento familiar são a dignidade da pessoa humana, a paternidade responsável e o melhor interesse da futura criança, o que implica a assertiva de que o direito à reprodução assistida não pode ser considerado senão dentro do contexto acentuadamente solidarista e humanista do Direito de Família." (GAMA, Guilherme Calmon Nogueira da. *A nova filiação*: o biodireito e as relações parentais: o estabelecimento da parentalidade-filiação e os efeitos jurídicos da reprodução assistida heteróloga. Rio de Janeiro: Renovar, 2003, p. 450).
30. LEITE, Eduardo de Oliveira. *Procriações artificiais e o direito*: aspectos médicos, religiosos, psicológicos, éticos e jurídicos. São Paulo: Ed. RT, 1995.
31. No trecho final de seu voto, o Ministro Luis Felipe Salomão se dedica a expor a regulamentação da concepção *post mortem* em diversos países, chamando atenção para o fato de que a técnica é proibida ou altamente limitada na maioria deles.

já com a ausência de um de seus genitores e ao potencial imbróglio sucessório oriundo da concepção de novo herdeiro que pode se dar, em tese, a qualquer tempo após a morte do genitor.[32] Nessa linha, defende-se inclusive a proibição da técnica, como é a realidade de alguns países, além de outras limitações, como a exclusão do filho do rol de herdeiros legítimos[33] ou o estabelecimento, por analogia, de prazo máximo para a concepção.[34]

Os limites à atuação do intérprete são complexos. Ao mesmo tempo em que muitas questões levadas ao judiciário exigem um esforço maior para a construção da normativa aplicável, isso não leva a uma liberdade do intérprete em decidir segundo aquilo que "deveria ser", ou estabelecer regras que "deveriam existir". Gustavo Tepedino, nesse sentido, critica o intérprete que "extrapola sua atividade hermenêutica, abandona os parâmetros normativos vigentes e se dedica à atividade doutrinária por vezes hermética, baseada em seus próprios critérios ou categorias, confundindo ou dificultando o controle das decisões pela sociedade".[35]

A despeito disso, fato é que tal proibição não existe no ordenamento brasileiro, e, portanto, o acesso à técnica não pode ser vedado nem dificultado. Sob fundamentos equivocados, a decisão nega à viúva a implantação dos embriões congelados, estabelecendo relevante precedente no sentido de que a concepção *post mortem* estaria autorizada apenas nas hipóteses em que há disposição testamentária nesse sentido.

Uma vez que se afaste a subsunção enquanto principal técnica aplicativa do ordenamento, a fundamentação das decisões pelo intérprete assume papel fundamental para a baliza democrática sua atuação, inclusive contra decisões voluntaristas ou arbitrárias, que só podem ser identificadas a partir da exposição dos fundamentos utilizados.[36]

---

32. O debate relativo aos direitos sucessórios do filho concebido após a morte divide a doutrina em posições diversas, desde a completa proibição da concepção após a morte, a exclusão desse filho do rol de herdeiros legítimos, o estabelecimento, por analogia, de prazo para a concepção, entre outras.
33. SCHNEIDER, Caroline; SARTORI, Ellen Carina Mattias. Das consequências sucessórias da concepção *post mortem*: o direito fundamental à herança e o princípio da segurança jurídica. *Revista de Direito de Família e Sucessão*, Florianópolis, v. 2, n. 1, p. 01-23, 2015, p. 18.
34. SCALQUETTE, Ana Claudia Silva. Estatuto da reprodução assistida. 2009. Tese (Doutorado em Direito Civil). Faculdade de Direito, Universidade de São Paulo, São Paulo, 2009; CARDIN, Valéria Silva Galdino; CAMILO, Andryelle Vanessa. Dos aspectos controvertidos da reprodução assistida post mortem. *Revista de Ciências Jurídicas da UEM*, v. 7, n. 1, jan./jun. 2009. Maringá: Universidade Estadual de Maringá.
35. TEPEDINO, Gustavo. Ativismo judicial e construção do direito civil: entre dogmática e práxis. *Revista Novos Estudos Jurídicos*, Itajaí, v. 24, n. 1, p. 22-52, 2019, p. 41.
36. "[...] a derrubada do limite externo, formal, que restringia o intérprete – o dogma da subsunção – não implica a consagração do arbítrio, mas sim a imposição de um limite interno, metodológico: a exigência de fundamentação das decisões judiciais" (KONDER, Carlos Nelson. Distinções hermenêuticas da constitucionalização do direito civil: o intérprete na doutrina de Pietro Perlingieri. *Revista da Faculdade de Direito - UFPR*, Curitiba, v. 60, n. 1, p. 193-213, 2015, p. 208).

Desse modo, tão relevante quanto a resposta dada pelo intérprete ao problema posto é o caminho argumentativo trilhado para fundamentá-la. No próximo tópico será debatido o caso concreto em análise, e a conclusão alcançada é a mesma disposta pelo Superior Tribunal de Justiça, qual seja, a impossibilidade de implantação dos embriões congelados. Todavia, o fundamento de ambas é diverso. Ainda que se entenda equivocada a decisão da Corte, a crítica aqui elaborada só é possível dada a exposição dos argumentos pelos julgadores,[37] revelando a importância da exigência constitucional de fundamentação das decisões enquanto "mecanismo legítimo [...] de transparência e controle da atividade hermenêutica do juiz pelo corpo social".[38]

4. O CASO EM TELA: O PROBLEMA DA PROVA

Diante do fato de não haver forma determinada para a autorização para a utilização dos embriões após a morte, a problemática se desloca para a prova da autorização. Certamente, a prova de sua existência e validade é facilitada quando a vontade é explícita e expressa em instrumento público ou particular, garantindo aos envolvidos tutela mais eficiente de seus direitos e evitando decisões contrárias à sua vontade. Em princípio, o contrato de adesão firmado com a clínica responsável pelo congelamento dos embriões pode ser instrumento apto a afirmar a autorização válida dada pelo falecido.

Todavia, é indispensável que se proceda a uma análise de todos os fatores que envolvem a contratação, principalmente a forma pela qual foi dada a manifestação relativa às disposições *post mortem*. Uma vez que se trata de procedimento médico, evolvendo direito existenciais dos sujeitos, é fundamental que as manifestações de vontade tenham se dado após o esclarecimento devido de todas as informações relevantes para o procedimento, bem como as relativas às consequências de cada escolha possível.

No caso, no contrato firmado entre o casal e a clínica, relativo a "Declaração de opção de encaminhamento de material criopreservado em caso de doença incapacitante, morte, separação ou não utilização no prazo de 3 anos ou 5 anos", o casal definiu o destino dos embriões na hipótese de morte de um dos cônjuges. Juntos, indicaram que gostariam de "manter todos os embriões congelados sob

---

37. "As escolhas do intérprete devem ser assumidas expressamente, não como forma de libertá-lo do direito institucionalizado, mas exatamente para permitir o debate argumentativo acerca da sua adequação ao ordenamento: trata-se da responsabilidade do intérprete (KONDER, Carlos Nelson. Distinções hermenêuticas da constitucionalização do direito civil: o intérprete na doutrina de Pietro Perlingieri. *Revista da Faculdade de Direito – UFPR*, Curitiba, v. 60, n. 1, p. 193-213, 2015, p. 208).
38. TEPEDINO, Gustavo. Ativismo judicial e construção do direito civil: entre dogmática e práxis. *Revista Novos Estudos Jurídicos*, Itajaí, v. 24, n. 1, p. 22-52, 2019, p. 41.

custódia do cônjuge sobrevivente", sendo as demais opções, não escolhidas, a doação ou o descarte dos embriões.

Na decisão em questão, os argumentos se construíram em torno do fato de que não há clareza quanto à abrangência da "custódia" conferida à viúva, especificamente se abarca a possibilidade de implantar os embriões. Em seu voto vencedor, ainda que entenda que a autorização só seria válida se manifestada em testamento, Luis Felipe Salomão destaca o fato de se tratar de contrato de adesão, padrão para a prestação do serviço pela clínica, marcado ainda pela "inconveniente imprecisão na redação de suas cláusulas". Ainda que o testamento não fosse necessário, para o Ministro, da "autorização para custódia" não se pode extrair uma necessária autorização para implantação dos embriões após a morte. Como custodiante, a recorrida poderia ceder o material para pesquisa, doação, descartá-lo, ou mesmo deixá-lo na clínica sem qualquer destino determinado. Em razão disso, ainda que não fosse necessária a forma testamentária, na concepção do Ministro não se pode interpretar que o marido intencionava permitir a implantação dos embriões após a morte.

Há sentido na argumentação. Afastado o pressuposto de forma necessária ao ato, o caso desenha um cenário em que a interpretação da vontade manifestada exige um esforço de compreensão das circunstâncias, visto não haver autorização inequívoca para a implantação dos embriões após a morte. Para se proceder a tal avaliação, é preciso afastar compreensão subjetivista da vontade, que intencione determinar a motivação interna do então marido. A análise deve ser objetiva, ocupada de uma leitura do contrato como um todo, atenta ao fato de se tratar de contrato de adesão e às circunstâncias de seu preenchimento.

Sob essa perspectiva, cabe destacar argumento sob o qual o Tribunal de Justiça de São Paulo deu razão à viúva. Segundo o entendimento da Corte, o casal optou pela "custódia" mesmo diante das demais alternativas, que consistiam na doação ou no descarte. Desse fato se extrai que o casal não intencionava doar ou descartar o material e, excluídas tais opções, a custódia só poderia significar autorização para a continuidade do procedimento mesmo no caso de morte de um dos cônjuges. Se assim não fosse, teriam selecionado alguma das outras opções.

Todavia, a conclusão não necessariamente é verdadeira. Diante desses fatos apontados, a custódia pode ser interpretada como o poder de escolher o destino dos embriões entre a doação, o descarte, ou mesmo a abstenção de qualquer destinação ao material congelado. O estabelecimento dessa figura responsável pelos embriões congelados é fundamental, tendo em vista que à clínica não é dado o poder de dar qualquer destinação material, seja doação ou descarte, sem autorização expressa dos doadores dos gametas que originaram o embrião.[39]

O "abandono" de embriões e gametas é um grave problema que as clínicas enfrentam atualmente. Portanto, não se pode diminuir o papel da custódia selecionada no contrato, que não é inócua se não alcança a possibilidade de implantação do embrião após a morte. Ter clareza quanto ao sujeito responsável pelos embriões é fundamental em todo o processo de preservação *in vitro*. Por isso, da escolha pela custódia ao invés do automático descarte ou doação não é possível extrair necessária autorização para inseminação *post mortem*.

Outro argumento elencado na decisão do Tribunal de Justiça do Estado de São Paulo (TJSP) se ocupa de uma leitura mais ampla do contrato, na tentativa de encontrar o sentido da disposição a partir de sua relação com o todo. Assim, chama atenção para o fato de que, em caso de morte de ambos, os cônjuges optaram pelo descarte dos embriões. Para a Corte, a leitura conjunta das opções feitas em ambas as possíveis situações revela que, no caso de morte de apenas um deles – e consequente custódia do material pelo outro – o casal optou por dar algum destino ao material que não fosse o descarte. A conclusão lógica seria a de que se permite ao sobrevivente a opção de implantar, ou não, o material congelado.

Todavia, há outra disposição no contrato que é relevante para essa leitura. A concessão de custódia ao cônjuge sobrevivente é mencionada em três possibilidades futuras: no caso de morte de um deles, no caso de doença incapacitante ou na hipótese de divórcio do casal.[40] Nessa última, o casal acordou que a custódia seria dada à esposa.

A disposição ganha importância na medida em que um caminho possível para determinar a abrangência da custódia concedida ao cônjuge sobrevivente é analisar em quais cenários essa foi a consequência escolhida pelo casal. A escolha pela custódia concedida à esposa no caso de divórcio parece dar importante apontamento no sentido dos poderes do custodiante dos embriões. Não é razoável assumir que, em caso de divórcio, a esposa, a quem será dada a custódia do material, possa implantá-los e gerar um filho de seu ex-esposo com base na sua vontade individual. Não é razoável, portanto, que a "custódia" seja interpretada como autorização para implantação dos embriões, em qualquer dos casos em que foi escolhida pelo casal.

Trata-se de contrato de adesão. Ao exigir dos contratantes o preenchimento de um contrato no qual se dispõe sobre o destino dos embriões diante de várias

---

39. KONDER, Carlos Nelson. Elementos de uma interpretação constitucional dos contratos de reprodução assistida. *Revista Trimestral de Direito Civil*: Rio de Janeiro, v. 7, 2000, p. 258.
40. BRASIL. Superior Tribunal de Justiça (STJ). *Recurso Especial 1.918.421/SP*. 4ª Turma. Ministro Relator Marco Buzzi. Data do Julgamento: 08.06.2021, p. 32.

circunstâncias é razoável assumir que a clínica tem a preocupação de ter clareza quanto a quem será o responsável a se recorrer em relação aos embriões armazenados. Esse tipo de disposição evitará disputas relativas a quem cabe tomar decisões em relação ao embrião, bem como dá segurança à clínica quanto a quem recorrer enquanto responsável pelo material em caso de necessidade.

Por isso, é razoável assumir que é razoável assumir que a clínica tem a preocupação de ter clareza quanto a quem será o responsável a se recorrer em relação aos embriões armazenados, de modo que as disposições do contrato, de adesão, não tinham preocupação em colher do casal autorização para concepção *post mortem*. A disposição que confere custódia à esposa em caso de divórcio confirma o sentido de "custódia" assumido na relação entre o casal e a clínica, que não está relacionado a uma autorização para implantação *post mortem* dos embriões, mas tão somente a quem será responsável por eles em cada uma dessas circunstâncias.

Diante da ausência de qualquer outra prova da vontade do falecido, constrói-se interpretação no sentido de que nesse contrato de adesão não há qualquer disposição relativa à possibilidade de implantação *post-mortem* dos embriões pelo cônjuge sobrevivente. Seriam necessárias outras provas para que fosse reconhecida a existência de autorização válida para a continuidade do procedimento, o que não foi apresentado pela viúva. A viúva, custodiante, figura como responsável pelos embriões diante da clínica, que não poderá descartá-los ou doá-los sem sua autorização.

CONCLUSÃO

A conclusão alcançada é a mesma do REsp 1.918.421/SP, qual seja, a inexistência de autorização do cônjuge falecido para a utilização dos embriões pela viúva para implantação. Contudo, os fundamentos e o caminho argumentativo para se alcançar a solução em tela são diversos.

É preciso colocar cada norma no seu devido lugar dentro da complexidade do ordenamento e ter a Constituição como fonte inafastável de direitos e deveres e norte interpretativo das disposições ordinárias. Por sua vez, é preciso compreender as normas ordinárias como instrumentos voltados a garantir a realização dos direitos constitucionalmente assegurados, e interpretá-las a partir desse objetivo.

Com base nessas premissas, buscou-se construir resposta para duas questões: a) se há, em abstrato, exigência de forma para a autorização e; b) se nas circunstâncias do caso houve autorização para a implantação dos embriões pela viúva. As questões serão enfrentadas nos dois próximos tópicos.

Em relação à primeira questão, entende-se que em respeito à regra geral de liberdade de formas do negócio jurídico (art. 104, III c/c art. 107 CC/02), a disposição relativa à autorização para o uso *post mortem* dos embriões congelados pode se dar por qualquer meio. A imposição, em sede jurisdicional, de determinada forma à autorização para o uso póstumo dos embriões congelados representa injustificada limitação do livre planejamento familiar por meio do impedimento de acesso à técnica de reprodução assistida eleita pelo casal. Portanto, viola o papel promocional do Estado posto pelo princípio constitucional no que tange à garantia de acesso aos meios de reprodução eleitos pelo casal.

Em relação à segunda questão, entende-se que, no caso concreto em análise, não é possível interpretar a disposição contratual que confere ao cônjuge sobrevivente a "custódia" dos embriões congelados em caso de morte do outro como autorização para sua implantação. A determinação de quem será o responsável pelos embriões diante de mudanças de circunstâncias futuras (morte de um dos cônjuges, doença incapacitante ou divórcio), é uma preocupação das clínicas nas quais são armazenados os embriões congelados, tendo em vista que à clínica não é dado dar qualquer destinação ao material sem a autorização de seu responsável, independente do tempo transcorrido.

Por isso, é razoável assumir que é razoável assumir que a clínica tem a preocupação de ter clareza quanto a quem será o responsável a se recorrer em relação aos embriões armazenados, de modo que as disposições do contrato, de adesão, não tinham preocupação em colher do casal autorização para concepção *post mortem*. Isso se confirma com a análise das demais disposições do contrato, dentre as quais diante do divórcio, o casal optou por dar a "custódia" à esposa. Isso revela que o sentido de "custódia" assumido na relação entre o casal e a clínica não estava relacionado a uma autorização para implantação post mortem dos embriões, mas tão somente a quem figurará como responsável por eles perante a clínica. Além disso, interpretação diversa assumiria que, em caso de divórcio, a esposa poderia gestar um filho do ex-marido com base em sua vontade individual.

Hoje, a regulação desse tipo de das diversas formas de reprodução assistida acaba ficando nas mãos das próprias clínicas, que devem ser proteger com termos de livre consentimento o mais detalhados possível, cobrindo todas essas possíveis situações. Revela-se o problema da ausência de legislação que traga maior segurança para o casal que opta pelo congelamento de embriões, para a clínica que realizará o armazenamento e o procedimento de reprodução e, em última instância, para a própria futura criança, a partir do controle de que a concepção se deu com base em um planejamento familiar oriundo de ambos os pais.

RESPONSABILIDADE CIVIL DAS CLÍNICAS DE REPRODUÇÃO HUMANA ASSISTIDA DIANTE DA FALHA NA CRIOCONSERVAÇÃO DE MATERIAL GENÉTICO: REFLEXÕES EM TORNO DA NATUREZA JURÍDICA DA OBRIGAÇÃO E DOS POSSÍVEIS DANOS RESULTANTES DO SEU DESCUMPRIMENTO

Bernardo Diniz Accioli de Vasconcelos

Mestrando em Direito Civil pela Universidade do Estado do Rio de Janeiro (UERJ). Bacharel em Direito, com ênfase em Contencioso, pela Pontifícia Universidade Católica do Rio de Janeiro (PUC-Rio). Professor convidado e assistente acadêmico da pós-graduação em Direito Digital do ITS Rio em parceria com a UERJ-CEPED. Advogado e consultor. E-mail: baccioli@outlook.com.br.

Manuel Camelo Ferreira da Silva Netto

Doutorando em Direito Civil pela Universidade do Estado do Rio de Janeiro (UERJ). Mestre em Direito Privado pela Universidade Federal de Pernambuco (UFPE). Graduado em Direito pela Universidade Católica de Pernambuco (UNI-CAP). Advogado. Mediador Humanista. Pesquisador dos Grupos de Pesquisa Constitucionalização das Relações Privadas (CONREP/UFPE/CNPq) e Proteção do Ser Humano na Era da Biopolítica (UERJ/CNPq). Membro da Comissão de Diversidade Sexual e de Gênero da Ordem dos Advogados do Brasil – Seccional Pernambuco (CDSG/OAB-PE). E-mail: manuelcamelo2012@hotmail.com.

Sumário: Introdução – 1. Crioconservação de material genético na reprodução humana assistida e a sua regulamentação pelo CFM – 2. Notas sobre a qualificação da responsabilidade civil das clínicas pela crioconservação do material genético; 2.1 Espécie contratual em análise; 2.2 Natureza da obrigação de crioconservar: meio, ou resultado?; 2.3 Subcontratação: requisitos e efeitos na responsabilidade civil da clínica. Incidência do Código de Defesa do Consumidor; 2.4 Possíveis danos envolvidos – Considerações finais.

INTRODUÇÃO

Segundo dados da Organização Mundial de Saúde (OMS), uma em cada seis pessoas (17,5% da população adulta) de todo mundo sofre de infertilidade.[1]

---

1. ORGANIZAÇÃO PAN-AMERICANA DE SAÚDE. *OMS alerta que 1 em cada 6 pessoas é afetada pela infertilidade em todo o mundo*. Publicado em 04 de abril de 2023. Disponível em: https://

Tal constatação demonstra quão relevante é o debate em torno da saúde reprodutiva, principalmente aquele voltado ao recurso às técnicas de reprodução humana assistida (TRHA ou RHA) – compreendidas enquanto instrumentos de viabilização e/ou auxílio da procriação –, especialmente quando se entende o papel crucial destas para a concretização da autonomia no exercício do livre planejamento familiar.

Nesse sentido, um aspecto ainda pouco debatido, mas que merece ser mais bem ponderado pela doutrina e pela jurisprudência, é aquele atinente ao papel das clínicas e centros de reprodução humana na crioconservação do material genético (gametas sexuais e embriões) de pessoas beneficiárias das técnicas de RHA. Afinal, ao procurarem os serviços ofertados por essas facilidades, tais pessoas buscam, em alguma medida, fazer valer o exercício de sua autonomia reprodutiva, seja de forma preventiva (antecipando-se às consequências de uma infertilidade iminente), seja de modo prospectivo (planejando-se para a consecução futura de um projeto parental desejado).

Sendo assim, possíveis falhas no cumprimento do pactuado, para além de uma mera frustração, podem ser capazes de gerar danos irreparáveis a esses indivíduos e a seus projetos de vida. Por essa razão, o presente artigo, a fim de perquirir os balizamentos legais de responsabilização de tais estabelecimentos, levanta a seguinte pergunta problema: quais parâmetros perpassam a aferição da responsabilidade civil das clínicas de reprodução humana assistida diante da falha na crioconservação de material genético?

À vista disso, pretendeu-se verificar os critérios balizadores da aferição de responsabilidade civil das clínicas de reprodução humana assistida diante da falha na crioconservação do material genético. Para tanto, estabeleceram-se os seguintes objetivos: a) compreender de que maneira se dá a crioconservação do material biológico humano nas clínicas de reprodução humana assistida e quais os critérios deontológicos e legais existentes que norteiam tal prática; e b) analisar as modalidades de responsabilidade civil que pairam sobre as clínicas de reprodução humana assistida, bem como a natureza da obrigação de crioconservação do material biológico humano, a fim de perquirir os critérios de responsabilização.

Com essa finalidade, o artigo, adotando uma abordagem qualitativa, emprega o método de raciocínio analítico-dedutivo, através de pesquisa bibliográfica (de artigos, livros, dissertações e teses, em meio físico e digital) e documental

---

www.paho.org/pt/noticias/4-4-2023-oms-alerta-que-1-em-cada-6-pessoas-e-afetada-pela-infertilidade-em-todo-mundo#:~:text=todo%20o%20mundo-,OMS%20alerta%20que%201%20em%20cada%206%20pessoas%20é,infertilidade%20em%20todo%20o%20mundo&text=Genebra%2C%204%20de%20abril%20de,ao%20longo%20de%20suas%20vidas. Acesso em: 25 out. 2023.

(de legislações e de jurisprudência) para perquirir balizamentos em torno da responsabilização das clínicas de RHA diante do descumprimento da obrigação de crioconservar o material genético humano.

1. CRIOCONSERVAÇÃO DE MATERIAL GENÉTICO NA REPRODUÇÃO HUMANA ASSISTIDA E A SUA REGULAMENTAÇÃO PELO CFM

As técnicas de reprodução humana assistida surgem como ferramentas de auxílio e/ou intervenção no processo de reprodução, na tentativa de contribuir com a concretização de projetos parentais daquelas pessoas que, por alguma razão, biológica e/ou social,[2] não conseguem desempenhá-los por conta própria. Nesse sentido, constituem verdadeiros mecanismos de efetivação da autonomia no Planejamento Familiar, o qual pode ser compreendido enquanto um direito constitucional de todo e qualquer cidadão ou cidadã (art. 226, § 7º da Constituição Federal – CF/88[3] e art. 1º e 3º da Lei 9.263/96 – Lei de Planejamento Familiar[4]).

Dentre as diversas funcionalidades que a RHA pode desempenhar – seja na intervenção no processo de procriação propriamente dito (por exemplo, com recurso à inseminação artificial ou à fertilização *in vitro*), seja no auxílio para a efetividade dos seus procedimentos (a exemplo da doação de gametas reprodutivos ou o emprego da gestação por substituição) –, ganha especial destaque a técnica da crioconservação ou criopreservação do material genético humano (óvulos, espermatozoides, embriões ou células-tronco), por uma razão de prevenção à infertilidade ou da simples necessidade de conservação do material biológico hábil a ser utilizado.

Assim sendo, tem-se o caso da crioconservação de gametas (óvulos e/ou espermatozoides), pois, considerando que algumas das técnicas de RHA demandam a coleta do material genético dos(as) beneficiários(as) e/ou de doadores(as) anônimos(as), bem como a formação de embriões extrauterinos *in vitro*, é necessário que se proceda à sua preservação extracorpórea. Para tanto, faz-se uma imersão

---

[2]. Sobre os fatores de infertilidade biológica e psicológica, ver SILVA NETTO, Manuel Camelo Netto. *Planejamento Familiar nas Famílias LGBT*: desafios sociais e jurídicos do recurso à reprodução humana assistida no Brasil. Belo Horizonte: Fórum, 2021.

[3]. Constituição federal de 1988: "§ 7º Fundado nos princípios da dignidade da pessoa humana e da paternidade responsável, o planejamento familiar é livre decisão do casal, competindo ao Estado propiciar recursos educacionais e científicos para o exercício desse direito, vedada qualquer forma coercitiva por parte de instituições oficiais ou privadas".

[4]. Lei 9.263/96 (Lei de Planejamento Familiar): "Art. 1º O planejamento familiar é direito de todo cidadão, observado o disposto nesta Lei [...] Art. 3º O planejamento familiar é parte integrante do conjunto de ações de atenção à mulher, ao homem ou ao casal, dentro de uma visão de atendimento global e integral à saúde".

dos gametas sexuais ou dos embriões no nitrogênio líquido em temperaturas abaixo de -100ºC.[5]

Com relação aos gametas (espermatozoides e óvulos), a criopreservação pode servir, também, como tratamento preventivo em razão de alguma enfermidade ou tratamento médico que venha a causar infertilidade no(a) paciente – como é o caso das terapêuticas oncológicas –, garantindo a possibilidade de realização de TRHA futura.[6] Nesse sentido, tem-se as seguintes alternativas:

(A) criopreservação de espermatozoides – para tal finalidade faz-se o armazenamento do sêmen no nitrogênio líquido em temperaturas de -196ºC, através de duas formas de congelamento, o lento e o rápido;[7] e,

(B) criopreservação de óvulos – dá-se através do procedimento de vitrificação, caracterizado por uma solidificação de uma solução a temperaturas muito baixas (-196ºC) e por meio de um resfriamento muito rápido, sem a formação de cristais de gelo, demonstrando-se muito mais eficiente do que as técnicas de congelamento lento, podendo os óvulos permanecer conservados em tal estado por até dez anos.[8]

No caso dos embriões extrauterinos, dada a invasividade do procedimento para coleta de óvulos, é comum que sejam produzidos entre dez a quinze embriões, e nem sempre há a transferência de todos eles para o útero da(o) receptor(a), o que dá ensejo à necessidade de sua crioconservação.[9]

Nessa continuidade, se esses embriões não forem utilizados pelos(as) beneficiários(as), restam-lhes apenas as opções de doação para projeto parental alheio ou, após o prazo de três anos, de descarte ou de destinação para fins de pesquisa

---

5. HADDAD FILHO, Jorge. Criopreservação de oócitos e embriões. *Associação Paulista para o Desenvolvimento da Medicina*. Publicado em 4 de julho de 2013. Disponível em: https://www.spdm.org.br/blogs/reproducao-humana/item/1284-75criopreservacao-de-oocitos-e-embrioes. Acesso em: 4 out. 2023.
6. BRASIL. Conheça os procedimentos envolvidos na doação de óvulos e sêmen. *Governo do Brasil*, 23 dez. 2017, 2:48. Disponível em: http://legado.brasil.gov.br/noticias/saude/2012/04/conheca-os-procedimentos-envolvidos-na-doacao-de-ovulos-e-semen. Acesso em: 15 ago. 2019.
7. CIPRIANO, Vivian Taís Fernandes; FREITAS, Gilberto da Costa. O impacto da criopreservação na qualidade seminal. *Reprodução & Climatério*, [s.l.], v. 28, n. 3, 112-116, 2013. Disponível em: https://www.sciencedirect.com/science/article/pii/S1413208713000769. Acesso em: 4 out. 2023.
8. MORISHIMA, Christina; SANTOS, Thamara Braga dos; TAKAHIRA, Agnes Mayumi; DONADIO, Nilka; CAVAGNA, Mário; DZIK, Artur; GEBRIM, Luiz Henrique. Crianças nascidas após vitrificação de oócitos em reprodução assistida em hospital público. *Reprodução & Climatério*, [s.l.], v. 32, n. 2, 148-151, 2017. Disponível em: https://www.sciencedirect.com/science/article/pii/S1413208716300310. Acesso em: 4 out. 2023; LUCÍRIO, Ivonete. Como é feito o congelamento de óvulos? *Saúde*. Publicado em 9 de fevereiro de 2019, à 10h 35 min. Disponível em: https://saude.abril.com.br/medicina/como-e-feito-o-congelamento-de-ovulos/. Acesso em: 4 out. 2023.
9. UREL, Isadora. Adoção de embriões: uma opção apropriada aos embriões excedentários viáveis. *Revista de Direito Constitucional e Internacional*, São Paulo, v. 99, p. 191-202, 2015. Disponível em: http://www.mpsp.mp.br/portal/page/portal/documentacao_e_divulgacao/doc_biblioteca/bibli_servicos_produtos/bibli_boletim/bibli_bol_2006/RDConsInter_n.97.08.PDF. Acesso em: 4 out. 2023.

científica, nos termos do art. 5º da Lei de Biossegurança (11.105/2005),[10] tudo mediante o consentimento livre e esclarecido dos beneficiários.

Esse método, contudo, gera debates, na doutrina, em especial com relação à natureza jurídica e a proteção que deve ser dispensada a esses embriões supranumerários,[11] sobretudo quando se considera a importância dessa tutela frente à crescente taxa de crioconservação de embriões, como atesta o gráfico, a seguir, retirado do 14º Relatório do Sistema Nacional de Produção de Embriões (SisEmbrio), elaborado pela Agência Nacional de Vigilância Sanitária (ANVISA):[12]

FIGURA 1 – Número de embriões congelados nos anos de 2020, 2021 e 2022

Fonte: SisEmbrio/Anvisa – 2023, dados obtidos em 04.10.2023.

---

10. Lei 11.105/05 (Lei de Biossegurança): "Art. 5º É permitida, para fins de pesquisa e terapia, a utilização de células-tronco embrionárias obtidas de embriões humanos produzidos por fertilização *in vitro* e não utilizados no respectivo procedimento, atendidas as seguintes condições: [...] I – sejam embriões inviáveis; ou [...] II – sejam embriões congelados há 3 (três) anos ou mais, na data da publicação desta Lei, ou que, já congelados na data da publicação desta Lei, depois de completarem 3 (três) anos, contados a partir da data de congelamento. [...] § 1º Em qualquer caso, é necessário o consentimento dos genitores. [...] § 2º Instituições de pesquisa e serviços de saúde que realizem pesquisa ou terapia com células-tronco embrionárias humanas deverão submeter seus projetos à apreciação e aprovação dos respectivos comitês de ética em pesquisa. [...] § 3º É vedada a comercialização do material biológico a que se refere este artigo e sua prática implica o crime tipificado no art. 15 da Lei 9.434, de 4 de fevereiro de 1997".
11. Diversos são os entendimentos, não estando esse tema ainda pacificado na doutrina. Alguns, a exemplo de Paulo Lôbo, entendem pela ausência de personalidade jurídica desses embriões pré-implantários; não lhes excluindo, contudo, um tratamento protetivo, como se observa ao afirmar que: "Dá-se a concepção quando se efetiva no aparelho reprodutor da mãe, ainda que o embrião tenha resultado de manipulação em laboratório (*in vitro*). Somente a partir daquele instante incide a norma do art. 2º do Código Civil, relativamente à ressalva dos direitos expectativos do nascituro" (LÔBO, Paulo. *Direito civil*: famílias. 7. ed. São Paulo: Saraiva, 2017, p. 218). Por outro lado, há doutrinadores que entendem pela atribuição do *status* de pessoa a esses embriões ou mesmo, noutra perspectiva, tem-se, também, quem entenda, a partir de uma postura "utilitarista", que se deve atribuir uma natureza de coisa aos embriões pré-implantatórios (Cf. CHINELLATO, Silmara Juny de Abreu. Estatuto jurídico do nascituro: a evolução do direito brasileiro. *In*: CAMPOS, Diogo Leite de; CHINELLATO, Silmara Juny de Abreu. *Pessoa humana e direito*. Coimbra: Edições Almedina, 2009).
12. Segundo os dados coletados pela ANVISA, cerca de 284.210 embriões encontram-se crioconservados, dos quais apenas 12 foram destinados para pesquisa. (Cf. BRASIL. Agência Nacional de Vigilância Sanitária – ANVISA. *14º Relatório do Sistema Nacional de Produção de Embriões – SisEmbrio*. Disponível em: https://www.gov.br/anvisa/pt-br/acessoainformacao/dadosabertos/informacoes-analiticas/sisembrio. Acesso em: 4 out. 2023.

O quantitativo de material biológico crioconservado, sem dúvidas, chama atenção para a relevância da matéria, dada a expressividade numérica. Contudo, é preciso salientar que, no Brasil, ressalvados os dispositivos do art. 1.597 do Código Civil de 2002 (CC/02) – cujo inciso IV apenas resume-se a presumir a paternidade dos embriões excedentários na RHA homóloga[13] –, não há lei específica que trate das matérias atinentes à aplicação dessas técnicas. Restam, portanto, às resoluções editadas pelo Conselho Federal de Medicina (CFM), o papel de estabelecer parâmetros para essa utilização.

Até o presente momento, foram editadas, ao todo, oito resoluções pelo CFM: a 1.358/1992, a 1.957/2010, a 2.013/2013, a 2.121/2015, a 2.168/2017 (alterada pela Resolução 2.283/2020), a 2.294/2021 e a 2.320/2022, esta última sendo a atualmente vigente. Frisa-se aqui que tais normativas possuem caráter meramente deontológico, e detêm *status* de normas "paralegais" aplicáveis aos médicos e cujo descumprimento implica apenas a instauração de processos administrativos disciplinares, no âmbito do Conselho Profissional específico, em face daqueles profissionais que não observarem os preceitos trazidos nas resoluções, não acarretando em aplicabilidade contra todas as pessoas.[14]

Não obstante, serão aqui analisadas as disposições nelas contidas, que digam respeito ao tema ora trabalhado, visto que implicam parâmetros mínimos da sua regulação, merecendo ser discutidas e aprofundadas. Outrossim, foi colacionado, em formato de apêndice, um quadro comparativo que mostra a perspectiva evolutiva do tratamento dessa matéria pelo CFM.

Nesse sentido, ressalta-se que, desde a primeira resolução editada, em 1992, o CFM já fazia constar a possibilidade de criopreservação de espermatozoides, óvulos e embriões, tendo tal rol sido ampliado também para os tecidos gonádicos na Resolução 2.013/13.

Inovação trazida pela resolução 2.168/17 com relação aos princípios gerais do uso das TRHA está na previsão de possibilidade de preservação social e/ou oncológica de gametas sexuais, embriões ou tecidos germinativos (Item I-2),[15] o que fora reproduzido nas resoluções subsequentes, autorizando-se para fins médicos

---

13. Sobre a insuficiência do art. 1.597 do CC/02 no trato da matéria, ver DANTAS, Carlos Henrique Félix; SILVA NETTO, Manuel Camelo Ferreira da. O 'Abismo' Normativo no Trato das Famílias Ectogenéticas: a insuficiência do art. 1597 (incisos III, IV e V) em matéria de reprodução humana assistida homóloga e heteróloga nos 20 anos do Código Civil. *In*: BARBOZA, Heloisa Helena; TEPEDINO, Gustavo; MONTEIRO FILHO, Carlos Edson do Rêgo. (Org.). *Direito Civil*: o futuro do direito. Rio de Janeiro: Processo, 2022, p. 125-150.
14. KRELL, Olga Jubert Gouveia. *Reprodução humana assistida e filiação civil*: princípios éticos e jurídicos. Curitiba: Juruá, 2006, p. 37.
15. Resolução 2.168/2017 do CFM: "2. As técnicas de RA podem ser utilizadas na preservação social e/ou oncológica de gametas, embriões e tecidos germinativos".

e não médicos (Item I-2).[16] Tal disposição faz-se importante, pois os pacientes que se submetem a tratamento oncológico podem ter, como efeito colateral, a infertilidade, sendo importante o oferecimento dessa alternativa. Ademais, dá a outros pacientes – os quais não tenham a infertilidade diagnosticada ou aqueles submetidos a outros tipos de tratamentos ou que forem acometidos por doenças os quais gerem um quadro de infertilidade – a opção de preservarem seus gametas sexuais, no intuito de desempenharem um projeto parental futuro.[17]

Acerca dos embriões excedentários, as resoluções sempre dispuseram sobre a necessidade de, no momento dessa preservação, os pacientes deverem expressar sua vontade, por escrito, quanto ao destino desses embriões em caso de divórcio, dissolução de união estável, doenças graves ou falecimento, de um ou de ambos, e quando desejam doá-los. Note-se, porém, que, a partir da resolução 2.320/2022, o termo inicial para coleta desse consentimento deixou de ser o momento da criopreservação e passou a ser aquele imediatamente anterior à geração desses embriões (Item V-3[18]).

O prazo previsto para o descarte dos embriões – temática extremamente polêmica e conflituosa na doutrina – chegou a ser previsto e alterado diversas vezes ao longo das resoluções. Nas de n. 2.013/13 e 2.121/15, ficou estabelecido que os embriões criopreservados por mais de cinco anos poderiam ser descartados ou utilizados para pesquisas com células-tronco, nos termos do art. 5º da Lei de Biossegurança (Lei 11.105/2005), respeitada a vontade dos pacientes. Em 2017, a resolução 2.168/17 reduziu o prazo para o descarte, segundo a vontade dos beneficiários, para três anos; autorizando, ainda, a possibilidade de descarte, independentemente da vontade dos pacientes, quando os embriões fossem "abandonados" por eles, considerando abandonados aqueles embriões cujos responsáveis descumpriram o contrato pré-estabelecido com a clínica e não foram

---

16. Resolução 2.320/2022 do CFM: "2. As técnicas de reprodução assistida podem ser utilizadas para doação de gametas e para preservação de gametas, embriões e tecidos germinativos por razões médicas e não médicas".
17. Sobre isso, é a opinião do CFM: "A Resolução CFM 2.168/2017 permite que pessoas sem problemas reprodutivos diagnosticados possam recorrer a técnicas disponíveis de reprodução assistida, como o congelamento de gametas, embriões e tecidos germinativos. Dessa forma, os pacientes ganham a possibilidade de planejar o aumento da família, segundo um calendário pessoal, levando em conta projetos de trabalho ou de estudos, por exemplo. Também são beneficiados pacientes que, por conta de tratamentos ou desenvolvimento de doenças, poderão vir a ter um quadro de infertilidade" (Cf. CONSELHO FEDERAL DE MEDICINA. *Reprodução Assistida*: CFM anuncia novas regras para o uso de técnicas de fertilização e inseminação no país, 2017. Disponível em: https://portal.cfm.org.br/index.php?option=com_content&view=article&id=27275:2017-11-09-13-06-20&catid=3. Acesso em: 17 jun. 2019).
18. Resolução 2.320/2022: "3. Antes da geração dos embriões, os pacientes devem manifestar sua vontade, por escrito, quanto ao destino dos embriões criopreservados em caso de divórcio, dissolução de união estável ou falecimento de um deles ou de ambos, e se desejam doá-los".

encontrados por ela (Item V-5),[19] silenciando com relação a sua destinação para fins de pesquisa científica. Tal dispositivo foi bastante criticado,[20] pois contrariava disposição expressa da Lei de Biossegurança (art. 5º, § 1º), na qual ficou estabelecido que, em qualquer hipótese, o descarte só poderá ser realizado a partir do consentimento dos genitores.[21]

Isso, por sua vez, implicou uma revisão dessa disposição na resolução 2.294/2021, passando-se a exigir autorização judicial para o descarte de embriões em quaisquer hipóteses, seja de transcurso do prazo de três anos estipulado, seja pela caracterização do abandono embrionário (Itens V-4 e 5[22]), o que, na prática, acarretava, por outro lado, em uma excessiva judicialização da matéria. Ademais, foi estabelecido que o número máximo de embriões a serem gerados em laboratório não poderia exceder a oito (Item V-2[23]), situação também bastante problemática, uma vez que, em não sendo exitoso o processo reprodutivo, ter-se-ia que submeter os(as) beneficiários(as) a um novo ciclo de fertilização, o que, principalmente no caso da coleta de óvulos, é bastante invasivo.

Finalmente, a Resolução 2.320/2022 do CFM removeu as menções relativas ao número máximo de embriões que poderiam ser gerados, bem como retirou qualquer alusão a possibilidade de descarte embrionário, o que não necessariamente significa que este deixou de ser uma alternativa, mas apenas que a questão continua em aberto.

Percebe-se, portanto, dada a atual escassez normativa na matéria[24] e as incertezas e problemáticas a ela relativas, que se está diante de um contexto bastante propenso à materialização de danos dos mais variados tipos. Por essa razão, no

---

19. Resolução 2.168/2017 do CFM, grifo nosso: "5. Os embriões criopreservados e abandonados por três anos ou mais poderão ser descartados. Parágrafo único: Embrião abandonado é aquele em que os responsáveis descumpriram o contrato pré-estabelecido e não foram localizados pela clínica".
20. PEREIRA, Paula Moura Francesconi de Lemos; ALMEIDA, Vitor. A reprodução humana assistida e a atuação do Conselho Federal de Medicina: as repercussões da nova resolução 2.294/21. *Migalhas*. Publicado em 16 de julho de 2021. Disponível em: https://www.migalhas.com.br/coluna/migalhas--de-vulnerabilidade/348647/a-reproducao-humana-assistida-e-a-atuacao-do-cfm. Acesso em: 24 out. 2023.
21. Lei de Biossegurança (11.105/05): "§ 1º Em qualquer caso, é necessário o consentimento dos genitores".
22. Resolução 2.294/2021, grifos nossos: "4. Os embriões criopreservados com três anos ou mais poderão ser descartados se essa for a vontade expressa dos pacientes, *mediante autorização judicial*. [...] 5. Os embriões criopreservados e abandonados por três anos ou mais poderão ser descartados, *mediante autorização judicial*".
23. Resolução 2.294/2021, grifo nosso: "2. O número total de embriões gerados em laboratório *não poderá exceder a 8 (oito)*. Será comunicado aos pacientes para que decidam quantos embriões serão transferidos a fresco, conforme determina esta Resolução. Os excedentes viáveis serão criopreservados. Como não há previsão de embriões viáveis ou quanto a sua qualidade, a decisão deverá ser tomada posteriormente a essa etapa".
24. A despeito de haver profusão de normas de caráter deontológico quanto ao tema (as aludidas resoluções), este carece de lei formal que o dirima, ou que, ao menos, forneça parâmetros para sua compreensão.

tópico seguinte, buscar-se-á refletir a respeito dos possíveis impactos que a má prestação de serviço das clínicas de RHA poderá surtir sobre seus beneficiários, bem como os parâmetros para deflagração de responsabilidade civil nesses casos.

2. NOTAS SOBRE A QUALIFICAÇÃO DA RESPONSABILIDADE CIVIL DAS CLÍNICAS PELA CRIOCONSERVAÇÃO DO MATERIAL GENÉTICO

De início, é preciso mapear a normativa aplicável ao contrato firmado entre o(a)(s) beneficiário(a)(s) e as clínicas de crioconservação. Estruturalmente, perquirir i) a espécie contratual em análise; ii) a natureza da obrigação de criopreservar com os deveres que lhe são inerentes; iii) a possibilidade de subcontratação na atividade, e os efeitos da subcontratação na responsabilidade da clínica; iv) a possibilidade de aplicação do Código de Defesa do Consumidor (CDC); v) uma análise dos possíveis danos oriundos de falhas no contrato de crioconservação.

2.1 Espécie contratual em análise

A despeito de parte da doutrina tratar o contrato de criopreservação como um contrato de prestação de serviços, e que frequentemente esse seja o *nomen iuris* conferido ao instrumento, entendemos que se trata de um contrato de depósito voluntário (Arts. 627 e ss. do CC/02). Isso se dá, sobretudo, porque por meio do contrato de depósito se transfere ao contratado bem móvel infungível,[25] e se lhe impõem deveres de guarda e de conservação,[26] o que o distingue da mera prestação de serviços.

Há autores, como Caio Mário da Silva Pereira, que, mesmo sem se referirem à crioconservação, concebem a possibilidade de existência de um contrato misto de depósito voluntário com prestação de serviços, como o que o direito moderno denomina contrato de *guarda*, por meio do qual se associam características do depósito com características da prestação de serviços.[27] Gustavo Tepedino, Heloisa Helena Barboza e Maria Celina Bodin de Moraes veem os deveres de guarda como

---

25. Caso se entenda que material genético não é "coisa" (sobretudo em se tratando de embrião), ainda se pode enquadrar o contrato como um contrato atípico que se assemelha muito ao de depósito voluntário. A controvérsia sobre a categorização dos embriões encontra-se na nota de rodapé 13 do presente artigo.
26. Lembre-se que, por previsão do art. 645, CC, o depósito de bens fungíveis é regulado pelo disposto acerca do mútuo.
27. Caio Mário cita como exemplos a *guarda* de objetos em câmaras frigoríficas, de automóveis e de semoventes. Para o autor, para além do mero depósito, há também a associação de outras obrigações ou prestações de atividades consistentes, respectivamente, na refrigeração adequada do objeto, na limpeza e movimentação do motor do automóvel, e de alimentação do semovente (PEREIRA, Caio Mário da Silva. *Instituições de direito civil*. 19 ed. Rio de Janeiro: Forense, 2015, v. III, p. 339-340).

inerentes mesmo ao próprio contrato de depósito,[28] pelo que parece desnecessário remeter a um tipo contratual misto.

A doutrina destaca, ainda, que os termos "guarda" e "conservação", insertos no Art. 629 do Código Civil,[29] não são redundantes. Guardar remeteria à proteção contra ofensas externas, ao passo que conservar remeteria à proteção do bem a processos que lhe são intrínsecos.[30] Imagina-se, por exemplo, que uma clínica de reprodução, mesmo dentro de suas dependências, terceirize o provimento e manutenção dos equipamentos de crioconservação (como se verá, isso depende da anuência do depositante). No exemplo, a clínica será responsável pela guarda, ao passo que a terceirizada o será pela conservação.[31]

A aplicação do regime jurídico do depósito, contudo, não dispensa leitura constitucionalmente adequada.[32] Previsões típicas do contrato de depósito, como o direito de retenção do depositário, ou a exigência de caução do depositante para retornar o bem, constantes do Art. 644, do Código Civil,[33] pela clínica que detém os gametas, parecem violar preceitos constitucionais como o planejamento familiar (Art. 226, § 7º, CRFB) e a dignidade da pessoa humana (Art. 1º, III, CRFB), sobretudo nas hipóteses de superveniência de infertilidade ao depositante.

---

28. Código Civil de 2002: "O dever de custódia, fundamental no contrato, inclui a prática de atos necessários à conservação da coisa (v. art. 629) que dependerão da natureza do bem, sendo distintos no caso de uma máquina ou um animal, e interferirá fortemente na eventual apuração da responsabilidade do depositário" (TEPEDINO, Gustavo; BARBOZA, Heloísa Helena; BODIN DE MORAES, Maria Celina. *Código Civil interpretado conforme a Constituição da República*. Rio de Janeiro: Renovar, 2012, v. 2, p. 386).
29. Art. 629. O depositário é obrigado a ter na guarda e conservação da coisa depositada o cuidado e diligência que costuma com o que lhe pertence, bem como a restituí-la, com todos os frutos e acrescidos, quando o exija o depositante.
30. Código Civil de 2002: "No ato de se guardar, põe-se a coberto de ofensas de origem estranha o bem depositado; no ato de se conservar, protege-se a integridade do bem depositado, contra o intrínseco e o que se pode tornar intrínseco. Por isso mesmo, a conservação pode ser conteúdo de dever, fora do dever de guarda. Presta-se o que é necessário à integridade, à eficiência e à utilização do bem. Quem se encarrega de conservação do cavalo pode não ser quem o guarda". (MIRANDA, Francisco Cavalcanti Pontes de. *Tratado de direito privado*. São Paulo: Ed. RT, 2012, t. XLII, p. 394).
31. A clínica pode, excepcionalmente, ser responsabilizada pela conservação, como se verá mais adiante, se se comprovar *culpa in eligendo*.
32. BARBOZA, Heloísa Helena. A reprodução humana como direito fundamental. In: DIREITO, Carlos Alberto Menezes; TRINDADE, Antônio Augusto Cançado; PEREIRA, Antônio Celso Alves (Org.). *Novas perspectivas do direito internacional contemporâneo*. Rio de Janeiro: Renovar, 2008, v. 1, pp. 777-801.
33. Código Civil de 2002: "Art. 644. O depositário poderá reter o depósito até que se lhe pague a retribuição devida, o líquido valor das despesas, ou dos prejuízos a que se refere o artigo anterior, provando imediatamente esses prejuízos ou essas despesas. Parágrafo único. Se essas dívidas, despesas ou prejuízos não forem provados suficientemente, ou forem ilíquidos, o depositário poderá exigir caução idônea do depositante ou, na falta desta, a remoção da coisa para o Depósito Público, até que se liquidem".

2.2 Natureza da obrigação de crioconservar: meio, ou resultado?

Questiona-se quanto à natureza da obrigação: se de meio ou de resultado. Pontes de Miranda alerta que, nos contratos que envolvam custódia, há discussão sobre se haveria *dever de custódia*, o que levaria à conclusão de que se trata de obrigação de meio, ou se haveria, na verdade, uma *responsabilidade pela custódia*, o que levaria a uma obrigação de resultado, com responsabilidade objetiva, e por esta teoria parece opinar.[34-35] Dessa forma, conclui que o depositário responde pelas causas estranhas evitáveis; e pelas causas intrínsecas, ou que se possam fazer intrínsecas, desde que seja possível o desenvolvimento de uma atividade protetiva para evitá-las.[36]

Serpa Lopes entende a natureza da obrigação de *guarda da coisa depositada* como de meio, e não de resultado. O autor considera, todavia, a obrigação de *restituir o bem depositado* como de resultado.[37] A esse posicionamento aderem Tepedino, Barboza e Bodin de Moraes, com a ressalva de que a diligência não é a do simples *bonus pater famílias*, analisada abstratamente, mas *in concreto*, levando em conta a pessoa do depositário.[38]

Orlando Gomes, por sua vez, desenvolve argumentação típica de obrigações de meio, ressaltando que o Art. 629, CC/02, teria imposto deveres de cuidado e de diligência, para que o depositário proceda como *bonus pater famílias*.[39] Apesar de reconhecer que se aplica a sistemática do *res perit creditori*, o autor parece trilhar um caminho de culpa presumida, o que seria típico das obrigações de resultado: o depositário precisará comprovar em juízo que a coisa depositada pereceu ou se deteriorou sem culpa sua, ou em decorrência de caso fortuito ou de força maior.[40]

Nesse sentido, concordamos com a argumentação de Pontes de Miranda. Por mais que o Art. 629 do CC/02 imponha deveres de diligência e de cuidado ao depositário (os "deveres de guarda"), estes não parecem suficientes a afastar a

---

34. MIRANDA, Francisco Cavalcanti Pontes de. *Tratado de direito privado*. São Paulo: Ed. RT, 2012, t. XLII, p. 397.
35. Na realidade, como explica Gisela Sampaio da Cruz Guedes, "a obrigação de resultado apenas inverte o ônus da prova quanto à culpa, mas a responsabilidade não deixa, por isso, de ser subjetiva" (CRUZ, Gisela Sampaio da. Obrigações alternativas e com faculdade alternativa. Obrigações de meio e de resultado. In: TEPEDINO, Gustavo (Coord.). *Obrigações*: estudos na perspectiva civil-constitucional. Rio de Janeiro: Renovar, 2005, p. 177).
36. MIRANDA, Francisco Cavalcanti Pontes de. *Tratado de direito privado*. São Paulo: Ed. RT, 2012, t. XLII, p. 394 e 398.
37. LOPES, Miguel Maria de Serpa. *Curso de Direito Civil*. 6. ed. Rio de Janeiro: Freitas Bastos, 1996, v. III, p. 263.
38. TEPEDINO, Gustavo; BARBOZA, Heloísa Helena; BODIN DE MORAES, Maria Celina. *Código civil interpretado conforme a Constituição da República*. Rio de Janeiro: Renovar, 2012, v. 2, p. 415.
39. GOMES, Orlando. Contratos. 26 ed. Rio de Janeiro: Forense, 2009, p. 416.
40. GOMES, Orlando. *Contratos*. 26 ed. Rio de Janeiro: Forense, 2009, p. 419.

responsabilidade pela custódia como obrigação de resultado, com a consequente presunção relativa de culpa diante do inadimplemento. Desta feita, a jurisprudência tem ressaltado a diferença entre o contrato de depósito das demais espécies com base no fato de que "a obrigação do depositário é de resultado, que tem por efeito a presunção de culpa contra ele".[41] Nesse mesmo sentido, Arnaldo Rizzardo compactua com a ideia de que a perda da coisa depositada se presume imputável ao depositário, admitindo-se prova em contrário.[42] Especificamente em relação a "bancos de depósitos de material fertilizante", Ednara Avelar, em trabalho especializado, entende pela obrigação de resultado.[43]

Com efeito, por exemplo, se se confia a guarda e a conservação de uma joia a um banco por meio de contrato de depósito, não se espera que o banco apenas envide os melhores esforços para guardar e conservar o bem, mas que efetivamente o guarde e o conserve, ciente dos riscos e das dificuldades que isso implica. Diferentemente não poderia ser em relação aos bancos de criopreservação, ressalvado, evidentemente, que sustentar uma obrigação de resultado não significa superar a máxima do *res perit creditori*. Bem como não se pode esperar que, no depósito de semovente (como nos populares "hoteizinhos de cachorro"), o depositário se obrigue a fazer com que o animal viva para sempre, tampouco se pode esperar que a adoção da tese de obrigação de resultado faça com que as clínicas respondam pela perda do gameta ou do embrião quando estes excedas suas vidas úteis.

2.3 Subcontratação: requisitos e efeitos na responsabilidade civil da clínica. Incidência do Código de Defesa do Consumidor

A prática revela outras questões comuns a este tipo de contrato. Em um mundo cada vez mais especializado e terceirizado, não é incomum que parte do objeto do contrato de criopreservação seja subcontratado para um terceiro. Por normativa legal expressa, a subcontratação integral ou parcial exige a licença expressa do depositante (Art. 640, CC).[44]

---

41. TJSP, 16ª Câmara de Direito Privado, Apelação Cível 1002564-07.2016.8.26.0120; Relator Mauro Conti Machado; J. 26.02.2021; DJe 26.02.2021.
42. RIZZARDO, Arnaldo. *Contratos*. 15. ed. Rio de Janeiro: Forense, 2015, e-book, n.p.
43. AVELAR, Ednara Pontes de. *A responsabilidade civil médica em face das técnicas de reprodução humana assistida*. 2008. 269p. Dissertação (Mestrado em Direito). Pontifícia Universidade Católica de São Paulo, São Paulo, 2008, p. 169.
44. Código Civil de 2002: "Art. 640. Sob pena de responder por perdas e danos, não poderá o depositário, sem licença expressa do depositante, servir-se da coisa depositada, nem a dar em depósito a outrem. Parágrafo único. Se o depositário, devidamente autorizado, confiar a coisa em depósito a terceiro, será responsável se agiu com culpa na escolha deste".

Não raro, o próprio contrato de criopreservação avoca expressamente a responsabilidade da clínica pelos atos do terceiro contratado,[45] mas entendemos que a responsabilidade decorre sobretudo da lei, na hipótese. Por mais que a clínica contratada não expressamente chame a responsabilidade para si, desta ela não se exonera. Caso a empresa terceirizada se assemelhe no caso concreto, a um subdepositário, por prover a guarda ou a conservação do material, observam-se duas consequências possíveis. Se a clínica entrega os gametas ou o embrião a subdepositário sem a anuência expressa do(a)(s) beneficiário(a)(s), aplica-se a responsabilidade objetiva pelas perdas e danos decorrentes, prevista no Art. 640, *caput*, CC/02, e no Art. 932, III, CC/02.[46] Se, por outro lado, a clínica obtém a autorização do(a)(s) beneficiário(a)(s) para subcontratar, esta responde a título de *culpa in eligendo* (Art. 640, p.u., CC/02).[47]

Na inegável maioria dos casos, todavia, estar-se-á diante de relação de consumo. Isso porque a expressão "serviço", no Código de Defesa do Consumidor, é definida de forma extremamente ampla,[48] pelo que não se restringe aos moldes do típico *contrato de prestação de serviços* do Código Civil. Dessa forma, a responsabilidade civil do depositário dos gametas será regida pelo art. 14 do diploma consumerista, aplicando-se, também, o que a doutrina tem chamado de "solidariedade da cadeia responsável pela prestação de serviço",[49] que se debate estar presente no

---

45. A exemplo, ao longo desta pesquisa, os autores tiveram acesso ao contrato padrão de grande grupo nacional de RHA. Nele, lê-se: "As CONTRATADAS poderão contratar terceiro para executar qualquer serviço a que esteja obrigada por força deste contrato, visando o melhor cumprimento do objeto deste instrumento, ficando sob sua única e inteira responsabilidade os atos praticados pelo terceiro contratado, seja por eleição, seja por nomeação, seja por vigilância" (Cf. CRIOGÊNESES. 2020. *Contrato de prestação de serviços de terapia celular para criopreservação de células-tronco do sangue de cordão umbilical e do tecido do cordão umbilical*, São Paulo, abr. 2020. Disponível em: https://criogenesis.com.br/wp-content/uploads/2016/04/imagem_1832015153345.pdf. Acesso em: 24 out. 2023).
46. TEPEDINO, Gustavo; BARBOZA, Heloísa Helena; BODIN DE MORAES, Maria Celina. *Código civil interpretado conforme a Constituição da República*. Rio de Janeiro: Renovar, 2012, v. 2, p. 831-832.
47. É como pensam Tepedino, Konder e Bandeira: "A rigor, há que se distinguir dois cenários distintos, dependendo da respectiva previsão contratual. Se há consentimento do depositante, responderá o depositário somente pela má escolha do terceiro, cabendo a demonstração da culpa. Em contrapartida, sem autorização contratual, o depositário responderá (pelo descumprimento contratual e, conseguintemente), de modo objetivo, pelos atos danosos do terceiro a quem tenha cometido o depósito (CC, art. 932, III), nos termos do art. 933 do Código Civil. Trata-se de expressão específica da *perpetuatio obligationis* imputada ao contratante em mora" (TEPEDINO, Gustavo; KONDER, Carlos Nelson; BANDEIRA, Paula Greco. *Fundamentos do direito civil*. Rio de Janeiro: Forense, 2020, v. III: Contratos, e-book, n.p.).
48. Como ressaltam Claudia Lima Marques, Herman Benjamin e Bruno Miragem: "Quanto ao fornecimento de serviços, a definição do art. 3º do CDC foi mais concisa e, portanto, de interpretação mais aberta: menciona apenas o critério de desenvolver atividades de prestação de serviços. Mesmo o § 2º do art. 3º define serviço como 'qualquer atividade fornecida no mercado de consumo, mediante remuneração', não especificando se o fornecedor necessita ser um profissional, bastando que esta atividade seja habitual ou reiterada" (MARQUES, Claudia Lima; BENJAMIN, Antonio Herman V.; MIRAGEM, Bruno. *Comentários ao código de defesa do consumidor*. 4. ed. São Paulo: Ed. RT, 2013, p. 179).
49. Ressalvado o entendimento pessoal, a doutrina consumerista tem entendido que "ao consumidor é conferido o direito de intentar as medidas contra todos os que estiverem na cadeia de responsabilidade

parágrafo único do Art. 7º daquele diploma. Por igual incidência do Código de Defesa do Consumidor, o fornecedor também é responsável, de forma solidária, pelos atos de seus prepostos ou representantes autônomos (Art. 34, CDC).

A doutrina[50] e a jurisprudência[51] costumam salientar que da natureza fiduciária do contrato de depósito decorre um dever de *guardar sigilo* sobre o depósito. Nesse sentido, imperioso, ademais, ressaltar que a Lei Geral Proteção de Dados (Lei 13.709/2018) classifica os dados de saúde e de vida sexual como dados pessoais sensíveis (Art. 5º, II), e a proteção de dados é direito constitucional explícito inserto no Art. 5º, LXXIX, CRFB.[52] Quando se fala da extração e da guarda de gametas, por profissionais da saúde, o dever de abster-se de divulgar informações também é reforçado pelo sigilo profissional, que advém não apenas de normas deontológicas e resoluções do CFM, mas também do próprio Código Penal Brasileiro, notadamente em seu Art. 154, CP (violação do segredo profissional).[53]

2.4 Possíveis danos envolvidos

A complexidade das relações humanas não permite que se reduzam a termo todos os casos em que haverá responsabilidade das clínicas de crioconservação. Sem pretensão de exaurimento do tema, esboçam-se, em algumas linhas, situações nas quais parece mais previsível o emprego da responsabilidade civil.

Da inexecução das obrigações contratuais da clínica e de sua conduta podem advir uma série de consequências diretas, indiretas, remotas e próximas. Por previsão específica do legislador, no direito brasileiro, as perdas e danos (termo da responsabilidade contratual) ou a indenização (termo da responsabilidade extracontratual) inclui apenas os danos emergentes e os lucros cessantes que decorram direta e imediatamente do comportamento da clínica. Isso porque o direito brasileiro adotou expressamente a teoria do dano direto e imediato, também

---

que propiciou a colocação do mesmo produto no mercado, ou então a prestação do serviço", em espécie de responsabilidade direta (GRINOVER, Ada Pellegrini et al. *Código Brasileiro de Defesa do Consumidor*: comentado pelos autores do anteprojeto: direito material e processo coletivo: volume único. 12 ed. Rio de Janeiro: Forense, 2019, p. 272).

50. PEREIRA, Caio Mário da Silva. *Instituições de direito civil*. 19 ed. Rio de Janeiro: Forense, 2015, v. III, p. 345.
51. TEPEDINO, Gustavo; BARBOZA, Heloísa Helena; BODIN DE MORAES, Maria Celina. *Código civil interpretado conforme a Constituição da República*. Rio de Janeiro: Renovar, 2012, v. 2, p. 386.
52. Constituição Federal de 1988: "LXXIX - é assegurado, nos termos da lei, o direito à proteção dos dados pessoais, inclusive nos meios digitais", incluído pela Emenda Constitucional 115/2020. A discussão relativa à previsão implícita da proteção de dados pelo Art. 5º, X, não é objeto do presente artigo.
53. Código Penal: "Violação do segredo profissional. Art. 154. Revelar alguém, sem justa causa, segredo, de que tem ciência em razão de função, ministério, ofício ou profissão, e cuja revelação possa produzir dano a outrem: Pena: detenção, de três meses a um ano, ou multa de um conto a dez contos de réis".

chamada de teoria da necessariedade ou da interrupção causal,[54] desenvolvida por Dumoulin e Pothier,[55] que fez escola no Brasil por meio de Agostinho Alvim.[56]

O dano moral, segundo os ensinamentos de Maria Celina Bodin de Moraes, decorre da violação à dignidade da pessoa humana e a seus corolários (liberdade, igualdade, solidariedade e integridade psicofísica).[57]

Conquanto os casos de falhas na criopreservação de gametas sejam tímidos nos tribunais, o Tribunal de Justiça de São Paulo, em recente decisão, pôde analisar a responsabilidade da clínica de criopreservação de células tronco embrionárias do cordão umbilical em razão da exposição deste a temperaturas que inviabilizaram sua perenidade.[58] Na ação, a família alegou dano direto à criança e em ricochete aos pais. Além disso, requereu a devolução em dobro de todas as parcelas pagas (o que era contratualmente previsto expressamente). O pedido foi julgado procedente em primeira instância, e mantido pela segunda, para determinar a devolução em dobro das parcelas pagas, bem como condenar a ré em R$ 30.000,00 a cada genitor, a título de dano moral, e em R$ 80.000,00, ao filho, a mesmo título. Nota-se que, na fundamentação da dosimetria do dano moral, o juízo utilizou-se de argumento típico da perda de uma chance: "a criança também tem frustrada a chance de ter suas células embrionárias armazenadas para, se for preciso, no futuro, fazer um tratamento de saúde".

---

54. TEPEDINO, Gustavo; TERRA, Aline de Miranda Valverde; GUEDES, Gisela Sampaio da Cruz. *Fundamentos do direito civil*. (Org. Gustavo Tepedino). Rio de Janeiro: Forense, 2020, v. 4: responsabilidade civil, p. 89.
55. De acordo com o exemplo clássico de Pothier, se A vende uma vaca para B, ocultando uma doença preexistente, A torna-se responsável não apenas pela morte do animal vendido, como também pela totalidade do gado de B acometida pelo contágio. Entretanto, se, em decorrência da morte do gado, B não consegue cultivar suas terras, e, em razão disso, não consegue pagar seus credores, que conseguem o decreto de falência de B, levando os bens de B a leilão a preço vil, não há de se falar em responsabilidade de A pelos mencionados danos, que seriam indiretos e teriam outras causas que não a venda da vaca contaminada, como a omissão de B em mitigar seus prejuízos, seja alugando gado que auxiliasse a cultivar as terras, seja cultivando ele próprio, sem a ajuda animal (POTHIER, Robert Joseph. *Traité des obligations*, t. 1. Paris: Debure l'ainê, 1761, p. 182-185).
56. ALVIM, Agostinho. *Da inexecução das obrigações e suas consequências*. São Paulo: Saraiva, 1972, p. 356.
57. BODIN DE MORAES, Maria Celina. *Danos à pessoa humana*: uma leitura civil-constitucional do dano moral. Rio de Janeiro: Renovar, 2003, p. 188-189.
58. "Apelação. Ação indenizatória. Prestação de serviços. criopreservação. A ré foi contratada para coleta e armazenamento de células-tronco embrionárias a serem mantidas em criopreservação. Falha na prestação dos serviços. Cerceamento de defesa. Não ocorrência. Resolução do contrato. Falha na prestação dos serviços evidenciada. Verossimilhança das alegações. Matéria jornalística e portaria da autoridade sanitária de Pernambuco, após inspeção no laboratório, indicando que o material foi exposto a temperaturas positivas, prejudicando o armazenamento. Apelante que sequer informou o local de armazenamento do material genético para possível perícia. Resolução do contrato mantida, com ordem de devolução em dobro das quantias. Dano moral. Ocorrência. Manutenção da condenação em R$ 30.000,00 aos genitores e R$ 80.000,00 ao infante. Sucumbência. Majoração dos honorários na fase recursal. RECURSO IMPROVIDO". (TJSP, 31ª Câmara de Direito Privado, Apelação Cível 1002213-91.2018.8.26.0337, Relatora Desembargadora Rosangela Telles, J. 10.10.2022, DJe 10.10.2022).

Seria de se questionar, contudo, a devolução, de forma simples ou em dobro, dos valores pagos do inadimplemento da obrigação por parte da clínica, para se retornar ao estado anterior (*status quo ante*), no caso de ausência de previsão contratual expressa para tanto. Entendemos que não, por se tratar de típica obrigação de trato sucessivo. Portanto, eventual inadimplemento do contrato pode ensejar perdas e danos, mas não ensejará a restituição das prestações vencidas, sobretudo porque a obrigação estava sendo cumprida, de forma regular, antes da inexecução. Dessa forma, entendem Aline Terra e Gisela Sampaio que "o inadimplemento superveniente não altera o sinalagma relativo às prestações pregressas regularmente executadas".[59] Situação diferente seria o caso de a clínica, perdendo os gametas congelados, deixar de informá-lo à(o)(s) beneficiária(o)(s), procedendo à cobrança habitual dos valores da conservação, hipótese em que os valores pagos na pendência da ignorância não refletiriam um serviço efetivamente prestado.[60]

O dano moral decorrente do descumprimento contratual deve sofrer quantificação diferente em função das diferentes consequências do descumprimento, sobretudo quando sopesadas as condições reprodutivas da vítima. Conforme ficou claro da avaliação das decisões judiciais sobre criogenia que ensejou o presente artigo,[61] há uma verdadeira enxurrada,[62] nos tribunais de justiça fluminense e

---

59. "Por força do efeito restitutório que se opera durante a relação de liquidação, cada uma das partes recuperará aquilo que prestou. Isso ocorre porque a resolução elimina a causa justificadora das prestações contratuais e obriga os contratantes a restituir o que receberam em execução do contrato, a fim de conduzi-los ao status quo ante. Cuidando-se de contratos de duração, tendo-se em vista que o sinalagma se articula em uma sequência de prestações correspectivas cuja execução é distribuída ao longo do tempo com base no interesse dos contratantes, o inadimplemento superveniente não altera o sinalagma relativo às prestações pregressas regularmente executadas. o contrato foi executado, o interesse das partes resultou plenamente satisfeito, e o inadimplemento posterior não compromete o equilíbrio entre as prestações já adimplidas, razão pela qual a resolução não afeta os efeitos produzidos. A regra se aplica, contudo, somente aos contratos em que as prestações de ambos os contratantes sejam de execução continuada ou periódica; basta que uma das duas prestações seja de execução instantânea para que a resolução produza efeitos retroativos, sob pena de configurar-se situação de manifesto desequilíbrio entre as partes" (TERRA, Aline de Miranda Valverde; GUEDES, Gisela Sampaio da Cruz. Resolução por inadimplemento: o retorno ao status quo ante e a coerente indenização pelo interesse negativo. *Civilistica.com*. Rio de Janeiro, a. 9, n. 1, 2020. Disponível em: http://civilistica.com/resolucao-porinadimplemento-o-retorno/. Acesso em: 17 out. 2023).
60. Essa hipótese foi formulada pela leitura dos autos de TJRJ, 3ª Câmara Cível, Apelação 0215825-80.2009.8.19.0001. Desembargadora Relatora Helda Lima Meireles J. 09.08.2017. Na ação, os autores alegaram que desde 2005 o banco sabia que o cordão umbilical crioconservado havia sido contaminado por bactérias, mas que o fato apenas foi informado em 2008. O TJRJ concedeu indenização de R$20.000,00, mas julgou improcedentes os pedidos de dano material e de restituição dos valores pagos.
61. Os critérios de busca nos repositórios oficiais dos sítios do TJRJ e do TJSP foram "criogenia" ou "criopreservação" ou "congelamento", acompanhados sempre de "e gameta", "e óvulo", "e sêmen" ou "e esperma", entre os anos de 2015 a 2023.
62. *Cf.*, por todos, no Rio de Janeiro, "Apelação cível. Relação de consumo. Plano de saúde. Recusa da seguradora em arcar com os custos do tratamento de criopreservação dos óvulos de paciente, de 34 anos, com diagnóstico por câncer de mama. Sentença de parcial procedência. Apelo da autora. Controvérsia recursal quanto aos danos morais. Lei 9.656/1998, art. 12, que prevê exigência de fornecer cobertura

paulista, de ações contra planos de saúde no sentido de os obrigar a realizar e a custear procedimentos de criopreservação de gametas, no caso de o beneficiário ser portador de doença ou se submeta a tratamento dos quais normalmente decorra infertilidade.[63]

Delineiam-se, portanto, três casos mais comuns: a) o do(a)(s) beneficiário(a)(s) fértil(eis) ao extrair os gametas, que, à época do descumprimento da obrigação, mantém-se fértil(eis); b) o do(a)(s) beneficiário(a)(s) fértil(eis) ao extrair os gametas a quem, no momento do descumprimento da obrigação, havia sobrevindo infertilidade ou esterilidade;[64] e c) do(a)(s) beneficiário(a)(s) fértil(eis) que, sabedor(es) de provável infertilidade superveniente, decorrente, por exemplo, de tratamento a que deva se submeter (como é o caso da ooforectomia bilateral em casos de câncer, ou da pessoa trans que passa por tratamentos de hormonioterapia e/ou redesignação genital), deposita(m) seus gametas em clínica, e esta os perde em momento em que o(a)(s) depositante(s) já se encontra(m) infértil(eis).

O dano moral se justifica, na hipótese, pela lesão à integridade psicofísica do depositante, como em "a", a que também se soma lesão à sua liberdade, nas hipóteses "b" e "c". Com efeito, se se considerar que o direito à reprodução humana é um direito fundamental, reforçado por outros direitos constitucionalmente previstos – como o planejamento familiar, a liberdade, a autodeterminação existencial –, a

---

de tratamentos antineoplásicos e controle de efeitos adversos relacionados ao tratamento e adjuvantes. Etapa prévia necessária ao tratamento da doença. Convenção sobre a Eliminação de Todas as Formas de Discriminação contra a Mulher, artigo 12. Dano moral *in re ipsa*. Súmula 339, do TJRJ: "A recusa indevida ou injustificada, pela operadora de plano de saúde, de autorizar a cobertura financeira de tratamento médico enseja reparação a título de dano moral". Fixação do quantum em R$ 15.000,00. Precedentes deste TJRJ. Dado provimento ao recurso" (TJRJ, 16ª Câmara Cível, Apelação Cível 0024525-72.2022.8.19.0001, Relatora Jds. Maria Aglaé Tedesco Vilardo, J. 16.02.2023); e "Apelação cível. Ação de obrigação de fazer. plano de saúde. Custeio de procedimento de congelamento de óvulos como forma de evitar infertilidade decorrente de tratamento oncológico a que jovem de 28 anos idade necessita se submeter. sentença de procedência. (...). Se há previsão contratual para o tratamento da doença (câncer), como consequência lógica, se reconhece que tem a parte autora o direito contratual de exigir que lhe seja disponibilizado o procedimento indicado visando à prevenção de dano (infertilidade) decorrente de tal moléstia. Precedentes. Recurso conhecido e desprovido". (TJRJ, 11ª Câmara Cível, Apelação Cível 0033246-60.2017.8.19.0042 Relator Desembargador Fernando Cerqueira Chagas, J. 11.09.2019).

63. Trata-se de tema afeto à polêmica quanto à existência de taxatividade do rol de procedimentos da Agência Nacional de Saúde (ANS). Para dirimir o debate e sacramentar a tese da taxatividade, a Segunda Seção do Superior Tribunal de Justiça, quando do julgamento do EREsp 1.886.929/SP, decidiu que o rol de procedimentos obrigatórios da ANS seria taxativo. Logo após o julgamento do EREsp, em 08.06.2022, foi editada a Lei 14.454/22, em 21.09.2022, que disciplina expressamente o caráter de referência básica do rol de procedimentos elaborado pela ANS, superando o entendimento firmado pelo STJ e estabelecendo hipóteses em que o aludido rol pode ser superado.

64. A infertilidade diz respeito a uma condição que apenas dificulta a concepção, podendo ser tratada e revertida, ao passo que a esterilidade redunda numa impossibilidade permanente e irreversível. Note-se, no entanto, que para os fins do presente artigo, ambos os termos serão utilizados como sinônimos (Cf. FERRAZ, Ana Claudia Brandão de Barros Correia. *Reprodução humana assistida e suas consequências nas relações de família*: a filiação e a origem genética sob a perspectiva da repersonalização. 2. ed. Curitiba: Juruá, 2016).

inexecução da obrigação de preservar, por parte da clínica, que obsta a promoção de um projeto de parentalidade, autoriza o intérprete a majorar a quantificação do dano moral sofrido.

No fundo, seria como se, antes do descumprimento da obrigação, a pessoa fértil fosse, ainda que não pelos caminhos naturais, mas com o apoio da tecnologia. Uma vez perecidos os gametas por inexecução do contrato de depósito, a infertilidade, no fundo, é imputável à clínica. Há quem possa alegar que subsista a parentalidade por outras vias, como na adoção ou outras modalidades de constituição de filiação socioafetiva. Em resposta a isso, frisa-se que o dano não é por considerar que outras formas de filiação seriam menos dignas, mas, sim, por limar a possibilidade de liberdade plena em matéria de planejamento familiar.

CONSIDERAÇÕES FINAIS

Inexistem, atualmente, dispositivos legais que regulamentem de maneira mais detida a aplicação das técnicas de RHA. Diante dessas ausências, coube ao CFM estabelecer normas deontológicas para delinear parâmetros de aplicação das referidas técnicas. Tais normas, contudo, não possuem força de lei. Nesse contexto, estabeleceu-se que a criopreservação de material genético (espermatozoide, óvulos, embriões e tecidos gonádicos) é uma alternativa possível, seja em razão de finalidades médicas ou daquelas não médicas. Quanto aos embriões excedentários especificamente cabe, ainda, à Clínica coletar, antes da sua geração em laboratório, o consentimento dos beneficiários(as) com relação a sua destinação em casos de divórcio, dissolução de união estável ou morte, bem como se e quando desejam doá-los.

Em relação à responsabilidade contratual das clínicas de reprodução assistida, sustentou-se a aplicabilidade das normas relativas ao contrato de depósito voluntário, a despeito, de, frequentemente se utilizar o termo "prestação de serviços" para denominar a atividade. Disso decorrem deveres da clínica, como não subcontratar o objeto sem a anuência do(a)(s) beneficiário(a)(s), bem como uma obrigação de resultado pela conservação dos gametas ou do embrião, e de manutenção de sigilo sobre o depósito, que podem, a depender do caso concreto, ser reforçadas pela aplicação do Código de Defesa do Consumidor e da Lei Geral de Proteção de Dados.

Quanto aos possíveis danos, o artigo se debruçou mais detidamente sobre três situações, a saber, i) a impossibilidade de devolução integral dos valores pagos, em caso de descumprimento contratual e de perecimento dos gametas ou do embrião depositado, por se tratar de uma obrigação de trato sucessivo; ii) a possibilidade de configuração de dano moral em caso de descumprimento contratual; e iii) a valorização do caso concreto para o arbitramento do dano moral, diferenciando-se casos em que o(a)(s) beneficiário(a)(s) continua(m) fértil(eis) dos casos em que há infertilidade permanente superveniente, de modo que o perecimento do embrião ou dos gametas, a que as clínicas tenham dado causa, acarretou impossibilidade absoluta de um projeto de parentalidade que envolva filiação natural, o que não significa um desprestígio de outros projetos de parentalidade, mas um respeito à liberdade plena em matéria de planejamento familiar.

BANCO DE GAMETAS E EMBRIÕES

Raíssa Leite Tenorio Aguiar

Doutoranda em Ciências Biológicas (Biofísica) pelo Instituto de Biofísica Carlos Chagas Filho (IBCCF) da Universidade Federal do Rio de Janeiro (UFRJ), realizando período Sanduíche na Harvard Medical School (2024-). Representante do corpo discente do Programa de Imunobiologia. Pós-graduada em Reprodução Humana Assistida pelo Instituto Sapientiae. Biomédica graduada em Ciências Biológicas – Modalidade Médica pelo Instituto de Ciências Biomédicas da Universidade Federal do Rio de Janeiro (RJ) e com período Sanduíche na Universidade de Basel, na Suíça, em 2019.

Sumário: Introdução – 1. Panorama dos bancos de gametas e embriões – 2. Garantia do sigilo do doador e a doação compartilhada entre famílias – 3. Diferenças entre bancos internacionais – 4. Uso de embriões excedentes para fins de pesquisa – Considerações finais.

INTRODUÇÃO

A criopreservação é um processo que permite a conservação de células, tecidos e outros materiais biológicos em temperaturas muito baixas, geralmente abaixo de -130°C. Essa técnica tem sido utilizada em diversas áreas da biologia, desde a preservação de células e tecidos para fins médicos até a conservação de sementes e plantas para fins agrícolas. A criopreservação é feita através do uso de crioprotetores, substâncias químicas que protegem as células durante o processo de congelamento e descongelamento. Esses crioprotetores impedem a formação de cristais de gelo dentro das células, que podem causar danos irreparáveis às mesmas. Em seguida, as amostras são congeladas em um recipiente adequado, como tubos de ensaio ou bolsas de plástico, e armazenadas em um freezer ou tanque de nitrogênio líquido. A criopreservação é uma técnica muito útil para a conservação de células e tecidos para fins médicos, como a preservação de células-tronco para uso em terapias regenerativas. Também é amplamente utilizada em pesquisas científicas, permitindo que amostras biológicas sejam armazenadas por longos períodos, preservando sua integridade e viabilidade. Apesar dos muitos benefícios da criopreservação, existem alguns desafios associados a essa técnica. O processo de congelamento e descongelamento pode causar danos às células, e a eficácia da criopreservação depende da qualidade das amostras, do tipo de crioprotetor utilizado e das condições de armazenamento. Além disso, o armazenamento de amostras a longo prazo pode ser caro e requer cuidados especiais. No entanto, apesar desses desafios, a criopreservação é uma técnica importante e promissora para a preservação de materiais biológicos e tem um grande potencial em diversas áreas da biologia e da medicina.

Nesse sentido, a criopreservação é uma importante técnica utilizada no campo da Reprodução Humana Assistida, sendo utilizada para permitir o armazenamento seguro de uma determinada amostra, prolongando consideravelmente a sua chance de ser utilizada, seja um embrião ou um gameta. Em muitos centros de reprodução assistida, as taxas de sucesso de implantação e até de gestação bem-sucedida se assemelham bastante entre embriões transferidos a fresco a de embriões transferidos após o congelamento, resultado esse que se torna possível por conta da qualidade dos procedimentos de congelamento, bem como a seleção embrionária pré e pós criopreservação.[1] Em relação as técnicas existentes, não é do interesse desse trabalho discorrer extensivamente sobre as mesmas, mas destacam-se aqui as principais, que diferem principalmente na quantidade e no tempo que o embrião permanece em cada crioprotetor: congelamento lento, rápido, ultrarrápido e vitrificação, sendo a primeira e a última as duas principais da atualidade.[2]

Além da manutenção de embriões para posterioridade, a criopreservação tornou-se uma aliada para homens diagnosticados com câncer, uma vez que os intensos ciclos de quimioterapia e radioterapia podem acabar levando a azoospermia, isso é, a ausência de espermatozoides no sêmen, o que poderia tornar homens uma vez férteis em inférteis. Com o advento dessa tecnologia, esses homens podem assim manter sua fertilidade por tempos indeterminados, e apesar de apresentarem maior dificuldade de coleta, resultado similar já vem sido vistos com a criopreservação de oócitos antes da submissão para tratamento contra câncer.[3]

Assim, é perceptível que o avanço da utilização de criopreservação é inerente ao avanço das técnicas de reprodução assistida e seu crescimento, com surgimento de bancos específicos para manutenção de espermatozoides, oócitos e embriões é de grande importância. Dessa forma, o presente estudo decidiu investigar os principais desafios vividos atualmente por esses bancos, sem a intenção de abranger tudo que diz respeito ao tema, mas entendendo que a ausência de uma legislação específica a respeito do tema, sendo apenas utilizado como bússola as resoluções emitidas pelo Conselho Federal de Medicina, dificulta muito a resolução de questões complexas que surgem com frequência nesses ambientes.

---

1. *Tópicos em Embriologia Clínica* – Criopreservação. Disponível em: https://www.ufrgs.br/topicosembriao/Criopreserv.html. Acesso em: 1º maio 2023.
2. DOS SANTOS, Ana Caroline; BOURROUL, Selma Cecilia. 15º Congresso Nacional de Iniciação Científica (Conic-Semesp). Criopreservação em Reprodução Humana Assistida. 2015.
3. SCHUFFNER, A. et. al. Criopreservação de gametas – uma esperança para pacientes com câncer. *Revista Brasileira de Cancerologia* 2004; 50(2): 117-1206.

Por esse motivo, objetiva-se: 1) Analisar o panorama dos bancos de gametas e embriões. 2) Avaliar como funciona na prática a garantia do sigilo do doador e a doação compartilhada entre família. 3) Estudar o caráter não lucrativo e as diferenças entre bancos internacionais. 4) Debater o uso de embriões excedentes para fins de pesquisa.

A metodologia empregada nesse trabalho foi a de redação de uma revisão narrativa, a partir da busca de trabalhos que abordassem esse assunto na literatura nacional e internacional, bem como avaliando as normativas deontológicas do Conselho Federal de Medicina, relativas à reprodução humana assistida.

1. PANORAMA DOS BANCOS DE GAMETAS E EMBRIÕES

No Brasil, a doação de gametas e embriões é uma prática regulamentada pelo Conselho Federal de Medicina (CFM) desde 1992.[4] Desde então, os bancos de gametas e embriões vêm se consolidando como uma alternativa para casais que desejam ter filhos, mas que enfrentam dificuldades para conceber de forma natural. Os bancos de gametas e embriões são responsáveis pelo armazenamento e conservação de gametas masculinos (espermatozoides) e femininos (óvulos) e embriões, por meio de técnicas de criopreservação. Esses materiais podem ser doados por pessoas que desejam ajudar casais com dificuldades de reprodução, ou por pessoas que desejam preservar sua fertilidade para o futuro, como mulheres que pretendem adiar a gestação por motivos pessoais ou médicos. Os bancos de gametas e embriões no Brasil são regulamentados pela Lei de Biossegurança, de 2005, que estabelece normas para a utilização de células e tecidos humanos em pesquisas e terapias.[5] Além disso, o CFM possui resoluções específicas que regulamentam a doação de gametas e embriões, estabelecendo critérios para a seleção e avaliação dos doadores, bem como para o acompanhamento dos receptores.

Um dos principais desafios enfrentados pelos bancos de gametas e embriões no Brasil é a baixa taxa de doação, tanto de gametas quanto de embriões. Além disso, a maioria das doações é feita de forma voluntária e não remunerada, o que pode desestimular potenciais doadores. Outro desafio é a falta de acesso de muitos

---

4. CONSELHO FEDERAL DE MEDICINA. Resolução CFM 1.358/1992, de 11 de novembro de 1992. Disponível em: https://sistemas.cfm.org.br/normas/arquivos/resolucoes/BR/1992/1358_1992.pdf. Acesso em: 03 maio 2023.
5. BRASIL. Lei 11.105, de 24 de março de 2005. Dispõe sobre a utilização das técnicas de engenharia genética e de biologia molecular, sobre a pesquisa envolvendo organismos geneticamente modificados – OGM e seus derivados, a criação, a manipulação, o transporte, a comercialização, o consumo, a liberação no meio ambiente e o licenciamento de atividades que envolvam organismos geneticamente modificados e seus derivados, e dá outras providências. Diário Oficial da União, Brasília, DF, 25 mar. 2005. Disponível em: http://www.planalto.gov.br/ccivil_03/_ato2004-2006/2005/lei/l11105.htm. Acesso em: 03 maio 2023.

casais aos tratamentos de reprodução assistida. Embora o Sistema Único de Saúde (SUS) ofereça alguns procedimentos de fertilização in vitro, a demanda é muito superior à oferta, o que pode levar à longa espera e à desistência de muitos casais.[6] Apesar dos desafios, os bancos de gametas e embriões no Brasil representam uma alternativa importante para casais que desejam ter filhos, mas que enfrentam dificuldades de reprodução. Com o avanço das técnicas de criopreservação e a ampliação do acesso aos tratamentos de reprodução assistida, espera-se que a doação de gametas e embriões se torne cada vez mais comum no país, ajudando a realizar o sonho da maternidade e paternidade para um número maior de pessoas.

Apesar de não existir nenhuma legislação regulando o funcionamento dos bancos de gametas e embriões no país, a maioria dos centros usa como norte as resoluções do Conselho Federal de Medicina. Como disposto na resolução CFM 2.013/13, a doação de gametas ou embriões em todo território federal não deverá ter caráter lucrativo nem comercial, devendo sempre ser feita de forma gratuita e com total esclarecimento e consentimento de todas as partes envolvidas, mas sendo garantida a anonimidade dos doadores para os receptores, e também dos receptores para os doadores, permitindo o compartilhamento de informações dos doadores apenas para fins médicos, preservando a identidade civil dos mesmos. Além disso, estabeleceu-se que os homens dispostos a doarem seus espermatozoides devem ter no máximo 50 anos e as mulheres dispostas a doarem seu oócitos, no máximo 35 anos, visando evitar complicações genéticas associadas a fecundação em idade avançada. Outros importantes pontos são abordados nessa resolução, como a necessidade, por parte do estabelecimento que oferece a doação, de manutenção dos dados clínicos como informações fenotípicas dos doares, uma vez que ele é designado como responsável por escolher o(s) doador(es) adequado(s) para os receptores que o buscaram, objetivando a maior similaridade fenotípica e imunológica possíveis. O Conselho Federal de Medicina também regulamentou que na região onde o centro responsável pela doação do material estiver, deverá ser evitado que um(a) doador(a) produza mais do que duas gestações, de sexos diferentes, em uma área de um milhão de habitantes, buscando evitar os riscos de eventuais relações incestuosas entre irmãos que nem mesmo sabiam da sua relação consanguínea, podendo representar risco de saúde caso a relação sexual resulte em gestação. Por fim, a resolução também delibera acerca da doação compartilhada de oócitos, na qual as envolvidas partilham dos custos e do material biológico envolvidos.[7]

---

6. Reprodução assistida pode ser realizada no SUS. (2020). Disponível em: https://www.folhavitoria.com.br/saude/noticia/06/2020/reproducao-assistida-pode-ser-realizada-no-sus. Acesso em: 20 maio 2023.
7. CONSELHO FEDERAL DE MEDICINA. Resolução CFM 2.013/2013. Diário Oficial da União, Brasília, DF, de 16 de abril de 2013. Disponível em: https://portal.cfm.org.br/images/PDF/resoluocfm%202013.2013.pdf. Acesso em: 25 abr. 2023.

No fim de 2022, quase 10 anos após a resolução acima mencionada, o CFM liberou uma nova resolução com basicamente alguns adicionais já inseridos ao longo dos anos, como a possibilidade que os gametas sejam doados por parentes de até 4º grau colateral dos receptores, e a permissão que mais de duas gestações de sexos diferentes possam ser geradas do mesmo doador em uma área de um milhão de habitantes, contanto que esses nascimentos ocorram no mesmo núcleo familiar. Além disso, a nova resolução alterou as idades limites para doação, diminuindo para no máximo 45 para os homens, e aumentando para no máximo 35 para as mulheres.[8]

Existe uma controvérsia adicional acerca do material a ser doado e, por conseguinte, empregado, possuindo diversas implicações éticas complexas, como por exemplo no caso da doação de embriões e na doação de gametas duplos, sendo esse último realizado por casais em que ambos possuem problemas de infertilidade, ou por mães solteiras com questões de infertilidade, uma prática até proibida em alguns países, como por exemplo na França. A doação de embriões levanta questões sobre a identidade e a filiação genética, bem como o direito do embrião doado a ser informado sobre sua origem. Por outro lado, a doação de gametas duplos envolve a criação de uma criança com material genético de dois doadores diferentes, o que pode trazer desafios psicológicos e emocionais para a criança e para a família.

Em uma pesquisa, os pacientes foram questionados sobre sua perspectiva em relação à doação dupla e à doação de embriões. Apesar de ambas as técnicas serem semelhantes em termos de parentesco genético, as implicações psicológicas de cada uma se mostraram bem diferentes. No caso da doação de embriões, os receptores podem ter uma percepção mais intensa de que estão gestando o filho de outro casal, uma vez que o embrião foi concebido dentro do contexto parental desse casal. Essa percepção é reforçada pelo fato de que seu filho será um irmão biológico completo da criança nascida do casal doador, se ela existir. O embrião excedente é percebido como algo não exclusivo e não criado especificamente para eles. Embora a doação de embriões seja frequentemente comparada à adoção pré-natal, a doação dupla se assemelha muito menos a uma adoção, considerando que os embriões gerados a partir dessa doação não possuem um destinatário específico no momento da criação.[9]

---

8. CONSELHO FEDERAL DE MEDICINA. Resolução CFM 2.320/2022. Diário Oficial da União, Brasília, DF, de 1 de setembro de 2022. Disponível em: https://sistemas.cfm.org.br/normas/arquivos/resolucoes/BR/2022/2320_2022.pdf. Acesso em: 03 maio 2023.
9. Pennings G. (2022). Balancing embryo donation and double gamete donation. *Human reproduction (Oxford, England)*, *37*(3), 389-392. https://doi.org/10.1093/humrep/deab273.

Logo, podemos concluir que os bancos de gametas e embriões desempenham um papel crucial na oferta de opções reprodutivas para casais e indivíduos que enfrentam dificuldades de concepção, mas apresentam variadas problemáticas éticas e morais. Ao longo dos anos, essas instituições têm se desenvolvido e se adaptado para atender às necessidades daqueles que buscam a doação de gametas ou embriões. No entanto, o panorama desses bancos ainda apresenta desafios e lacunas a serem abordados. Questões como a escassez de doadores, a falta de regulamentação abrangente e a falta de acesso equitativo aos tratamentos reprodutivos continuam a ser obstáculos a serem superados. É fundamental que sejam implementadas políticas e regulamentações claras, que promovam a transparência, a segurança e a igualdade de acesso a esses serviços. Além disso, é necessário investir em campanhas de conscientização e educação sobre a importância da doação de gametas e embriões, a fim de ampliar a disponibilidade desses recursos vitais e diminuir o estigma ao redor da prática. Somente assim será possível garantir um panorama mais abrangente e ético dos bancos de gametas e embriões no Brasil, possibilitando a realização do desejo de parentalidade de forma justa e responsável.

2. GARANTIA DO SIGILO DO DOADOR E A DOAÇÃO COMPARTILHADA ENTRE FAMÍLIAS

A existência de bancos de armazenamento de gametas contribuiu fortemente para a evolução de um dos tipos de técnica de reprodução assistida (TRA), a chamada TRA heteróloga, na qual o material genético utilizado para fecundação será proveniente de pelo menos um indivíduo não pertencente ao futuro núcleo familiar ali formado, podendo ser até mesmo fruto de duas doações. Nos casos de TRA heteróloga por questões de infertilidade envolvendo doação de gametas, ela pode ser dividida em *a matre*, *a patre* ou total, dependendo do(s) gameta(s) a ser(em) doado(s).[10] Essa técnica se contrasta com a TRA homóloga, a qual se utiliza de gametas do próprio casal envolvido no processo de fertilização *in vitro*.[11]

Assim, a doação de gametas é um procedimento que permite que pessoas que têm problemas de fertilidade tenham a chance de ter um filho biológico. No Brasil, a doação de gametas é regulamentada pelo Conselho Federal de Medicina (CFM) e pelo Ministério da Saúde, que estabelecem uma série de normas e diretrizes para garantir a segurança e a privacidade tanto do doador quanto do receptor. Uma das principais questões relacionadas à doação de gametas é o si-

---

10. FERNANDES, Tycho Brache. *A reprodução assistida em face da bioética*: aspectos do direito de família e do direito das sucessões. Florianópolis: Diploma Legal, 2000.
11. SOUSA, Marise Cunha de. As técnicas de reprodução assistida. A barriga de aluguel. A definição da maternidade e da paternidade. Bioética. *Revista da EMERJ*, v. 13, n. 50, p. 348-367, 2010.

gilo da identidade do doador. De acordo com as normas do CFM, o anonimato é garantido ao doador, ou seja, ele não terá sua identidade revelada aos receptores dos gametas. Isso significa que o filho gerado a partir da doação não terá acesso à identidade do doador e vice-versa. Essa medida visa proteger a privacidade do doador e evitar conflitos futuros entre as partes envolvidas.

No Brasil, o sigilo do doador de gametas é garantido pela Lei 9.434/1997, que dispõe sobre a remoção de órgãos, tecidos e partes do corpo humano para fins de transplante e tratamento.[12] Embora a lei não trate especificamente da doação de gametas, ela estabelece que é vedado divulgar a identidade do doador ou receptor de órgãos, tecidos ou partes do corpo humano, exceto em casos previstos em lei ou mediante autorização expressa da pessoa ou de seus representantes legais. Além disso, a Resolução CFM 2.168/2017 do Conselho Federal de Medicina (CFM), que estabelece as normas éticas e técnicas para a utilização das técnicas de reprodução assistida no país, também prevê o sigilo da identidade do doador de gametas. A resolução estabelece que o sigilo da identidade do doador deve ser preservado, exceto nos casos previstos em lei ou mediante autorização expressa do doador, como por exemplo em casos extremos de condições médicas, considerando que o direito à vida deve sempre ser priorizado, tanto dos receptores, nascidos da doação, e os doadores.[13] Na prática, sabe-se que as clínicas possuem acesso a algumas informações fenotípicas do/a doador(a), uma vez que elas são responsáveis por escolherem doadores mais semelhantes aos receptores, mas as mesmas devem garantir a confidencialidade desses dados. Assim, tanto a legislação brasileira quanto as normas do CFM garantem o sigilo da identidade do doador de gametas no país, visando a proteção da privacidade e intimidade dos envolvidos na doação.

Ademais, a garantia do sigilo também protege o doador em razão de sua individualidade, que na maioria das vezes não deseja estabelecer vínculo com a criança resultante de sua doação. Assim sendo, já foi estabelecido que a doação de gameta não confere parentalidade, sendo uma atitude de compaixão com aqueles que não conseguem gerar filhos próprios.[14] No entanto, questões éticas são trazidas à tona quando se entra neste debate, uma vez que apesar de ser necessário a preservação da intimidade e vida privada do doador, é entendido que o indivíduo gerado a

---

12. BRASIL. Lei 9.434, de 4 de fevereiro de 1997. Dispõe sobre a remoção de órgãos, tecidos e partes do corpo humano para fins de transplante e tratamento. Diário Oficial da União, Brasília, DF, 5 fev. 1997. Disponível em: http://www.planalto.gov.br/ccivil_03/Leis/L9434.htm. Acesso em: 05 maio 2023.
13. CONSELHO FEDERAL DE MEDICINA. Resolução CFM 2.168, de 23 de junho de 2017. Diário Oficial da União, Brasília, DF, 26 jun. 2017. Disponível em: http://www.portalmedico.org.br/resolucoes/CFM/2017/2168_2017.pdf. Acesso em: 05 maio 2023.
14. LEITE, Eduardo Oliveira. *Procriações Artificiais e o Direito*. São Paulo: Ed. RT, 1995.

partir dessa configuração de gestação heteróloga tem direito ao conhecimento de sua identidade genética, da história de sua origem.[15]

Em relação a essa garantia, é necessário mencionar o direito máximo de proteção a uma criança previsto no artigo 227 da Constituição Federal brasileira, que estabelece que "é dever da família, da sociedade e do Estado assegurar à criança, ao adolescente e ao jovem, com absoluta prioridade, o direito à vida, à saúde, à alimentação, à educação, ao lazer, à profissionalização, à cultura, à dignidade, ao respeito, à liberdade e à convivência familiar e comunitária, além de colocá-los a salvo de toda forma de negligência, discriminação, exploração, violência, crueldade e opressão".[16] Dessa forma, a Constituição Federal estabelece que a proteção à criança deve ser vista como uma prioridade absoluta e envolve não só a família, mas também a sociedade e o Estado. Isso significa que todos devem agir em conjunto para garantir o bem-estar e a proteção das crianças, seja por meio de políticas públicas, da educação ou do combate a violações de direitos. Além disso, a Constituição Federal também estabelece que as normas de proteção à criança devem ser interpretadas de acordo com o princípio do melhor interesse da criança, ou seja, considerando sempre o que é mais benéfico para a criança em questão. Nesse sentido, pode-se levantar o questionamento se é do melhor interesse da criança nascida dessa forma de reprodução assistida heteróloga ter ou não contato e/ou informações sobre sua identidade genética, uma vez que essa aproximação pode prejudicar a integridade de sua estrutura familiar com influência de terceiros.[17]

Ainda sobre a questão da privacidade, já foi debatido na literatura que esse mesmo conceito pode, no campo da reprodução humana assistida, abordar duas questões distintas: a proteção ao indivíduo doador do gameta, cujos aspectos já foram discutidos anteriormente, e a proteção relacionada aos procedimentos de RHA e aos que decidem passar por ele, que por muitas vezes após o nascimento bem-sucedido de seu(s) filho(s), podem preferir não abordar o tema dentro do ambiente familiar, inclusive ocultando dados relacionados ao processo em suas fichas médicas. Em países em que a regulamentação é mais sofisticada, algumas leis que preservam a autonomia dos pacientes conseguem abonar que qualquer ser humano tenha acesso ilimitado a todos os seus dados médicos clinicamente

---

15. FONSECA, Leonardo Freire. *Direito à identidade genética*: direito ao anonimato do doador de sêmen no âmbito da reprodução assistida heteróloga. Disponível em: https://www.jusbrasil.com.br/artigos/direito-a-identidade-genetica-direito-ao-anonimato-do-doador-de-semen-no-ambito-da-reproducao-assistida-heterologa/595936499. Acesso em: 03 maio 2023.
16. BRASIL. Constituição (1988). Constituição da República Federativa do Brasil. Brasília, DF: Senado Federal, 1988. Disponível em: http://www.planalto.gov.br/ccivil_03/constituicao/constituicao.htm. Acesso em: 09 maio 2023.
17. CARNEIRO, Nathália Gomes. Direito à identidade genética: direito ao anonimato do doador de sêmen no âmbito da reprodução assistida heteróloga. Jusbrasil, 20 de dezembro de 2018. Disponível em: https://www.jusbrasil.com.br/artigos/595936499/direito-a-identidade-genetica-direito-ao-anonimato-do-doador-de-semen-no-ambito-da-reproducao-assistida-heterologa. Acesso em: 9 maio de 2023.

relevantes – um conceito definido inteiramente pelos profissionais da área de saúde envolvidos –, como é o caso na Espanha, valendo-se para os nascidos dessas técnicas após atingirem a maioridade, independente do desejo dos pais.[18]

Uma outra discussão importante levantada em território espanhol por aqueles que defendem o fim do sigilo do doador em prol dos nascidos pela doação se ampara no princípio da equidade, que também é conhecido como princípio da justiça distributiva, atuando como uma base ética que busca garantir a justa distribuição de recursos, benefícios e ônus entre os membros de uma sociedade. Ele parte do pressuposto de que todas as pessoas devem receber tratamento igualitário e justo, levando em consideração suas necessidades, capacidades e circunstâncias individuais e assim sendo, a confidencialidade da identidade do doador estaria violando esse princípio, uma vez que aqueles nascidos por gestações espontâneas possuem a chance e o direito de conhecerem sua trajetória biológica, inclusive aqueles adotados ou moradores de lares adotivos. No entanto, a cessação do anonimato pode desencorajar potenciais doadores, uma vez que a perspectiva de ter sua identidade revelada pode gerar preocupações relacionadas à privacidade, à sua própria família ou às possíveis implicações legais e sociais. Isso pode levar a uma diminuição no número de doadores disponíveis, agravando a escassez de gametas e dificultando o acesso a tratamentos de reprodução assistida.[19]

Em nível internacional, é notório que nos países que possuem algum nível de controle da reprodução humana assistida, a regulamentação está caminhando para a direção de priorizar os direitos vitais dos nascidos por doação de gametas. No final dos anos 2000, países europeus como França, Suíça e Portugal adotavam a regra do anonimato do dador, enquanto ouros países do continente, como Suécia e Áustria, permitiam que indivíduos concebidos por meio dessa doação possam conhecer a identidade do doador de seu material genético, desde que tenham alcançado a maioridade civil e não busquem estabelecer qualquer vínculo jurídico com o doador.[20] Atualmente, a tendência global tem sido a de considerar que o direito e desejo desses filhos, e territórios como Suíça e Portugal revogaram suas regulamentações originais, sendo o anonimato inclusive inconstitucional nesse último país.[21]

---

18. RIANO-GALÁN, Isolina; MARTÍNEZ GONZÁLEZ, Carmen; GALLEGO RIESTRA, Sergio. Ethical and legal questions of anonymity and confidentiality in gamete donation. Reproductive BioMedicine Online, v. 36, n. 3, p. 249-257, 2018. DOI: https://doi.org/10.1016/j.rbmo.2017.11.006.
19. CARNEIRO, Nathália Gomes. Direito à identidade genética: direito ao anonimato do doador de sêmen no âmbito da reprodução assistida heteróloga. Jusbrasil, 20 de dezembro de 2018. Disponível em: https://www.jusbrasil.com.br/artigos/595936499/direito-a-identidade-genetica-direito-ao-anonimato-do--doador-de-semen-no-ambito-da-reproducao-assistida-heterologa. Acesso em: 9 maio de 2023.
20. VELOSO, Zeno. Direito brasileiro da filiação e paternidade. São Paulo: Malheiros, 1997.
21. RIANO-GALÁN, Isolina; MARTÍNEZ GONZÁLEZ, Carmen; GALLEGO RIESTRA, Sergio. Ethical and legal questions of anonymity and confidentiality in gamete donation. Reproductive BioMedicine Online, v. 36, n. 3, p. 249-257, 2018. DOI: https://doi.org/10.1016/j.rbmo.2017.11.006.

No Reino Unido, a anonimidade passou a ser proibida a partir de 2005, com a criação de um conjunto de diretrizes denominado "Human Fertilization and Embryology Authority (Disclosure of Donor Information) Regulations of 2004". Ele foi criado pelo Human Fertilization and Embryology Authority (HFEA), o órgão inglês regulador responsável pela supervisão e implementação dessas regulamentações, visando fornecer diretrizes sobre a divulgação de informações relacionadas a doadores em tratamentos de fertilização in vitro e embriologia. Antes de 2005, os doadores de esperma, óvulos ou embriões tinham a opção de permanecer anônimos. No entanto, os regulamentos de 2004 permitiram que as pessoas concebidas por meio de doação de gametas obtivessem informações não identificáveis sobre seus doadores já quando atingissem a idade de 16 anos, como descrição física, etnicidade, ano de nascimento, país natal, histórico médico e se seu doador tem algum filho legal. Se disponível, eles possuem acesso até mesmo a mensagens deixadas previamente pelo seu doador, e a partir de 18 anos, eles podem requisitar nome completo, data de nascimento completa e o último endereço sabido pelo HFEA de seu doador. Essas regulamentações foram criadas para equilibrar os direitos do doador e do receptor, fornecendo uma estrutura legal para lidar com a divulgação de informações de maneira sensível e ética.[22]

Por fim, é justo mencionar como a regulamentação a respeito da doação de gametas acontece no país que mais se utiliza dessa técnica: os Estados Unidos. Sua regulamentação da doação de gametas é complexa e varia de acordo com os estados, uma vez que não existe nenhuma lei abrangente federal responsável por essa área. A nível nacional, a doação de gametas é regulamentada principalmente pela agência federal do Departamento de Saúde e Serviços Humanos dos EUA, a Food and Drug Administration (FDA), dentro do escopo de doadores de células humanas, tecidos e produtos celulares e baseados em tecidos. A FDA estabelece padrões de triagem e testes para doadores de esperma e óvulos, a fim de garantir a segurança dos receptores e evitar a transmissão de doenças genéticas ou infecciosas. Esses requisitos incluem exames médicos, testes de doenças sexualmente transmissíveis, triagem genética e histórico familiar detalhado.[23]

Como a Constituição dos Estados Unidos estabelece o princípio da "soberania dos estados", cada estado tem o poder de legislar em questões que não estão expressamente reservadas ao governo federal, como é o caso das questões

---

22. DE MELO-MARTÍN, Inmaculada. How best to protect the vital interests of donor-conceived individuals: prohibiting or mandating anonymity in gamete donations? Reprod Biomed Soc Online. 2017 Apr 28; 3:100-108. doi: 10.1016/j.rbms.2017.01.003.
23. FDA. Guidance for Industry: Eligibility Determination for Donors of Human Cells, Tissues, and Cellular and Tissue-Based Products (HCT/Ps). 2007. Disponível em: http://www.fda.gov/downloads/BiologicsBloodVaccines/GuidanceComplianceRegulatoryInformation/Guidances/Tissue/ucm091345.pdf. Acesso em: 19 maio 2023.

relacionadas à reprodução humana assistida, o que acaba resultando em uma variedade de leis e regulamentos diferentes entre os estados. Alguns estados têm restrições mais rigorosas, enquanto outros são mais permissivos. Dentre aqueles conhecidos por terem abordagens mais restritivas podemos citar Nova York, Louisiana, Michigan e Utah. Já dentre os estados com abordagens mais permissivas, podemos citar Califórnia, Nevada, Massachusetts e Oregon, permitindo doações com maior flexibilidade quanto a identificação do doador. No entanto, é importante ressaltar que mesmo nesses estados mais permissivos, ainda existem diretrizes e regulamentos que devem ser seguidos para garantir a segurança e a ética na doação de gametas. É recomendável entrar em contato com clínicas de fertilidade e profissionais especializados para obter informações atualizadas e precisas sobre as leis específicas de cada estado.[24]

Apesar de regulamentações parecidas com as de outros países, alguns fatores tornam a doação de gametas nos Estados Unidos tão única: a falta de uma legislação tão direcionada aos direitos irrefutáveis dos menores de idade, e a permissão da compensação financeira pela prática em muitos estados, não somente com valores que arquem com os custos médicos, mas sim uma monetização do procedimento, gerando um mercado extremamente rentável e bem-visto. A compensação financeira é geralmente oferecida como uma forma de incentivo para atrair doadores qualificados. Os valores variam e podem ser influenciados por vários fatores, como a demanda por doadores, a oferta de gametas no mercado e as políticas de cada clínica de fertilidade. A prática comercial de doação de gametas nos Estados Unidos tem sido controversa em alguns aspectos. Alguns críticos argumentam que a compensação financeira pode levar à exploração ou à mercantilização do corpo humano. Eles levantam preocupações éticas sobre a possibilidade de que a compensação financeira possa incentivar pessoas a doar gametas por motivos puramente financeiros, sem considerar adequadamente as implicações emocionais e psicológicas envolvidas. No entanto, os defensores da prática argumentam que a compensação financeira é necessária para atrair e reter doadores qualificados, garantindo assim um suprimento adequado de gametas para indivíduos e casais que desejam ter filhos por meio da reprodução assistida. Eles argumentam que a compensação é justificada como uma forma de reconhecer e valorizar a contribuição dos doadores, que estão se submetendo a procedimentos médicos e fazendo um esforço significativo para ajudar o próximo a realizar seu sonho de ter filhos.[25]

---

24. CAHN, N. R. Gamete donation in the United States: Patterns and regulation since 2005. The Journal of Law, Medicine & Ethics, v. 44, n. 4, p. 592-604, 2016.
25. Sabatello, Maya. "Regulating Gamete Donation in the U.S.: Ethical, Legal and Social Implications." Laws v. 4,3 (2015): 352-376. doi:10.3390/laws4030352.

O Conselho Federal de Medicina estende-se além do âmbito da privacidade dos doadores de gametas, ao permitir a prática da doação compartilhada, uma prática na qual um casal doa seus gametas para outro casal que também precisa de ajuda para ter filhos. Nesse caso, os doadores e receptores se conhecem e estabelecem um acordo mútuo para a utilização e divisão dos gametas e dos custos.[26] Uma vantagem inicial do compartilhamento de óvulos é que não há uma terceira pessoa assumindo riscos adicionais em benefício da receptora, uma vez que a doadora já está passando por procedimentos médicos invasivos para suas próprias necessidades. No Brasil, esse tipo de doação é permitido, desde que todas as partes envolvidas estejam de acordo e que sejam cumpridas as normas estabelecidas pelo CFM. Ela geralmente acontece entre mulheres que recebem óvulos, cuja principal causa de infertilidade é a falência ovariana, e mulheres que doam os óvulos, que na maioria dos casos, participam de técnicas de reprodução assistida não porque a infertilidade as afeta diretamente, mas sim seus parceiros. Muitas dessas mulheres possuem motivações altruístas para doarem seus óvulos, pois entendem o desejo de outras em gerar uma família e de participar do processo físico de uma gestação. Uma das principais vantagens da doação compartilhada é que ela pode reduzir os custos e o tempo de espera para os casais que desejam ter filhos por meio da doação de gametas. Além disso, a possibilidade de conhecer os doadores pode ser positiva para os filhos gerados a partir da doação, que terão a oportunidade de saber mais sobre sua origem genética.[27]

No entanto, é importante ressaltar que a doação compartilhada também pode trazer alguns desafios e riscos. Um dos principais problemas é o risco de conflitos futuros entre os doadores e receptores, principalmente se as expectativas não forem claras desde o início, como em relação ao estabelecimento de laços com a criança proveniente da doação. Além disso, é possível que ocorram problemas emocionais ou legais caso as partes envolvidas não sigam as normas estabelecidas pelo CFM. Uma das grandes complicações que podem surgir pós procedimento é caso ele seja malsucedido para a doadora, que pode se sentir arrependida em relação à sua decisão de compartilhar óvulos, podendo ter a sensação de que teriam engravidado caso não tivessem feito a doação, e sim utilizado o próprio

---

26. CONSELHO FEDERAL DE MEDICINA. Resolução CFM 2.320/2022. Diário Oficial da União, Brasília, DF, de 1 de setembro de 2022. Disponível em: https://sistemas.cfm.org.br/normas/arquivos/resolucoes/BR/2022/2320_2022.pdf. Acesso em: 03 maio 2023.
27. Oppenheimer, D., Oppenheimer, A. R., Vilhena, S. T., & Von Atzingen, A. C. (2018). Shared Oocyte Donation: Ideas and Expectations in a Bioethical Context Based on a Qualitative Survey of Brazilian Women. Doação compartilhada de oócitos: ideias e expectativas em um contexto bioético com base em um levantamento qualitativo de mulheres brasileiras. *Revista brasileira de ginecologia e obstetrícia: Revista da Federação Brasileira das Sociedades de Ginecologia e Obstetrícia*, 40(9), 527-533. https://doi.org/10.1055/s-0038-1672160.

óvulo que doou. Essa angústia pode ser intensificada pela consciência de que uma receptora pode ter concebido seus próprios filhos biológicos.[28]

Em resumo, a garantia do sigilo do doador de gameta é um aspecto fundamental da doação de gametas no Brasil. Embora a doação compartilhada seja permitida, é importante que as partes envolvidas estejam cientes dos riscos e das normas estabelecidas pelo CFM para garantir que o procedimento seja seguro e legal. Por fim, é importante ressaltar que a doação de gametas pode ser uma alternativa viável e emocionante para casais que desejam ter filhos, e que o acompanhamento médico e psicológico é fundamental durante todo o processo.

3. DIFERENÇAS ENTRE BANCOS INTERNACIONAIS

Ainda sobre o tópico de bancos internacionais, é perceptível as variadas diferenças de políticas acerca desse tema entre os países. De acordo com um estudo realizado entre 2013 e 2014, países sul-americanos como Brasil, Chile, Uruguai e Argentina apresentavam diferentes abordagens legais quando se trata de regular as práticas de reprodução humana assistida. Nesse tópico, não abordaremos a regulamentação no Brasil, visto que ele já foi extensamente abordado anteriormente nesse capítulo. Na Argentina, a legislação já inclui há cerca de 10 anos a Lei 26.862, cuja proposta é assegurar o pleno acesso de todos os cidadãos as práticas de RHA. Em meio aos pontos levantados pela lei, os fundamentais foram a garantia ao acesso gratuito aos procedimentos médicos pelo sistema de saúde pública sem restrições de idade, independente de orientação sexual ou estado civil. Além disso, quando o casal ou indivíduo submetido ao tratamento requerer o uso de gametas ou embriões doados, estes deverão ser provenientes de bancos devidamente registrados no Ministério da Saúde federal. A doação não poderá ter finalidade lucrativa ou comercial, devendo ser feita de maneira consentida e altruísta. Por fim, os serviços de preservação de gametas ou tecidos reprodutivos, destinados a indivíduos, incluindo menores de 18 anos, que não possam realizar uma gestação devido a problemas de saúde, tratamentos médicos ou cirurgias, estão abrangidos pela cobertura mencionada neste artigo. O objetivo é evitar a perda da capacidade de procriação.[29-30]

---

28. Bracewell-Milnes, T., Saso, S., Bora, S., Ismail, A. M., Al-Memar, M., Hamed, A. H., Abdalla, H., & Thum, M. Y. (2016). Investigating psychosocial attitudes, motivations and experiences of oocyte donors, recipients, and egg sharers: a systematic review. *Human reproduction update*, 22(4), 450–465. https://doi.org/10.1093/humupd/dmw006.
29. Argentina. Decreto Nacional 956/2013 de 23 de julio de 2013. Regulamentación de la ley de acceso integral a la reproducción humana médicamente asistida. Poder Ejecutivo Nacional (BO 23/07/13). Disponível em: http://www.saij.gob.ar/legislacion/decreto-nacional-956-2013-reglamentacion_ley_acceso_integral.htm?4. Acesso em: 23 maio 2023.
30. Argentina. Ley 26.862 de reproducción medicamente asistida de 26 de junio de 2013. Poder Legislativo Nacional (BO 26/06/13). Disponível em: http://www.saij.gob.ar/legislacion/ley-nacional-26862-ley_reproduccion_medicamente_asistida.htm?6. Acesso em: 23 maio 2023.

O cenário chileno é semelhante ao brasileiro, sem nenhuma lei específica que normatize, apenas documentos de caráter normativo e legislativo que guiam as diretrizes no país. Importante salientar que os documentos normativos se referem a um conjunto de normas, padrões ou regulamentos que estabelecem diretrizes a serem seguidas em uma área específica.[31] Essas normas podem ser desenvolvidas por organizações de padronização, entidades reguladoras ou autoridades competentes. Exemplos de documentos normativos incluem normas técnicas, regulamentos setoriais, políticas internas de uma organização, diretrizes de boas práticas, entre outros. Esses documentos são usados para orientar e padronizar atividades, processos ou produtos, garantindo a qualidade, a segurança e a conformidade dentro de um determinado contexto. Por outro lado, os documentos legislativos são aqueles relacionados à legislação ou ao direito. São elaborados pelos órgãos legislativos, como parlamentos, assembleias ou congressos, e têm o objetivo de criar leis que regem a sociedade. Esses documentos podem incluir constituições, leis, decretos, resoluções, portarias, entre outros. Os documentos legislativos são legalmente vinculantes e estabelecem direitos, deveres e regras que devem ser seguidos pelos cidadãos, organizações e entidades dentro de uma jurisdição específica.[32]

Até a década de 90, o Chile contava apenas com um regulamento administrativo como espécie normativa de regulação, aplicado somente aos órgãos públicos de medicina reprodutiva humana. Porém, em 1998, a Lei 19.585 foi estabelecida, trazendo modificações ao sistema de filiação no Código Civil chileno, com a inclusão de um novo artigo (182) que trata da filiação relacionada às técnicas de RHA, independentemente do uso ou não de gametas doadores. Essa lei assegura a paternidade tanto para homens quanto para mulheres, sejam eles casados ou não, que tenham um filho através do uso das técnicas de RHA, com ou sem a utilização de gametas doados.[33] Assim, um documento legislativo passou a abordar uma pequena parte dos assuntos relacionados as técnicas de Reprodução Humana Assistida (RHA) no país, mas em linhas gerais, os diversos centros e clínicas de RHA chilenos não seguem uma única norma padronizada, adotando as definições éticas da Rede Latino-Americana de Reprodução Assistida (Rede LARA) ou convenções de outros países, como Estados Unidos ou Espanha.[34]

---

31. COXIR, S. A., LOPES, A. C. dos S., SILVA, A. M. D., e PENNA, M. L. F. (2014). Estudo das regulamentações de reprodução humana assistida no Brasil, Chile, Uruguai e na Argentina. *Reprodução Clim.* 29, 27-31. doi: 10.1016/j.recli.2014.07.001.
32. DA SILVA, Bruno Florentino. *Processo legislativo e espécies normativas.* Disponível em: https://www.jusbrasil.com.br/artigos/processo-legislativo-e-especies-normativas/188264150. Acesso em: 23 maio 2023.
33. Informe seminário acadêmico 2012 Los Problemas Éticos y Jurídicos de La Reproducción Humana Asistida. Disponível em: https://medicina.udd.cl/observatorio-bioetica-derecho/files/2012/08/INFORME-SEMINARIO-REPRODUCCIÓN-HUMANA-ASISTIDA-2012.pdf. Acesso em: 23 maio 2023.
34. COXIR, S. A., LOPES, A. C. dos S., SILVA, A. M. D., e PENNA, M. L. F. (2014). Estudo das regulamentações de reprodução humana assistida no Brasil, Chile, Uruguai e na Argentina. *Reprodução Clim.* 29, 27-31. doi: 10.1016/j.recli.2014.07.001

Finalmente, no Uruguai, semelhante à Argentina, as práticas de reprodução humana assistida no Uruguai são regulamentadas pela Lei 19.167, conhecida como "Lei de Reprodução Assistida", promulgada em 22 de dezembro de 2013. Essa lei estabelece as diretrizes e regulamentações para as técnicas de reprodução assistida no país. De acordo com a legislação uruguaia, a reprodução assistida é permitida para casais heterossexuais, casais do mesmo sexo e mulheres solteiras. A lei discorre sobre gestação de substituição, doação de gametas e fertilização post mortem, e estabelece que a técnica de reprodução assistida deve ser voluntária e realizada com o consentimento informado dos envolvidos.[35]

Por último, faz-se necessário mencionar a regulamentação de bancos de gametas e embriões nos Estados Unidos. Assim como a questão da identidade do doador previamente comentada, a legislação relacionada a bancos de gametas e embriões nos Estados Unidos também varia de acordo com o estado, sendo igualmente sujeita a regulamentações federais, que evoluem à medida que a indústria evolui. Alguns tópicos comuns abordados na legislação dos estados incluem o consentimento informado de doadores e receptores, a rastreabilidade, a obrigatoriedade de testes médicos, genéticos e de saúde mental para os doadores, a garantia de direitos e a asseguração de responsabilidades dos doadores, cujos defensores argumentam que tais divulgações protegem as pessoas concebidas por doadores de consequências de saúde a longo prazo e fortalecem a segurança das instalações responsáveis pela coleta, transporte e armazenamento.[36]

Como já mencionado previamente, a FDA regula o funcionamento dos bancos de gametas e embriões no que diz respeito a organização federal, através do Código de Regulamentos Federais (The Code of Federal Regulations, CFR) de número 21, parte 1271, que fiscaliza e orienta os bancos quanto a testagem de doadores, fornecimento de manuais de orientação e manutenção dos dados cruciais dos doadores.[37] Além disso, um projeto de lei denominado HR83072 foi proposto em meados de 2022 no Congresso dos Estados Unidos, também

---

35. DE CARLOS, Paula Pinhal (2017). Gestação de Substituição no Contexto Sócio-Jurídico da América do Sul: O Caso do Brasil, da Argentina e do Uruguai. Seminário Internacional Fazendo Gênero 11 & 13th Women's Worlds Congress (Anais Eletrônicos), Florianópolis, 2017, ISSN 2179-510X.
36. SCHWEITZER, A. E., & BUSTO, A. *Increasing regulation of reproductive tissue* banks. Nixon Peabody LLP, 1-6. Disponível em: https://www.nixonpeabody.com/insights/alerts/2023/05/18/increasing-regulation-of-reproductive-tissue-banks. Acesso em: 24 maio 2023.
37. ECFR. Title 21 – Food and Drugs, Chapter I – Food and drug administration, Department of Health and Human Services, Subchapter L – Regulations under certain other acts administered by the food and drug administration, Part 1271 – Human cells, tissues, and cellular and tissue-based products. Disponível em: https://www.ecfr.gov/current/title-21/chapter-I/subchapter-L/part-1271?toc=1. Acesso em: 24 maio 2023.

conhecido como Lei de Steven. Caso seja aprovado, esse projeto exigirá, a nível nacional, que os indivíduos que doam tecidos reprodutivos forneçam determinadas informações médicas após a doação. Além disso, a Lei de Steven também determinará que os bancos de tecidos reprodutivos sejam responsáveis por conferir as informações médicas não identificáveis do doador, checá-las, e disponibilizá-las a todos aqueles envolvidos no processo de doação, como os receptores, médicos e às pessoas concebidas através dessa doação. Segundo a versão atual do projeto de lei, um banco de tecidos não será obrigado a revelar informações pessoais de identificação sobre o doador, como informações civis, o que significa que ainda será possível fazer doações de forma anônima.[38] Com relação ao nível estadual, as ordenações variam grandemente, com alguns poucos Estados possuindo forte controle da organização dos bancos, como por exemplo Califórnia, Nova York e Colorado, demonstrando assim a importância de uma lei de caráter federal para padronizar essas instituições no país que mais se utiliza de doação de gametas e embriões no mundo.[39]

Em resumo, a diferença entre a organização dos bancos internacionais de gametas e embriões em comparação aos bancos brasileiros Brasil é marcante. Enquanto muitos países têm regulamentações abrangentes e bem estabelecidas para o armazenamento, doação e uso desses materiais biológicos, o Brasil carece de uma legislação específica nesse sentido. Essa lacuna regulatória pode gerar incertezas e desafios éticos, legais e práticos para a utilização de gametas e embriões em tratamentos de reprodução assistida, como visto no Brasil e em algumas outras nações, como os mencionados Estados Unidos e Chile. Enquanto alguns territórios vizinhos possuem diretrizes claras sobre a origem, qualidade, rastreabilidade e segurança desses materiais, como Argentina e Uruguai, o Brasil enfrenta dificuldades na definição de padrões uniformes e na criação de um sistema robusto de controle e fiscalização. Portanto, é fundamental que o país avance na elaboração e implementação de uma legislação adequada, capaz de garantir a segurança e a ética na utilização de gametas e embriões, bem como o acesso igualitário aos tratamentos de reprodução assistida para aqueles que necessitam. Somente assim será possível promover avanços científicos e proporcionar melhores opções de tratamento para casais e indivíduos em busca da realização do sonho da parentalidade.

---

38. Congresso dos Estados Unidos. H.R.8307 – 117th Congress (2021-2022): Bill Text. Disponível em: https://www.congress.gov/bill/117th-congress/house-bill/8307?s=1&r=18. Acesso em: 24 maio 2023.
39. SCHWEITZER, A. E., & BUSTO, A. *Increasing regulation of reproductive tissue* banks. Nixon Peabody LLP, 1-6. Disponível em: https://www.nixonpeabody.com/insights/alerts/2023/05/18/increasing-regulation-of-reproductive-tissue-banks. Acesso em: 24 maio 2023.

4. USO DE EMBRIÕES EXCEDENTES PARA FINS DE PESQUISA

Quando os embriões gerados no tratamento de infertilidade de casais/indivíduos em clínicas de reprodução assistida por meio de técnicas como a fertilização in vitro (FIV) não são usados em sua totalidade, eles são criopreservados e mantidos em bancos de embriões. Um dos possíveis destinos para esses embriões é a utilização em pesquisas científicas, que é, no entanto, um assunto controverso e complexo no Brasil, envolvendo análises ética, jurídica e científica que tem gerado debates acalorados ao longo dos anos.

No contexto da ciência, o uso de embriões excedentes é de grande interesse, pois eles podem ser utilizados como uma fonte valiosa de células-tronco embrionárias. Essas células-tronco são pluripotentes, o que significa que têm a capacidade de se diferenciar em diferentes tipos de células do corpo humano. Acredita-se que elas possam ter um potencial terapêutico significativo para o tratamento de uma ampla variedade de doenças e lesões.

No Brasil, a pesquisa envolvendo embriões humanos é regulamentada pela mesma lei que fiscaliza o funcionamento dos bancos de gametas e embriões, a Lei de Biossegurança (Lei 11.105/2005), bem como suas normas complementares. Essa legislação permite o uso de embriões excedentes para pesquisa, desde que haja consentimento informado dos doadores e que a pesquisa seja voltada para a obtenção de conhecimento científico ou terapêutico, respeitando princípios éticos e garantindo a proteção da vida humana. A legislação atual estabelece algumas restrições e requisitos para o uso de embriões excedentes em pesquisa, como a proibição da comercialização desses embriões e a obrigatoriedade de aprovação prévia dos projetos de pesquisa por comitês de ética. Além disso, é fundamental garantir a privacidade e a confidencialidade dos doadores, bem como o descarte adequado dos embriões quando não mais forem necessários para a pesquisa. Contudo, a Lei de Biossegurança, possuindo apenas um único artigo abordando a questão embrionária, demonstra-se deficiente em termos técnicos, ambígua em sua interpretação e incompleta em aspectos fundamentais, como o estabelecimento de prazos para a realização de pesquisas com embriões, a definição da quantidade de embriões autorizados a serem utilizados, além de possuir métodos de fiscalização frágeis ou quase nulos em uma área de pesquisa tão relevante e significativa.[40]

Desse modo, é importante ressaltar que o tema é controverso e gera discussões intensas entre diferentes grupos e instituições. Há quem defenda que a utilização de embriões excedentes é uma forma ética de aproveitar o potencial

---

40. Reprodução assistida pode ser realizada no SUS. (2020). Disponível em: https://www.folhavitoria.com.br/saude/noticia/06/2020/reproducao-assistida-pode-ser-realizada-no-sus. Acesso em: 20 maio 2023.

terapêutico dessas células, evitando seu descarte e maximizando o benefício para a sociedade. Por outro lado, existem vozes que argumentam que os embriões possuem um status moral especial e que sua utilização em pesquisa é uma forma de desrespeito à vida humana, assim como uma violação ao princípio da dignidade da pessoa humana.[41]

Um outro debate levantado acerca desse tema é a questão do papel dos doadores de gametas e seus receptores na decisão do uso de embriões resultantes de doação de gametas (EDGs) para fins de pesquisa, e um estudo realizado de julho de 2017 a junho de 2018 com pacientes do "Banco Público de Gâmetas", de Portugal, revelou que a maioria dos doadores e receptores estão dispostos a cederem seus embriões excedentes – para o primeiro grupo, a posse se dá pela questão do fornecimento genético, e para o segundo, pela questão do direcionamento desse material genético – para pesquisa científica, e praticamente metade dos dois grupos ressaltou a importância de um consentimento duplo, ou seja, que a decisão de doar esses embriões restantes deva ser tomada por ambos doadores e receptores.[42]

Nos Estados Unidos, por sua vez, o uso de embriões excedentes em pesquisa é permitido, mas está sujeito a restrições impostas pelo governo federal. O financiamento público para a pesquisa com embriões é regulamentado pela "Emenda Dickey-Wicker", que proíbe o uso de verbas federais para a destruição de embriões, mas permite o financiamento de pesquisas que utilizam linhas de células-tronco embrionárias já estabelecidas.[43] No Reino Unido, existe um órgão regulador específico, a Autoridade de Fertilização e Embriologia Humana (HFEA), que supervisiona e regula a pesquisa com embriões. A lei britânica permite o uso de embriões excedentes em pesquisa, desde que haja um consentimento informado dos doadores e que a pesquisa tenha um potencial terapêutico ou científico significativo.[44]

Em contraste, há países que adotam uma posição mais restritiva em relação ao uso de embriões excedentes em pesquisa. Por exemplo, alguns países europeus, como a Alemanha, a Itália e a Áustria, possuem leis mais rigorosas que proíbem

---

41. MARQUES, Rafaela Lourenço. Pesquisa com embriões excedentários e o princípio da dignidade da pessoa humana, em face da Lei de Biossegurança. *Revista CEJ*, Brasília, Ano XIII, n. 45, p. 56-69, abr./jun. 2009.
42. BAÍA, I., DE FREITAS, C., SAMORINHA, C., PROVOOST, V., & SILVA, S. Dual consent? Donors' and recipients' views about involvement in decision-making on the use of embryos created by gamete donation in research. BMC Medical Ethics, 2019, 20:90. https://doi.org/10.1186/s12910-019-0430-6.
43. *G1*. Tribunal dos EUA volta a liberar verba para pesquisa de células-tronco. G1, 2010. Disponível em: https://g1.globo.com/ciencia-e-saude/noticia/2010/09/tribunal-dos-eua-volta-liberar-verba-para-pesquisa-de-celulas-tronco.html. Acesso em: 25 maio 2023.
44. BAIMA, Cesar. Reino Unido aprova edição de genes em embriões humanos. O Globo, [online]. Disponível em: https://oglobo.globo.com/saude/ciencia/reino-unido-aprova-edicao-de-genes-em-embrioes-humanos-18583092. Acesso em: 25 maio 2023.

ou restringem severamente a pesquisa com embriões, adotando uma posição conservadora em relação à pesquisa com embriões, buscando equilibrar os avanços científicos com a proteção da vida humana e os valores éticos.[45] A direção mais conservadora seguida por essas nações é compreensível, devido à cautela e prudência instiladas pelas experiências nazistas do passado. Essa história trágica influenciou a abordagem cuidadosa nas pesquisas científicas, especialmente aquelas que envolvem seres humanos.[46]

Na Alemanha, a Lei de Proteção ao Embrião Humano ("Embryonenschutzgesetz") estabelece diretrizes rigorosas para o uso de embriões em pesquisas. Essa lei proíbe a produção de embriões para fins de pesquisa, bem como a utilização de embriões excedentes gerados por técnicas de reprodução assistida. No entanto, existem algumas exceções restritas. Embriões excedentes que foram criados antes de 1º de janeiro de 2002 podem ser utilizados para fins de pesquisa, desde que atendam a critérios específicos e sejam obtidos consentimento dos doadores. A pesquisa com esses embriões deve ter um propósito científico legítimo e estar sujeita a uma revisão rigorosa por comitês de ética. Além disso, a Alemanha permite a pesquisa com células-tronco embrionárias derivadas de embriões humanos fora do país, desde que as células-tronco tenham sido obtidas de acordo com a legislação do país de origem. Essa medida permite que cientistas alemães possam colaborar com pesquisas internacionais e utilizar resultados de estudos que envolvam embriões em outros países.[47]

É importante ressaltar que o debate sobre o uso de embriões excedentes em pesquisa transcende as fronteiras nacionais e envolve considerações éticas, morais e religiosas profundamente arraigadas. Diferentes culturas e sistemas de crenças influenciam as políticas adotadas por cada país em relação a essa questão. No geral, o uso de embriões excedentes em bancos de embriões para fins de pesquisa é uma prática que varia de país para país. As legislações e regulamentações vigentes refletem uma combinação de considerações científicas, éticas, religiosas e políticas específicas de cada nação. O objetivo é buscar um equilíbrio entre o avanço da pesquisa científica e a proteção da vida humana, garantindo ao mesmo tempo o respeito aos direitos e às preocupações éticas da sociedade.

---

45. DINIZ, Debora; AVELINO, Daniel. Cenário Internacional da Pesquisa em Células-Tronco Embrionárias. Rev. Saúde Pública, 43(3), 2009. Disponível em: https://doi.org/10.1590/S0034-89102009005000026.
46. No cenário mundial, apenas Itália condena pesquisas com células-tronco embrionárias. Atlas Digital de Histologia IBC – Regional Jataí, Universidade Federal de Goiás. Disponível em: https://histologia.jatai.ufg.br/n/27591-no-cenario-mundial-apenas-italia-condena-pesquisas-com-celulas-tronco-embrionarias. Acesso em: 25 maio 2023.
47. ALEMANHA. Federal Law Gazette, Part I, Act for Protection of Embryos (The Embryo Protection Act), n. 69, 19 de dezembro de 1990. Bonn, p. 2746.

CONSIDERAÇÕES FINAIS

Os bancos de gametas e embriões são organizações cruciais no campo da reprodução assistida, desempenhando um papel importante tanto no Brasil quanto em outros países ao redor do mundo. Esses bancos fornecem uma oportunidade valiosa para casais inférteis e indivíduos solteiros realizarem o sonho da paternidade e maternidade. No contexto brasileiro, embora a legislação esteja em constante evolução, ainda existem desafios regulatórios e éticos relacionados à criação e funcionamento desses bancos. A garantia da segurança e proteção dos doadores, bem como dos receptores, é um aspecto fundamental a ser considerado. Além disso, é necessário promover a conscientização pública e a educação sobre a doação de gametas e embriões, a fim de reduzir o estigma associado e encorajar uma participação maior.

Em outros países, há uma variedade de abordagens legislativas e regulatórias em relação aos bancos de gametas e embriões, variando desde restrições rigorosas até políticas mais permissivas. A troca de experiências e boas práticas entre diferentes nações pode contribuir para o avanço e aprimoramento dessas tecnologias de reprodução assistida em todo o mundo, promovendo uma maior acessibilidade e proteção aos indivíduos que buscam formar suas famílias. Em última análise, é essencial encontrar um equilíbrio entre a inovação científica, os direitos individuais e as considerações éticas para garantir a adequada regulação e governança dos bancos de gametas e embriões tanto no Brasil quanto internacionalmente.

ANOTAÇÕES